JAN KÜPPERFAHRENBERG

# Haftungsbeschränkungen für Verein und Vorstand unter besonderer Berücksichtigung von Sportvereinen

Beiträge zum Sportrecht

Herausgegeben von
Kristian Kühl, Peter J. Tettinger
und Klaus Vieweg

Band 20

# Haftungsbeschränkungen für Verein und Vorstand

unter besonderer Berücksichtigung
von Sportvereinen

Von

Jan Küpperfahrenberg

Duncker & Humblot · Berlin

Die Rechts- und Wirtschaftswissenschaftliche Fakultät
der Universität Bayreuth hat diese Arbeit im
Sommersemester 2004 als Dissertation angenommen.

Bibliografische Information Der Deutschen Bibliothek

Die Deutsche Bibliothek verzeichnet diese Publikation in
der Deutschen Nationalbibliografie; detaillierte bibliografische
Daten sind im Internet über <http://dnb.ddb.de> abrufbar.



D 703


Fremddatenübernahme und Druck:
Berliner Buchdruckerei Union GmbH, Berlin
Printed in Germany

ISSN 1435-7925
ISBN 3-428-11723-9

Gedruckt auf alterungsbeständigem (säurefreiem) Papier
entsprechend ISO 9706 ∞

Internet: http://www.duncker-humblot.de

*Meinem Vater*

# Vorwort

Die vorliegende Arbeit wurde im Sommersemester 2004 von der Rechts- und Wirtschaftswissenschaftlichen Fakultät der Universität Bayreuth als Dissertation angenommen. Sie befindet sich im wesentlichen auf dem Stand vom Herbst 2004.

Ganz herzlicher Dank gebührt meinem Doktorvater Prof. Dr. Peter W. Heermann, LL.M. für die Betreuung der Arbeit und seine stets freundliche, unkomplizierte und offene Art mir gegenüber. Gerade letzteres ist für den Glauben eines Doktoranden an das Gelingen seines Projektes von enormer Bedeutung, wie mir das Beispiel eines Kollegen zeigte, der insoweit bei seinem Doktorvater weniger Glück hatte. Sehr zu schätzen weiß ich auch die engagierte und zügige Durchsicht des Manuskripts und die später ebenso zügige Erstellung des Erstgutachtens.

Mein weiterer Dank gilt Prof. Dr. Bernhard Pfister für die zeitnahe Erstellung des Zweitgutachtens.

Den Herren Prof. Dr. Klaus Vieweg, Prof. Dr. Dr. Kristian Kühl und Prof. Dr. Peter J. Tettinger sowie dem Verlag Duncker & Humblot danke ich für die Aufnahme meiner Arbeit in die Schriftenreihe „Beiträge zum Sportrecht".

Persönlicher Dank gilt meiner Mutter, die mir zusammen mit meinem viel zu früh verstorbenen Vater das Jurastudium erst ermöglicht und mir in schwierigen Zeiten beigestanden hat. Zu guter Letzt danke ich Nadine Specht und Herrn Dipl.-Kfm. Florian Dominick M.A., die – jeweils auf ihre eigene Art – mehr zum Gelingen dieser Arbeit beigetragen haben, als ihnen vielleicht bewußt ist.

Ich widme diese Arbeit meinem Vater.

Nürnberg, im September 2004 *Jan Küpperfahrenberg*

# Inhaltsverzeichnis

*Dritter Teil*

*Fünfter Teil*

**Versicherbarkeit des persönlichen Haftungsrisikos des Vereinsvorstands** 247

---

Die in der folgenden Arbeit verwendeten Abkürzungen entsprechen dem Abkürzungsverzeichnis von *Kirchner*, Hildebert / *Butz*, Cornelie, Abkürzungsverzeichnis der Rechtssprache, 5. Aufl., Berlin 2003.

*Erster Teil*

# Einleitung

Im BGB sucht man vergebens nach einer Definition dessen, was ein Verein ist. Die Begriffsbestimmung obliegt damit den Gerichten und der Wissenschaft. Nach ständiger Rechtsprechung und ganz überwiegender Ansicht in der Literatur ist ein Verein ein auf Dauer angelegter, körperschaftlich organisierter Zusammenschluß natürlicher oder juristischer Personen zur Verwirklichung eines gemeinsamen Zwecks.[1] Charakteristisch für die körperschaftliche Organisation des Vereins sind sein Gesamtname, die Vertretung durch den Vorstand und die Unabhängigkeit vom Wechsel der Mitglieder.[2] Keine zwingende Voraussetzung hingegen ist die Rechtsfähigkeit. Damit ist auch der nichtrechtsfähige Verein ein Verein im Sinne des BGB.[3]

Die folgende Untersuchung beschränkt sich indes auf den *eingetragenen* und damit *rechtsfähigen nichtwirtschaftlichen Verein* (§ 21 BGB). Dieser Vereinstypus wird häufig auch als „Idealverein“ bezeichnet.[4] In ähnlicher Weise war schon in den Protokollen der zweiten Kommission, in der Denkschrift des Reichsjustizamtes und in dem Bericht der Reichstagskommission an verschiedenen Stellen die Rede von Vereinen „mit idealen Tendenzen“ oder „idealen (Haupt-)Zwecken“.[5] Solche Bezeichnungen sollten jedoch insgesamt besser vermieden werden. Sie suggerieren, daß § 21 BGB nur Vereine mit „idealer“ oder „ideeller“ Zwecksetzung erfaßt.[6] „Ideal“ oder „ideell“, so ließe sich nach dem allgemeinen Sprachgebrauch leicht argumentieren, seien aber *nur* solche Zwecke, die einen mildtätigen,

---

1 Vgl. *RGZ* 60, 94, 99; 74, 371, 372 f.; 165, 140, 143; MüKo/*Reuter* §§ 21, 22 Rn. 1; *K. Schmidt* GesR § 23 I 1a (S. 659 f.); *Reichert* Rn. 1 ff.; Sauter/Schweyer/*Waldner* Rn. 1.

2 Vgl. *RGZ* 60, 94, 96; 143, 212, 213; 165, 140, 143; *BGH* LM BGB § 31 Nr. 11; aus der Literatur statt aller *K. Schmidt* GesR § 23 I 1a (S. 659 f.).

3 Vgl. Palandt/*Heinrichs* vor § 21 Rn. 13.

4 So etwa *BGH* NJW 1990, 2877; Soergel/*Hadding* § 26 Rn. 1; AK/*Ott* §§ 21, 22 Rn. 22; *Heermann/Götze* S. 49; *Eisele* S. 1; Sauter/Schweyer/*Waldner* Rn. 33, 41, kritisch aber in Rn. 42; *Stöber* Rn. 6; *Faber* BWNotZ 1980, 81; *Märkle* S. 21 ff.; *Ballerstedt* FS Knur S. 2; *Ott* S. 16; *Lachmair* SpuRt 2002, 181 (zum österreichischen „Idealverein“).

5 Vgl. Protokolle bei *Mugdan* I S. 603 ff.; Denkschrift bei Mugdan I S. 826 ff.; Bericht der Reichstagskommission bei Mugdan I S. 951 ff. In Entwurf II § 23 findet sich diese Formulierungen hingegen nicht.

6 Ähnlich *K. Schmidt* GesR § 23 III 1, 2 (S. 667 ff.). Kritisch auch Sauter/Schweyer/*Waldner* Rn. 42, der jedoch trotzdem die Bezeichnung „Idealverein“ verwendet, siehe etwa Rn. 33, 41.

gemeinnützigen, geistigen, karitativen, kulturellen oder sozialen Charakter aufweisen. Ein derartiges Verständnis würde den Begriff des nichtwirtschaftlichen Vereins hingegen unzulässig einschränken. Der Gesetz gewordene § 21 BGB erfaßt vielmehr *jeden* Verein, dessen Zweck *nicht* auf einen *wirtschaftlichen Geschäftsbetrieb* gerichtet ist. Damit sind sicherlich *auch* die „idealen“ oder „ideellen“ Zwecke gemeint, aber eben nicht nur diese, sondern auch andere, solange sie *nichtwirtschaftlicher* Natur sind.[7]

Rechtshistorisch und rechtssystematisch stellt der Verein die Urform aller privatrechtlichen Körperschaften dar.[8] Man könnte jedoch meinen, daß die *tatsächliche* Bedeutung der eingetragenen nichtwirtschaftlichen Vereine im Gegensatz zu den Aktiengesellschaften, den Gesellschaften mbH und den eingetragenen Genossenschaften heutzutage relativ gering ist. Die Relevanz des eingetragenen Vereins ähnlich einschätzend hatte der Abgeordnete *Stadthagen* bereits am 19. Juni 1896 im Rahmen der zweiten Beratung des BGB im Plenum des Reichstages folgendes formuliert: „Ich kann nicht zurückhalten mit der Bitte, sich klar zu überlegen, ob es nicht richtiger sei, die ganze privatrechtliche Gestaltung des Vereinsrechtes zu streichen, als hier anzuerkennen, daß in Deutschland die Rechtsfähigkeit nur in Skat-, Kegel-, Sauf- und Rauchvereinen gegeben werden soll, [...]“.[9]

Aktuell geht man in der Bundesrepublik Deutschland von einem Bestand von etwa 800.000 Gesellschaften mbH, 14.000 Aktiengesellschaften und 10.000 Genossenschaften aus.[10] Die These, daß den eingetragenen Vereinen im Verhältnis dazu nur eine untergeordnete Bedeutung zukomme, trifft bereits *zahlenmäßig* nicht zu. Hatte man sich lange Zeit nur auf Schätzungen und Hochrechnungen verlassen, ergab eine von der *V & M Service GmbH* aus Konstanz im Frühjahr 2001 durchgeführte Auswertung der ca. 600 örtlichen Vereinsregister, daß es in Deutschland 544.701 eingetragene Vereine gibt, davon allein 215.439 Sportvereine.[11] Die Bedeutung der zuletzt genannten Zahl wird deutlich, wenn man bedenkt, daß etwa das Kölner Marktforschungsinstitut *Sport + Markt* in seiner von der Brauerei Veltins und dem Deutschen Sportbund (DSB) in Auftrag gegebenen „Veltins-Sportstudie“ ebenfalls im Jahre 2001 noch von 87.000 deutschen Sportvereinen ausging.[12] Auf der Grundlage dieser Zahl kommt die „Veltins-Sportstudie“ zu dem

7 Die Abgrenzung zwischen nichtwirtschaftlichen und wirtschaftliche Vereinen erfolgt heute nach der von *K. Schmidt* entwickelten teleologisch-typologischen Methode unter Berücksichtigung der tatsächlich ausgeübten Tätigkeit des Vereins, siehe dazu etwa *K. Schmidt* GesR § 23 III (S. 667 ff.).

8 Vgl. *BGH* NJW 1991, 1727, 1729; *Flume* JurP § 4 I (S. 95 ff.); *K. Schmidt* GesR § 23 I 2 (S. 660).

9 Bei *Mugdan* I S. 995.

10 Vgl. Rowedder / Schmidt-Leithoff / *Schmidt-Leithoff* Einl. Rn. 110; *Steding* S. 27.

11 Vgl. zur Studie der V&M Service GmbH (Konstanz) die dpa-Meldung in der *F.A.Z.* v. 1. 10. 2001 S. 11. In Kontrast dazu sprach etwa *Burhoff* S. 5 (Vorwort) noch im Januar 2000 von „über 280.000“ Vereinen in Deutschland, *Singer* S. 25 ging Anfang 1996 von 240.000 Vereinen aus.

Ergebnis, daß die Vereinsmitglieder jährlich allein rund 7,5 Mrd. € in der Vereinsgastronomie und für Eintrittskarten ausgeben. Legt man die „wirkliche“ Zahl der eingetragenen Sportvereine zugrunde, kommt man naturgemäß auf eine wesentlich höhere Summe.[13] Dies zeigt, daß nicht nur in *zahlenmäßiger,* sondern auch in *wirtschaftlicher* Hinsicht von einer geringen Bedeutung der eingetragenen Vereine keine Rede sein kann.

Aber auch die von den eingetragenen Vereinen verfolgten *Zwecke* sind nicht durchweg von „untergeordneter“ Bedeutung. Zwar gibt es in Deutschland neben den 215.439 Sportvereinen 95.044 sogenannte Freizeitvereine, wozu z. B. Schützen-, Gesangs-, Kegel- oder Kleingartenvereine gehören.[14] Daneben finden sich aber auch Vereine, die sich beruflichen, wirtschaftlichen (z. B. DIN Deutsches Institut für Normung) und politischen Themen (z. B. Christlich-Soziale Union in Bayern) widmen (51.581), sowie Interessengemeinschaften von Bürgern (42.510), Umweltgruppierungen (5.614, z. B. Greenpeace) und kulturelle (61.983) oder sozial-karitative Institutionen (72.530, z. B. DRK, ASB, Johanniter Unfallhilfe), die als eingetragene Vereine organisiert sind.[15] In der Praxis haben sich darüber hinaus nicht wenige Technische Überwachungsdienste (z. B. TÜV Rheinland), Volkshochschulen, Wirtschafts- und Verbraucherverbände, Lohnsteuerhilfeeinrichtungen, Automobilklubs (z. B. ADAC, ACE), Forschungsinstitute, Arbeitgeberverbände sowie Haus- und Grundeigentümer-vereinigungen für die Rechtsform des „e.V.“ entschieden. Die Erscheinungsform des eingetragenen Vereins ist demnach entgegen der Einschätzung des Reichstagsabgeordneten *Stadthagen* nicht auf „Skat-, Kegel-, Sauf- und Rauchvereine“ beschränkt geblieben. Tatsächlich kann von einer im Vergleich zur GmbH, AG und eG vernachlässigbaren Bedeutung in Deutschland keine Rede sein.

Trotz der praktisch großen Bedeutung fehlt es an einer *umfassenden* Untersuchung der Haftung und der Möglichkeiten einer Haftungsbeschränkung beim eingetragenen nichtwirtschaftlichen Verein.[16] Die vorliegende Arbeit soll dazu beitra-

---

12 Vgl. den Bericht über die Veltins-Sportstudie in der *F.A.Z.* v. 13. 10 .2001 S. 40. Von ca. 87.000 Sportvereinen wird etwa auch im Vorwort des PHBSportR (1998) und bei *Linnenbrink* SpuRt 1999, 224 ausgegangen. *Burhoff* S. 5 (Vorwort) sprach im Januar 2000 sogar noch von 78.000 Sportvereinen in Deutschland. Der DSB ging Mitte 1998 von 86.000 Sportvereinen aus, vgl. *Märkle* S. 7.

13 Es wäre wohl falsch, die genannte Summe von 14,67 Mrd. DM einfach mit einem Faktor von ca. 3 zu multiplizieren, denn in der Zahl von 87.000 Vereinen werden zumindest die größeren (und damit mitglieder- und umsatzstärkeren) Sportvereine im wesentlichen lückenlos enthalten sein und in der Hauptsache kleinere Vereine fehlen.

14 Vgl. zur Studie der V&M Service GmbH (Konstanz) die dpa-Meldung in der *F.A.Z.* v. 1. 10 .2001 S. 11.

15 Vgl. die dpa-Meldung in der *F.A.Z.* v. 1. 10 .2001 S. 11.

16 Lediglich *Singer* S. 28 ff. hat sich bisher ausführlicher mit dem Thema beschäftigt. Der Schwerpunkt ihrer Arbeit liegt jedoch auf Fragen der *Innenhaftung* des Vereins. Die persönliche Außenhaftung des Vorstands wird nur sehr knapp behandelt (s. *Singer* S. 59 – 63), die Versicherbarkeit dieses Haftungsrisikos durch einen kurzen Hinweis unzutreffenderweise

gen, diese Lücke zu schließen. Erfaßt wird dabei zum einen die zivilrechtliche Haftung *des Vereins,* zum anderen die persönliche Außen- und Innenhaftung *des Vereinsvorstands* mit Ausnahme der strafrechtlichen Verantwortlichkeit. Ziel der Abhandlung ist es, bestehende Haftungsrisiken samt ihrer dogmatischen Konstruktion aufzuzeigen und Wege zu finden, die Haftung zu beschränken und im Fall des Vorstand das (verbleibende) Risiko zu versichern. Obwohl die Arbeit für alle eingetragenen Vereine gilt, sollen die *Sportvereine* als größte Gruppe unter den Vereinen *besondere Berücksichtigung* finden. Darüber hinaus sind die Ausführungen auch für (Sport-)*Verbände* relevant, die in der Rechtsform des eingetragenen Vereins organisiert sind.

Im Anschluß an die Einleitung wird im zweiten Teil der Arbeit zunächst auf die Haftung des Vereins eingegangen. Darauf folgend befaßt sich der dritte Teil mit der persönlichen Außenhaftung und der vierte Teil mit der persönlichen Innenhaftung des Vorstands. In den einzelnen Teilen wird jeweils in einem ersten Schritt die bestehende Haftung aufgezeigt, um in einem zweiten Schritt nach Möglichkeiten der Haftungsbeschränkung zu suchen. Im fünften Teil der Arbeit soll schließlich der Frage der Versicherbarkeit des persönlichen Haftungsrisikos des Vereinsvorstands nachgegangen werden. Den Abschluß bildet eine Zusammenfassung der wesentlichen Ergebnisse im sechsten und letzten Teil der Abhandlung.

Terminologisch wird nachfolgend nur noch vom „Verein" gesprochen. Damit ist in jedem Fall der eingetragene nichtwirtschaftliche Verein im Sinne des § 21 BGB gemeint. Der Begriff der *Haftungsbeschränkung* ist als Oberbegriff zu *Haftungsausschluß* und *Haftungsbegrenzung* zu verstehen. Ein *Haftungsausschluß* betrifft den *Anspruchsgrund* und hindert bereits die Entstehung des Anspruchs.[17] Demgegenüber bezieht sich eine *Haftungsbegrenzung* nur auf den *Umfang der Haftung* und läßt die Entstehung des Anspruchs dem Grunde nach unberührt.[18]

---

verneint (s. *Singer* S. 185). Außerdem berücksichtigt die Ende 2002 erschienene Arbeit Rechtsprechung, Literatur und Gesetzesänderungen nur bis Anfang 1996, so daß einige neuere Urteile und Literaturstimmen nicht ausgewertet wurden.

17 Wird nicht die Ersatzpflicht des Vereins, sondern durch die Beschränkung des Pflichtenumfangs bereits eine Voraussetzung des Anspruch abbedungen, handelt es sich um einen sog. „verhüllten Haftungsausschluß", für den jedoch dieselben Regeln wie für einen normalen Haftungsausschluß gelten, vgl. allg. *BGH* NJW 1983, 1322 zu einem AGB-Haftungsausschluß.

18 Beispiele für Haftungsbegrenzungen sind summenmäßige Haftungsbeschränkung, Haftungsbegrenzung auf Personen- oder Sachschäden, Abbedingung der Haftung für entgangenen Gewinn / nicht vorhersehbare Schäden / Mangelfolgeschäden, subsidiäre Ausgestaltung der Haftung, zeitliche Beschränkung der Haftung, vgl. Palandt / *Heinrichs* § 307 Rn. 43.

*Zweiter Teil*

# Haftung des Vereins gegenüber Dritten

## A. Darstellung der Haftung

### I. Deliktische Haftung

#### 1. Haftung des Vereins gemäß § 31 BGB für Eigendelikte der Organwalter

Im Verlaufe der Untersuchung wird immer wieder auf § 31 BGB zurückzukommen sein. Dabei wird es zur Problemlösung insbesondere auf den Telos der Vorschrift ankommen. Dieser soll deshalb vorab etwas genauer beleuchtet werden.

##### *a) Telos des § 31 BGB*

§ 31 BGB lautet: „Der Verein ist für den Schaden verantwortlich, den der Vorstand, ein Mitglied des Vorstandes oder ein anderer verfassungsmäßig berufener Vertreter durch eine in Ausführung der ihm zustehenden Verrichtungen begangene, zum Schadensersatz verpflichtende Handlung einem Dritten zufügt."

Wie sich aus den Motiven der Ersten Kommission und den Protokollen der Zweiten Kommission zur Ausarbeitung des BGB ergibt, steht hinter § 31 BGB eine *Gerechtigkeitserwägung.*[19] Der Verein für sich allein genommen ist als juristische Person zwar rechtsfähig, aber nicht handlungsfähig. Erst durch das Verhalten bestimmter natürlicher Personen (vor allem der Organe i. S. d. § 31 BGB) bekommt er die Möglichkeit, sein Vermögen zu verwalten und am Rechtsverkehr teilzunehmen, d. h. insbesondere Verträge zu schließen und damit Träger von Rechten und Pflichten zu werden. Hat der Verein aber einen Nutzen (Vorteil) aus der Tätigkeit dieser Personen, soll er – sozusagen als Kehrseite der Medaille – auch eine entsprechende Last (Nachteil) tragen müssen.[20] Da ihm das Verhalten

---

19 Vgl. Motive I S. 102 ff. und Protokolle bei *Mugdan* I S. 617 f.

20 Der Gedanke des Vorteil-Nachteil-Ausgleichs spielte bereits in den Beratungen der 1. Kommission eine Rolle. Er stammt aus der „neueren Rechtsentwicklung", die sich in der Rechtsprechung des gemeinen Rechts und der Partikularrechte der zweiten Hälfte des 19. Jahrhunderts niedergeschlagen hatte. Vgl. dazu *Jakobs/Schubert* Beratung des BGB AT 1 S. 164 f. In den Motiven zu § 46 E I (heutiger § 31 BGB) tauchen dieselben Überlegungen wieder auf, vgl. Motive bei *Mugdan* I S. 409.

der natürlichen Personen zugute kommt, erscheint es nur gerecht, ihn auch für die Schäden einstehen zu lassen, die diese Personen im Rahmen ihres Aufgabenkreises unter Einsatz von Mitteln des Vereins oder im Hinblick auf dessen Vorteile bei Dritten verursachen. Hinter § 31 BGB steht also der Gedanke des *Vorteil-Nachteil-Ausgleichs* als spezielle Ausprägung des allgemeinen Gerechtigkeitsgedankens.

Darüber hinaus dient die Vorschrift dem Verkehrsinteresse (*Verkehrsschutzgedanke*).[21] Derjenige Dritte, der im Zusammenhang mit der Vermögensverwaltung oder im Hinblick auf einen Vorteil des Vereins einen Schaden erlitten hat, soll zur Sicherung seines Ausgleichsinteresses auf das Vereinsvermögen zugreifen können. Der Geschädigte soll nicht allein auf den häufig unergiebigen Weg verwiesen werden, die verantwortliche natürliche Person in Anspruch zu nehmen.[22]

Zur ratio legis des § 31 BGB gehört schließlich noch, eine Gleichstellung der juristischen mit der natürlichen Person bezüglich der Haftung für zum Schadensersatz verpflichtende Handlungen zu erreichen (*haftungsrechtliche Gleichstellung*).[23] So wie die natürliche Person für ihr eigenes Verhalten unbedingt haftet, soll der Verein für das Verhalten seiner Organe unbedingt haften. Der Gedanke der Gleichstellung spielte bereits bei den Beratungen der ersten Kommission zur Ausarbeitung eines BGB-Entwurfs eine entscheidende Rolle. In der Diskussion zur Schaffung des heutigen § 31 BGB (damals E I § 46) wurde nämlich ausdrücklich der Vorschlag verworfen, den Verein nicht nur für solche natürlichen Personen unbedingt haften zu lassen, die ihm die Vermögensverwaltung und die Teilnahme am Rechtsverkehr überhaupt erst ermöglichen, sondern eine unbedingte Haftung für *sämtliche* Angestellte einzuführen. Der Grund für die ablehnende Haltung der Kommissionsmehrheit lag darin, daß der Vorschlag zu einer Schlechterstellung der juristischen gegenüber der natürlichen Person geführt hätte, weil letztere für ihre Angestellten nur nach (dem heutigen) § 831 I BGB – also nicht unbedingt, sondern mit Exkulpationsmöglichkeit – haften sollte.[24] Die Haltung der ersten Kommission wurde später durch die zweite Kommission bestätigt[25], und auch der Gesetzgeber hat daran nichts mehr geändert.[26]

Der Telos des § 31 BGB setzt sich also aus drei Teilen zusammen: Erstens soll der Verein für die natürlichen Personen, die ihm die Vermögensverwaltung und die Teilnahme am Rechtsverkehr überhaupt erst ermöglichen, unbedingt haften, wenn

---

21 Auf die Bedürfnisse des Rechtsverkehrs wurde schon in den Beratungen der 1. Kommission verwiesen, vgl. *Jakobs/Schubert* Beratung des BGB AT 1 S. 164 f. Siehe auch die Motive der 1. Kommission bei *Mugdan* I S. 409.

22 Vgl. *Jakobs/Schubert* Beratung des BGB AT 1 S. 164 f.; Motive bei *Mugdan* I S. 409.

23 Gleiche Einschätzung etwa bei Erman/*H.P. Westermann* § 31 Rn. 1, 6; RGRK/*Steffen* § 31 Rn. 1.

24 Vgl. *Jakobs/Schubert* Beratung des BGB AT 1 S. 160, 165 sowie die Motive bei *Mugdan* I S. 409.

25 Vgl. Protokolle bei *Mugdan* I S. 618 f.

26 Vgl. *Mugdan* II S. 1300 (Reichstagskommissionsbericht).

diese in Ausführung ihrer Tätigkeit Dritten einen Schaden zufügen (*Gedanke des Vorteil-Nachteil-Ausgleichs*). Zweitens dient § 31 BGB dem Verkehrsinteresse (*Gedanke des Verkehrsschutzes*), indem er dem Geschädigten den Zugriff auf das Vereinsvermögen ermöglicht. Drittens steht hinter der Vorschrift das Ziel, eine Gleichstellung der juristischen mit der natürlichen Person bezüglich der Haftung für zum Schadensersatz verpflichtende Handlungen zu erreichen (*haftungsrechtliche Gleichstellung*).

### *b) Funktionsweise des § 31 BGB*

Es stellt sich die Frage, wie die Haftung des Vereins nach § 31 BGB rechtstechnisch funktioniert. Nach weit verbreiteter Ansicht ist § 31 BGB keine haftungsbegründende, sondern eine haftungszuweisende Norm.[27] Sie setze eine zum Schadensersatz verpflichtende Handlung eines Organs bzw. eines Organwalters voraus. Der jeweilige Haftungstatbestand müsse *in dessen Person* voll erfüllt sein.[28]

Für diese Interpretation spricht jedenfalls der Wortlaut des § 31 BGB. Er verlangt eine vom Vorstand, einem Mitglied des Vorstandes oder einem anderen verfassungsmäßig berufenen Vertreter begangene, *zum Schadensersatz verpflichtende Handlung*. Die Schadensersatzverpflichtung (des Organwalters) muß bereits ohne Zuhilfenahme des § 31 BGB entstanden sein. Die Funktion des § 31 BGB besteht in diesem Fall lediglich darin, den Verein für einen aus einer solchen Handlung resultierenden Schaden „verantwortlich" zu erklären. „Verantwortlichkeit" in diesem Sinne bedeutet, daß dem Verein das haftungsbegründende Verhalten seiner verfassungsmäßigen Vertreter zugerechnet wird und nun (auch) den Verein eine Schadensersatzpflicht trifft. Liegen die Voraussetzungen des § 31 BGB vor, kann der Geschädigte deshalb auf die Haftungsmasse des Vereins zugreifen. Daneben kann er aber auch den Organwalter persönlich in Anspruch nehmen.

Es bleibt also folgendes festzuhalten: Verwirklicht ein Organwalter *in seiner Person* alle Tatbestandsvoraussetzungen einer Schadensersatznorm, so haftet dieser selbstverständlich dem Geschädigten persönlich, etwa aus § 823 I BGB. Hat er dabei „in Ausführung einer ihm zustehenden Verrichtung" für den Verein gehandelt, so haftet *neben ihm* auch der Verein aus §§ 31, 823 I BGB. Im Falle des Eigendelikts eines Organwalters stellt § 31 BGB damit einen *gesetzlichen Schuldbeitritt* dar.[29] Dem Verein wird eine (bereits nach anderen Vorschriften entstan-

---

27 Vgl. *BGHZ* 99, 298, 302; Palandt/*Heinrichs* § 31 Rn. 2; *Reichert* Rn. 1886; RGRK/*Steffen* § 31 Rn. 1; *Friedrich* DStR 1994, 100, 101; Soergel/*Hadding* § 31 Rn. 1; Erman/*H.P.Westermann* § 31 Rn. 1, 6 („haftungsausdehnende Norm"); *Martinek* S. 34 f.; *Habetha* DZWir 1995, 272, 273.

28 Vgl. *BGHZ* 99, 298, 302; *BayObLG* OLGE 42, 254, 255; *Reichert* Rn. 1886; AK/*Ott* § 31 Rn. 13; Erman/*H.P.Westermann* § 31 Rn. 6; RGRK/*Steffen* § 31 Rn. 1; Staudinger/*Weick* § 31 Rn. 4; *Brüggemeier* AcP 191 (1991), 33, 37; a.A. im Ergebnis etwa MüKo/*Reuter* § 31 Rn. 30.

dene) Haftung *zugewiesen,* sie wird auf die juristische Person *ausgedehnt.*[30] Der Geschädigte bekommt einen zusätzlichen Schuldner, auf dessen Vermögen er Zugriff nehmen kann. Ob sich die Funktion des § 31 BGB darin erschöpft[31], d. h. ob die Vorschrift zwingend ein vollständig verwirklichtes Eigendelikt eines Organwalters voraussetzt, oder ob sie auch ohne ein solches greifen kann[32], wird an späterer Stelle – insbesondere bei der Verkehrspflichthaftung des Vereins – noch zu klären sein. Aufgabe des § 31 BGB ist jedenfalls *auch* die Anordnung eines gesetzlichen Schuldbeitritts.

### *c) Personenkreis, für den der Verein gemäß § 31 BGB haftet*

Da § 31 BGB eine unbedingte Einstandspflicht des Vereins normiert, ist in einem nächsten Schritt zu klären, für welche Personen der Verein nach dieser Vorschrift haftet.

#### aa) Der Vorstand und die Mitglieder des Vorstands

§ 31 BGB scheint vom Wortlaut her eindeutig festzulegen, für welche Organe bzw. Organwalter der Verein haftet. Genannt sind der Vorstand, die einzelnen Mitglieder des Vorstandes und die anderen verfassungsmäßig berufenen Vertreter.

Mit dem „Vorstand" ist in § 31 BGB der *Ein-Mann-Vorstand* gemeint. Im Unterschied dazu bezieht sich die Formulierung „ein Mitglied des Vorstands" auf den Fall des aus mehreren Personen bestehenden Vorstands (*mehrgliedriger Vorstand*). Die Zulässigkeit eines solchen mehrgliedrigen Vorstands ergibt sich § 26 I 2 BGB.

Zum „Vorstand" i. S. d. § 31 BGB gehört nur, wer zur organschaftlichen Vertretung des Vereins befugt ist und damit Vorstand i. S. d. § 26 BGB ist.[33] Teil des

---

29 Vgl. *v. Bar* FS Kitagawa S. 279, 282 ff.; *ders.* Karlsruher Forum 1993 S. 37; *Altmeppen* ZIP 1995, 881, 887; *ders.* NJW 1996, 1017, 1023 f.; *Brüggemeier* AcP 191 (1991), 33, 64; *Rogge* S. 121.

30 So schon *H. Westermann* JuS 1961, 333, 335; ihm folgend *Martinek* S. 25, 49; *Reuber* S. 114. Siehe auch Erman / *H.P. Westermann* § 31 Rn. 6 und letztlich *Habetha* DZWiR 1995, 272, 273.

31 So etwa *Brüggemeier* AcP 191 (1991), 33, 37 ff., 64; *Altmeppen* ZIP 1995, 881, 888; *ders.* NJW 1996, 1017, 1024; *v. Bar* FS Kitagawa S. 279, 282 ff.; RGRK / *Steffen* § 31 Rn. 1; *Martinek* S. 34 f.; *Vehreschild* S. 81 f. Im Ergebnis ebenso *BGHZ* 99, 298, 300 („Unerläßliche Voraussetzung dieser Zurechnung [des § 31 BGB] ist es, daß das Organ, also eine natürliche Person, eine zum Schadensersatz verpflichtende Handlung begangen hat."), ohne daß der *BGH* allerdings ausdrücklich das Wort „Schuldbeitritt" benutzt. Gleiches gilt etwa auch für *Reichert* Rn. 1886 und Jauernig / *Jauernig* § 31 Rn. 1.

32 So z. B. MüKo / *Reuter* § 31 Rn. 30.

33 Siehe dazu *KG* OLGZ 1978, 272; MüKo / *Reuter* § 26 Rn. 8; Palandt / *Heinrichs* § 26 Rn. 1; *Reichert* Rn. 1887.

Vorstands *i. S. d. Satzung* sind jedoch nicht selten Personen, die von der Vertretung ausgeschlossen und etwa nur für die interne Geschäftsführung zuständig sind. Für sie haben sich Begriffe wie „Vorstandschaft", „Gesamtvorstand", „erweiterter Vorstand" oder „geschäftsführender Vorstand" eingebürgert. Die so geschaffenen Organe sind kein Vorstand i. S. d. §§ 26, 31 BGB.[34] Ihre satzungsmäßige Kreation ist zulässig, solange kein Zweifel daran besteht, welche Personen den Verein organschaftlich vertreten, d. h. zum Vorstand i. S. d. § 26 BGB gehören.[35]

Unter den Begriff des Vorstands i. S. d. § 31 BGB fällt auch der inzwischen ausgeschiedene, aber noch im Vereinsregister eingetragene Vorstand. Darüber hinaus haftet der Verein für den sogenannten *faktischen Vorstand.*[36] Bei einem faktischen Vorstand übt eine Person zwar tatsächlich ein Vorstandsamt aus, jedoch ist die Organbestellung unwirksam.

#### bb) Der „andere verfassungsmäßig berufene Vertreter" i. S. d. § 31 BGB

Zu klären bleibt, wer ein „anderer verfassungsmäßig berufener Vertreter" i. S. d. § 31 BGB ist. Der Begriff des „anderen verfassungsmäßig berufenen Vertreters" ist im Gesetz nicht näher erläutert. Daß damit der „besondere Vertreter" i. S. d. § 30 BGB gemeint ist, ergibt sich weniger aus dem Wortlaut des § 31 BGB als vielmehr aus der Entstehungsgeschichte dieser Norm.[37] Im ersten Entwurf des BGB kam ein besonderer Vertreter i. S. d. heutigen § 30 BGB noch gar nicht vor. Als besonderer Vertreter wurde vielmehr in § 44 VI E I und § 45 E I nur der vom zuständigen Amtsgericht bestellte Notvorstand i. S. d. des heutigen § 29 BGB genannt.[38] Die zweite Kommission hingegen faßte den Beschluß, in der Verfassung des Vereins neben dem Vorstand auch die Bestellung weiterer Vertreter für die Führung bestimmter Geschäfte zuzulassen. Der erste Entwurf wurde deshalb um § 45 a E I (entspricht in etwa dem heutigen § 30 BGB) erweitert, § 46 E I (heutiger § 31 BGB) wurde dementsprechend ergänzt.[39] Die Beweggründe für diesen Schritt der zweiten Kommission ergeben sich aus den Protokollen:

---

34 Vgl. *KG* OLGZ 1978, 272, 274; *BayObLGZ* 1969, 33; *OLG Celle* NJW 1969, 326; MüKo/*Reuter* § 26 Rn. 8. Allerdings haftet der Verein für die Mitglieder dieser Organe u.U. analog § 31 BGB, wenn sie die Kriterien eines „Repräsentanten" erfüllen. Siehe dazu eingehend unten Zweiter Teil A. I. 1. c) bb).

35 Vgl. *BayObLGZ* 1971, 266; Palandt/*Heinrichs* § 26 Rn. 2. Sauter/Schweyer/*Waldner* Rn. 308 hält solche Gestaltungen zwar für rechtlich zulässig, empfiehlt jedoch wegen der Verwechselungsgefahr mit dem Vorstand i. S. d. § 26 BGB auf sie zu verzichten.

36 Vgl. etwa *Reichert* Rn. 1888, 1288 ff.

37 Nach Soergel/*Hadding* § 31 Rn. 10 sind die Begriffe „anderer verfassungsmäßig berufener Vertreter" (§ 31 BGB) und „besonderer Vertreter" (§ 30 BGB) zwar nicht identisch, aber in der Rechtspraxis deckungsgleich.

38 Die §§ 44, 45 des ersten Entwurfs sind abgedruckt etwa bei *Mugdan* I S. LXI.

39 Vgl. *Jakobs/Schubert* Beratung des BGB AT 1 S. 314, 321, 333; Protokolle bei *Mugdan* I, S. 617.

„Die Bestellung besonderer Personen als Organe des Vereins für einen begrenzten Geschäftskreis neben dem Vorstand sei bei Vereinen von größerem Umfang tatsächlich häufig und unentbehrlich, so die Bestellung besonderer Kassierer, örtlicher Delegierter für Vereine, deren Tätigkeit sich auf ein größeres Gebiet erstreckt. Erwähne das Gesetz wie der Entw. [gemeint ist der 1. Entwurf] nur den Vorstand, so sei es mindestens zweifelhaft, ob die für diesen gegebenen Bestimmungen auch auf die bezeichneten Vereinsorgane anwendbar seien, da die Letzteren in den Statuten nicht selten vom Vorstand scharf unterschieden würden und zwischen ihnen und dem Vorstand der innere Unterschied bestehe, daß sie zur Leitung des Vereines nicht berufen seien. Sachlich aber müsse besonders der § 46 [heutiger § 31 BGB] auf jene besonderen Organe Anwendung finden."[40]

Damit steht fest, daß das Gesetz mit dem „verfassungsmäßig berufenen Vertreter" in § 31 BGB auf den „besonderen Vertreter" des § 30 BGB Bezug nimmt. Dabei fällt noch etwas auf: Für die Gesetzesväter bedeutete „verfassungsmäßig berufen" (§ 31 BGB), daß gerade *die Satzung* die Bestellung des besonderen Vertreters vorsieht (§ 30 S. 1 BGB: *„Durch die Satzung* kann bestimmt werden...").[41]

Da auch der „besondere Vertreter" – neben dem Vorstand und der Mitgliederversammlung – ein Organ des Vereins ist[42], ordnet § 31 BGB vom Wortlaut her eine reine Organhaftung an.[43] Im Gegensatz zu dieser unbedingten Organhaftung haftet der Verein für seine anderen Hilfspersonen im deliktischen Bereich „nur" nach § 831 I BGB, also mit der Möglichkeit der Exkulpation.

*(1) Erweiternde Auslegung des Begriffs durch die Rechtsprechung*

Schon das *RG* hatte jedoch damit begonnen, den Begriff des „verfassungsmäßig berufenen Vertreters" in § 31 BGB *erweiternd auszulegen.* Nach einer zunächst nicht immer einheitlich verlaufenen Rechtsprechung[44] gaben die Richter im Jahre 1943 das Merkmal der *Vertretungsmacht* als Voraussetzung des verfassungsmäßig berufenen Vertreters gänzlich auf.[45] Der *BGH* machte sich diese Sichtweise später zu eigen.[46]

Daneben erstreckte die Rechtsprechung ihre erweiternde Auslegung auch auf den Begriff der *verfassungsmäßigen Berufung.*[47] Im Jahre 1917 stellte das *RG* als

40 Protokolle bei *Mugdan* I S. 617 f.

41 So auch Staudinger / *Weick* § 31 Rn. 24.

42 Vgl. *RGZ* 53, 279; 142, 358; 163, 29; Ermann / *H.P. Westermann* § 30 Rn. 1; RGRK / *Steffen* § 30 Rn. 1; Soergel / *Hadding* § 30 Rn. 1, 9; Palandt / *Heinrichs* § 30 Rn. 1 („Vereinsorgan mit beschränkter Zuständigkeit"); Staudinger / *Weick* § 31 Rn. 24 („Sonderorgan").

43 Vgl. AK / *Ott* § 31 Rn. 7; im Ergebnis ebenso MüKo / *Reuter* § 31 Rn. 2; Soergel / *Hadding* § 31 Rn. 1; Staudinger / *Weick* § 31 Rn. 27.

44 Siehe z. B. *RGZ* 53, 276, 279 einerseits und *RGZ* 74, 21, 23 und 74, 250, 257 andererseits.

45 Vgl. *RG* Deutsches Recht 1944, 287.

46 Vgl. etwa *BGH* VersR 1962, 664; NJW 1977, 2259; NJW 1986, 2939; NJW 1986, 2941.

„neuere ständige Rechtsprechung" fest, daß die Bestellung der besonderen Vertreter nicht durch die Satzung selbst angeordnet werden müsse. Damit hatte das *RG* die Voraussetzung einer „verfassungsmäßigen", d. h. „satzungsmäßigen" Berufung im Ergebnis aufgegeben. Es genügte fortan, wenn in der Satzung ein Aufgabenbereich formuliert war, der die Bestellung eines besonderen Vertreters erforderlich machte. In Fortentwicklung dieser Grundsätze gelangte das *RG* später sogar zu der Ansicht, daß es ausreiche, wenn der betreffenden Person aufgrund der Satzung oder allgemeiner Betriebsregelung und Handhabung Aufgaben zugewiesen seien, die sie selbständig und unter eigener Verantwortung zu erfüllen habe.[48] Ob der Berufene als besonderer Vertreter anzusehen sei, entscheide sich regelmäßig nach der Selbständigkeit seiner Stellung und nach der Wichtigkeit und dem Umfang des ihm zugewiesenen Geschäftsbereichs.[49] Der *BGH* hat diese Ansätze übernommen und wie folgt zusammengefaßt:

> „Verfassungsmäßig berufene Vertreter im Sinne des § 31 BGB sind nicht nur Personen, deren Tätigkeit in der Satzung der juristischen Person vorgesehen ist; auch brauchen sie nicht mit rechtsgeschäftlicher Vertretungsmacht ausgestattet zu sein. Es braucht sich auch nicht um einen Aufgabenbereich innerhalb der geschäftsführenden Verwaltungstätigkeit der juristischen Person zu handeln. Vielmehr genügt es, daß dem Vertreter durch die allgemeine Betriebsregelung und Handhabung bedeutsame, wesensmäßige Funktionen der juristischen Person zur selbständigen, eigenverantwortlichen Erfüllung zugewiesen sind, daß er also die juristische Person auf diese Weise repräsentiert."[50]

Die Motivation der Rechtsprechung für die erweiternde Auslegung des „verfassungsmäßig berufenen Vertreters" und damit für die Ausdehnung des Anwendungsbereichs des § 31 BGB lag in der wegen der Exkulpationsmöglichkeit als zu schwach empfundenen Haftung des Vereins für sonstige Hilfspersonen nach § 831 I BGB. Der Anwendungsbereich des § 831 I BGB sollte zurückgedrängt werden.[51] Das entspreche dem Sinn der §§ 30, 31 BGB, die dem Verkehrsschutz dienen sollten. Die Voraussetzungen der §§ 30, 31 BGB richteten sich deshalb nicht nach dem internen Rang des Berufenen, sondern nach dem Außenverhältnis. Der besondere Vertreter könne durchaus im Innenverhältnis weisungsabhängig sein, sofern sein Aufgabenbereich jedenfalls als für die juristische Person *repräsentativ* angesehen werden könne.[52] Damit wurde der vom Gesetz ursprünglich als reine Organhaftung vorgesehene § 31 BGB zur *Repräsentantenhaftung* weiterent-

---

47 Auch hier verlief die Rechtsprechung zunächst durchaus wechselhaft, siehe etwa *RG* v. 2. 6. 1910, RGZ 74, 21, 23 einerseits und *RG* v. 18. 3. 1912, RGZ 79, 101, 108 andererseits.

48 Vgl. *RG* v. 17. 1. 1940, RGZ 163, 21, 30.

49 Vgl. *RGZ* 70, 118, 119 f.

50 *BGHZ* 49, 19, 21. Diese Formel wiederholt der *BGH* seither, vgl. z. B. *BGH* NJW 1972, 334, NJW 1977, 2259, 2260; NJW 1984, 921; NJW-RR 1986, 281; NJW-RR 1990, 484; NJW 1998, 1854.

51 Vgl. Palandt / *Heinrichs* § 30 Rn. 1; § 31 Rn. 6; Soergel / *Hadding* § 30 Rn. 1; Staudinger / *Weick* § 31 Rn. 27; MüKo / *Reuter* § 30 Rn. 1 f.

52 Vgl. *BGH* NJW 1977, 2259, 2260.

wickelt. Der Begriff des Repräsentanten entspricht dabei inzwischen im wesentlichen dem des „leitenden Angestellten“[53] im Arbeitsrecht.[54]

### *(2) Die Auffassung der Literatur*

Die Literatur stimmt heute im Ergebnis nahezu einheitlich mit der Rechtsprechung überein. Es besteht Konsens darüber, daß der Verein für ein schädigendes Verhalten seiner leitenden Mitarbeiter (Repräsentanten) nach § 31 BGB unbedingt einstehen soll, und zwar unabhängig davon, ob sie Vertretungsmacht besitzen und formal zu besonderen Vertretern i. S. d. § 30 BGB bestellt worden sind.[55] Kritisiert wird an der Rechtsprechung jedoch, daß es sich dabei um eine vom Wortlaut des Gesetzes nicht mehr gedeckte Auslegung handele.[56] Das wünschenswerte und richtige Ergebnis lasse sich methodisch nur einwandfrei begründen, indem man die Tatbestandsmerkmale des Gesetzes unverändert lasse und offen für eine Analogie zu § 31 BGB eintrete.[57]

### *(3) Stellungnahme*

Der zwischen Rechtsprechung und Literatur bestehende Streit ist letztlich rein dogmatischer Natur und hat im Ergebnis keine Auswirkungen auf die Haftung des Vereins nach § 31 BGB. Die dogmatische sauberere Lösung liegt jedoch in der von der Literatur vorgeschlagenen Analogie. Denn zumindest die „erweiternde Auslegung“ des Merkmals der *verfassungsmäßigen Berufung* sprengt tatsächlich die Grenzen des Wortlauts des § 31 BGB, der mit „verfassungsmäßig“ *satzungsmäßig* i. S. d. § 30 BGB meint.[58] Für die vorliegende Darstellung soll § 31 BGB deshalb im Falle der Repräsentantenhaftung nicht „erweiternd“, sondern analog angewandt werden.

---

53 Vgl. § 5 III, IV BetrVG und § 3 III Nr. 2 MitbestG.

54 Vgl. Soergel / *Hadding* § 31 Rn. 10; Palandt / *Heinrichs* § 31 Rn. 6; MüKo / *Reuter* § 31 Rn. 19.

55 Vgl. etwa MüKo / *Reuter*, § 31 Rn. 5, 19; Erman / *H.P. Westermann* § 31 Rn. 4; Staudinger / *Weick* § 31 Rn. 34 ff.; wohl auch Soergel / *Hadding* § 30 Rn. 1 i.V.m. § 31 Rn. 10.

56 So etwa Staudinger / *Weick* § 31 Rn. 31: Die Rspr. habe sich insoweit „praktisch vom Gesetz gelöst“. Vgl. auch MüKo / *Reuter* § 31 Rn. 5; Staudinger / *Weick* § 31 Rn. 30 ff.; Soergel / *Hadding* § 30 Rn. 1, 4; Erman / *H.P. Westermann* § 31 Rn. 1.

57 Vgl. Staudinger / *Weick* § 31 Rn. 34; Soergel / *Hadding* § 30 Rn. 1 a.E.; MüKo / *Reuter* § 31 Rn. 5; Palandt / *Heinrichs* § 31 Rn. 8; *Kleindiek* S. 348 ff.; *Martinek* S. 212 ff. (Analogie zu §§ 31 BGB, 2 RHaftPflG, 485 HGB, 3 I BinnSchiffG); nicht eindeutig Erman / *H.P. Westermann* § 31 Rn. 1. Ausdrücklich gegen eine Analogie zu § 31 BGB hingegen *RG* JW 1938, 1651 (zum sog. „körperschaftlichen Organisationsmangel“) und im Ergebnis auch *BGH* NJW 1972, 334 (beide allerdings ohne Begründung).

58 Wie hier auch: MüKo / *Reuter* § 31 Rn. 5; Staudinger / *Weick* § 31 Rn. 34; Soergel / *Hadding* § 30 Rn. 1; Erman / *H.P. Westermann* § 31 Rn. 1; *Kleindiek* S. 342 ff. Der Verzicht auf das Merkmal der Vertretungsmacht bedarf hingegen nicht unbedingt einer Analogie, vgl. *Kleindiek* S. 344; im Ergebnis ebenso: Soergel / *Hadding* § 30 Rn. 9; *Martinek* S. 138 ff.

Repräsentanten des Vereins sind z. B. Mitarbeiter, die eine bestimmte Vereinsabteilung[59] leiten, ohne über Vertretungsmacht zu verfügen und formal zu einem besonderen Vertreter i. S. d. § 30 BGB bestellt worden zu sein. Gleiches gilt für die Geschäftsführer des Vereins, die Leiter einer Vereinsgeschäftsstelle oder einer vereinseigenen Sozialeinrichtung, die Leiter einer unselbständigen Vereinsuntergliederung, die Leiter einer Fachgruppe eines Gesamtvereins und letztlich alle Personen mit vergleichsweise verantwortungsvoller Funktion, die sie nach außen als „Repräsentant" des Vereins in Erscheinung treten läßt.[60]

Sind einem Vereinsangestellten hingegen nur unbedeutsame, nicht vereinswesensmäßige oder solche Funktionen zugewiesen, bei denen er nach außen überhaupt nicht in Erscheinung tritt, oder sieht die Zuweisung eine selbständige und eigenverantwortliche Aufgabenerfüllung gar nicht vor, fehlt es an einer mit den „anderen verfassungsmäßigen Vertretern" in § 31 BGB (besonderen Vertretern i. S. d. § 30 BGB) vergleichbaren Interessenlage. Für einen solchen Angestellten haftet der Verein nicht nach § 31 BGB analog, sondern „nur" nach § 831 BGB.[61]

### cc) Haftung des Vereins für sonstige Organe

#### *(1) Haftung des Vereins für die Mitgliederversammlung*

Es stellt sich die Frage, ob der Verein nicht auch für ein drittschädigendes Verhalten seiner *Mitgliederversammlung* haftet. Nach dem Wortlaut des § 31 BGB haftet der Verein nur für den Vorstand, die Mitglieder des Vorstands und die anderen verfassungsmäßigen Vertreter, wobei mit letzteren die „besonderen Vertreter" i. S. d. § 30 BGB gemeint sind.[62] Die Mitgliederversammlung ist zwar ein Vereinsorgan, wird aber in den §§ 30, 31 BGB nicht erwähnt. Eine mit § 31 BGB vergleichbare Haftungsnorm für die Mitgliederversammlung existiert nicht. § 831 I BGB greift schon deshalb nicht, weil die Mitgliederversammlung das höchste Vereinsorgan und damit nicht weisungsgebunden ist. Demnach würde der Verein für ein drittschädigendes Verhalten seiner Mitgliederversammlung nicht haften.

---

59 Größere Sportvereine unterhalten häufig mehrere Abteilungen bzw. Sparten. So betreibt etwa der Eintracht Frankfurt e.V. Abteilungen für Boxen, Basketball, Eissport, Fußball (inzwischen ausgegliedert), Handball, Hockey, Leichtathletik, Rugby, Tennis, Tischtennis, Turnen und Volleyball, vgl. *Reichert* Rn. 32.

60 Vgl. zu der Aufzählung Sauter / Schweyer / *Waldner* Rn. 292.

61 Siehe dazu unten Zweiter Teil A. I. 3. Vgl. jedoch zur möglichen unbedingten Haftung des Vereins wegen Organisationsmangels unten Zweiter Teil A. I. 5.

62 Vgl. zu letzterem oben Zweiter Teil A. I. 1. c) bb).

(a) Auffassung der Literatur

In der Literatur wird hingegen überwiegend vorgeschlagen, den Verein analog § 31 BGB für seine Mitgliederversammlung haften zu lassen.[63] Die dafür gelieferten Begründungen sind unterschiedlich.[64]

Einige Autoren sehen die Rechtfertigung der Analogie offenbar in einem argumentum a maiori ad maius.[65] Wenn der Verein schon für den Vorstand und andere Vertreter nach § 31 BGB hafte, müsse er erst recht für die Mitgliederversammlung als oberstem Vereinsorgan haften, denn § 31 BGB sei Organhaftung und nicht Vertreterhaftung.[66] *Hadding* begründet die Analogie hingegen, indem er schlicht auf den Regelungsinhalt des § 31 BGB verweist.[67] *Reuter* und *Ott* machen den Analogieschluß davon abhängig, daß die Mitgliederversammlung im Außenverhältnis oder mit Außenwirkung handelt.[68] *Steffen* stellt schließlich fest, daß sich die entsprechende Anwendung von § 31 BGB aus der „körperschaftlichen Verfassung des Vereins" ergebe.[69]

Die Rechtsprechung hat diese Frage bisher – soweit ersichtlich – nicht entschieden. Entgegen der Einschätzung von *Hadding*[70] hat sich der *BGH* zu dieser Problematik weder in BGHZ 36, 296 noch in NJW 1983, 2827 geäußert. In der ersten Entscheidung ging es vielmehr um die völlig andere Frage, ob eine juristische Person für ihre verfassungsmäßigen Vertreter nach § 31 BGB haftet, wenn sie diese in den Aufsichtsrat einer anderen juristischen Person entsendet und es dort zu Pflichtverletzungen kommt.[71] Das zweite Urteil ist ein Verdikt des 4. Strafsenats des *BGH* und hat mit der hier interessierenden Haftung des Vereins ebenfalls nichts zu tun.

---

63 Vgl. *Oertmann* § 31 Anm. 8; Enneccerus/*Nipperdey* § 110 I Fn. 3; *Flume* JurP § 11 III 2 (S. 387); Staudinger/*Weick* § 31 Rn. 38; Soergel/*Hadding* § 31 Rn. 11; Palandt/*Heinrichs* § 31 Rn. 5; MüKo/*Reuter* § 31 Rn. 23; AK/*Ott* § 31 Rn. 12; RGRK/*Steffen* § 31 Rn 4; Erman/*H.P.Westermann* § 31 Rn. 2; *Reichert* Rn. 1890; *Burhoff* Rn. 341; *Friedrich* DStR 1994, 100, 101; *Martinek* S. 146 f.; *Helms* S. 51; *Märkle* S. 82 (ohne Hinweis auf Analogie); a.A. mit der Begründung, daß sonstige Organe keine „Vertreter" seien: *v. Tuhr* AT I § 37 VIII und *Planck/Knoke* § 31 Bem. 2d.

64 Folgende Autoren begründen den Analogieschluß hingegen gar nicht: Palandt/*Heinrichs* § 31 Rn. 5; *Reichert* Rn. 1890; *Burhoff* Rn. 341; *Friedrich* DStR 1994, 100, 101; *Märkle* S. 82.

65 So etwa Staudinger/*Weick* § 31 Rn. 38; *Flume* JurP § 11 III 2 (S. 387); *Martinek* S. 146 f.; *Helms* S. 51.

66 Vgl. Staudinger/*Weick* § 31 Rn. 38.

67 Siehe Soergel/*Hadding* § 31 Rn. 11.

68 Siehe MüKo/*Reuter* § 31 Rn. 23 (nur auf die Außenwirkung abstellend); AK/*Ott* § 31 Rn. 12 (auf Handlungen im Außenverhältnis oder mit Außenwirkung abstellend).

69 RGRK/*Steffen* § 31 Rn. 4.

70 Soergel/*Hadding* § 31 Rn. 11 mit Fn. 53.

71 Vgl. *BGHZ* 36, 296, 309 ff. (diese Frage verneinend); bestätigt durch *BGHZ* 90, 381.

(b) Stellungnahme

Da das Gesetz eine Haftung des Vereins für seine Mitgliederversammlung nicht vorsieht, liegt jedenfalls eine Regelungslücke vor. Damit ist aber noch nicht gesagt, daß diese Lücke auch planwidrig ist. Von Planwidrigkeit kann nur gesprochen werden, wenn nichtgeregelter und geregelter Sachverhalt in ihren wesentlichen Punkten eine vergleichbare Interessenlage betreffen, d. h. derartige Ähnlichkeiten aufweisen, daß im Hinblick auf den Telos der vorhandenen Regelung dieselbe Rechtsfolge angebracht erscheint.[72]

Die Mitgliederversammlung ist ein *Innenorgan* des Vereins.[73] Sie besitzt grundsätzlich keine Außenhandlungskompetenzen, ihre Handlungen haben keine unmittelbare Außenwirkung. In Übereinstimmung mit dieser Sichtweise wurde bereits in den Motiven der 1. Kommission festgestellt:

> „Eine Tätigkeit nach außen liegt aber außerhalb ihres [gemeint ist die Mitgliederversammlung] Machtbereichs. Soweit zur Erledigung einer inneren Angelegenheit eine solche Tätigkeit erforderlich ist und diese nicht durch den Vorstand oder ein sonst vorhandenes verfassungsmäßiges Organ erfolgen kann, bedarf es der Bestellung eines besonderen Vertreters (vgl. §§ 44 Abs. 1, 45 Satz 2).“[74]

Die in § 31 BGB genannten Organe (Vorstand und andere verfassungsmäßig berufene Vertreter) verfügen *typischerweise* über Vertretungsmacht[75] und damit über Außenhandlungskompetenz und handeln auch tatsächlich häufig mit unmittelbarer Außenwirkung.[76] Dies macht sie zu *Außenorganen* des Vereins. Aufgrund dieser grundlegenden Unterscheidung – so ließe sich leicht argumentieren – fehle es bei der Mitgliederversammlung an einer in ihren wesentlichen Punkten vergleichbaren Interessenlage.[77] Ein Analogieschluß zu § 31 BGB müßte demnach ausscheiden. Eine solche Argumentation hält jedoch einer näheren Überprüfung nicht stand.

Zutreffend ist zwar zunächst, daß die in § 31 BGB genannten Organe *typischerweise* über Vertretungsmacht und damit Außenhandlungskompetenz verfügen. Die Betonung muß dabei aber auf dem Wort „typischerweise“ liegen. Denn die Vertretungsmacht (und damit letztlich die Außenhandlungskompetenz) eines einzelnen Vorstandsmitglieds kann mit Wirkung gegen Dritte zumindest *beschränkt* werden[78], und weder ein „anderer verfassungsmäßig berufener Vertreter“ i. S. d. § 31

---

72 Vgl. allg. zum Analogieschluß *Larenz* Methodenlehre S. 370; Larenz/*Canaris* Methodenlehre S. 161 ff.

73 Richtig insoweit MüKo/*Reuter* § 31 Rn. 23.

74 Motive bei *Mugdan* I S. 410. Mit dem „besonderen Vertreter“ ist hier der Notvorstand i. S. d. heutigen § 29 BGB gemeint.

75 Vgl. § 26 II 1 BGB für den Vorstand und § 30 BGB für den besonderen Vertreter.

76 Gedacht sei dabei etwa an den Abschluß von Rechtsgeschäften im Namen des Vereins.

77 Im Ergebnis ähnlich z. B. *v. Tuhr* AT I § 37 VIII und *Planck/Knoke* § 31 Bem. 2d, die sich darauf berufen, daß die sonstigen Organe keine „Vertreter“ seien.

BGB noch ein „Repräsentant" (§ 31 BGB analog) muß überhaupt mit Vertretungsmacht ausgestattet sein.[79] Trotzdem ist § 31 BGB – wie bereits dargelegt – gerade auch in den letzten beiden Fällen unstreitig anwendbar.[80] Ist die Außenhandlungskompetenz aber keine zwingende Anwendungsvoraussetzung für § 31 BGB (analog), kann ihr Fehlen im Falle der Mitgliederversammlung auch nicht gegen eine Analogie zu § 31 BGB sprechen. Darüber hinaus kann der Verein die Mitgliederversammlung für einzelne Bereiche sogar mit Außenhandlungskompetenz ausstatten.[81] Denn die Vereinsautonomie umfaßt das Recht des Vereins bzw. seiner Mitglieder, im Rahmen des zwingenden Rechts eigenverantwortlich Regelungen zu den Vereinsangelegenheiten und den Vereinsorganen aufzustellen.[82] Dazu gehört auch das Recht, die Mitgliederversammlung mit Vertretungsmacht auszustatten.

Zutreffend ist ferner, daß die in § 31 BGB genannten Organe häufig mit unmittelbarer *Außenwirkung* handeln, während die Handlungen der Mitgliederversammlung sich eher im vereinsinternen Bereich auswirken.[83] Jedoch erledigen gerade Vorstandsmitglieder im Bereich der internen Geschäftsführung des Vereins (vgl. § 27 III BGB) viele Aufgaben, denen keinerlei Außenwirkung zukommt.[84] Auf der anderen Seite sind durchaus Fälle denkbar, in denen *die Mitgliederversammlung* faktisch mit unmittelbarer Außenwirkung handelt.[85] Allein die Tatsache, daß die Handlungen der Mitgliederversammlung *in der Regel* keine unmittelbare Außenwirkung haben, spricht demnach nicht generell gegen eine analoge Anwendung des § 31 BGB.

Weder das Kriterium der *Außenhandlungskompetenz* oder die „typisierende" Unterscheidung nach *Innen- und Außenorganen* noch die „typischerweise" vorhandene oder nicht vorhandene *unmittelbare Außenwirkung* der Handlungen sind demnach geeignet, die Frage der analogen Anwendung des § 31 BGB auf die Mitgliederversammlung zu beantworten.

---

78 Siehe etwa Soergel/*Hadding* § 26 Rn. 7. Einzelnen Vorstandsmitgliedern oder dem Vorstand insgesamt kann die Vertretungsmacht aber nicht vollständig entzogen werden, denn § 26 II 1 BGB ist zwingend Recht (Umkehrschluß aus § 40 BGB).

79 Vgl. zu letzterem bereits oben Zweiter Teil A. I. 1. c) bb).

80 Vgl. oben Zweiter Teil A. I. 1. c) bb).

81 Wegen der Schwerfälligkeit der Mitgliederversammlung (i.d.R. bedingt durch zahlenmäßige Größe, Ladungserfordernis, Beschlußfassung durch Abstimmung, Mehrheitsprinzip, soweit nicht im einzelnen satzungsmäßig abbedungen) dürfte dies in der Praxis jedoch eher die Ausnahme bleiben.

82 Vgl. zur Vereinsautonomie allg. Soergel/*Hadding* vor § 21 Rn. 79.

83 Die Beschlüsse der Mitgliederversammlung haben in der Regel nur vereinsinterne Wirkung, wie etwa der Beschluß über eine Satzungsänderung oder die Erhebung einer Umlage.

84 Genannt sei etwa die Vorbereitung einer Mitgliederversammlung oder die interne Buchführung.

85 Als Beispiel für ein Handeln mit Außenwirkung sind zu nennen: Ein Beschluß der Mitgliederversammlung, der einen Dritten im Ansehen herabwürdigt und dadurch schädigt (Beispiel von MüKo/*Reuter* § 31 Rn. 23) oder ein Boykottaufruf an die Mitglieder zu Lasten eines Dritten (Beispiel von *Reichert* Rn. 1890).

Entscheidend muß vielmehr eine *historisch-teleologische* Überlegung sein. Wie bereits mehrfach dargestellt, steht hinter § 31 BGB unter anderem folgender Gedanke: Da der Verein erst durch das Verhalten bestimmter natürlicher Personen die Möglichkeit erhält, sein Vermögen zu verwalten und am Rechtsverkehr teilzunehmen, soll er auch für die Schäden einstehen müssen, die diese Personen im Rahmen ihres Aufgabenkreises unter Einsatz von Mitteln des Vereins oder im Hinblick auf dessen Vorteile bei Dritten verursachen (Gedanke des Vorteil-Nachteil-Ausgleichs).[86]

Der Verein mag die Mitgliederversammlung zwar zur *mitgliederbezogenen Willensbildung* benötigen. Er ist auf sie, die in der Regel nur einmal jährlich zusammentritt, aber weder zur Vermögensverwaltung noch zur Teilnahme am Rechtsverkehr angewiesen. Vielmehr sind es der Vorstand und die besonderen Vertreter i. S. d. § 30 BGB, die der Verein zwingend braucht, um sein Vermögen zu verwalten und rechtsgeschäftlich tätig zu werden. Vor diesem Hintergrund ist es kein Zufall, daß gerade der Vorstand und die anderen verfassungsmäßig berufenen Vertreter (besonderen Vertreter i. S. d. § 30 BGB) in § 31 BGB aufgenommen wurden und die Mitgliederversammlung nicht. Es fehlt bei ihr im Hinblick auf die in § 31 BGB geregelten Fälle schlichtweg an einer vergleichbaren Interessenlage. Der Hinweis, daß die Mitgliederversammlung *im Einzelfall* mit Außenwirkung oder im Außenverhältnis handeln kann, mag zwar zutreffen, kann jedoch vor dem Hintergrund des Sinn und Zwecks des § 31 BGB eine vergleichbare Interessenlage nicht begründen und damit auch einen Analogieschluß nicht rechtfertigen.[87]

Mangels vergleichbarer Interessenlage paßt auch das in der Literatur[88] vorgeschlagene argumentum a maiori ad maius nicht.[89] Der hinter § 31 BGB stehende „Regelungsgehalt" spricht gerade nicht für einen Analogieschluß im vorliegenden Fall, sondern dagegen.[90] Daran kann auch die körperschaftliche Verfassung des Vereins nichts ändern.[91] Es ist nicht ersichtlich, was diese mit der hier zu entscheidenden Frage zu tun haben sollte.

---

86 Vgl. Motive I S. 102 ff.; Protokolle bei *Mugdan* I S. 617 f.; ausführlich zum Telos des § 31 BGB oben Zweiter Teil A. I. 1. a).

87 Im Ergebnis anders etwa MüKo / *Reuter* § 31 Rn. 23, der ein „Handeln mit Außenwirkung" für die Analogie ausreichen läßt; AK / *Ott* § 31 Rn. 12, der die Analogie bei einem Handeln „im Außenverhältnis oder mit Außenwirkung" bejaht.

88 Siehe zu den Vertretern dieser Ansicht oben Fn. 148.

89 Im Ergebnis wie hier MüKo / *Reuter* § 31 Rn. 23.

90 Anders aber Soergel / *Hadding* § 31 Rn. 11.

91 Vgl. RGRK / *Steffen,* § 31 Rn. 4, der die entsprechende Anwendung des § 31 BGB auf die Mitgliederversammlung ohne nähere Begründung durch einen schlichten Hinweis auf die körperschaftliche Verfassung des Vereins begründet.

(c) Ergebnis

Ein analoge Anwendung des § 31 BGB muß mangels vergleichbarer Interessenlage ausscheiden. Der Verein haftet für ein drittschädigendes Verhalten seiner Mitgliederversammlung entgegen der ganz h.M. in der Literatur nicht analog § 31 BGB. Dieses Ergebnis ist auch für den Rechtsverkehr nicht unerträglich. Ein drittschädigendes Verhalten der Mitgliederversammlung bildet in der Praxis die Ausnahme.[92] Sollte es jedoch tatsächlich einmal zu einer Drittschädigung kommen, etwa durch einen Beschluß, der zu einem Boykott aufruft oder einen Dritten im Ansehen herabwürdigt, so kann der Dritte immerhin versuchen, einzelne Mitglieder der Mitgliederversammlung in Anspruch zu nehmen. Denn auch wenn ihnen der Beschluß selbst nicht als persönliche Äußerung zugerechnet werden kann, besteht doch die Möglichkeit, einzelne Mitglieder für ihr vor oder nach dem Beschluß liegendes Verhalten (z. B. Äußerungen) zur Verantwortung zu ziehen. Sollte dies nicht gelingen, bleibt die Möglichkeit, das Vorstandsmitglied, den besonderen Vertreter oder den Repräsentanten, der den Beschluß der Mitgliederversammlung ausführt, d. h. in Richtung Dritter umsetzt, persönlich zu belangen. Dieser kann sich bei dem Vollzug eines Beschlusses, der inhaltlich gegen die Satzung oder das Gesetz verstößt, zu seiner Entlastung nämlich nicht darauf berufen, daß er vereinsintern zur Umsetzung verpflichtet gewesen sei.[93]

*(2) Haftung des Vereins für sonstige Organe*

Dem Verein steht es aufgrund der Vereinsautonomie frei, neben den vom Gesetz vorgesehenen Organen (Mitgliederversammlung, Vorstand, u.U. besondere Vertreter) in seiner Satzung noch weitere Organe zu schaffen und deren Zuständigkeiten festzulegen.[94] Zu diesen „weiteren" Organen gehören etwa die in der Praxis häufigen Vorstandschaften, Gesamtvorstände, erweiterten oder geschäftsführenden Vorstände[95], Präsidien, Direktorien, Kuratorien, Beiräte (z. B. Aufsichts- oder Verwaltungsräte), Ausschüsse (z. B. Disziplinar- oder Jugendausschüsse), Vereinsgerichte und Delegiertenversammlungen.[96]

---

[92] Dies scheint MüKo/*Reuter* § 31 Rn. 23 letztlich nicht anders zu sehen, denn das einzige Beispiel, das er anführt, ist der doch wohl sehr seltene Fall des Beschlusses, der einen Dritten im Ansehen herabwürdigt.

[93] Siehe hierzu später noch unter Dritter Teil A. II.

[94] Vgl. dazu etwa Soergel/*Hadding* § 25 Rn. 1 und allg. zur Vereinsautonomie vor § 21 Rn. 79; Sauter/Schweyer/*Waldner* Rn. 308.

[95] Mit diesen vier Bezeichnungen ist nicht das notwendige Vereinsorgan „Vorstand" i. S. d. § 26 BGB gemeint. Wegen der Verwechselungsgefahr empfiehlt Sauter/Schweyer/*Waldner* Rn. 308 auf solche (rechtliche durchaus zulässigen) Bezeichnungen ganz zu verzichten.

[96] Vgl. Sauter/Schweyer/*Waldner* Rn. 308.

Es stellt sich die Frage, ob und gegebenenfalls wie der Verein für solche Organe haftet.[97] Letztlich ist die Situation genau dieselbe wie im Fall der Mitgliederversammlung und der leitenden Angestellten (Repräsentanten): § 31 BGB greift nicht unmittelbar ein, weil die in Frage stehenden Organe dort nicht ausdrücklich genannt sind. Eine Haftung des Vereins kann sich deshalb allenfalls aus § 31 BGB analog ergeben. Hierzu wird es aber häufig – wie im Fall der Mitgliederversammlung – an der für den Analogieschluß erforderlichen *Vergleichbarkeit der Interessenlagen* fehlen, denn der Verein wird nur selten auf das betreffende Organ zur Verwaltung seines Vermögens und zur Teilnahme am Rechtsverkehr angewiesen sein.[98] Letztlich muß dies jedoch einer Einzelfallprüfung vorbehalten bleiben, da der Verein aufgrund der Vereinsautonomie nicht nur bei der „Erfindung" von Organen, sondern auch bei der Ausgestaltung ihrer Tätigkeitsbereiche einen großen Gestaltungsspielraum besitzt. Ein etwa als „Verwaltungsrat" bezeichnetes Organ kann im konkreten Fall nach seinem Tätigkeits- und Aufgabenbereich durchaus die Voraussetzungen eines „Repräsentanten" erfüllen. Es ist damit zumindest nicht ausgeschlossen, daß ein Organ geschaffen wird, welches eine mit den in § 31 BGB genannten Organen vergleichbare Interessenlage aufweist und deshalb die Haftung nach § 31 BGB (analog) auslöst.

#### dd) Haftung des Vereins für seine Mitglieder

Ist ein Vereinsmitglied zugleich Vorstandsmitglied, besonderer Vertreter oder ist es als Repräsentant des Vereins anzusehen, haftet der Verein für ein drittschädigendes Verhalten dieses Mitglieds nach den allgemeinen Grundsätzen aus § 31 BGB (im Falle des Repräsentanten analog). Die Vereinsmitgliedschaft spielt hier überhaupt keine Rolle. Entsprechendes gilt letztlich für den Fall, daß ein Vereinsmitglied zum Verrichtungsgehilfen des Vereins bestellt worden ist. Die Haftung des Vereins ergibt sich hier § 831 BGB.

Zu überlegen ist jedoch, was gilt, wenn ein Vereinsmitglied nicht zugleich Vorstandsmitglied, besonderer Vertreter, Repräsentant oder Verrichtungsgehilfe des Vereins ist. Möglichweise wäre es gerechtfertigt, den Verein in jedem Fall für ein drittschädigendes Verhalten seiner Mitglieder einstehen zu lassen. „Schließlich habe immerhin ein *Mitglied des Vereins* den Schaden verursacht", könnte ein naheliegendes, allerdings wenig juristisch anmutendes Argument lauten.

Eine solche unbedingte Haftung des Vereins wäre letztlich nur über § 31 BGB analog zu erreichen. Eine Regelungslücke liegt sicher vor, denn ein einfaches Vereinsmitglied läßt sich nicht unter den Wortlaut des § 31 BGB subsumieren. Jedoch

---

97 In der Literatur wird teilweise die Ansicht vertreten, § 31 BGB sei auf alle sonstigen Vereinsorgane anzuwenden, vgl. etwa Soergel / *Hadding* § 31 Rn. 11; *Burhoff* Rn. 341.

98 Vgl. zur Mitgliederversammlung oben Zweiter Teil A. I. 1. c) cc) (1) (b) und zum Telos des § 31 BGB ausführlich oben Zweiter Teil A. I. 1. a).

ist die Interessenlage bei einem einfachen Vereinsmitglied eine völlig andere als die hinter § 31 BGB stehende. Der Gedanke des „Vorteil-Nachteil-Ausgleichs“[99] paßt einfach nicht. Der Verein ist – zumindest rechtlich gesehen – nicht auf die Mitglieder angewiesen, um sein Vermögen zu verwalten und am Rechtsverkehr teilzunehmen. Darüber hinaus besteht für eine Haftung des Vereins auch kein Verkehrsbedürfnis. Zum einen wird ein einfaches Vereinsmitglied bei Handlungen für den Verein häufig als Verrichtungsgehilfe anzusehen sein, was zu einer Haftung des Vereins aus § 831 BGB führt. Sollte dies einmal nicht der Fall sein, ist auch kein schützenswertes Interesse des Geschädigten daran ersichtlich, auf das Vereinsvermögen zugreifen zu können. Anknüpfungspunkt für ein solches Schutzinteresse könnte nur die Vereinsmitgliedschaft sein. Aus dieser läßt sich aber eine Einstandspflicht des Vereins gerade nicht herleiten. Normativ betrachtet macht es keinen Unterschied, ob der Dritte von einem Mitglied oder einem Nichtmitglied geschädigt wurde. Die Interessenlage ist dieselbe: Der Geschädigte hat ein berechtigtes Ausgleichsinteresse nur gegenüber dem individuellen Schädiger, nicht aber – abgesehen von § 831 BGB – gegenüber dem Verein. Denn der Verein hat letztlich mit der Drittschädigung durch ein einfaches Vereinsmitglied (haftungsrechtlich) nichts zu tun.

Für ein drittschädigendes Verhalten von einfachen Vereinsmitgliedern haftet der Verein demnach – abgesehen von § 831 BGB – nicht. Dem Geschädigten bleibt nichts anderes übrig, als sich an die persönlich verantwortliche natürliche Person zu halten.

#### ee) Haftung für vereinsexterne Personen

Für den eingetragenen nichtwirtschaftlichen Verein gilt der Grundsatz der Fremd- oder Drittorganschaft.[100] Demnach müssen Vorstandsmitglieder, besondere Vertreter oder Repräsentanten des Vereins nicht zwingend auch Mitglieder desselben sein. Ist ein Organwalter oder Repräsentant nur insoweit „vereinsextern“, als daß er kein Vereinsmitglied ist, ergeben sich haftungsrechtlich keine Besonderheiten. Der Verein haftet aus § 31 BGB (analog beim Repräsentanten). In diesem Zusammenhang drängt sich jedoch die Frage auf, ob der Verein aus § 31 BGB (analog) unter bestimmten Voraussetzungen nicht auch für ein drittschädigendes Verhalten eines selbständigen Unternehmers haftet. Die vereinsrechtliche Literatur schweigt sich zu diesem Themenkomplex weitgehend aus.[101]

---

99 Siehe zum Telos des § 31 BGB ausführlich oben Zweiter Teil A. I. 1. a).

100 Vgl. Soergel / *Hadding* § 26 Rn. 3; *Edenfeld* S. 72 f. m. w. N. in Fn. 52. Im Gegensatz zur „Fremd- bzw. Drittorganschaft“ steht die sog. „Selbstorganschaft“, die etwa für die Gesellschaft bürgerlichen Rechts i. S. d. 705 ff. BGB gilt.

101 Anders nur MüKo / *Reuter* § 31 Rn. 20.

*(1) Analoge Anwendung des § 31 BGB*

Zur Annäherung an das Problem sei folgender Fall gebildet:

Der Sportverein X e.V. läßt seine Spartenabteilung „Basketball“ nicht von einem Vereinsangestellten leiten, sondern einigt sich mit dem weithin bekannten und erfolgreichen selbständigen Sportmanager Y gegen ein monatliches Entgelt darauf, daß dieser – neben seinen Pflichten für andere Auftraggeber – das „Management“ der Abteilung übernimmt. Y soll bei der Leitung weitgehend „freie Hand“ haben. In Ausführung des Managments der Abteilung schädigt Y den Dritten D und wird diesem aus § 823 I BGB schadensersatzpflichtig. Haftet der Verein daneben aus § 31 BGB (analog) i.V.m. § 823 I BGB?

Hätte der Verein die Leitung der Basketballabteilung nicht dem externen Y, sondern dem Vereinsangestellten Z übertragen, so wäre eine Haftung aus § 31 BGB analog nach den Grundsätzen der Repräsentantenhaftung gegeben. Denn der Verein hätte Z zumindest durch allgemeine Betriebsregelung und Handhabung eine bedeutsame, wesensmäßige Funktion des Vereins zur selbständigen, eigenverantwortlichen Erfüllung zugewiesen und Z hätte den Verein auf diese Weise repräsentiert.[102]

Zu klären ist, was im Falle des selbständigen Managers Y gilt. Indem der Verein den Y mit der Leitung der Basketballabteilung beauftragte, hat er ihm eine bedeutsame, für den Verein wesensmäßige Funktion übertragen. Da Y bei der Leitung weitgehend „freie Hand“ hat und Experte auf dem Gebiet des Sportmanagments ist, erfüllt Y seine Funktion auch selbständig und eigenverantwortlich. Es ließe sich argumentieren, der Verein müsse deshalb ebenso wie im Fall des vereinseigenen Repräsentanten nach § 31 BGB analog haften.

Schon in dem zur Repräsentantenhaftung immer wieder zitierten Fall des *BGH* aus dem Jahre 1967 (BGHZ 49, 19) ging es um die Haftung einer Auskunftei (offensichtlich einer juristischen Person) für einen ihrer Filialleiter, der jedoch kein Angestellter, sondern ein selbständiger Handelsvertreter (§ 84 HGB) war. Trotzdem ließ der *BGH* die Auskunftei nach § 31 BGB (analog)[103] haften. In einer neueren Entscheidung aus dem Jahre 1998 hat der *BGH* nun die Haftung eines Wirtschaftsberatungs- und Finanzbetreuungsunternehmens für einen als selbständigen Handelsvertreter (§ 84 HGB) tätigen Außendienstmitarbeiter aus § 31 BGB (analog) für möglich gehalten.[104]

---

102 Vgl. zur Haftung für einen nicht verfassungsmäßig berufenen Repräsentanten oben Zweiter Teil A. I. 1. c) bb) (2) (f) und *BGHZ* 49, 19, 21.

103 Der *BGH* hat die Haftung mit einer „erweiternden Auslegung“ direkt aus § 31 BGB bejaht. Nach der hier vertretenen Auffassung ist § 31 BGB in solchen Fällen analog anzuwenden, s. o. Zweiter Teil A. I. 1. c) bb).

104 Vgl. *BGH* LM BGB § 167 Nr. 39 = NJW 1998, 1854. Der *BGH* konnte die Haftung aus § 31 BGB (analog) nicht endgültig bejahen, da die Sache für eine abschließende Entscheidung nicht reif war. Er hob das Berufungsurteil und verwies die Sache zurück an das Berufungsgericht.

Da die beiden Entscheidungen ebenfalls selbständig Tätige betreffen, scheinen sie für eine Haftung des Vereins aus § 31 BGB analog im oben gebildeten Fall zu sprechen. Jedoch wäre ein solcher Schluß voreilig. Es ist vielmehr genauer zu untersuchen, welche Besonderheiten den vom *BGH* zu entscheidenden Fällen zugrunde lagen.

In *BGHZ* 49, 19 war der Filialleiter zwar selbständiger Handelsvertreter. Die Besonderheit des Falles lag jedoch darin, daß der Filialleiter Dritten gegenüber *gerade nicht* als selbständiger Handelsvertreter auftrat.[105] Vielmehr bezeichnete er sein Büro mit Duldung der Auskunftei als deren Zweigniederlassung und benutzte mit ihrem Einverständnis ihren Geschäftsbogen, einen entsprechenden Stempel und ihre Auskunftsformulare. In seiner Geschäftskorrespondenz wies er mit keinem Wort darauf hin, daß es sich nicht um Erklärungen der Auskunftei, sondern um seine eigenen handelte. Auf diese Besonderheiten weist der *BGH* in den Gründen seiner Entscheidung ausdrücklich hin.[106] Daraus ist zu schließen, daß der *BGH* nur wegen der Besonderheiten des Falles zu dem Ergebnis kam, daß der (an sich) selbständige Handelsvertreter die Auskunftei *repräsentierte* und deshalb eine Haftung aus § 31 BGB (analog) geboten war.

*Reuter* ist nun der Ansicht, daß der *BGH* mit der neueren Entscheidung aus dem Jahre 1998[107] über diesen Stand der Dinge einen deutlichen Schritt hinausgegangen sei.[108] Er interpretiert die neuerliche Entscheidung dahingehend, daß die juristische Person nun nicht mehr nur für Arbeitnehmer mit Leitungsfunktionen aus §§ 30, 31 BGB (analog) hafte, sondern u.U. sogar für selbständige Unternehmer, wenn diese mit der Wahrnehmung ausgelagerter Funktionen der juristischen Person betraut sind. Nach dem *BGH* solle jetzt offenbar *allein* die *Zugehörigkeit zur Außendienstorganisation* maßgebend sein, gleichgültig, ob diese mit Hilfe von Angestellten oder selbständigen Handelsvertretern unterhalten werde.[109] Träfe die Interpretation *Reuters* zu, würde dies tatsächlich eine weitere Ausdehnung der Repräsentantenhaftung des Vereins nach § 31 BGB (analog) bedeuten. Denn in BGHZ 49, 19 hatte der *BGH* die Haftung der juristischen Person für einen selbständigen Handelsvertreters letztlich nur deswegen bejaht, weil dieser gar nicht als solcher aufgetreten war, sondern mit Duldung bzw. Einverständnis der juristischen Person so, als *repräsentiere* er dieselbe.

Die Interpretation *Reuters* ist jedoch abzulehnen. Der 1998 vom *BGH* entschiedene Fall weist letztlich vergleichbare Besonderheiten auf wie die frühere Entscheidung. In beiden Fällen ging es um eine deutschlandweit agierende juristische

---

105 Gleiche Einschätzung der Entscheidung bei MüKo/*Reuter* § 31 Rn. 20.

106 Vgl. *BGHZ* 49, 19, 21 f.

107 LM BGB § 167 Nr. 39 = NJW 1998, 1854.

108 Vgl. MüKo/*Reuter* § 31 Rn. 20 und *ders.* Anm. zu BGH LM BGB § 167 Nr. 39 Bl. 5 Vorderseite.

109 Vgl. MüKo/*Reuter* § 31 Rn. 20 und *ders.* Anm. zu BGH LM BGB § 167 Nr. 39 Bl. 5 Vorderseite.

Person, die mit Hilfe von selbständigen Handelsvertretern ihre einzelnen Büros unterhielt und somit über eine Außendienstorganisation verfügte.[110] Dies ließ der *BGH* in seinem älteren Urteil jedoch für eine Haftung aus § 31 BGB (analog) nicht genügen, sondern stellte entscheidend darauf ab, daß der Handelsvertreter Dritten gegenüber gar nicht als Selbständiger, sondern als *Repräsentant* der juristischen Person auftrat. Die Repräsentationswirkung ergab sich dabei daraus, daß der Handelsvertreter sein Büro mit Duldung der Auskunftei als deren Zweigniederlassung bezeichnete und mit ihrem Einverständnis ihren Geschäftsbogen, einen entsprechenden Stempel und ihre Auskunftsformulare benutzte. In der neueren Entscheidung lagen die Dinge jedoch gar nicht wesentlich anders. Auch hier war der Handelsvertreter berechtigt, das Firmenzeichen der juristischen Person auf seinen Briefbögen und in den Geschäftsstellengebäuden zu benutzen. Er durfte die Geschäftsräume nach außen sogar als Geschäftsstelle der juristischen Person bezeichnen.[111] Offensichtlich machte der Handelsvertreter im konkreten Fall von diesen Möglichkeiten Gebrauch.[112] Damit spricht aber einiges dafür, daß er nach außen gar nicht als Selbständiger auftrat, sondern vielmehr als Repräsentant der juristischen Person. Daran vermag auch der Umstand nichts zu ändern, daß auf den von ihm verwendeten Briefbögen darauf hingewiesen wurde, daß die Erklärungen in dem Schreiben keine der juristischen Person, sondern solche des obigen Absenders seien und daß rechtsverbindliche Erklärungen für die juristische Person einer zusätzlichen schriftlichen Bestätigung durch die Geschäftsführung bedürften.[113] Dieser Hinweis befand sich nämlich nur in der Fußzeile der Briefbögen und konnte vom Rechtsverkehr ebenso gut übersehen oder dahingehend verstanden werden, daß der Handelsvertreter nur mit der Vermittlung und nicht mit dem Abschluß von Rechtsgeschäften betraut war (siehe § 84 I 1 1. Var. HGB).[114] Ferner hatte die juristische Person es mit der Einhaltung dieser Regelung über einen längeren Zeitraum nicht so genau genommen und eine andere Praxis des Handelsvertreters geduldet.[115] Außerdem befand sich auf jedem Briefbogen das Firmenzeichen der juristischen Person. Zu berücksichtigen ist schließlich noch, daß die Handelsvertreter in der Hierarchie der juristischen Person je nach Position als Geschäftsstellenleiter, Direktionsassistenten, Direktionsmanager, Direktoren oder Landesdirektoren bezeichnet wurden.[116] Der fragliche Handelsvertreter war Direktionsmana-

---

110 Vgl. *BGHZ* 49, 19 und *BGH* LM BGB § 167 Nr. 39 Bl. 1 Rückseite.

111 Vgl. dazu *BGH* LM BGB § 167 Nr. 39 Bl. 1 Rückseite.

112 Es hätte sonst für den *BGH* keinen Sinn gemacht, in der Sachverhaltsdarstellung extra darauf hinzuweisen.

113 Darauf hatte das Berufungsgericht hingewiesen, siehe *BGH* LM BGB § 167 Nr. 39 Bl. 2 Vorderseite.

114 Die Repräsentanteneigenschaft und damit die Haftung aus § 31 BGB (analog) setzt keine Vertretungsmacht des Handelnden voraus, s. o. Zweiter Teil A. I. 1. c) bb).

115 Siehe *BGH* LM BGB § 167 Nr. 39 Bl. 2 Rückseite, wo das Gericht allerdings i.R.d. Prüfung vertraglicher Ansprüche gegen die juristische Person die Voraussetzungen einer Anscheinsvollmacht prüft.

116 Vgl. *BGH* LM BGB § 167 Nr. 39 Bl. 1 Rückseite.

ger.[117] Betrachtet man diese Fakten in ihrer Gesamtheit, muß man zu dem Ergebnis kommen, daß der Handelsvertreter auch in der neuerlichen Entscheidung Dritten gegenüber nicht als Selbständiger, sondern als *Repräsentant der juristischen Person* auftrat.[118]

Für den *BGH* war demnach nicht allein die *Zugehörigkeit zur Außendienstorganisation* maßgebend.[119] Wörtlich führt der *BGH* dazu aus: „Daß sich die Bekl. [juristische Person] für ihre Außendienstorganisation selbständiger Handelsvertreter bedient, schließt jedoch nicht von vornherein aus, daß ein solcher Handelsvertreter nach außen Aufgaben wahrzunehmen hat, die eine Vertreterstellung nach § 31 BGB begründen."[120] Bei dieser Aussage fällt vor allem die Vorsichtigkeit ihrer Formulierung auf („... schließt jedoch nicht von vornherein aus, ..."). Aus ihr kann weder der Schluß gezogen werden, es komme *allein* auf die Zugehörigkeit zur Außendienstorganisation an noch, daß die besonderen Umstände des Falles, die den selbständigen Handelsvertreter zu einem Repräsentanten der juristischen Person machten, in Abkehr von *BGHZ* 49, 19 keine Rolle mehr spielen sollten. Schließlich darf nicht unbeachtet bleiben, daß der *BGH* in dem neueren Fall über die Haftung aus § 31 BGB (analog) gar nicht endgültig entscheiden konnte. Da die Sache für eine abschließende Entscheidung nicht reif war, hob er vielmehr das Berufungsurteil auf und verwies die Sache zurück an das Berufungsgericht.[121] Der *BGH* läßt also – entgegen anderer Ansicht[122] – eine juristische Person (und damit entsprechend auch einen Verein) für einen selbständigen Handelsvertreter nicht schon allein aufgrund seiner Zugehörigkeit zur Außendienstorganisation aus § 31 BGB (analog) haften. Auch nach dem Standpunkt des *BGH* kommt es entscheidend darauf an, ob der Handelsvertreter die juristische Person *repräsentiert.*

Zurück zum Fall des Sportvereins X e.V.: Bei der Frage nach der Haftung aus § 31 BGB analog ist hier zunächst zu beachten, daß der Sportmanager Y kein Handelsvertreter i. S. d. § 84 HGB, sondern vielmehr selbständiger Unternehmer ist. Es ließe sich überlegen, die Grundsätze des *BGH* prinzipiell auf alle selbständigen Unternehmer zu anzuwenden. Dabei ist jedoch Vorsicht geboten. Denn eine umfassende Haftung des Vereins aus § 31 BGB (analog) für *jeden* selbständigen Unternehmer, der bedeutsame, wesensmäßige Funktionen des Vereins selbständig und eigenverantwortlich erledigt, würde zu einer erheblichen Benachteiligung der

---

117 Siehe *BGH* LM BGB § 167 Nr. 39 Bl. 1 Rückseite.

118 Anders *Kort* EWiR BGB § 167 Nr. 1/98 ohne nähere Begründung.

119 Wie hier auch *Heermann/Götze* S. 52 unter knappem Hinweis auf den speziell gelagerten Sachverhalt des vom *BGH* zu entscheidenden Falles. Andere Einschätzung hingegen bei MüKo/*Reuter* § 31 Rn. 20.

120 *BGH* LM BGB § 167 Nr. 39 Bl. 4 Vorderseite.

121 Vgl. *BGH* LM BGB § 167 Nr. 39 Bl. 1 Rückseite und Bl. 3 Rückseite. Siehe auch Bl. 4 Rückseite unten: „Soweit [...] eine Haftung der Bekl. nach § 31 BGB nicht in Betracht kommt, wird das BerGer. zu prüfen haben [...]."

122 Siehe MüKo/*Reuter* § 31 Rn. 20.

juristischen Person gegenüber der natürlichen Person führen. Letztere haftet für ein schädigendes Verhalten solcher von ihr eingesetzter selbständiger Unternehmer nämlich nur unter den Voraussetzungen der §§ 278, 831 BGB bzw. über die Verkehrspflichthaftung nach § 823 I BGB. Eine solche Benachteiligung würde dem Telos des § 31 BGB widersprechen. Denn Sinn und Zweck der Norm ist es auch, juristische und natürliche Person haftungsrechtlich gleichzustellen.[123] Mit dem Telos vereinbar ist es aber durchaus, eine Haftung des Vereins für einen selbständigen Unternehmer in dem *Ausnahmefall* zu bejahen, daß der Selbständige nach außen überhaupt nicht als solcher, sondern als *Repräsentant* des Vereins auftritt. Dies gebietet der Verkehrsschutz, der ebenfalls zum Telos des § 31 BGB gehört. Tritt jemand mit Duldung oder Einverständnis des Vereins wie ein Repräsentant desselben auf, ist es gerechtfertigt, den Verein für diese Person wie für einen „eigenen" Repräsentanten haften zu lassen. Dabei ist eine „Repräsentation" aber wirklich nur dann anzunehmen, wenn der Selbständige Dritten gegenüber wie ein entsprechender Vereinsangestellter auftritt.[124] Dies wird bei einem selbständigen Unternehmer / Gewerbetreibenden nur sehr selten der Fall sein. An diesen Kriterien ist auch der eingangs gebildete Fall zu messen. Sicherlich liefert der Sachverhalt wenig Hinweise, wie Y Dritten gegenüber auftritt. Eine „Repräsentation" des Vereins ist aber gleichwohl abzulehnen, denn Y ist ein allgemein bekannter und erfolgreicher Sportmanager und dürfte deshalb wohl kaum wie ein entsprechender Vereinsangestellter auftreten, sondern eher als selbständiger Unternehmer, allein schon um „Werbung" für den eigenen Namen und das eigene Unternehmen zu machen.

*(2) Ergebnis*

Ein Verein haftet für einen selbständigen Unternehmer aus § 31 BGB analog nur dann, wenn er diesem bedeutsame, wesensmäßige Funktionen zur selbständigen, eigenverantwortlichen Erfüllung zugewiesen hat und dieser den Verein auf diese Weise *repräsentiert.*[125] Eine solche Repräsentation kann nur in Ausnahmefällen angenommen werden, nämlich wenn der Unternehmer nach außen gar nicht als Selbständiger, sondern wie ein entsprechender Vereinsangestellter auftritt. Dies dürfte in der Praxis nur selten der Fall sein.

---

123 Siehe zum Telos des § 31 BGB ausführlich oben Zweiter Teil A. I. 1. a).

124 Anzeichen für ein solches Auftreten wären etwa: Nennung des Vereinsnamens, als ob man ein Teil des Vereins wäre („Wir, der Sportverein Post e.V., ..."); Benutzung des Vereinszeichens auf Briefköpfen, dem Geschäftswagen oder in der eigenen Geschäftsstelle; Nichtnennung der eigenen Firma.

125 Sollten die Voraussetzungen der Repräsentantenhaftung nicht gegeben sein, bleibt eine mögliche Haftung des Vereins aus § 823 I BGB (Verkehrspflichthaftung, vgl. insb. Zweiter Teil A. I. 2. d)) oder §§ 831, 278 BGB (siehe dazu Zweiter Teil A. I. 3. und II.).

*d) Das Handeln „in Ausführung der ihm zustehenden Verrichtungen"*

Der Verein haftet gemäß § 31 BGB (analog) nur dann, wenn der Organwalter oder der Repräsentant bei der drittschädigenden Handlung „in Ausführung der ihm zustehenden Verrichtungen" gehandelt hat. Das Gesetz will mit dieser mißglückten Formulierung zum Ausdruck bringen, daß der Organwalter in *amtlicher Eigenschaft* und nicht bloß als Privatperson gehandelt haben muß.[126] Voraussetzung dafür ist nach ständiger Rechtsprechung ein „enger objektiver Zusammenhang" zwischen dem schädigenden Verhalten und solchen Maßnahmen, die noch als Ausführung von Verrichtungen angesehen werden können, die der zugewiesene Geschäftsbereich allgemein mit sich bringt.[127] Nicht ausreichend ist jedenfalls ein lediglich zufälliger, äußerlicher, zeitlicher oder örtlicher Zusammenhang.[128] An einer ausreichenden Verbindung fehlt es ferner, wenn der Organwalter sein schadenstiftendes Verhalten so sehr außerhalb seines Aufgabenbereichs stellt, daß ein „innerer Zusammenhang" zwischen dem Handeln und dem allgemeinen Rahmen der ihm übertragenen Obliegenheiten nicht mehr „erkennbar" ist.[129] Das Verhalten des Organwalters darf sich also „aus der Sicht des Außenstehenden" nicht so weit von seinem Aufgabenkreis entfernen, daß der generelle Rahmen der ihm übertragenen Obliegenheiten überschritten wird.[130] Ansonsten liegt kein Handeln „in Ausführung", sondern nur „bei Gelegenheit" der ihm zustehenden Verrichtung vor.[131] Daß der Verein in diesem Fall nicht nach § 31 BGB (analog) haften soll, hatte schon die zweite Kommission festgestellt.[132]

Nach den Kriterien der Rechtsprechung kann auch eine vorsätzliche unerlaubte Handlung, z. B. ein betrügerisches oder veruntreuendes Verhalten, noch in Ausfüh-

---

126 Vgl. *RG* JW 1913, 587, 589; *RGZ* 128, 229, 233; 134, 375, 376; 162, 129, 169; *BGH* NJW 1986, 2941, 2942; MüKo/*Reuter* § 31 Rn. 32; Palandt/*Heinrichs* § 31 Rn. 10; Soergel/*Hadding* § 31 Rn. 21. Entgegen MüKo/*Reuter* § 31 Rn. 32 Fn. 78 und Soergel/*Hadding* § 31 Rn. 21 Fn. 84 ist das Urteil *BGH* LM HGB § 126 Nr. 1 (= NJW 1952, 537, 538) hierzu wenig aussagekräftig. Besser etwa: *BGH* NJW 1980, 115 f.

127 *BGHZ* 49, 19, 23; *BGH* NJW 1986, 2941, 2942. Die Literatur ist diesem Ansatz ganz überwiegend gefolgt. Abweichungen bestehen nur in der Terminologie, vgl. Jauernig/*Jauernig* § 31 Rn. 5; Erman/*H.P. Westermann* § 31 Rn. 5; Staudinger/*Weick* § 31 Rn. 39; Palandt/*Heinrichs* § 31 Rn. 10; Soergel/*Hadding* § 31 Rn. 21; *Heermann/Götze* S. 52 f. In der Sache gegen die Rechtsprechung hingegen AK/*Ott* § 31 Rn. 14 ff. („funktionsspezifische Risikoerhöhung") und MüKo/*Reuter* § 31 Rn. 32 a.E. (Kausalitätsprüfung).

128 Vgl. etwa *RGZ* 104, 286, 288; 117, 61, 65; MüKo/*Reuter* § 31 Rn. 32; Soergel/*Hadding* § 31 Rn. 21; Palandt/*Heinrichs* § 31 Rn. 10; Erman/*H.P. Westermann* § 31 Rn. 5.

129 *BGH* NJW 1986, 2941, 2942; NJW, 1959, 379 L; *BGHZ* 99, 298, 300; *RGZ* 162, 129, 169; 104, 286, 288 f.

130 *BGH* NJW 1986, 2941, 2942; NJW, 1980, 115, 116; *BGHZ* 99, 298, 300.

131 *RGZ* 117, 61, 65; 162, 129, 169; *BGH* NJW 1952, 537, 538; NJW, 1959, 379 L; NJW 1986, 2941, 2942; MüKo/*Reuter* § 31 Rn. 32; Soergel/*Hadding* § 31 Rn. 21; Staudinger/*Weick* § 31 Rn. 40; RGRK/*Steffen* § 31 Rn. 7.

132 Siehe die Protokolle bei *Mugdan* I S. 619. Ebenso die Denkschrift des Reichsjustizamtes bei *Mugdan* I S. 828.

rung der dem Organwalter zustehenden Verrichtungen" begangen worden sein.[133] Bei dem von einem Vorstandsmitglied im Sportvereinsheim begangenen Diebstahl wird es hingegen regelmäßig am erforderlichen Zusammenhang fehlen.[134] Ein *Mißbrauch* oder ein *Überschreiten* der dem Organwalter zustehenden *Vertretungsmacht* ist weder Voraussetzung für eine Haftung des Vereins aus § 31 BGB noch schließt es ein Handeln „in Ausführung der ihm zustehenden Verrichtungen" aus.[135] Überschreitet der Organwalter seine *internen Zuständigkeiten,* so kann er trotzdem „in Ausführung der ihm zustehenden Verrichtungen" gehandelt haben.[136] Weicht ein Organwalter bei einer Dienstfahrt von der Route ab, um einen Verwandten zu besuchen, und kommt durch sein Verschulden auf dem Umweg ein Dritter zu Schaden, so wird ein enger objektiver Zusammenhang in aller Regel jedoch abzulehnen sein.[137] Ist ein und dieselbe natürliche Person Organwalter zweier verschiedener Vereine und schädigt dieser Organwalter einen Dritten, so ist zu entscheiden, welcher Verein nach § 31 BGB haftet.[138] Dafür sind jedoch keine gesonderten Kriterien zu entwickeln. Vielmehr ist zu prüfen, zwischen welcher der beiden Amtstätigkeiten und der Schädigung der erforderlich Zusammenhang besteht. Im Ergebnis kann es durchaus auch zu einer gesamtschuldnerischen Haftung beider Vereine kommen.

##### *e) Der „Dritte" i. S. d. § 31 BGB*

Damit der Verein nach § 31 BGB haftet, muß ein Organwalter durch eine in Ausführung der ihm zustehenden Verrichtungen begangene, zum Schadensersatz verpflichtende Handlung einem *Dritten* einen Schaden zugefügt haben. Zu klären ist daher, wer zum Kreis der „Dritten" i. S. d. § 31 BGB gehört.

###### aa) Außerhalb des Vereins stehende Personen

„Dritte" i. S. d. § 31 BGB können zunächst alle im Verhältnis zum Verein *außenstehenden* natürlichen und juristischen Personen sein, darüber hinaus jede Ge-

---

133 Vgl. *BGHZ* 49, 19, 23; *BGH* NJW 1977, 2259, 2260 f.; NJW 1980, 115 f.; NJW 1986, 2941, 2942; *BGHZ* 99, 298; *OLG Frankfurt* OLGReport 2002, 214 ff.; Soergel / *Hadding* § 31 Rn. 22. Nach Erman / *H.P. Westermann* § 31 Rn. 5 sollen vorsätzliche unerlaubte Handlungen *in der Regel* nur „bei Gelegenheit" geschehen.

134 Siehe zu den Diebstahlsfällen *BGH* NJW 1991, 3208, 3210 m. w. N.; Soergel / *Hadding* § 31 Rn. 22; Soergel / *Wolf* § 278 Rn. 41; MüKo / *Hanau* § 278 Rn. 33.

135 Vgl. *RGZ* 162, 129, 162; *BGH* NJW 52, 537, 538; NJW 1959, 379 L; *BGHZ* 49, 19, 23; *BGH* NJW 1977, 2259; NJW 1980, 115 f.; NJW 1986, 2939, 2940; 2941 f.; *OLG Frankfurt* OLGReport 2002, 214 ff.; RGRK / *Steffen* § 31 Rn. 6 f.; Palandt / *Heinrichs* § 31 Rn. 10; Erman / *H.P. Westermann* § 31 Rn. 5; Staudinger / *Weick* § 31 Rn. 39 f.; *Reichert* Rn. 1893.

136 Im Ergebnis ebenso die Rechtsprechung, vgl. *BGHZ* 49, 19, 23; *BGH* NJW 1980, 115 f.

137 Vgl. zu diesem Fall *RG* JW 1930, 2854 einerseits und *OLG Kiel* BB 1958, 787 = SchlHAnz 1957, 302 andererseits.

138 Vgl. dazu *OLG Frankfurt* OLGZ 85, 112.

meinschaft, soweit sie Träger von Rechten oder Inhaber von Rechtsgütern sein kann.[139] Auch einfache Angestellte und Arbeiter, die für den Verein tätig sind, zählen zu den „Dritten".[140]

### bb) Geschädigte Organmitglieder als „Dritte"

Nach Ansicht der Rechtsprechung und des überwiegenden Teils der Literatur kann ein geschädigtes Organmitglied jedenfalls dann „Dritter" i. S. d. § 31 BGB sein, wenn es für das schädigende Ereignis nicht *(mit-)verantwortlich* ist.[141] Die (Mit-)Verantwortlichkeit soll sich dabei sowohl aus der Satzung als auch aus einer anderweitigen internen Aufgabenverteilung ergeben können.[142] (Mit-)Verantwortlichkeit liege vor, wenn der Geschädigte eine *ihm als Organmitglied* obliegende Pflicht verletzt habe und die Verletzung dieser Pflicht schadensursächlich gewesen sei.[143] Keine (Mit-)Verantwortlichkeit, sondern Mitverschulden i. S. d. § 254 BGB sei gegeben, wenn das Organmitglied lediglich *Rücksichtspflichten gegen sich selbst* verletzt habe. In diesem Falle könne das Organmitglied durchaus „Dritter" sein und somit einen (gemäß § 254 BGB gekürzten) Anspruch gegen den Verein aus § 31 BGB haben.[144]

Diese Sicht der Dinge überzeugt. § 31 BGB unterscheidet deutlich zwischen dem Vorstand, den Mitgliedern des Vorstandes und den anderen verfassungsmäßigen Vertretern als den möglichen *Schädigern* und dem „Dritten" als dem möglichen *Geschädigten.* Dieser klare Wortlaut der Norm läßt es nicht zu, daß auf beiden Seiten dieselbe Person steht.[145] Darüber hinaus wird dieses Ergebnis auch

139 Beispiele für Gemeinschaften sind etwa die GbR i. S. d. § 705 ff. BGB (soweit man ihr partielle Rechtsfähigkeit zuerkennt) und die Personenhandelsgesellschaften OHG und KG, vgl. dazu §§ 124 I, 161 II HGB. Siehe auch Soergel/*Hadding* § 31 Rn. 26 und *Reichert* Rn. 1902.

140 Vgl. *Oertmann* § 31 Anm. 4c; *Reichert* Rn. 1902. Falls die Angestellten als „Repräsentanten anzusehen sind, gilt für sie dasselbe wie für die Organwalter [siehe dazu sogleich unter bb)]. Sind die einfachen Angestellten und Arbeiter zugleich Vereinsmitglieder, dann sind sie vereinshaftungsrechtlich primär als Vereinsmitglieder zu behandeln, siehe dazu unten Zweiter Teil A. I. 1. c) dd).

141 Vgl. *BGH* NJW 1978, 2390; *OLG Celle* VersR 1977, 39; Staudinger/*Weick* § 31 Rn. 11; Soergel/*Hadding* § 31 Rn. 26; Erman/*H.P.Westermann* § 31 Rn. 6 a.E.; *Reichert* Rn. 1902; *Stöber* Rn. 393; Jauernig/*Jauernig* § 31 Rn. 6; Sauter/Schweyer/*Waldner* Rn. 290; *Märkle* S. 82. A.A.: Organmitglieder können auch bei (Mit-)Verschulden „Dritte" sein, wobei ihr Anspruch nach § 254 BGB zu kürzen ist, vgl. MüKo/*Reuter* § 31 Rn. 41; *K. Schmidt* GesR § 10 IV 4 (S. 278 ff.); *Heermann/Götze* S. 54.

142 Vgl. Soergel/*Hadding* § 31 Rn. 26 (ohne weitere Ausführungen). Siehe zur Verantwortlichkeit der Vorstandsmitglieder unten Vierter Teil.

143 Vgl. *BGH* NJW 1978, 2390. Der *BGH* setzt die Schadensursächlichkeit offensichtlich voraus.

144 Vgl. *BGH* NJW 1978, 2390.

145 Dies gibt letztlich auch MüKo/*Reuter* § 31 Rn. 41 zu.

vom Telos des § 31 BGB getragen. Derjenige, der durch die Organwalter einen Schaden erleidet, soll zur Sicherung seines Ausgleichsinteresses auf das Vereinsvermögen zugreifen können (Verkehrsschutzgedanke).[146] Der Geschädigte soll nicht auf den häufig unergiebigen Weg verwiesen werden, allein die verantwortliche natürliche Person in Anspruch zu nehmen. In einer solchen Situation befindet sich jedoch derjenige Organwalter nicht, der den Schaden (mit-)verursacht hat. Er ist als (Mit-)Schädiger gar nicht schutzbedürftig. Es wäre sinnwidrig, ihm den Zugriff auf das Vereinsvermögen mit dem Argument zu eröffnen, er solle nicht allein auf die Inanspruchnahme des persönlich verantwortlichen Schädigers angewiesen sein, denn dieser Schädiger ist er ja selbst.

#### cc) Vereinsmitglieder als „Dritte"

Nach ganz überwiegender Ansicht in Rechtsprechung und Literatur können „Dritte" i. S. d. § 31 BGB auch die *eigenen Vereinsmitglieder* sein.[147] Dies ist aus mehreren Gründen überzeugend.[148] Zum einen trägt bereits der *Wortlaut* des § 31 BGB eine Anwendung der Vorschrift zugunsten von geschädigten Vereinsmitgliedern. Ein Widerspruch dahingehend, daß auf Schädiger- und Geschädigtenseite dieselbe Person stünde, ist beim Vereinsmitglied anders als beim (mit-)verantwortlichen Organwalter nicht möglich.[149] Zum anderen spricht der Telos des § 31 BGB für eine Anwendung der Vorschrift zugunsten von geschädigten Vereinsmitgliedern.[150] Bei einem Vereinsmitglied besteht im Vergleich zu außenstehenden Personen wegen des häufigeren und intensiveren Kontakts eine sogar noch größere Gefahr, durch einen Organwalter einen Schaden zu erleiden. Deshalb muß das Vereinsmitglied erst recht zur Sicherung seines Ausgleichsinteresses auf das Vereinsvermögen zugreifen können (Verkehrsschutzgedanke). Schon wegen dieser Interessenlage ist es nicht gerechtfertigt, das Vereinsmitglied schlechterzustellen, indem man es auf den häufig unergiebigen Weg der alleinigen Inanspruchnahme des persönlichen Schädigers verweist.

---

146 Vgl. zum Telos des § 31 BGB ausführlich oben Zweiter Teil A. I. 1. a).

147 Vgl. *BGHZ* 90, 92; 110, 323 = NJW 1990, 2877; *BGH* NJW-RR 1991, 281, 282; NJW-RR 2000, 758; *OLG München* NJW 1988, 1030; *OLG Celle* OLGReport 1996, 229; Soergel/*Hadding* § 31 Rn. 26; Staudinger/*Weick* § 31 Rn. 11; MüKo/*Reuter* § 31 Rn. 41; Erman/*H.P.Westermann* § 31 Rn. 6 a.E.; AK/*Ott* § 31 Rn. 17; *Reichert* Rn. 1890, 1902; *Stöber* Rn. 393; Jauernig/*Jauernig* § 31 Rn. 6; *Märkle* S. 82; ausführlich *Habersack* S. 209 ff. Früher etwa auch schon *Oertmann* § 31 Anm. 4c und *v. Tuhr* AT I S. 540 f.

148 Die folgenden Ausführungen beziehen sich nur auf „einfache" Vereinsmitglieder, also auf solche, die *nicht* zugleich Organwalter sind oder als „Repräsentanten" anzusehen sind. Andernfalls gilt nämlich bereits das zu den Organwaltern gesagte.

149 Ein Widerspruch kann sich aber ergeben, wenn das Vereinsmitglied zugleich Organwalter ist. In diesen Fällen gelten deshalb die *für die Organwalter* einschlägigen Grundsätze [siehe zu diesen oben Zweiter Teil A. I. 1. c) aa) und bb)].

150 Siehe allgemein zum Telos des § 31 BGB ausführlich oben Zweiter Teil A. I. 1. a).

### dd) Exkurs: Die Vereinsmitgliedschaft als sonstiges Recht i. S. d. § 823 I BGB

Der *BGH* hat in seiner viel beachteten „Schärenkreuzer-Entscheidung" aus dem Jahre 1990 festgestellt, es sei weitgehend anerkannt, daß das Mitgliedschaftsrecht ein sonstiges Recht i. S. d. § 823 I BGB darstelle, dessen schuldhafte Verletzung Schadensersatzansprüche nach deliktischen Grundsätzen auslösen könne.[151] Dabei haben die Richter offengelassen, ob bereits „jede schuldhafte Beeinträchtigung dieses Rechts zur Auslösung dieser Rechtsfolge geeignet ist oder ob dazu ein unmittelbar gegen den Bestand der Mitgliedschaft oder die in ihr verkörperten Rechte und Betätigungsmöglichkeiten gerichteter Eingriff von erheblichem Gewicht erforderlich ist."[152] Jedenfalls könne das Mitgliedschaftsrecht sowohl durch außenstehende Dritte als auch durch andere Vereinsmitglieder oder Vereinsorgane verletzt werden.[153] Unter den Voraussetzungen des § 31 BGB könne sich der Schadensersatzanspruch gegen den Verein als solchen richten.

Die Resonanz auf die Entscheidung des *BGH* war und ist durchaus unterschiedlich.[154] Jedenfalls läßt sich nicht feststellen, daß das vereinsrechtliche Mitgliedschaftsrecht unstreitig als sonstiges Recht i. S. d. § 823 I BGB anerkannt ist.[155] Es würde den Rahmen der vorliegenden Untersuchung ersichtlich sprengen, die im Schrifttum geführte Diskussion nachzuzeichnen, geschweige denn zu erweitern.[156] Die Ansicht des *BGH* soll deshalb als „Rechtstatsächlichkeit" hingenommen werden. Es spricht aber einiges dafür, eine tatbestandliche Verletzung des Mitgliedschaftsrechts – ähnlich wie beim Recht am eingerichteten und ausgeübten Gewerbebetrieb – nur dann zu bejahen, wenn die Verletzungshandlung sich unmittelbar gegen die Mitgliedschaft selbst richtet, also mitgliedschaftsbezogen ist.[157] Andern-

---

151 Siehe *BGHZ* 110, 323, 327 f. = NJW 1990, 2877, 2878 f. In dem Fall hatte ein eingetragener Segelsportverein, der sich die Förderung der 30 $m^2$ Schärenkreuzer-Klasse und der Eigner dieses Bootstyps zur Aufgabe gesetzt hatte, einem Vereinsmitglied gegenüber zu Unrecht die Baupläne eines Bootes nicht als klassengerecht anerkannt, worauf hin diesem die Teilnahme mit seinem Boot an mehreren Regatten verweigert wurde. Dem *BGH* zustimmend jüngst *OLG Schleswig* OLGReport 2002, 457.

152 *BGHZ* 110, 323 = NJW 1990, 2877, 2879.

153 Vgl. *BGHZ* 110, 323 = NJW 1990, 2877, 2880.

154 Dem *BGH* im Ausgangspunkt zustimmend etwa *K. Schmidt* JZ 1991, 157, 158; *ders.* GesR § 19 I 3 (S. 549); *Deutsch* VersR 1991, 837; *Reuter* FS Lange S. 707, 710 ff.; *Larenz/Canaris* SR BT II/2 § 76 II 4 e; *Götz/Götz* JuS 1995, 106, 108 f.; *Habersack* S. 139 ff.; MüKo/*Reuter* § 38 Rn. 16; MüKo/*Mertens* § 823 Rn. 131; *Stöber* Rn. 395; *Reichert* Rn. 473, 1957; *Heermann/Götze* S. 54. Gegen die Anerkennung der Mitgliedschaft als sonstiges Recht i. S. d. § 823 I BGB hingegen *Hadding* FS Kellermann S. 91, 102 ff.; Soergel/*Hadding* § 38 Rn. 3c; *Klink* S. 135 ff., 189, 203 f.; *Helms* S. 64 ff., 76 ff., 120 f.

155 Vgl. *Hadding* FS Kellermann S. 91, 98 ff.; *Helms* S. 120.

156 Ausführliche Darstellungen der Problematik finden sich vor allem in der Habilitationsschrift von *Habersack* und in den Dissertationen von *Klink* und *Helms*.

157 So etwa auch *Mertens* FS R. Fischer S. 461, 469 ff.; *K. Schmidt* JZ 1991, 157, 159; MüKo/*Reuter* § 38 Rn. 17; *ders.* FS Lange S. 707, 714 ff.; *Linnenbrink/Hofmeister*

falls wären die Vereine unabsehbar weitreichenden und unter Umständen existenzgefährdenden Schadensersatzpflichten ausgesetzt. Außerdem fehlt es an der Erforderlichkeit eines weitergehenden *deliktischen* Schutzes der Mitgliedschaft.

#### *f) Vorbereitungshandlungen und Deliktsausführung*

Schließlich bleibt zu klären, ob den Verein eine Haftung nach § 31 BGB trifft, wenn ein Organwalter während seiner Amtszeit *Vorbereitungen* für eine unerlaubte Handlung zu Lasten eines Dritten trifft, das eigentliche Delikt aber erst nach Beendigung seiner Organstellung ausführt. Der *BGH* hat diese Frage zu Recht verneint.[158] Schon aus dem Wortlaut des § 31 BGB ergibt sich, daß der Organwalter die schädigende Handlung während des Bestehens seiner Organstellung *begangen* haben muß. Die *Begehung* einer unerlaubten Handlung beginnt jedoch frühestens mit der ersten Ausführungshandlung, nicht schon mit einer reinen Vorbereitungshandlung. Für dieses Ergebnis spricht auch der Telos des § 31 BGB.[159] Der Gedanke des *Vorteil-Nachteil-Ausgleichs* greift nämlich in zeitlicher Hinsicht nur solange, wie die betreffende Person auch Organwalter des Vereins ist. Nach Beendigung der Organstellung hat der Verein keine Vorteile (Ermöglichung der Vermögensverwaltung und der Teilnahme am Rechtsverkehr) mehr durch ihr Handeln. Deshalb ist es auch nicht mehr gerechtfertigt, den Verein für eine von dem (ehemaligen) Organwalter erst nach Beendigung der Organstellung begangene unerlaubte Handlung haften zu lassen.

### 2. Verkehrspflichthaftung des Vereins

Begeht ein Organwalter ein Eigendelikt, d. h. verwirklicht er alle Tatbestandsvoraussetzungen einer Deliktsnorm in seiner Person, besteht die Funktion des § 31 BGB darin, den Verein im Wege des *gesetzlichen Schuldbeitritts* nebem dem Organ haften zu lassen.[160] Die Haftung des Vereins ist insoweit *akzessorisch.* Vor diesem Hintergrund stellt sich die Frage, ob es nicht auch eine *nichtakzessorische,* d. h. nicht auf das Eigendelikt eines Organwalters angewiesene Deliktshaftung des Vereins gibt. Eine solche könnte im Bereich der *Verkehrspflichthaftung* des Vereins zu finden sein.[161]

---

SpuRt 1996, 127 ff.; *Heermann/Götze* S. 54; kritisch hierzu hingegen *Götz/Götz* JuS 1995, 106, 109.

158 Vgl. *BGHZ* 99, 298.

159 Siehe zum Telos ausführlich oben Zweiter Teil A. 1. a).

160 Vgl. dazu bereits oben Zweiter Teil A. I. 1. b).

161 In der Literatur hat sich zu Recht die Auffassung durchgesetzt, terminologisch nicht mehr zwischen Verkehrssicherungs- und Verkehrspflichten zu differenzieren, vgl. etwa Larenz / *Canaris* SR BT II / 2 § 76 III (S. 401).

### *a) Entstehungsgründe von Verkehrspflichten*

Grundsätzlich muß derjenige, der Gefahrenquellen schafft oder andauern läßt, alle nach Lage der Dinge erforderlichen und zumutbaren Maßnahmen zum Schutz von absoluten Rechten und Rechtsgütern Dritter treffen.[162] Verletzt der Pflichtenträger eine solche Verkehrspflicht, haftet er dem Geschädigten aus § 823 I BGB. Aufgrund der umfangreichen Rechtsprechung der vergangenen Jahrzehnte haben sich im wesentlichen *drei Entstehungsgründe* für Verkehrspflichten herausgebildet.[163]

#### aa) Einstandspflicht für die Sicherheit des eigenen Bereichs

Der erste wesentliche Entstehungsgrund von Verkehrspflichten läßt sich als *Einstandspflicht für die Sicherheit des eigenen Bereichs* bezeichnen. Nach dieser Fallgruppe entstehen Verkehrspflichten zu Lasten desjenigen, der einen Gefahrenbereich beherrscht.[164] So stellte schon das *RG* fest, daß ein Sportverein seinen Sportplatz dagegen absichern muß, daß ihn unbeaufsichtigte Kinder betreten und durch das Sporttreiben der Vereinsmitglieder (hier Speerwerfen) gefährdet werden können.[165]

Zur Einstandspflicht für die Sicherheit des eigenen Bereichs gehört zudem der häufigste Fall der Entstehung von Verkehrspflichten: Die Eröffnung oder Duldung eines Verkehrs in Gebäuden oder auf Grundstücken.[166] Relevant wird dies vor allem für Vereine mit eigenen oder gemieteten Anlagen oder Gebäuden (z. B. Sportvereine). Bei ihnen entstehen im Rahmen von Veranstaltungen häufig Gefahren für Mitglieder, Teilnehmer und Zuschauer.[167] Genannt sei an dieser Stelle z. B. die während eines Eishockeyspiels bestehende Gefahr des „Abirrens" eines Pucks in die Zuschauerränge.[168] Der Verein muß hier als Veranstalter geeignete Schutzwände installieren, um eine Verletzung der Zuschauer zu verhindern. In einem Fall aus jüngerer Vergangenheit betonte das *OLG Celle,* daß einen Schützenverein

---

162 Vgl. etwa *BGHZ* 5, 378, 380 f.; 14, 83, 85; 34, 206, 209; 65, 221, 224; *BGH* NJW 1990, 1236 m. w. N.

163 Die folgende Darstellung orientiert sich an *Larenz/Canaris* SR BT II/2 § 76 III (S. 399 ff.). Dabei handelt es nicht um eine abschließende Aufzählung. Ob und in welchem Umfang tatsächlich Maßnahmen zum Schutze Dritter zu ergreifen sind, kann nur im Wege einer Abwägung aller Belange des Einzelfalls ermittelt werden, vgl. dazu eingehend Larenz/*Canaris* SR BT II/2 § 76 III 4 e (S. 412 ff.); MüKo/*Mertens* § 823 Rn. 24 f., 216 ff.

164 Vgl. Larenz/*Canaris* SR BT II/2 § 76 III 3 a (S. 407 f.) m. Nachw. aus der Rspr.

165 Vgl. *RG* v. 19. 4. 1934, HRR 1934, 797; ebenso *BGH* NJW-RR 1991, 668.

166 Vgl. Larenz/*Canaris* SR BT II/2 § 76 III 3 a (S. 407).

167 Siehe zum Veranstalterbegriff *Heermann/Götze* S. 59 ff., zur Verkehrspflichthaftung von Vereinen als Sportveranstaltern *dies.* S. 105 ff., 115 ff. mit zahlreichen Nachweisen aus der Rspr. und zur Haftung von Vereinen für Sportstätten und Sportanlagen *dies.* S. 126 ff.

168 Siehe z. B. *BGH* NJW 1984, 801; *OLG Celle* SpuRt 1997, 203; *OLG Düsseldorf* VersR 1999, 1554; *LG Freiburg* VersR 1981, 1139.

strenge Verkehrspflichten in bezug auf die bauliche Gestaltung und Erhaltung des Schießstandes treffen.[169]

### bb) Übernahme einer Aufgabe

Der zweite wesentliche Grund für die Entstehung von Verkehrspflichten ist die *Übernahme einer Aufgabe.*[170] Hierher gehören insbesondere die sogenannten berufsspezifischen Verkehrspflichten.[171] Von demjenigen, der eine Aufgabe übernimmt oder einen Beruf ausübt, kann erwartet werden, daß er die damit verbundenen Gefahren für Dritte abwendet.

### cc) Ingerenz

Schließlich können sich Verkehrspflichten auch aus vorangegangenem gefährlichem Tun (*Ingerenz*) ergeben.[172] Wird etwa durch die Arbeiten eines Sportvereins an seinen Außenanlagen ein angrenzender öffentlicher Fußweg stark mit feuchter Erde verschmutzt, muß der Verein Sorge dafür tragen, daß dort keine Fußgänger ausrutschen und sich verletzen können. Dazu muß er zumindest ein Warnschild aufstellen und den Weg von Zeit zu Zeit reinigen.

### *b) Der Verein als Verkehrspflichtträger*

Es ist allgemein anerkannt, daß auch juristische Personen Träger von Verkehrspflichten sein können.[173] Die Rechtsprechung zur Verkehrspflichthaftung speziell von Vereinen ist umfangreich. Neben zahlreichen Entscheidungen zur Haftung von Sportvereinen[174] finden sich auch solche, die sich auf Unteroffiziers-, Flug-,

---

169 Vgl. *OLG Celle* OLGReport 2000, 311, 313.

170 Vgl. Larenz / *Canaris* SR BT II / 2 § 76 III 3 b (S. 408 ff.) mit zahlreichen Nachweisen aus der Rspr.

171 Vgl. MüKo / *Mertens* § 823 Rn. 214.

172 Vgl. Larenz / *Canaris* SR BT II / 2 § 76 III 3 c (S. 410 f.), der ein besonders gefährliches Tun fordert.

173 Vgl. z. B. *RGZ* 53, 53, 57; *BGHZ* 11, 175; 17, 214, 219; *BGH* NJW 1980, 1159; NJW 1982, 762; NJW 1984, 801; NJW 1994, 2617; SpuRt 2001, 69.

174 Siehe z. B. *RG* HRR 1934, 797 (Verkehrspflichten eines Vereins hinsichtlich seines Sportplatzes); *BGH* VersR 1960, 421, 423 (Verkehrspflichten eines Sportvereins hinsichtlich des Sportplatzes, der Sportgeräte und des Sportbetriebs); *BGH* VersR 1986, 705 (Verkehrspflichten eines Sportvereins als Veranstalter eines Radrennens); *BGH* NJW-RR 1991, 668 (Verkehrspflichten eines Turn- und Sportvereins); *OLG Nürnberg* VersR 1977, 1134 (Verkehrspflichten eines Verein während eines Fußballspiels); *OLG Hamm* MDR 1998, 969 (Verkehrspflichten eines Sportvereins hinsichtlich eines Rasenspielfelds); *LG Freiburg* VersR 1981, 1139 (Verkehrspflichten eines Sportvereins als Veranstalter eines Eishockeyspiels).

Schützen-, Alpen- oder Karnevalsvereine beziehen.[175] Befindet sich etwa im Organisationsbereich eines Vereins eine Gefahrenquelle, so ist *der Verein* Adressat der entsprechenden Verkehrspflicht.[176] Da dieser für sich genommen jedoch handlungsunfähig ist, ist die *Erfüllung* der Verkehrspflicht durch geeignete organisatorische Maßnahmen als Maßnahme der internen Vereinsgeschäftsführung nach § 27 III BGB *Sache des Vorstands.*[177]

### *c) Konstruktion der deliktischen Verkehrspflichthaftung des Vereins*

Trifft die Verkehrspflicht nicht nur den Verein, sondern auch einen Organwalter persönlich und verletzt dieser jene Pflicht, so haftet der Verein gemäß §§ 31, 823 I BGB im Wege des *gesetzlichen Schuldbeitritts* für das Eigendelikt des Organwalters. Ist Adressat der Verkehrspflicht hingegen *nur der Verein* und führt das Verhalten eines Organwalters zur Pflichtverletzung, greift der gesetzliche Schuldbeitritt des § 31 BGB nicht. Es stellt sich die Frage, ob sich dennoch eine *nichtakzessorische Verkehrspflichthaftung* des Vereins konstruieren läßt.

Der Problemkreis der Verkehrspflichthaftung juristischer Personen und ihrer Organwalter wird in der Literatur kontrovers diskutiert, nicht zuletzt wegen des sogenannten „Baustoff"-Urteils[178] des *BGH* aus dem Jahre 1989. Einer Ansicht zufolge läßt sich eine nichtakzessorische Verkehrspflichthaftung des Vereins durch den Rückgriff auf die Organtheorie[179] begründen.[180] Das Verhalten der Organwalter sei ein solches *der juristischen Person selbst.* Nach anderer Auffassung gibt es

---

Siehe auch die umfangreichen Nachweise bei *Heermann/Götze* S. 184 ff. Zur Haftung *des Sportlers* bei Sportunfällen: *Fritzweiler* S. 1 ff. Zu Ansprüchen des Sportlers für Verletzungen beim Fußballspiel: *Krähe* S. 1 ff.

175 Siehe z. B. *BGH* NJW 1978, 2390 (Verkehrspflichten eines Unteroffiziersvereins); *BGH* NJW 1980, 223 (Verkehrspflichten eines Flugvereins); *BGH* NJW-RR 1991, 281 (Verkehrspflichten eines Flugvereins); *OLG Köln* VersR 1989, 815 und *OLG Celle* OLGReport 2000, 311 (Verkehrspflichten eines Schützenvereins); *OLG Stuttgart* NJW 1996, 1352 (Verkehrspflichten eines Alpenvereins); *LG Ravensburg* NJW 1997, 402 (Verkehrspflichten eines Karnevalsvereins).

176 Vgl. *BGH* NJW-RR 1991, 281; NJW-RR 1991, 668; *OLG Köln* VersR 1989, 815; *Stöber* Rn. 396.

177 Vgl. *RGZ* 53, 57; 53, 276, 279 f.; 89, 136, 138; *BGH* NJW-RR 1991, 668; *Kleindiek* S. 6, 188 f., 191, 202 f.; *Stöber* Rn. 396; *Altmeppen* ZIP 1995, 881, 882.

178 *BGH* v. 5. 12. 1989, BGHZ 109, 297 = NJW 1990, 976. In der Entscheidung hat der *BGH* die Eigenhaftung eines GmbH-Geschäftsführers aus Verkehrspflichtverletzung bejaht. Das Urteil enthält jedoch keine Aussagen zur Verkehrspflichthaftung der juristischen Person, auch nicht dazu, ob eine solche ohne Eigendelikt des Organwalters möglich ist. Auf die Entscheidung wird i.R.d. deliktischen Eigenhaftung der Organwalter noch näher einzugehen sein, siehe unten Dritter Teil A. III.

179 Die Organtheorie geht letztlich zurück auf die Genossenschaftstheorie *Otto v. Gierkes,* vgl. dazu etwa *K. Schmidt* GesR § 8 II (S. 186 ff.) und § 10 I 2 (S. 250 ff.).

180 Vgl. MüKo/*Reuter* § 31 Rn. 30; *Lutter* ZHR 157 (1993), 464, 472 ff.; ebenso wohl *K. Schmidt* Karlsruher Forum 1993 S. 4, 8; *Rottkemper* S. 120 ff.

keine nichtakzessorische Verkehrspflichthaftung des Vereins.[181] Um eine drohende Haftunglücke zu schließen, wird deshalb vorgeschlagen, die Verkehrspflicht der juristischen Person immer auch als eine solche des Organwaltes zu sehen.[182] Verletze dieser jene Pflicht, hafte die juristische Person für das Eigendelikt des Organwalters nach §§ 31, 823 I BGB. Schließlich wird die Ansicht vertreten, es müsse extra legem ein neues System der Deliktshaftung juristischer Personen etwickelt werden, weil die Verkehrspflichthaftung juristischer Personen mit dem Gesetz nicht in den Griff zu bekommen sei.[183] In Betracht komme dafür nur eine verschuldensunabhängige Zurechnung eines objektiv übermäßig gefährlichen Zustands.[184] Auf das Eigendelikt eines Organwalters komme es daher gar nicht an.

Indes ergibt sich bereits auf Grundlage des BGB – und zwar ohne Rückgriff auf die Organtheorie – eine nichtakzessorische Verkehrspflichthaftung des Vereins, wie *Detlef Kleindiek* jüngst in seiner Untersuchung zur Deliktshaftung juristischer Personen nachgewiesen hat.[185] Zwar hatten die Kommissionen und wohl auch der Gesetzgeber bei der *Formulierung* des heutigen § 31 BGB (§ 46 E I) nur solche Fälle vor Augen, in denen ein Organwalter ein Eigendelikt verwirklicht.[186] Der *Normierungswille* erschöpfte sich hierin jedoch nicht. Sowohl in den Beratungsprotokollen der Ersten Kommission als auch in den Motiven zum Ersten Entwurf wird bezüglich der deliktischen Haftung juristischer Personen ausdrücklich auf die „neuere Rechtsentwicklung" der Rechtsprechung des gemeinen Rechts und der Partikularrechte Bezug genommen.[187] Den wesentlichen Gedanken dieser Rechtsprechung wollte der Gesetzgeber in „allgemeiner Weise" eine positiv-rechtliche Grundlage verschaffen.[188] Als ein wesentlicher Gedanke war jedoch in der Rechtsprechung des letzten Viertels des 19. Jahrhunderts bereits die deliktische Haftung der juristischen Person für den Fall anerkannt, daß ihre Organwalter eine gesetzliche Verpflichtung verletzen, deren Adressat *nur die juristische Person selbst* ist (nichtakzessorische Verkehrspflichthaftung).[189] Es liegen keine Anhaltspunkte da-

---

[181] Vgl. *Brüggemeier* AcP 191 (1991), 33, 38 f., 52 f., 64; *Altmeppen* ZIP 1995, 881, 887; *ders.* NJW 1996, 1017, 1023 f.; *Rogge* S. 121; *H. Schmidt* S. 40; *Martinek* S. 34 f.; allg. zu § 31 BGB RGRK/*Steffen* § 31 Rn. 1.

[182] Vgl. *Brüggemeier* AcP 191 (1991), 33, 54 ff., 63 ff.; *Altmeppen* ZIP 1995, 881, 890.

[183] Vgl. *v. Bar* Karlsruher Forum 1993 S. 37; *ders.* FS Kitagawa S. 279, 287 f.

[184] Vgl. *v. Bar* FS Kitagawa S. 279, 288 ff.; *ders.* Karlsruher Forum 1993 S. 37.

[185] Vgl. *Kleindiek* S. 117–367; im Ergebnis ebenso: *Sandberger* S. 133 ff., 141 ff., 178; MüKo/*Reuter* § 31 Rn. 30 (allerdings unter Berufung auf die Organtheorie); *Vehreschild* S. 96 f. (aber in Widerspruch zu S. 81 f., 93 und damit ohne überzeugende Begründung).

[186] Vgl. *Kleindiek* S. 212 unter Hinweis auf die Beratungsprotokolle (*Jakobs/Schubert* Beratung des BGB AT 1 S. 165) und die Motive zum 1. Entwurf (Motive I S. 103).

[187] Vgl. *Kleindiek* S. 213 unter Hinweis auf die Beratungsprotokolle (*Jakobs/Schubert* Beratung des BGB AT 1 S. 165 [siehe auch S. 164]) und die Motive zum 1. Entwurf (Motive I S. 103 [siehe auch S. 102]).

[188] Vgl. *Kleindiek* S. 213 und 237 unter Hinweis auf die Beratungsprotokolle (*Jakobs/Schubert* Beratung des BGB AT 1 S. 165 [siehe auch S. 164]) und die Motive zum 1. Entwurf (Motive I S. 103 [siehe auch S. 102]).

für vor, daß der Gesetzgeber die Absicht hatte, an den Überlegungen der Ersten Kommission insoweit noch etwas zu ändern.[190] Vielmehr wollte er mit § 31 BGB nicht nur einen gesetzlichen Schuldbeitritt, sondern auch eine von einem Eigendelikt der Organwalter unabhängige Deliktshaftung des Vereins schaffen.

Die Konstruktion der nichtakzessorischen Verkehrspflichhaftung des Vereins läßt sich demnach wie folgt zusammenfassen: Ist nur der Verein Träger der Verkehrspflicht, wird seine Pflicht und das schuldhafte Organwalterverhalten durch § 31 BGB zu *einem* Delikt *des Vereins* zusammengesetzt.[191] Der Verein haftet aus §§ 31, 823 I BGB. Des *Eigendelikts eines Organwalters* bedarf es dazu nicht. Entgegen der h.M. geht die Funktion des § 31 BGB also über die eines gesetzlichen Schuldbeitritts hinaus.

### *d) Konkretisierung der Verkehrspflichten aus § 823 I BGB*

Bei demjenigen Verkehrspflichtträger, der zur der Erfüllung der Verkehrspflicht Gehilfen einsetzt, d. h. also die Pflicht arbeitsteilig zu erfüllen sucht, findet eine *Pflichtenkonkretisierung* statt. Die allgemeinen Verkehrspflichten münden in Aufsichtspflichten, Überwachungs- und Instruktionspflichten.[192] Diese Pflichten wiederum obliegen als Maßnahme der vereinsinternen Geschäftsführung gemäß § 27 III BGB dem Vorstand. Verletzt ein Vorstandsmitglied eine dieser Pflichten, haftet der Verein aus §§ 31, 823 I BGB. Die ursprüngliche Verkehrspflichtigkeit verdichtet sich in einem arbeitsteilig organisierten Verein zu dem Gebot der schadensverhütenden Betriebsorganisation. Diese Konkretisierung dient der Sicherstellung der Pflichterfüllung.[193]

---

189 Vgl. etwa *ROHG* v. 10. 12. 1872, ROHG 8, 201, 206; *RG* v. 5. 5. 1880, Gruch. 25, S. 106; v. 2. 5. 1881, Gruch. 26, S. 416; v. 9. 5. 1882, Gruch. 26, S. 930; v. 12. 12. 1882, RGZ 8, 236; v. 21. 12. 1886, RGZ 17, 105, 106 f.; v. 27. 2. 1890, RGZ 25, 53, 55 f.; v. 5. 5. 1893, RGZ 31, 246, 248; v. 29. 2. 1897, RGZ 39, 183, 185; *Appellationsgericht Celle* v. 15. 11. 1878, SeuffArch. 34 Nr. 88; *Oberstes Landesgericht für Bayern* v. 5. 5. 1887, SeuffArch. 42 Nr. 276. Siehe zu Fällen, in denen das Verhalten der Organwalter eine Pflicht der juristischen Person verletzte, die nicht einmal speziell gesetzlich geregelt war *RG* v. 15. 10. 1888, RGZ 22, 259, 262; *RG* v. 8. 12. 1885, SeuffArch. 42 Nr. 277; v. 6. 4. 1888, SeuffArch. 44 Nr. 83; v. 5. 5. 1893, RGZ 31, 246, 248 f.

190 Vgl. *Kleindiek* S. 240.

191 Ähnlich: *Grunewald* ZHR 157 (1993), 451, 452; im Ergebnis auch *OLG Celle* OLGReport 2002, 244, 245.

192 Siehe etwa *Hassold* JuS 1982, 583, 584. Zur fortlaufenden Aufsichtspflicht siehe *RGZ* 53, 53, 57; 53, 276, 281 f.; *RG* WarnRspr. 1911 Nr. 28; WarnRspr. 1914 Nr. 35; *RGZ* 89, 136, 137 f.; 153, 356, 360. Siehe zu den Überwachungspflichten *BGH* MDR 1957, 214; VersR 1967, 685; VersR 1968, 1161; VersR 1975, 42. Zu den Instruktionspflichten siehe etwa *BGH* VersR 1960, 798, 799; NJW 1965, 815; VersR 1971, 741; NJW 1988, 48, 49.

193 So der *BGH* allgemein zu arbeitsteilig strukturierten Organisationen, vgl. *BGH* VersR 1964, 297; VersR 1978, 722, 723; *BGHZ* 92, 143, 146 ff.; *BGH* NJW 1980, 2810, 2811.

### 3. Haftung des Geschäftsherrn nach § 831 BGB

§ 831 I BGB normiert eine Haftung für (vermutetes) eigenes Verschulden des Geschäftsherrn, wenn sein Verrichtungsgehilfe eine tatbestandliche und rechtswidrige unerlaubte Handlung begeht.[194] Geschäftsherr i. S. d. § 831 I BGB ist bei juristischen Personen nach der Rechtsprechung des *BGH* und der überwiegenden Ansicht in der Literatur *nur* die juristische Person selbst, hier also der Verein.[195] § 831 II BGB ist auf seine Organwalter, d. h. insbesondere auf die Vorstandsmitglieder, nicht anwendbar.[196] Deren Rechtsstellung im Haftpflichtrecht wird durch ihre Organstellung geprägt. Aus dieser ergibt sich, daß die Organwalter nur dem Verein (und nicht etwa auch Dritten) die Erfüllung der Geschäftsherrnpflichten aus § 831 I BGB schulden und bei Verletzung dieser Verpflichtung auch nur dem Verein gegenüber haften sollen.[197]

Verrichtungsgehilfe i. S. d. § 831 I BGB ist, wer von einem Geschäftsherrn (hier dem Verein) zu einer weisungsgebundenen Tätigkeit bestellt wird.[198] Schon das Erfordernis der Weisungsgebundenheit zeigt, daß der Verrichtungsgehilfe in der Hierarchie des Vereins den Vorstandsmitgliedern, besonderen Vertretern und „Repräsentanten" untergeordnet ist. Der Verein muß sich ein drittschädigendes Fehlverhalten seines Verrichtungsgehilfen *nicht* nach § 31 BGB und damit ohne Entlastungsmöglichkeit zurechnen lassen.[199] § 31 BGB ist dabei nicht einmal analog anwendbar, weil ein einfacher Verrichtungsgehilfe nicht die Voraussetzungen eines „Repräsentanten" erfüllt. Vielmehr haftet der Verein „nur" nach § 831 I BGB, also mit der Möglichkeit der Exkulpation.

Die sich aus § 831 I 2 BGB ergebenden Pflichten entstehen erst mit der Bestellung des Gehilfen. Hierin liegt der Unterschied zu den allgemeinen Verkehrspflichten aus § 823 I BGB, die den Pflichtenträger bereits unabhängig von einem Gehilfeneinsatz treffen. Unter den Voraussetzungen des § 831 I 2 BGB treffen *den*

---

194 Vgl. Palandt/*Thomas* § 831 Rn. 1, 3; Jauernig/*Teichmann* § 831 Rn. 1.

195 Vgl. *BGH* NJW 1974, 1371, 1372 (GmbH); *BGHZ* 109, 297 = NJW 1990, 976, 978 (GmbH); *Haas* S. 218 f. m. w. N. in Fn. 46.

196 Vgl. *BGH* NJW 1974, 1371, 1372 (GmbH); *BGHZ* 109, 297 = NJW 1990, 976, 978 (GmbH); 125, 366, 375 = NJW 1994, 1801 (GmbH); MüKo/*Stein* § 831 Rn. 68 m. w. N. in Fn. 175; Palandt/*Thomas* § 831 Rn. 21; im Ergebnis ebenso Larenz/*Canaris* SR BT II/2 § 79 III 7; *Medicus* SR BT Rn. 860. A.A. hingegen etwa Soergel/*Zeuner* § 831 Rn. 55 m. weiteren Nachweisen. Es bedarf also zur Geschäftsherrnhaftung des Vereins nicht der Konstruktion über § 831 II (Eigendelikt eines Organwalters) i.V.m. § 31 BGB.

197 Vgl. *BGH* NJW 1974, 1371, 1372 (GmbH); *BGHZ* 109, 297, 304; 125, 366, 375 (GmbH); 125, 366, 375 = NJW 1994, 1801 (GmbH). Dieser Gedanke gilt jedoch für alle juristischen Personen.

198 Vgl. *RGZ* 86, 424, 432; 148, 154, 161; *BGHZ* 14, 163, 177; 45, 311, 313 = NJW 1966, 1807; WM 1998, 257. Vgl. Palandt/*Thomas* § 831 Rn. 6 ff. und MüKo/*Stein* § 831 Rn. 26 ff. mit weiteren Hinweisen zum Begriff des Verrichtungsgehilfen.

199 Umgekehrt ist für Vorstandsmitglieder, besondere Vertreter und „Repräsentanten" § 831 I BGB nicht einschlägig, vgl. Soergel/*Zeuner* § 831 Rn. 23.

*Verein* als Geschäftsherrn somit Auswahl-, Beschaffungs- und Leitungspflichten. Für die *Erfüllung* dieser Pflichten zu sorgen ist hingegen als Maßnahme der Vereinsgeschäftsführung gemäß § 27 III BGB Sache der Vorstandsmitglieder. Der Verein muß also nachweisen, daß seine *Organwalter* bei der Auswahl, der Beschaffung und der Leitung kein Verschulden getroffen hat (§ 831 I 2 BGB). Liegt ein *Verschulden der Organwalter* vor, so wird dies dem Verein unbedingt, d. h. ohne Entlastungsmöglichkeit zugerechnet.[200] Eines Rückgriffs auf § 31 BGB bedarf es insoweit – anders als bei der allgemeinen Verkehrspflichthaftung des Vereins aus § 823 I BGB[201] – nicht.[202] Dieser Unterschied erklärt sich wie folgt: „Verletzer" i. S. d. § 823 I BGB kann immer nur eine natürliche Person sein. Die Verkehrspflichten des Vereins können dementsprechend auch nur durch natürliche Personen verletzt werden, die für den Verein handeln. War der Handelnde Vorstandsmitglied, besonderer Vertreter oder Repräsentant, wird sein Verschulden dem Verein über § 31 BGB (analog) zugerechnet. § 823 I und § 31 BGB werden zur (allgemeinen) Verkehrspflichthaftung des Vereins „zusammengesetzt". Anders ist dies bei § 831 I 1 BGB. Im Gegensatz zum „Verletzer" in § 823 I BGB kann „Geschäftsherr" i. S. d. § 831 I 1 BGB unstreitig auch eine juristische Person sein.[203] § 831 I BGB ist dann wie folgt zu lesen: „Bestellt die juristische Person *mittels ihrer Organwalter* einen anderen zu einer Verrichtung, ist sie zum Ersatze des Schadens verpflichtet, den der andere in Ausführung der Verrichtung einem Dritten widerrechtlich zufügt." „Die Ersatzpflicht tritt nicht ein, wenn die juristische Person als Geschäftsherr *mittels ihrer Organwalter* bei der Auswahl [...] die im Verkehrs erforderliche Sorgfalt beobachtet hat." Demzufolge bedarf es bei § 831 I BGB keines Rückgriffs auf § 31 BGB, um der juristischen Person (hier

---

200 Vgl. etwa *BGHZ* 24, 188, 194.

201 Siehe dazu oben Zweiter Teil A. I. 2. c).

202 Auch der *BGH* greift – ohne allerdings ausdrücklich zum Problem Stellung zu nehmen – insoweit regelmäßig nicht auf § 31 BGB zurück, vgl. *BGH* LM BGB § 831 (Fc) Nr. 1 (zum eingetragenen Verein); *BGHZ* 24, 188, 194, 197, 199; 125, 366, 376 = NJW 1994, 1801 („..., soweit nach § 831 BGB oder § 31 BGB die Gesellschaft für den Schaden einzustehen hat ...") siehe auch *RG* JW 1911, 939 Nr. 1; im Ergebnis ebenso (allerdings auch ohne Erwähnung des Problems): Palandt / *Thomas* § 831 Rn. 4; Staudinger / *Weick* § 31 Rn. 37; MüKo / *Stein* § 831 Rn. 6; *Reichert* Rn. 1886, 1914, 1917 f., 1919; a.A. hingegen *BGH* NJW-RR 1991, 281, 283 (VI. Senat); Soergel / *Hadding* § 31 Rn. 3, ohne weitere Begründung und mit unzutreffendem Hinweis auf *RG* JW 1932, 1039, *RGZ* 142, 356 und Staudinger / *Weick* § 31 Rn. 37. In *RG* JW 1932, 1039 f. ging es gar nicht um die Haftung einer juristischen Person aus § 831 BGB, sondern um ihre Haftung aus §§ 31, 89, 823 I BGB wegen Verletzung einer Verkehrssicherungspflicht. In *RGZ* 142, 356 ging es zwar (unter anderem) um die Haftung einer juristischen Person für einen Verrichtungsgehilfen, jedoch hat das Gericht diese nicht unter Rückgriff auf § 31 BGB, sondern allein über § 831 BGB konstruiert, siehe *RGZ* 142, 356, 358, 368. Bei Staudinger / *Weick* § 31 Rn. 37 findet sich ebenfalls keine Aussage dazu, daß die Haftung des Vereins aus § 831 I BGB über § 31 BGB funktioniert. Wie Soergel / *Hadding* a. a. O. hingegen Jauernig / *Jauernig* § 31 Rn. 1 (allerdings ebenfalls ohne Begründung).

203 Vgl. z. B. *BGH* NJW 1974, 1371, 1372 (GmbH); *BGHZ* 109, 297 = NJW 1990, 976, 978 (GmbH).

dem Verein) das Verhalten seiner Organwalter zurechnen zu können. Auch erfordert die Geschäftsherrnhaftung des Vereins kein Eigendelikt eines Organwalters nach § 831 II BGB.[204] Vielmehr wird die (spezielle) Verkehrspflichtträgerschaft des Vereins aus § 831 I BGB und das (vermutete) Verschulden des intern für die Pflichterfüllung zuständigen Organwalters schon durch § 831 I BGB zu *einem Delikt des Vereins* zusammengesetzt.

Zu beachten ist schließlich, daß die Rechtsprechung die Auswahlsorgfalt nach § 831 I 2 1. Var. BGB noch weiter konkretisiert hat. Wird dem Verrichtungsgehilfen die Aufgabe nicht zur einmaligen, sondern zur fortgesetzten Erledigung übertragen, besteht neben der Pflicht zur Einstellungsprüfung auch eine Pflicht zur *fortdauernden Eignungsaufsicht.*[205] Daneben obliegt dem Geschäftsherrn selbstverständlich die Einweisung und Anleitung des Gehilfen bezüglich des übertragenen Aufgabenkreises.[206]

## 4. Gefährdungshaftung

Bei Vereinen ist – ebenso wie bei natürlichen Personen – eine Haftung nicht nur als eine solche für nachgewiesenes (z. B. § 823 I BGB) oder vermutetes (z. B. § 831 I BGB) Verschulden denkbar. Ebenso kommen Fälle der Gefährdungshaftung in Betracht. Zu nennen sind in diesem Zusammenhang vor allem die Halterhaftung bei Kraftfahrzeugen (§ 7 StVG), Luftfahrzeugen (§ 33 LuftVG) und Luxustieren (§ 833 S. 1 BGB), sowie die Haftung des Grundstücksbenutzers nach § 906 II 2 BGB.[207] Vorstellbar ist jedoch auch, daß der Verein eine Schienenbahn betreibt (etwa im Fall eines Eisenbahnmuseum e.V.) und deshalb nach § 1 HPflG haftet. Bei eingetragenen nichtwirtschaftlichen Vereinen wird hingegen eine Haftung als Hersteller eines Produktes (§ 1 I ProdHG), als Inhaber einer Energiean-

---

204 A.A. *Altmeppen* ZIP 1995, 881, 888 f., der allerdings davon ausgeht, daß sich die Verkehrspflichthaftung juristischer Personen nur so begründen lasse, weil § 31 BGB ausschließlich einen gesetzlichen Schuldbeitritt darstelle. Dieser Ansicht ist schon im Ausgangspunkt nicht zuzustimmen, siehe oben Zweiter Teil A. I. 2. c).

205 Vgl. *RGZ* 78, 107, 108; 87, 1, 4; 128, 149, 153; *RG* JW 1935, 3540; *BGHZ* 8, 239, 243; *BGH* VersR 1955, 746, 747; 1961, 330, 332 f.; VersR 1984, 67; NJW-RR 1996, 867, 868. Dies ist inzwischen h.M., vgl. Soergel / *Zeuner* § 831 Rn. 39.

206 Vgl. *RG* WarnRspr. 1938 Nr. 155; *BGH* VersR 1959, 760, 762; VersR 1964, 241, 243; VersR 1973, 713, 714.

207 Der nachbarrechtliche Ausgleichsanspruch nach § 906 II 2 BGB stellt eigentlich keinen typischen Fall der Gefährdungshaftung dar, denn er ist nicht auf Schadensersatz, sondern auf *angemessene Entschädigung in Geld* gerichtet (vgl. zu letzterem etwa Soergel / *Baur* § 906 Rn. 8, 99 ff.). Er wird jedoch vorliegend i.R.d. genannten Gefährdungshaftungstatbestände behandelt, weil auch er verschuldensunabhängig ausgestaltet ist (vgl. zu letzterem Soergel / *Baur* § 906 Rn. 8, 99 f.). Relevant werden kann die Haftung aus § 906 II 2 BGB z. B. für Sportvereine, von denen wesentliche Geräuschemissionen ausgehen (z. B. Sportlärm infolge Tennisspiels, Schiedsrichteransagen oder Geräuschen der Sportler und Zuschauer), siehe dazu allg. Soergel / *Baur* § 906 Rn. 63.

lage (§ 2 HPflG) oder als Anlageninhaber i. S. d. § 22 II WHG eher selten vorkommen.

Es stellt sich die Frage, wie sich die Gefährdungshaftung beim Verein als juristischer Person konstruieren läßt. Dies wird in der Literatur nicht einheitlich beurteilt.

Einer Ansicht zufolge ergibt sich die Haftung des Vereins auch in den Fällen der Gefährdungshaftung nur unter Zuhilfenahme des § 31 BGB.[208]

Demgegenüber meinen *Heinrichs* und *Ott,* § 31 BGB habe im Bereich der Gefährdungshaftung nur eine Bedeutung, soweit sie an ein individuelles Verhalten anknüpfe.[209]

Zutreffenderweise ist es bei den Tatbeständen der Gefährdungshaftung jedoch überhaupt nicht erforderlich, für eine Haftung des Vereins auf § 31 BGB zurückzugreifen. Der Verein kann selbst Halter eines Kraft- oder Luftfahrzeugs oder eines Luxustieres sein, weil die Haltereigenschaft nicht ein bestimmtes individuelles Verhalten einer natürlichen Person voraussetzt.[210] Die §§ 7 StVG, 33 LuftVG, § 833 S. 1 BGB greifen deshalb bereits unmittelbar ein. Entsprechendes gilt für die Haftung des Betreibers einer Schienenbahn (§ 1 HPflG), sowie für die Haftung des Grundstücksbenutzers (§ 906 II 2 BGB), des Herstellers eines Produktes (§ 1 I ProdHG), des Inhabers einer Energieanlage (§ 2 HPflG) und des Anlageninhabers i. S. d. § 22 II WHG. In all diesen Fällen bedarf es zur Begründung der Gefährdungshaftung des Vereins nicht der Anwendung des § 31 BGB. Für die hier vertretene Ansicht spricht im Ergebnis auch die Rechtsprechung des *BGH.* Dieser läßt den Verein z. B. aus § 833 S. 1 BGB haften, ohne § 31 BGB auch nur zu erwähnen.[211]

## 5. Haftung für Organisationsmängel

Die von der Rechtsprechung entwickelte Haftung für Organisationsmängel gehört in den Bereich der Haftung des Vereins für Unterlassungen. Differenziert wird zwischen dem betrieblichen und dem körperschaftlichen Organisationsmangel.[212]

---

208 So z. B. Staudinger/*Weick* § 31 Rn. 7; MüKo/*Reuter* § 31 Rn. 29; RGRK/*Steffen* § 31 Rn. 1; *Reichert* Rn. 1894; *Friedrich* DStR 1994, 100, 101; *Heermann/Götze* S. 52.

209 Vgl. Palandt/*Heinrichs* § 31 Rn. 2 a.E. („...soweit diese auf einem „Handeln" beruht."); AK/*Ott* § 31 Rn. 13 spricht von „individuellem Verhalten".

210 Vgl. zu letzerem Soergel/*Hadding* § 31 Rn. 20 und vor § 21 Rn. 30 unter Hinweis auf *BGHZ* 88, 70, 72 ff. (zur Eigenschaft als Luftfrachtführer i. S. d. §§ 44 LuftVG).

211 Siehe z. B. *BGH* NJW-RR 1986, 572, 573. Auch im Rahmen der Haftung des Vereins aus § 33 I 1 LuftVG erwähnt der BGH § 31 BGB nicht, siehe *BGH* NJW-RR 1991, 281, 282.

212 Begriffe nach *Landwehr* AcP 164 (1964), 482 ff., 498. Gänzlich gegen eine solche Differenzierung Soergel/*Hadding* § 31 Rn. 19 a.E., der die Lehre vom „Organisationsmangel" schon an sich ablehnt.

*a) Der betriebliche Organisationsmangel*

Ein betrieblicher Organisationsmangel liegt vor, wenn einen Pflichtenträger (vor allem einen Verkehrspflichtenträger), der seine Pflichten arbeitsteilig zu erfüllen versucht, ein Verschulden bei der Organisation der Pflichtenerfüllung trifft.[213] Dies gilt auch für den Verein als Pflichtenträger. Die betriebliche Organisationspflicht verlangt von ihm die „Gefahrensicherung in seinem Organisationsbereich“[214], d. h. die Sicherstellung der tatsächlichen Erfüllung der (Verkehrs-)Pflichten, indem er seine Mitarbeiter sorgfältig *auswählt, anleitet* und *überwacht.*[215] Er muß den Vereinsbetrieb nach bestmöglichen Grundsätzen organisieren.[216] Dies umfaßt auch die Pflicht, durch ausreichende Anordnungen dafür zu sorgen, daß Dritte durch die vereinseigenen Arbeitsabläufe nicht zu Schaden kommen.[217] Die *Erfüllung* dieser Pflichten obliegt als Maßnahme der Geschäftsführung in erster Linie den Vorstandsmitgliedern (vgl. § 27 III BGB). Wird die betriebliche Organisationspflicht schuldhaft verletzt – was etwa auch dann der Fall ist, wenn eine bestimmte Aufgabe überhaupt niemandem zugewiesen ist und unerledigt bleibt –, haftet der Verein für den dadurch verursachten Schaden nach §§ 823 I, 31 BGB.[218] Dogmatisch sauberer – allerdings ohne Einfluß auf das Ergebnis – dürfte es jedoch sein, dies nicht mit dem etwas nebulösen Hinweis auf eine „betriebliche Organisationspflicht“, sondern mit den allgemein zur Konkretisierung von (Verkehrs-)Pflichten aus § 823 I BGB entwickelten Grundsätzen[219] zu begründen.

*b) Der körperschaftliche Organisationsmangel*

Von einem körperschaftlichen (oder verbandlichen) Organisationsmangel spricht man, wenn der Verein über eine an sich ausreichende innerbetriebliche Organisation zur Gefahrsteuerung verfügt, mit der Leitung der einzelnen Organisationsbereiche jedoch keine verfassungsmäßig berufenen Vertreter i. S. d. §§ 30, 31 BGB, sondern „nur“ Verrichtungsgehilfen i. S. d. § 831 I BGB betraut hat, mögen diese fachlich auch noch so geeignet sein.[220] Für diesen Fall wird eine Rechts-

---

213 Siehe zu Fällen eines betrieblichen Organisationsmangels etwa *BGH* NJW 1963, 484; NJW 1963, 904; DB 1965, 324.

214 *BGH* NJW-RR 1996, 867, 868 (nicht speziell zum Verein).

215 Vgl. *RG* JW 1906, 547; Recht 1922 Nr. 781; JW 1938, 1651, 1652; *BGH* VersR 1965, 44, 45; NJW 1971, 1313, 1315; *OLG München* VersR 1963, 1208; NJW 1977, 2123.

216 Vgl. *Reichert* Rn. 1897.

217 Vgl. *BGH* MDR 1968, 139.

218 Vgl. *BGHZ* 17, 214, 220 f. = NJW 1955, 1314; *BGH* NJW-RR 1996, 867, 868; RGRK / *Steffen* § 823 Rn. 155.

219 Siehe zu diesen oben Zweiter Teil A. I. 2. d).

220 Siehe zum körperschaftlichen Organisationsmangel etwa *RGZ* 53, 276, 281 f.; 89, 136, 138; 113, 293, 296 f.; 143, 356, 359; 157, 228, 235; 162, 129, 166; *RG* JW 1931, 2235, 2236; JW 1932, 2076; JW 1932, 3702; JW 1936, 915; JW 1938, 1651, 1652; *BGHZ* 24, 200, 213;

pflicht des Vereins angenommen, dem Gehilfen eine Organstellung i. S. d. § 31 BGB zu verschaffen, so daß der Verein für ihn ohne Entlastungsmöglichkeit haftet. Voraussetzung für eine solche Organisationspflicht ist, daß die fragliche Person mit der Wahrnehmung bedeutender und umfangreicher eigenverantwortlicher Aufgaben betraut ist.[221] Dies wird in der Regel der Fall sein bei Bereichen, die von den vorhandenen Organen nicht wahrgenommen werden können, jedoch selbständige Entscheidungskompetenzen und entsprechende Eigenverantwortung erfordern.[222] Die Folge ist, daß der Verein verpflichtet ist, den Gesamtbereich seiner Tätigkeit so zu organisieren, daß für alle wichtigen Aufgabenbereiche ein verfassungsmäßiger Vertreter bestellt ist.[223] Wird diese Organisationspflicht verletzt, muß sich der Verein haftungsrechtlich so behandeln lassen, als habe er dem Gehilfen eine Organstellung im Sinne des § 31 BGB eingeräumt.[224] Die unterbliebene Bestellung wird also einfach fingiert (sog. Fiktionshaftung).[225] Ziel der Konstruktion des körperschaftlichen Organisationsmangels ist es, die unbedingte Haftung des Vereins nach § 31 BGB sicherzustellen und ihm die Möglichkeit der Exkulpation nach § 831 I 2 BGB zu verwehren.

In der Literatur ist vielfach darauf hingewiesen worden, daß die Lehre vom körperschaftlichen Organisationsmangel wegen der in ihr enthaltenen Organbestellungspflicht einen nicht zu rechtfertigenden Eingriff in die freie körperschaftliche Organisationsgewalt des Vereins und damit eine Verletzung der Vereinsautonomie darstelle.[226] Ob dies wirklich der Fall ist, kann letztlich dahinstehen, denn der Konstruktion des körperschaftlichen Organisationsmangels bedarf es heute gar nicht mehr, um eine unbedingte Haftung des Vereins sicherzustellen. Das Verschulden der den Verein repräsentierenden Personen, die über keine Organstellung verfügen, kann dem Verein schon nach den Grundsätzen der *Repräsentantenhaf-*

---

39, 124, 129 f.; *BGH* VersR 1965, 1055, 1056; NJW 1977, 2259, 2260; NJW 1980, 2810, 2811; NJW 1982, 1144, 1145. Siehe etwa auch die Nachweise bei Soergel/*Hadding* § 31 Rn. 15 ff. Der Rspr. folgt unkritisch etwa *Reichert* Rn. 1897.

221 Vgl. *BGHZ* 49, 19, 21 = NJW 1968, 391; *BGH* NJW 1972, 334; WM 1970, 633, 634; NJW-RR 1996, 867, 868.

222 Vgl. *RGZ* 89, 136; 153, 356, 359; 157, 228, 235; 162, 129, 166; 163, 29, 30; *RG* JW 1931, 2235; 1936, 915; JW 1938, 1651; *BGHZ* 13, 198, 203; 24, 200, 213; 27, 280, 283; 39, 124, 129 f.; *BGH* MDR 1981, 40; *OLG Köln* NJW-RR 1993, 31. Der Rspr. folgen Erman/*H.P. Westermann* § 30 Rn. 5 und § 31 Rn. 7; *Märkle* S. 82.

223 Vgl. *OLG Celle* OLGReport 1996, 229, 230; *Reichert* Rn. 1897; *Grunewald* ZHR 157 (1993), 451, 453.

224 Vgl. *RGZ* 157, 228, 235; *BGHZ* 24, 200, 212 f. = NJW 1957, 1315; *BGHZ* 27, 278, 280; 77, 74, 79 = NJW 1980, 1901; *BGH* NJW 1980, 2810, 2811; *BGH* NJW-RR 1996, 867, 868; *OLG Celle* OLGReport 1996, 229, 230; RGRK/*Steffen* § 31 Rn. 5, 10.

225 Siehe *BGH* NJW 98, 1857; NJW-RR 98, 252; Jauernig/*Jauernig* § 31 Rn. 4.

226 So etwa *Martinek* S. 163 ff.; *Heiss* S. 92; *Hassold* JuS 1982, 583, 586; Soergel/*Hadding* § 30 Rn. 6, § 31 Rn. 17; *Neumann-Duesberg* NJW 1966, 715 f.; MüKo/*Reuter* § 31 Rn. 8; *Landwehr* AcP 164 (1964), 482, 512; a.A. RGRK/*Steffen* § 31 Rn. 5; *Kleindiek* S. 327; Larenz/*Wolf* BGB AT S. 217; wohl auch Erman/*H.P. Westermann* § 30 Rn. 5, § 31 Rn. 7.

*tung* über § 31 BGB analog zugerechnet werden.[227] Die Rechtsprechung könnte die Lehre vom körperschaftlichen Organisationsmangel daher aufgeben.[228]

## II. Haftung aus bestehenden Rechtsverhältnissen

### 1. Haftung aus Verträgen

Der Verein kann als juristische Person Vertragspartei sein. Da er jedoch isoliert betrachtet nicht in der Lage ist, Willenserklärungen abzugeben, wird er durch die Willenserklärungen, die seine organschaftlichen und sonstigen Vertreter[229] in seinem Namen und im Rahmen ihrer Vertretungsmacht für ihn abgeben, gemäß § 164 I 1 BGB rechtsgeschäftlich verpflichtet.[230] Die daraus resultierenden vertraglichen Pflichten treffen aber grundsätzlich nur den Verein selbst. Seine Vertreter sind lediglich intern, d. h. im Innenverhältnis zum Verein, verpflichtet, die Vertragserfüllung im Außenverhältnis sicherzustellen.

Ebenso wie bei natürlichen Personen gestaltet sich die Vertragsabwicklung mit einem Verein nicht immer reibungslos.[231] Da der Verein für sich allein gesehen weder handlungs- noch verschuldensfähig ist[232], muß ihm ein Verschulden derjenigen Personen, derer er sich zur Vertragserfüllung bedient, allerdings erst zugerechnet werden. Im Falle der einfachen Erfüllungsgehilfen funktioniert dies unstreitig über § 278 S. 1 2. Var. BGB. Im Gegensatz dazu besteht über die einschlägige Zurechnungsnorm bei den Vorstandsmitgliedern, besonderen Vertretern und Repräsentanten nach wie vor Streit.

---

227 Ebenso auch Soergel / *Hadding* § 31 Rn. 18; Staudinger / *Weick* § 31 Rn. 29, 34 f.; *Martinek* S. 173; *Flume* JurP S. 387 f.; *Hassold* JuS 1982, 583, 587; Larenz / *Wolf* BGB AT S. 164 ff., 167; MüKo / *Reuter* § 31 Rn. 7 ff.; *Neumann-Duesberg* NJW 1966, 715, 716; Palandt / *Heinrichs* § 31 Rn. 7 f.; für eine „extensive Auslegung von § 31 BGB" *Grunewald* ZHR 157 (1993), 451, 453. Siehe zur analogen Anwendung des § 31 BGB bereits oben Zweiter Teil A. I. 1. c).

228 Ebenso bereits Larenz / *Wolf* BGB AT S. 167; ähnlich *Martinek* S. 160.

229 Organschaftliche Vertreter sind v.a. die Mitglieder des Vorstands und die besonderen Vertreter i. S. d. § 30 BGB. Zu den sonstigen Vertretern gehören etwa mit Vollmacht ausgestatteten Repräsentanten und sonstige Gehilfen.

230 Die Anwendbarkeit der §§ 164 ff. BGB auf die *organschaftliche* Vertretung ergibt sich aus § 26 II 1 BGB, vgl. Palandt / *Heinrichs* § 26 Rn. 1. Dieses Ergebnis wird auch durch die Motive der Ersten Kommission (bei *Mugdan* I S. 408) bestätigt: „Rechtsgeschäfte, welche der Vorstand innerhalb der Grenzen seiner Vertretungsmacht für die Körperschaft vornimmt [...], verpflichten und berechtigen die Körperschaft unmittelbar (§ 116) [heutiger § 164 BGB]."

231 Siehe etwa zur möglichen Haftung eines Vereins aus c.i.c. (nun §§ 311 II, 241 II, 280 BGB) wegen Abbruchs von Vertragsverhandlungen *OLG Köln* OLGReport 1999, 169.

232 Dies geben auch die Vertreter der sog. Organtheorie zu, vgl. etwa MüKo / *Reuter* § 31 Rn. 2, 10 und RGRK / *Steffen* § 31 Rn. 1.

Der *Organtheorie* zufolge soll die Zurechnung bei diesen Personen sowohl im deliktischen als auch vertraglichen Bereich über § 31 BGB funktionieren.[233] Der Verein sei – obwohl juristische Person – willens-, handlungs- und verschuldensfähig. Das Verhalten der Vereinsorgane sei *sein eigenes,* er handele *durch seine Organe,* trete *selbsthandelnd in Erscheinung.*[234] § 31 BGB wiederum sei Ausdruck der Organtheorie.[235]

Demgegenüber ist nach der *Vertretertheorie* § 278 S. 1 1. Var. BGB („gesetzlicher Vertreter") die richtige Zurechnungsnorm.[236] Da der Verein grundsätzlich willens-, handlungs- und verschuldens*unfähig* sei, müsse ihm das Verhalten seiner Organe als *fremdes* zugerechnet werden. Dazu sei das Organ als gesetzlicher Vertreter des Vereins i. S. d. § 278 S. 1 1. Var. BGB anzusehen.[237]

Der historische Gesetzgeber hat sich mit den vereinsrechtlichen Regelungen des BGB ganz bewußt weder für die eine noch für die andere Theorie entschieden, sondern den Streit der Wissenschaft überlassen.[238] Es soll jedoch vorliegend nicht der Versuch unternommen werden, die wissenschaftliche Debatte insoweit um einen weiteren Beitrag „zu bereichern". Unabhängig von den Theorien spricht entscheidend für die Anwendung des § 31 BGB, daß sich nur so die mit dieser Norm beabsichtigte haftungsrechtliche Gleichstellung von juristischer und natürlicher Person ohne Umwege verwirklichen läßt. Ebenso wie die natürliche Person ihre

---

233 So die h.M. in der Lit., vgl. RGRK/*Steffen* § 31 Rn. 1; Soergel/*Hadding* § 31 Rn. 1, 4; MüKo/*Reuter* § 31 Rn. 29; Soergel/*Wolf* § 278 Rn. 20; MüKo/*Grundmann* § 278 Rn. 10; Palandt/*Heinrichs* § 278 Rn. 6; *Martinek* S. 32 ff.; Sauter/Schweyer/*Waldner* Rn. 290; *Burhoff* Rn. 335; *Reichert* Rn. 1894; *Stöber* Rn. 393 ff.; *Heermann/Götze* S. 52, 57. Die Rechtsprechung ist nicht immer eindeutig: Für § 31 BGB etwa *RG* BankA 32, 228, 229; *BGH* NJW 1973, 456, 457 f.; JZ 93, 958, 964 (II. Senat). Für § 278 BGB etwa *RGZ* 122, 351; 145, 315; 152, 129, 132; *BGHZ* 3, 173; 5, 126. Unentschieden: *BGHZ* 13, 198, 203 (II. Senat, „§§ 31 oder 278 BGB"); *BGH* NJW 1977, 2259, 2260 (VI. Senat); *BGH* NJW 1998, 1854, 1855 ff. (III. Senat). Jedenfalls hält die Rechtsprechung einen Haftungsausschluß für vorsätzliches Verhalten von Organwaltern und Repräsentanten für unzulässig, wendet also in der Sache nicht § 278 S. 2 BGB, sondern § 276 III BGB an. Dies spricht eher für eine Anwendung der §§ 31, 276 BGB.

234 Vgl. *RG* BankA 32, 228, 229; *RGZ* 162, 129, 169; *BGH* WM 1959, 80, 81; NJW 1973, 456, 457; WM 1987, 286, 287 = LM BGB § 31 Nr. 13; *Gierke* Genossenschaftstheorie S. 624 f.; *Oertmann* § 31 Anm. 2; Soergel/*Hadding* § 31 Rn. 1 ff.; Palandt/*Heinrichs* § 26 Rn. 1, § 31 Rn. 1; § 287 Rn. 6; MüKo/*Reuter* § 26 Rn. 11 f.; MüKo/*Grundmann* § 278 Rn. 10; Soergel/*Wolf* § 278 Rn. 20; Jauernig/*Jauernig* § 31 Rn. 1; Sauter/Schweyer/*Waldner* Rn. 290; RGRK/*Steffen* § 31 Rn. 1.

235 Vgl. Palandt/*Heinrichs* § 31 Rn. 1; *Stöber* Rn. 393. *K. Schmidt* GesR § 10 I 2 (S. 251).

236 Vgl. *Planck/Knoke* § 31 Bem. 1 b; AK/*Ott* § 31 Rn. 1, 18; *Medicus* BGB AT Rn. 1135; *Flume* PersG § 16 IV (S. 321 f.); *ders.* JurP § 11 III 5 (S. 396); Staudinger/*Weick* § 31 Rn. 3; Staudinger/*Löwisch* § 278 Rn. 98; Erman/*Battes* § 278 Rn. 9.

237 Vgl. *Flume* JurP § 11 I (S. 377 ff.); § 11 III (S. 395 ff.); *Medicus* BGB AT Rn. 1135. Im Ergebnis ebenso Staudinger/*Weick* § 31 Rn. 3, der allerdings ohne die Berufung auf die Vertretertheorie auskommt.

238 Vgl. Protokolle bei *Mugdan* I S. 609. Siehe auch *Jakobs/Schubert* Beratung des BGB AT 1 S. 327.

Haftung für ihr eigenes vorsätzliches Verhalten nicht im voraus ausschließen kann (§ 276 III BGB), muß dies auch für den Verein bezüglich derjenigen Personen gelten, auf die er zur Vermögensverwaltung und zur Teilnahme am Rechtsverkehr zwingend angewiesen ist. Dies wäre jedoch bei Anwendung des § 278 S. 1 1. Var. BGB nicht gewährleistet, weil durch § 278 S. 2 BGB der Vorsatzausschluß gerade zugelassen wird. Deshalb ist dem Verein im rechtsgeschäftlichen (ebenso wie im deliktischen) Bereich ein Verschulden seiner Vorstandsmitglieder, besonderen Vertreter und Repräsentanten nach §§ 31, 276 BGB zuzurechnen.

### 2. Haftung aus sonstigen Rechts- / Schuldverhältnissen

Bei der Haftung des Vereins aus sonstigen Rechts- und Schuldverhältnissen gilt das zur Haftung aus Verträgen Gesagte entsprechend. Dies ist deshalb gerechtfertigt, weil ein Vertrag nichts anderes ist als ein auf privatrechtlichen Willenserklärungen basierendes *Schuldverhältnis.*[239] Ein *Schuldverhältnis* wiederum stellt aber zugleich auch ein – wenn auch sehr „komplexes"[240] – *Rechtsverhältnis* dar.[241] Der Verein muß sich demnach im Rahmen bestehender Rechts- und Schuldverhältnisse ein Verschulden seiner Vorstandsmitglieder, besonderen Vertreter und Repräsentanten nach § 31 BGB zurechnen lassen.[242] Bedient er sich hingegen einfacher Erfüllungsgehilfen, ist § 278 S. 1 2. Var. BGB einschlägig.

Als *sonstiges Schuldverhältnis* kommt etwa das vorvertragliche Schuldverhältnis (vgl. nun §§ 311 II, 241 II BGB) aufgrund der Aufnahme geschäftlichen Kontakts in Betracht. Daneben sind die gesetzlichen Schuldverhältnisse zu nennen, wie etwa das Eigentümer-Besitzer-Verhältnis nach §§ 985 ff. BGB mit seiner Schadensersatzhaftung aus §§ 989, 990 BGB.[243]

Ein *sonstiges Rechtsverhältnis* stellt schließlich das *Mitgliedschaftsverhältnis* des Vereins zu seinen Mitgliedern dar.[244] Bei schuldhafter Verletzung einer Pflicht

---

239 Unter „Schuldverhältnis" ist hier das „Schuldverhältnis im weiteren Sinne" als Gesamtheit aller Rechte und Pflichten einer Rechtsbeziehung zu verstehen. Davon zu unterscheiden ist das sog. „Schuldverhältnis im engeren Sinne" (siehe § 241 I BGB), mit dem nur eine einzelne Forderung bzw. ein einzelner Anspruch (§ 194 I BGB) gemeint ist.

240 Larenz / *Wolf* BGB AT § 13 Rn. 4.

241 Vgl. nur Larenz / *Wolf* BGB AT § 13 Rn. 4, 12, 16.

242 Vgl. *BGHZ* 90, 92, 95 (unberechtigter Ausschluß eines Vorstandsmitglieds aus Vorstand und Verein); *BGHZ* 110, 323 = NJW 1990, 2877, 2878 (Schärenkreuzer-Fall; Verletzung von Mitgliedschaftsrechten).

243 Vgl. zur Qualifizierung des EBV Soergel / *Mühl* § 985 Rn. 1 („gesetzliches Schuldverhältnis"). Siehe aber auch MüKo / *Medicus* § 985 Rn. 31 („schuldrechtsähnliche Sonderverbindung").

244 Vgl. Larenz / *Wolf* BGB AT § 10 Rn. 95 (Mitgliedschaft als Rechtsverhältnis); ebenso *Edenfeld* S. 41; *Reuter* FS Lange S. 707, 722. Soergel / *Hadding* § 38 Rn. 2 ff., 15 und *Klink* S. 132 ff. sehen in der *Mitgliedschaft* nur die sich aus dem Rechtsverhältnis Verein / Mitglied ergebende Stellung des einzelnen Mitglieds. Dazu ist folgendes zu sagen: Ob die Mitglied-

aus diesem Rechtsverhältnis haftet der Verein aus §§ 280 I, III, 281–283 BGB. Der *BGH* sprach insoweit zunächst von einer Schadensersatzverpflichtung „ähnlich der positiven Vertragsverletzung“, von einem „quasivertraglichen Schadensersatzanspruch“ oder einer Schadensersatzverpflichtung aus einer „Entsprechung zu dem Rechtsinstitut der positiven Vertragsverletzung“.[245] Inzwischen nennt aber auch er als Anspruchsgrundlage ausdrücklich und ohne terminologische Einschränkungen die „positive Forderungsverletzung“.[246] Welche Pflichten des Vereins und dazu korrespondierende Rechte der Mitglieder im einzelnen das mitgliedschaftliche Rechtsverhältnis ausmachen, ergibt sich in erster Linie aus der Satzung, daneben aber auch – soweit vorhanden – aus Vereinsordnungen, besonderen Abreden beim Erwerb der Mitgliedschaft, aus Beschlüssen und sonstigen Maßnahmen von Vereinsorganen und schließlich aus den einschlägigen gesetzlichen Vorschriften.[247] So kann sich aus der Satzung die Verpflichtung des Vereins ergeben, das Mitglied in Lohnsteuer-[248], Miet-[249] oder Vermögensfragen[250] zu beraten. Ebenso denkbar ist die satzungsmäßig (oder auf sonstiger Grundlage) bestehende Verpflichtung, den Mitgliedern die Benutzung der Vereinseinrichtungen sowie etwa die Teilnahme an Sportwettkämpfen des Vereins zu gestatten.[251] Derartige Verpflichtungen des Vereins nennt man – von der Seite des Mitglieds aus betrachtet – *Genuß-* oder *Wertrechte*.[252] Darüber hinaus trifft den Verein ganz allgemein die Pflicht, seine Mitglieder nicht entgegen den geltenden vereinsrechtlichen Bestimmungen (Satzung, Vereinsordnung, Gesetzes, etc.) zu behandeln[253], z. B. ein Mitglied nicht aus ungerechtfertigten oder sachwidrigen Gründen auszuschließen.[254] Ferner obliegt dem Verein gegenüber seinen Mitgliedern eine Treue-

---

schaft selbst ein Rechtsverhältnis ist, kann hier dahinstehen, denn jedenfalls die Beziehung zwischen Verein und Mitglied stellt ein Rechtsverhältnis mit Rechten und Pflichten auf beiden Seiten dar. Es mag jedoch hilfreich sein, von einem „Mitgliedschaftsverhältnis“ und nicht allein von der „Mitgliedschaft“ zu sprechen, wenn man – wie hier – das gesamte Rechtsverhältnis zwischen Verein und Mitglied meint, vgl. *Helms* S. 5.

245 *BGHZ* 90, 92, 95 = NJW 1984, 1884; *BGHZ* 110, 323 = NJW 1990, 2877, 2878; zust. *OLG Celle* OLGReport 1996, 229, 230; *Reichert* Rn. 1956; kritisch *Hadding* FS Kellermann S. 91, 93 ff.

246 *BGH* NJW 2000, 758, 759.

247 Vgl. Soergel / *Hadding* § 38 Rn. 15; Sauter / Schweyer / *Waldner* Rn. 335a.

248 Vgl. *OLG München* NJW 1988, 1030 (fehlerhafte Beratung durch Lohnsteuerhilfeverein).

249 Vgl. *AG Bückeburg* NJW-RR 1991, 1107 (fehlerhafte Beratung durch Mieterverein).

250 Vgl. *OLG Celle* OLGReport 1996, 229 (Beratungsfehler eines Vermögensbetreuungsvereins).

251 Vgl. zu letzterem z. B. *OLG Frankfurt* NJW 1992, 2576 und *BGHZ* 110, 323 (Schärenkreuzerfall: Recht eines Mitglieds zur Regattateilnahme in einer bestimmten Bootsklasse).

252 Vgl. beispielhaft Larenz / *Wolf* BGB AT § 10 Rn. 103 („Genußrechte“) und *Edenfeld* S. 42 f. („Wertrechte“).

253 Vgl. *BGHZ* 21, 370; 29, 352; 47, 381 ff.; 110, 323, 327 (st. Rspr.).

254 Vgl. *BGHZ* 90, 92, 95.

pflicht.[255] Aus dieser läßt sich unter anderem das Gebot ableiten, die Mitglieder nicht ohne sachlichen Grund ungleich zu behandeln (vereinsrechtlicher Gleichbehandlungsgrundsatz).[256] Schließlich stehen jedem Mitglied gewisse *Organschaftsrechte* zu. Dabei handelt es sich um Rechte auf Teilnahme an der Willensbildung des Vereins.[257]

## III. Sonstige Fälle der Haftung des Vereins

Über § 31 BGB kann den Verein auch eine Haftung aus § 228 S. 2 BGB (verschuldeter Notstand), § 231 BGB (irrtümliche Selbsthilfe), § 904 S. 2 BGB (Notstand) oder § 122 I BGB (Anfechtung) treffen, wenn der betreffende Organwalter in Ausführung der ihm für den Verein zustehenden Verrichtungen gehandelt hat.

Die *steuerrechtliche* Haftung des Vereins ist nicht Gegenstand der vorliegenden Untersuchung. Zur näheren Information wird auf die einschlägige Literatur verwiesen.[258] Es sei jedoch angemerkt, daß den Verein in den verschiedensten Bereichen steuerrechtliche Pflichten treffen können, wie etwa im Rahmen der Gemeinnützigkeit, der Spenden, der Körperschaftssteuer, der Gewerbesteuer, der Umsatzsteuer, der Lohnsteuer, der Grundsteuer, der Grunderwerbsteuer, der Erbschafts- und der Schenkungssteuer. Daß das steuerrechtliche Haftungsrisiko nicht zu unterschätzen ist, beweist der jüngst bekannt gewordene Fall des Ringer-Bundesligavereins KSV Germania Aalen e.V.: Der Verein steht wegen einer vom Finanzamt geforderten Steuernachzahlung i.H.v. 500.000 € vor dem finanziellen Aus.[259]

## IV. Bewertung des Haftungsrisikos des Vereins

Der Verein haftet im deliktischen und im nichtdeliktischen Bereich für ein schädigendes Verhalten seiner Vorstandsmitglieder, anderen verfassungsmäßig berufenen Vertreter und Repräsentanten über § 31 BGB unbedingt, d. h. ohne Entlastungsmöglichkeit. Begünstigte dieser Haftung können Mitglieder, nicht mitverantwortliche Organwalter und außenstehende Dritte sein. Beachtliches Haftungspotential ergibt sich dabei aus der Verkehrspflichthaftung (gerade für Sportvereine),

---

255 Die Treuepflicht ist eine ungeschriebene Rechtspflicht und geht wegen der personenrechtlichen Verbindung beim Verein über die sich aus Treu und Glauben (§ 242 BGB) ergebenden Pflichten hinaus, vgl. *Reichert* Rn. 608 ff. m. Nachw. aus der Rspr.

256 Vgl. dazu *Reichert* Rn. 543 ff. (m. Nachw. aus der Rspr.), der darauf hinweist, daß der Gleichbehandlungsgrundsatz ein allgemeiner Rechtssatz für privatrechtliche Personenzusammenschlüsse ist.

257 Vgl. Larenz / *Wolf* BGB AT § 10 Rn. 102.

258 Siehe z. B. *Märkle* S. 117 – 435; *Reichert* Rn. 3168 – 3480.

259 Vgl. den Kurzbericht in der *F.A.Z.* v. 21.110.2003 S. 36.

der Gefährdungshaftung, der Haftung für „Organisationsmängel" und nicht zuletzt aus der Haftung im Rahmen bestehender Rechts- und Schuldverhältnisse, wozu unter anderem der gesamte Bereich der vertraglichen Haftung und der Haftung aus den mitgliedschaftlichen Rechtsverhältnissen gehört.

Für das schädigende Verhalten eines seiner Erfüllungs- und Verrichtungsgehilfen haftet der Verein hingegen nach § 278 S. 1 2. Var. BGB oder § 831 I BGB. Erfüllungs- oder Verrichtungsgehilfen sind etwa die Vereinssekretärin, der Sportplatzwart oder der Sporttrainer. Im deliktischen Bereich steht dem Verein hier die Exkulpationsmöglichkeit des § 831 I 2 BGB offen.

In Anbetracht des Haftungsrisikos dürfte auf Seiten des Vereins ein reges Interesse daran bestehen, seine Haftung zu beschränken. Diesem Interesse soll im nun folgenden Abschnitt Rechnung getragen werden, in dem die Möglichkeiten der Haftungsbeschränkung untersucht werden.

## B. Möglichkeiten der Haftungsbeschränkung

### I. Beschränkung der sich über § 31 BGB (analog) ergebenden Haftung des Vereins

Zunächst konnte gezeigt werden, daß den Verein in einer Vielzahl von Fällen eine Haftung *über § 31 BGB (analog)* trifft. Die mit dieser haftungsrechtlichen Situation verbundenen wirtschaftlichen Risiken führen zu der Frage, ob sich die Haftung des Vereins aus § 31 BGB nicht begrenzen oder gar ausschließen läßt.

#### 1. Haftungsbeschränkung durch Regelung in der Vereinssatzung

Man könnte zunächst auf die Idee kommen, die Haftung des Vereins aus § 31 BGB durch eine Regelung *in der Vereinssatzung* zu beschränken. Dabei stellt sich die grundsätzliche Frage, ob § 31 BGB überhaupt durch *Regelung in der Satzung* abbedungen werden kann oder ob die Vorschrift nicht insoweit zwingendes Recht darstellt. Zur Beantwortung dieser Frage muß zwischen der Haftung des Vereins gegenüber *außenstehenden Dritten* und gegenüber den *eigenen Vereinsmitgliedern* unterschieden werden.

##### *a) Beschränkung der Haftung aus § 31 BGB gegenüber außenstehenden Dritten*

Unbestritten ist, daß die Haftung des Vereins nach § 31 BGB für das *Außenverhältnis,* d. h. für das Verhältnis zwischen Verein und außenstehenden Dritten, *nicht durch Satzungsbestimmung* ausgeschlossen oder begrenzt werden kann.[260] § 31 BGB stellt insoweit eindeutig zwingendes Recht dar. Dies ergibt sich zunächst aus einem Umkehrschluß zu § 40 BGB.[261] § 40 BGB zählt die durch Satzung abdingbaren Vorschriften der §§ 26–39 BGB auf, nämlich §§ 27 I, III, 28 I, 32, 33 und 38 BGB. Da § 31 BGB dort nicht genannt ist, muß dieser im Umkehrschluß satzungsfest sein.[262] Neben den in § 40 BGB aufgeführten Vorschriften darf zwar auch dann durch Satzungsbestimmung von einer Norm des BGB-Vereinsrechts abgewichen werden, wenn die Norm selbst eine Abweichung zuläßt, wie etwa § 26 II 2 BGB oder § 37 I BGB.[263] Einen solchen „normeigenen Satzungsvorbehalt" besitzt § 31 BGB jedoch nicht.

Die Unabdingbarkeit des § 31 BGB läßt sich darüber hinaus auf *teleologische Erwägungen* stützten. Könnte ein Verein die sich aus § 31 BGB ergebende Haftung außenstehenden Dritten gegenüber einseitig durch Satzungsbestimmung abbedingen, so stünde es in seinem Belieben, dem hinter § 31 BGB stehenden Telos[264] Geltung zu verschaffen. Der Vorteil-Nachteil-Ausgleich, der Verkehrsschutz und der Gleichstellungsgedanke würden unterlaufen und ihrer praktischen Wirksamkeit beraubt, wenn § 31 BGB insoweit zur einseitigen (!) satzungsmäßigen Disposition des Vereins stünde. Auch deshalb ist es zutreffend, daß die Norm außenstehenden Dritten gegenüber nicht durch Satzung abdingbar ist.

Durch *satzungsmäßige Regelung* läßt sich demnach gegenüber *außenstehenden Dritten* weder eine Begrenzung noch ein Ausschluß der Haftung des Vereins aus § 31 BGB erzielen. Anderslautende Satzungsbestimmungen wären wegen Verstoßes gegen zwingendes Gesetzesrecht unwirksam.

### *b) Beschränkung der Haftung aus § 31 BGB gegenüber den eigenen Mitgliedern*

Im Gegensatz zum Außenverhältnis wird die Frage der satzungsmäßigen Abdingbarkeit des § 31 BGB im *Innenverhältnis,* d. h. für die Beziehung des Vereins zu seinen eigenen Mitgliedern, uneinheitlich beurteilt.

---

260 Vgl. *RG* Das Recht 1904, 16; *RGZ* 157, 228, 232; Soergel/*Hadding* § 31 Rn. 1; Jauernig/*Jauernig* § 31 Rn. 1, § 40 Rn. 1; RGRK/*Steffen* § 40; MüKo/*Reuter* § 31 Rn. 45; Staudinger/*Weick* § 31 Rn. 50; Palandt/*Heinrichs* § 31 Rn. 4; Erman/*H.P. Westermann* § 31 Rn. 2; Bamberger/Roth/*Schwarz* § 31 Rn. 25; jurisPK/*Otto* § 31 Rn. 5; *Faber* BWNotZ 1980, 81, 82; *Stöber* Rn. 393; *Burhoff* Rn. 339; *Reichert* Rn. 1963; *Märkle* S. 80; *Heermann/Götze* S. 58; früher auch schon *Oertmann* § 31 Anm. 7.

261 Vgl. *RGZ* 157, 228, 232 (ohne allerdings von einem Umkehrschluß zu sprechen); aus der Lit. statt aller Soergel/*Hadding* § 31 Rn. 1, § 40 Rn. 2 und früher schon *Oertmann* § 40 Anm. 1.

262 Vgl. etwa Jauernig/*Jauernig* § 31 Rn. 1; § 40 Rn. 1.

263 Vgl. RGRK/*Steffen* § 40; Soergel/*Hadding* § 40 Rn. 2; MüKo/*Reuter* § 40 Rn. 1; Staudinger/*Weick* § 40 Rn. 1. Früher schon *Oertmann* § 40 Anm. 1.

264 Siehe zum Telos des § 31 BGB ausführlich oben Zweiter Teil A. I. 1. a).

#### aa) Ansicht des überwiegenden Teils der Literatur

Der überwiegende Teil der Literatur differenziert bei der Frage der satzungsmäßigen Abdingbarkeit des § 31 BGB nicht nach dem Außen- und Innenverhältnis. Eine derartige, u.U. mögliche Unterscheidung wird – mit wenigen Ausnahmen[265] – nicht einmal erwähnt. Vielmehr zieht man ganz allgemein aus dem Umkehrschluß zu § 40 BGB die Konsequenz, daß § 31 BGB nicht durch Satzung abbedungen werden kann.[266]

Folge dieser Ansicht kann nur sein, daß § 31 BGB *generell* nicht satzungsdispositiv ist, also auch nicht im Verhältnis des Vereins zu seinen Mitgliedern (Innenverhältnis). Eine Beschränkung der Haftung des Vereins aus § 31 BGB durch Satzungsbestimmung müßte demnach im Innenverhältnis – ebenso wie im Außenverhältnis – ausscheiden.

#### bb) Abweichende Ansicht in der vereinsrechtlichen Literatur

Nach abweichender Ansicht in der vereinsrechtlichen Literatur kann § 31 BGB zwar nicht außenstehenden Dritten, wohl aber *den eigenen Vereinsmitgliedern gegenüber* durch satzungsmäßige Regelung abbedungen werden.[267]

Laut *Burhoff* sei es in Rechtsprechung und Literatur unstreitig, daß insoweit die Haftung des Vereins aus § 31 BGB für *leichte Fahrlässigkeit* in der Satzung ausgeschlossen werden könne.[268] Diese Aussage ist deshalb bemerkenswert, weil – wie gezeigt – die überwiegende Meinung in der Literatur die satzungsmäßige Abdingbarkeit des § 31 BGB generell verneint.[269] Was die Rechtsprechung angeht, so verweist *Burhoff* lediglich auf ein amtsgerichtliches und zwei landgerichtliche Urteile.[270] Abgesehen davon, ob diese Entscheidungen seine Ansicht in der Sache

---

265 Vgl. Palandt/*Heinrichs* § 31 Rn. 4, 12; Bamberger/Roth/*Schwarz* § 31 Rn. 25; *Stöber* Rn. 393. *Stöber* tritt im Ergebnis für eine generelle satzungsmäßige Unabdingbarkeit des § 31 BGB ein. Welcher Ansicht *Heinrichs* letztlich folgt, bleibt wegen der Art der Formulierungen unklar (Rn. 4: „Die Satzung kann § 31 nicht abbedingen (§ 40); anders soll es jedoch hinsichtlich der Haftung gegenüber Mitgliedern sein (Rn. 12).")

266 Vgl. Soergel/*Hadding* § 31 Rn. 1; Jauernig/*Jauernig* § 31 Rn. 1, § 40 Rn. 1; RGRK/*Steffen* § 40; MüKo/*Reuter* § 31 Rn. 45; Staudinger/*Weick* § 31 Rn. 50; Erman/*H.P.Westermann* § 31 Rn. 2; jurisPK/*Otto* § 31 Rn. 5; *Märkle* S. 80; *Faber* BWNotZ 1980, 81, 82; *Friedrich* DStR 1994, 100, 101 f.

267 Vgl. *Reichert* Rn. 1963, 1967a ff.; Sauter/Schweyer/*Waldner* Rn. 291, 335a; *Burhoff* Rn. 339, 346; Bamberger/Roth/*Schwarz* § 31 Rn. 25; ebenso aus der sportr. Lit. PHBSportR/*Fritzweiler* 5. Teil Rn. 71.

268 Vgl. *Burhoff* Rn. 346.

269 Siehe zu dieser Meinung oben Zweiter Teil B. I. 1. a) und b) aa).

270 Siehe *Burhoff* Rn. 346. Er verweist auf folgende Entscheidungen: *LG Stuttgart* VersR 1987, 1024 (Dieser Verweis muß ein Irrtum sein, denn die genannte Entscheidung existiert gar nicht.); *LG Karlsruhe* VersR 1987, 1023; *LG Bielefeld* NJWE-VHR 1997, 264; *AG Bükkeburg* NJW-RR 1991, 1107.

wirklich stützen[271], erscheinen drei untergerichtliche Urteile jedenfalls nicht als ausreichend, um von einer *unstreitigen Auffassung* in der Rechtsprechung sprechen zu können.

Darüber hinaus meint *Burhoff,* daß *Reichert* in der 7. Auflage seines Handbuchs des Vereins- und Verbandsrechts die Möglichkeit eines satzungsmäßigen Ausschlusses der Haftung aus § 31 BGB gegenüber den Vereinsmitgliedern sogar für *grobe Fahrlässigkeit* bejahe, und zwar „mit beachtlichen Argumenten unter Hinweis auf KG MDR 1985, S. 230 und BGH NJW 1988, S. 1729".[272] Dazu ist folgendes zu sagen: Zunächst geht es bei *Reichert* an der besagten Stelle gar nicht um die Haftung *des Vereins,* sondern um die *persönliche Haftung der Organmitglieder.*[273] Darüber hinaus zitiert *Reichert* die Entscheidungen des *KG* und des *BGH* nur, um zu belegen, daß das (damalige) AGBG gemäß § 23 I AGBG auf Vereinssatzungen keine Anwendung findet.[274] Eine Aussage zur satzungsmäßigen Abdingbarkeit des § 31 BGB enthalten die Urteile überhaupt nicht, es geht nicht einmal um die Haftung des Vereins, sondern um die persönliche Haftung von Vereinsmitgliedern.[275]

*In der Sache* werden für die satzungsmäßige Abdingbarkeit der Innenhaftung des Vereins aus § 31 BGB im wesentlichen folgende Argumente vorgetragen:

Zwar führe der Umkehrschluß aus § 40 BGB dazu, daß die Vorschrift des § 31 BGB nicht durch die Satzung abbedungen werden könne. Dies gelte jedoch nur im Außenverhältnis. Die Verwendung des Wortes „Dritter" in § 31 BGB weise auf die drittschützende Wirkung dieser Vorschrift hin.[276] Etwaige Bedenken gegen dieses Ergebnis, die daraus resultieren, daß nach § 31 BGB haftungsbegünstigter „Dritter" auch ein Vereinsmitglied sein kann[277], will *Reichert* mit folgender Konstruktion aus dem Weg räumen:

> „Hier wird aber diese Vorschrift bereits erweiternd angewendet [gemeint ist die Anwendung des § 31 BGB auf Vereinsmitglieder als *Dritte*], da der dort genannte „Dritte" an sich ein Außenstehender ist. Die extensive erweiternde Anwendung des § 31 BGB kann jedoch nicht dazu führen, daß auch eine satzungsmäßige Haftungseinschränkung im Vereinsinnenbereich keinen Bestand haben kann. Satzungsmäßige Haftungsbeschränkungen können sich zum Nachteil von Gläubigern des Vereins und auch der Mitglieder auswirken. Das

---

271 Zur Analyse der Rechtsprechung siehe eingehend unten Zweiter Teil B. I. 1. b) cc) und dd).

272 *Burhoff* Rn. 346 unter Hinweis auf *Reichert* Rn. 1966 (7. Aufl.).

273 Siehe *Reichert* (7. Aufl.) Rn. 1966. Dies mag allerdings auf einem Irrtum *Reicherts* beruhen, weil er im wesentlichen die Entscheidung des *LG Karlsruhe* VersR 1987, 1023 zitiert, in der es aber ausschließlich um die Haftung des Vereins geht. *Reichert* hat denn auch seit der 8. Auflage das Kapitel überarbeitet und verändert.

274 Siehe *Reichert* (7. Aufl.) Rn. 1966.

275 Siehe *KG* MDR 1985, 230 und *BGHZ* 103, 219 = NJW 1988, 1729.

276 Vgl. *Reichert* Rn. 1963 und 1967a ff.

277 Vgl. *Reichert* Rn. 1967b.

muß in Kauf genommen werden, da das Vereinsrecht Gläubigerschutzvorschriften – sieht man von der Insolvenzantragspflicht und von der Liquidation ab – nicht kennt."[278]

Letztlich lasse sich die Zulässigkeit und damit die Wirksamkeit einer satzungsmäßigen Haftungsbeschränkung im Innenverhältnis aber doch nur damit begründen, daß sich der Vereinsbeitritt durch einen Aufnahmevertrag vollziehe, in dem der Aufnahmebewerber die Satzung und damit auch die Enthaftungsklausel als für sich verbindlich anerkenne.[279] Bei Gründungsmitgliedern könne die Berufung auf die Unwirksamkeit der Klausel einen Verstoß gegen Treu und Glauben darstellen, da sie eine solche Klausel nicht in die Satzung hätten aufnehmen müssen.[280]

#### cc) Ansicht der Rechtsprechung

Soweit ersichtlich hat der *BGH* zu der Frage, ob ein Verein seine Haftung aus § 31 BGB *durch Satzungsregelung* begrenzen oder gar ausschließen kann, bisher noch nicht Stellung genommen. Aus der höchstricherterlichen Rechtsprechung beschäftigen sich lediglich zwei Entscheidungen des *RG* mit der Frage der satzungsmäßigen Abdingbarkeit des § 31 BGB.

##### *(1) Die Entscheidungen* RG Recht *1904, 16 und* RGZ *157, 228*

Bereits in einer Entscheidung aus dem Jahre 1903 bezeichnete das *RG* die nachfolgenden Sätze des Berufungsgerichts als nicht gegen Rechtsnormen verstoßend:[281]

> „Ein Verein kann durch seine Satzung nicht die Haftung für den Schaden ausschließen, den ein verfassungsmäßig berufener Vertreter durch eine in Ausführung der ihm zustehenden Verrichtungen begangene unerlaubte Handlung einem Dritten zufügt. Mit diesem Verbote ist aber nur gemeint, daß der Verein ebenso wie jede natürliche Person nicht einseitig in seiner Satzung Bestimmungen treffen darf, die andere ohne weiteres binden. Dagegen ist es ihm unbenommen, seine Haftung innerhalb der gesetzlich gezogenen Grenzen durch Vertrag auszuschließen, und zwar sowohl gegenüber seinen Mitgliedern wie außerhalb des Vereins stehenden Personen."[282]

Die Aussage des Urteils bis hierher ist eindeutig. Will der Verein seine Haftung aus § 31 BGB gegenüber außenstehenden Dritten oder Mitgliedern ausschließen, so kann er dies nicht durch Satzungsregelung, sondern nur durch vertragliche Abrede tun. Im folgenden wird die Entscheidung allerdings widersprüchlich. Das Berufungsgericht hatte nämlich aus der oben wiedergegebenen Aussage die Folgerung gezogen, „daß die Bestimmung der nach der Satzung dieser gleichzuachten-

---

278 *Reichert* Rn. 1967c (8. Aufl.).

279 Vgl. *Reichert* Rn. 1967b.

280 Vgl. *Reichert* Rn. 1967b.

281 Vgl. *RG* Recht 1904, 16. Das Urteil bleibt bei *Singer* S. 77 ff. unberücksichtigt.

282 So die Formulierung des Berufungsgerichts, abgedruckt in *RG* Recht 1904, 16.

den Geschäftsordnung eines Kreditreformvereins, wonach die Auskünfte nur unter Ausschluß der Haftung den Mitgliedern erteilt werden, im Verhältnisse zwischen dem Vereine und dem Mitgliede, das gemäß der Geschäftsordnung eine Auskunft erbeten und erhalten hat, verbindlich ist."[283] Obwohl dies letztlich so klingt, als ob der Verein durch Vereinsordnung bzw. Satzung seine Haftung *gegenüber den Mitgliedern* ausschließen könnte, bezeichnete das *RG* auch diese Aussage „als nicht gegen Rechtsnormen verstoßend".[284] Jedoch löst sich der Widerspruch bei genauerer Betrachtung auf. Das *RG* ging offenbar davon aus, daß durch das Verlangen der Auskunft und einer entsprechenden Annahme des Verlangens ein *vertraglicher Haftungsausschluß* zwischen Mitglied und Verein zustande kam. Dadurch, daß das Mitglied die Auskunft „gemäß der Geschäftsordnung"[285] erbeten hatte, wurde der dort genannte (so eigentlich nicht wirksame) Haftungsausschluß zum Inhalt einer *vertraglichen Vereinbarung* und erhielt auf diese Weise seine Wirksamkeit.

Die Auffassung des *RG* läßt sich demnach wie folgt zusammenfassen: Der Verein kann seine Haftung aus § 31 BGB generell nicht – d. h. weder im Außen- noch im Innenverhältnis – *durch Satzungsbestimmung* abbedingen.

In der Entscheidung *RGZ* 157, 228 aus dem Jahre 1938, in der es um den Schadensersatzanspruch eines außenstehenden Dritten gegen eine juristische Person aus §§ 31, 826 BGB ging, war ein Haftungsausschluß *vertraglich* vereinbart worden. Das *RG* stellte fest: „Durch § 40 BGB wird aber nur die *satzungsmäßige* Ausschließung der Haftung des Vereins aus § 31 BGB untersagt, nicht die Ausschließung im Wege des Vertrages im Einzelfall."[286]

Auch aus dieser Entscheidung lassen sich keinerlei Erkenntnisse gewinnen, daß das *RG* § 31 BGB nur im Außenverhältnis als zwingende Norm ansah. Vielmehr muß aufgrund der generellen Formulierung davon ausgegangen werden, daß es § 31 BGB wegen des Hinweises auf § 40 BGB für eine insgesamt zwingende Vorschrift hielt.

#### *(2) Die Entscheidung* OLG Hamm *OLGReport 1995, 6*

Es ist *Reichert,* der seit der 8. Auflage seines Handbuchs des Vereins- und Verbandsrechts die Entscheidung *OLG Hamm* OLGReport 1995, 6 zitiert, um zu belegen, daß auch in der Rechtsprechung die Möglichkeit des Ausschlusses und der Begrenzung der Haftung aus § 31 BGB durch Satzungsregelung gegenüber den Vereinsmitgliedern bejaht wird.[287] Eine genauere Betrachtung des Urteils wird zeigen, ob es die Ansicht *Reicherts* wirklich stützen kann.

---

283 So die Formulierung des Berufungsgerichts, abgedruckt in *RG* Recht 1904, 16.

284 *RG* Recht 1904, 16.

285 So die Formulierung des Berufungsgerichts, abgedruckt in *RG* Recht 1904, 16.

286 *RGZ* 157, 228, 232 (Hervorhebung nicht im Original).

287 Siehe *Reichert* Rn. 1967b mit Fn. 179 (8. Aufl.). Das Urteil bleibt unberücksichtigt bei *Singer* S. 77 ff.

Der Entscheidung des *OLG Hamm* lag folgender Sachverhalt zugrunde: Das Mitglied eines als e.V. organisierten landwirtschaftlichen Betriebshilfsdienstes hatte einen Betriebshelfer angefordert, indem es sein Recht aus § 5 I der Satzung ausgeübt hatte. Während des Arbeitseinsatzes beschädigte der Betriebshelfer fahrlässig den Traktor des Mitglieds. Daraufhin verlangte das Mitglied (Kläger) von dem Betriebshilfsdienst e.V. (Beklagter zu 1) Schadensersatz. Das Gericht stellte dazu fest:

„Der Beklagte zu 1) (Betriebs- und Familienhilfsdienst e.V.) haftet weder nach den Regeln über die positive Forderungsverletzung i.V.m. § 278 BGB noch gem. § 831 BGB für den vom Beklagten zu 2) (als Betriebshelfer) verursachten Schaden. Denn seine Haftung [gemeint ist die des Vereins] ist gem. § 15 III seiner Satzung ausgeschlossen. [...] Eine Unwirksamkeit der satzungsmäßigen Haftungsausschlußklausel ist auch nicht aus § 11 Ziff. 7 AGBG herzuleiten. [...] Gleichwohl ist die Satzung nicht Allgemeinen Geschäftsbedingungen gleichzusetzen. Denn in § 23 I AGBG sind Verträge auf dem Gebiete u. a. des Arbeits- und Gesellschaftsrechts von der Anwendung des Gesetzes ausgenommen. Zum Gesellschaftsrecht in diesem Sinne gehört auch das Vereinsrecht (Palandt, BGB, §§ 23, 24 AGBG Rn. 4), und zwar, wie der BGH für die Genossenschaft entschieden hat (BGHZ 103, 219), auch insoweit es um das hier in Betracht zu ziehende korporationsrechtliche Austausch- und Benutzungsverhältnis zwischen dem körperschaftlichen Zusammenschluß und dem Mitglied geht."[288]

Es stellt sich die Frage, ob das Gericht mit diesen Aussagen tatsächlich zum Ausdruck bringen wollte, daß der Verein gegenüber den Mitgliedern seine Haftung aus § 31 BGB durch Satzungsregelung ausschließen kann. Dagegen spricht, daß das Gericht den Betriebshelfer als Erfüllungs- (§ 278 S. 1 2. Var. BGB) bzw. Verrichtungsgehilfen (§ 831 I BGB) des Vereins eingestuft hat. Deshalb wiesen die Richter auch darauf hin, daß eine Haftung des Vereins sich nur entweder aus positiver Forderungsverletzung i.V.m. § 278 BGB oder aus § 831 BGB ergeben konnte. Es ging demzufolge von vornherein nicht um eine Haftung des Vereins aus § 31 BGB, da ein Verschulden eines verfassungsmäßigen Vertreters oder eines Repräsentanten überhaupt nicht in Frage kam. § 31 BGB wird denn auch an keiner Stelle in den Urteilsgründen erwähnt. Weder die Haftung des Vereins als einer juristischen Person für einen einfachen Erfüllungsgehilfen nach § 278 S. 1 2. Var. BGB noch seine Haftung für Verrichtungsgehilfen aus § 831 I BGB wird in der Rechtsprechung unter Zuhilfenahme des § 31 BGB konstruiert.[289] Ging es jedoch zu keiner Zeit um die Haftung des Vereins aus § 31 BGB, so kann die Entscheidung auch nicht so verstanden werden, als treffe sie eine Aussage zur satzungsmäßigen Abdingbarkeit des § 31 BGB. Das Gericht hat lediglich die Zulässigkeit eines satzungsmäßigen Ausschlusses der Haftung des Vereins aus § 278 S. 1 und § 831 I BGB gegenüber den Vereinsmitgliedern bejaht. Für eine solche Interpretation spricht auch der 1. Leitsatz des Urteils:

---

288 *OLG Hamm* OLGReport 1995, 6.

289 Siehe zur Haftung einer juristischen Person aus § 278 BGB etwa *BGH* NJW-RR 1997, 116 und zur Haftung einer juristischen Person aus § 831 BGB etwa *BGH* LM BGB § 831 (Fc) Nr. 1 (eingetragener Verein).

„Ein als e.V. organisierter landwirtschaftlicher Betriebshilfsdienst kann seine Haftung für Schäden, die ein von ihm eingesetzter *Betriebshelfer* im Betrieb eines Mitglieds verursacht, durch Satzungsbestimmung ausschließen; [...].“[290]

Entgegen der Ansicht von *Reichert*[291] enthält die Entscheidung demnach gerade keine Aussage dahingehend, daß ein Verein die *Haftung aus § 31 BGB* gegenüber seinen Mitgliedern durch Satzungsregelung begrenzen oder ausschließen kann. Das Urteil stützt seine Ansicht nicht.

*(3) Die Entscheidung* LG Bielefeld *NJWE-VHR 1997, 264*

Nach Ansicht von *Burhoff*, der für eine satzungsmäßige Abdingbarkeit des § 31 BGB im Innenverhältnis eintritt, kann ein Sportverein durch entsprechende Regelung in der Satzung beispielsweise seine Haftung aus der Verletzung von Verkehrssicherungspflichten gegenüber den Vereinsmitgliedern ausschließen oder begrenzen.[292] Um diese These zu belegen, weist er unter anderem auf die Entscheidung *LG Bielefeld* NJWE-VHR 1997, 264 hin.[293] Ob das genannte Urteil tatsächlich für die satzungsmäßige Abdingbarkeit des § 31 BGB im Innenverhältnis spricht, kann auch hier nur eine eingehende Analyse der Entscheidung zeigen.

Der Entscheidung lag folgender Sachverhalt zugrunde:[294] Während des Gruppenunterrichts eines Reitsportvereins (Beklagter) kam es zu einem Reitunfall, bei dem sich ein Mitglied des Reitvereins Verletzungen zuzog. Die Krankenversicherung des Mitglieds erstattete den Leistungserbringern (Ärzte etc.) insgesamt ca. 3900 DM. Daraufhin verlangte die Krankenversicherung (Klägerin) aus übergegangenem Recht wegen des Schadens des bei ihr versicherten Vereinsmitglieds vom Reitverein Schadensersatz in Höhe der genannten 3900 DM unter dem Gesichtspunkt der Tierhalterhaftung (§ 833 BGB). Die Klage hatte sowohl vor dem *AG* als auch vor dem *LG* keinen Erfolg. Das *LG* führte dazu aus:

„Die Kl. hat gegen den Beklagten keinen Anspruch auf Zahlung von Schadensersatz aus § 833 BGB, § 116 SGB X. Denn eine Haftung der Bekl. gegenüber der Geschädigten W [W ist das verletzte Vereinsmitglied] ist – wie das AG zutreffend ausgeführt hat – durch § 17 der Vereinssatzung wirksam ausgeschlossen, wonach der Bekl. bei Veranstaltungen im Rahmen der Satzung, zu denen auch der Reitunterricht für Mitglieder zählt, keine Haftung für Personen- oder Sachschäden übernimmt.“[295]

Es stellt sich die Frage, ob das Gericht damit wirklich entschieden hat, daß ein Verein seine Haftung gegenüber den Mitgliedern (also auch die Haftung aus § 31

---

290 *OLG Hamm* OLGReport 1995, 6 (Hervorhebung nicht im Original).

291 Vgl. *Reichert* Rn. 1967b mit Fn. 181.

292 Vgl. *Burhoff* Rn. 346.

293 Siehe *Burhoff* Rn. 346.

294 Vgl. *LG Bielefeld* NJWE-VHR 1997, 264.

295 *LG Bielefeld* NJWE-VHR 1997, 264.

BGB) durch Satzungsbestimmung ausschließen kann, oder ob die Richter nicht vielmehr nur festgestellt haben, daß der Verein im Innenverhältnis seine *Tierhalterhaftung aus § 833 BGB* durch Satzungsregelung abzubedingen vermag.

Für eine Interpretation der Entscheidung im ersten Sinne spricht sicherlich der abgedruckte Leitsatz: „Der in der Satzung eines Zucht-, Reit- und Fahrvereins niedergelegte Ausschluß der Haftung für Personen- oder Sachschäden, die bei Sport- und sonstigen Veranstaltungen eintreten, ist wirksam."[296] Jedoch ist zu beachten, daß der Leitsatz nicht vom Gericht, sondern von der Redaktion der NJWE-VHR stammt und deshalb bereits eine eigene – von Mißverständnissen nicht zwingend freie – Interpretation der Entscheidung enthält. Der Blick sollte sich daher besser auf die Entscheidung selbst richten. Dafür, daß das Gericht einen Haftungsausschluß im ersten (also § 31 BGB mit einschließenden) Sinne für zulässig hielt, läßt sich die Formulierung des für wirksam befundenen § 17 der Vereinssatzung des Beklagten anführen. Laut Sachverhalt enthielt dieser eine Regelung, daß der Verein bei allen Sport- und sonstigen Veranstaltungen im Rahmen der Satzung keinerlei Haftung für Personen- oder Sachschäden übernehme. Jeder Teilnehmer handele ausschließlich auf eigene Gefahr.[297] Die Klausel war damit so weit formuliert, daß sie vom Wortlaut her etwa auch Fälle der Verkehrspflichthaftung des Vereins aus §§ 31, 823 I BGB umfaßte.

Für ein enges (die Haftung aus § 31 BGB nicht umfassendes) Verständnis der Entscheidung sprechen hingegen folgende, sich aus den *Urteilsgründen* ergebende Überlegungen. Das Gericht bejaht dort zwar die Wirksamkeit des satzungsmäßigen Haftungsausschlusses, jedoch im direkten Anschluß und zur Begründung der Feststellung, daß *ein Anspruch aus Tierhalterhaftung (§ 833 BGB)* nicht besteht:[298] „Entgegen der Auffassung der Kl. bedarf die in einer Satzung grundsätzlich mögliche Regelung eines *Ausschlusses der Tierhalterhaftung nach § 833 BGB* zu ihrer Wirksamkeit gegenüber den Vereinsmitgliedern keines ausdrücklichen Hinweises."[299]

Davon abgesehen geht das Gericht mit keinem Wort auf die Vorschrift des § 31 BGB oder die des § 40 BGB ein. Dies ist auch folgerichtig. Denn es ging im zu entscheidenden Fall von vornherein ausschließlich um die Tierhalterhaftung aus § 833 S. 1 BGB im Sinne einer Gefährdungshaftung für Luxustiere. Zwar wird in den Gründen § 833 BGB ohne Angabe des einschlägigen Satzes zitiert. Es entspricht jedoch ständiger Rechtsprechung des *BGH* und ganz herrschender Auffassung in der Literatur, daß die Reitpferde eines nichtwirtschaftlichen Vereins, die dieser hauptsächlich – wenn auch nicht ausschließlich – zu sportlichen Zwecken seiner Mitglieder hält, keine Nutztiere i. S. d. § 833 S. 2 BGB, sondern vielmehr Luxustiere i. S. d. § 833 S. 1 BGB sind.[300] Daß das *LG* insoweit von der ständigen

---

296 So der Leitsatz bei *LG Bielefeld* NJWE-VHR 1997, 264.

297 So die Satzungsklausel bei *LG Bielefeld* NJWE-VHR 1997, 264.

298 Siehe *LG Bielefeld* NJWE-VHR 1997, 264.

299 *LG Bielefeld* NJWE-VHR 1997, 264 (Hervorhebung nicht im Original).

Rechtsprechung des *BGH* abweichen wollte oder unbewußt abgewichen ist, kann nicht angenommen werden. Die Luxustierhalterhaftung nach § 833 S. 1 BGB als reine Gefährdungshaftung trifft den Verein jedoch bereits ohne Zuhilfenahme des § 31 BGB.[301] Deshalb mußte das Gericht auf § 31 BGB und § 40 BGB folgerichtig nicht eingehen. War jedoch gar nicht über eine sich aus § 31 BGB ergebende Haftung des Vereins zu entscheiden, so läßt sich dem Urteil auch nicht die Aussage entnehmen, daß § 31 BGB gegenüber den Vereinsmitgliedern durch Satzungsregelung abdingbar ist.

Die Entscheidung des *LG Bielefeld* stützt demnach nicht die These, daß § 31 BGB im Innenverhältnis satzungsdispositiv ist. Es wird lediglich festgestellt, daß der Verein seine Tierhalterhaftung aus § 833 S. 1 BGB gegenüber seinen Mitgliedern durch Satzungsbestimmung ausschließen kann.

#### *(4) Die Entscheidung* AG Bückeburg *NJW-RR 1991, 1107*

Zum Problemkreis der satzungsmäßigen Abdingbarkeit des § 31 BGB im Innenverhältnis wird in der vereinsrechtlichen Literatur häufig eine Entscheidung des *AG Bückeburg* (NJW-RR 1991, 1107) zitiert.[302] Im Gegensatz dazu findet sich dieses Urteil in den Kommentaren zu § 31 BGB nur bei Palandt / *Heinrichs* wieder.[303]

In dem zu entscheidenden Fall sprach das Gericht dem Mitglied (Klägerin) eines Wohnraummietvereins (e.V.) einen Schadensersatzanspruch gegen den Verein (Beklagter) aus positiver Forderungsverletzung (nun §§ 280 I, III, 281 – 283 BGB) zu. Die Klägerin hatte aufgrund ihrer Mitgliedschaft einen Anspruch auf Rechtsbetreuung. Zwischen dem Verein und der Klägerin war es hinsichtlich einer mietrechtlichen Angelegenheit zu einem Auftragsverhältnis gekommen. Im Rahmen dieser Rechtsbetreuung hatte der Erste Vorsitzende des Vereins grob fahrlässig Sorgfaltspflichten verletzt. Darin sah das Gericht ein Verschulden des Vereins. Zwar enthielt die Satzung des Beklagten eine Bestimmung, wonach die Haftung des Vereins gegenüber seinen Mitgliedern ausgeschlossen war. Eine solche Bestimmung, so das Gericht, sei nach Treu und Glauben in entsprechender Anwendung der Haftungsvorschriften der Leihe (§ 599) insoweit rechtsunwirksam, wie auch die Haftung für grobe Fahrlässigkeit und Vorsatz ausgeschlossen werde.[304]

Das Gericht äußert sich hingegen nicht dazu, ob sich der Verein das Verschulden seines Ersten Vorsitzenden über § 31 BGB oder über § 278 S. 1 1. Var. BGB zu-

---

300 Vgl. *BGH* NJW 1971, 509; NJW 1982, 763, 764; NJW 1982, 1589; NJW-RR 1986, 572, 573; aus der Literatur etwa MüKo / *Stein* § 833 Rn. 30.

301 Vgl. dazu bereits oben Zweiter Teil A. I. 4.

302 So z. B. bei *Stöber* Rn. 393; Sauter / Schweyer / *Waldner* Rn. 335a; *Reichert* Rn. 1967b; *Burhoff* Rn. 346.

303 Siehe Palandt / *Heinrichs* § 31 Rn. 12.

304 Vgl. *AG Bückeburg* NJW-RR 1991, 1107.

rechnen lassen mußte. Es spricht lediglich davon, daß der Verein bei Erledigung des Auftrags, vertreten durch seinen Ersten Vorsitzenden, in eklatanter Weise Sorgfaltspflichten verletzt habe. Diese grobe Fahrlässigkeit müsse sich der Verein zurechnen lassen.[305] Aus diesen Formulierungen wird nicht deutlich, ob die Haftung des Vereins über § 31 BGB oder § 278 BGB konstruiert wird. Nach der hier vertretenen Auffassung wäre § 31 BGB einschlägig, da dieser auch innerhalb bestehender Schuldverhältnisse die zutreffende Zurechnungsnorm für das Verschulden eines Organwalters ist.[306] Unterstellte man nun dem Gericht, daß seinen Überlegungen dieselbe Konstruktion zugrunde lag, dann hat es lediglich negativ formuliert, daß ein satzungsmäßiger Haftungsausschluß den Mitgliedern gegenüber jedenfalls für grobe Fahrlässigkeit und Vorsatz nicht wirksam ist. Selbst wenn man aus dieser Aussage den Umkehrschluß zieht, daß ein satzungsmäßiger Ausschluß der Haftung aus § 31 BGB für einfache Fahrlässigkeit zulässig gewesen wäre, so enthält die Entscheidung in der Sache jedenfalls *keine Argumente* für diese Ansicht und kann deshalb zur Lösung des Problems nicht beitragen.

Lag der Entscheidung des Gerichts hingegen die Auffassung zugrunde, daß sich die Verschuldenszurechnung und damit die Haftung des Vereins innerhalb bestehender Schuldverhältnisses aus § 278 S. 1 1. Var. BGB ergibt[307], so kann die Entscheidung schon deshalb keine Aussagen über die satzungsmäßige Abdingbarkeit des § 31 BGB enthalten, weil es gar nicht um die Haftung des Vereins aus dieser Norm ging. Auch in dieser Deutungsvariante hilft das Urteil demnach bei der Problemlösung nicht weiter.

#### *(5) Die Entscheidung* LG Karlsruhe *VersR 1987, 1023*

Die Entscheidung des *LG Karlsruhe* (VersR 1987, 1023) wird gerade in der vereinsrechtlichen Literatur vielfach zur Untermauerung der These herangezogen, § 31 BGB sei den Mitgliedern gegenüber durch Satzungsregelung abdingbar.[308] In der Kommentarliteratur wird das Urteil nur bei Palandt / *Heinrichs* erwähnt.[309]

Der Entscheidung des *LG Karlsruhe* lag folgender Fall zugrunde: Das Mitglied eines Sportvereins war während des vereinsmäßigen Handballtrainings in einer Wasserpfütze ausgerutscht und hatte sich verletzt. Die Klägerin machte aus übergegangenem Recht Schadensersatzansprüche des verletzten Vereinsmitglieds, der ihr Arbeitnehmer war, gegenüber dem Sportverein (Beklagter) geltend. Die Satzung des Beklagten enthielt hingegen in § 14 Abs. 2 eine Bestimmung, wonach

---

305 Vgl. *AG Bückeburg* NJW-RR 1991, 1107.

306 Siehe dazu ausführlich oben Zweiter Teil A. II. 1.

307 Siehe zu dieser Ansicht oben Zweiter Teil A. II. 1.

308 So etwa bei *Reichert* Rn. 1967b mit Fn. 181; Sauter / Schweyer / *Waldner* Rn. 291 mit Fn. 302; *Burhoff* Rn. 346 und in der sportrechtlichen Literatur bei PHBSportR / *Fritzweiler* 5. Teil Rn. 71 mit Fn. 317.

309 Siehe Palandt / *Heinrichs* § 31 Rn. 12.

der Verein „seinen Mitgliedern gegenüber für die bei der Ausübung des Sports, bei sportlichen Veranstaltungen oder bei einer sonstigen für den Verein erfolgten Tätigkeit, Unfällen, Diebstählen oder sonstigen Schädigungen“[310] nicht hafte. Das *LG* hat die Klage mit folgender Begründung abgewiesen: Unabhängig vom Vorliegen der Tatbestandsvoraussetzungen des Schadensersatzanspruchs hafte der Verein schon deshalb nicht nach § 31 BGB, weil er seine Haftung gegenüber den Vereinsmitgliedern durch § 14 II der Satzung jedenfalls für Sportunfälle wirksam ausgeschlossen habe.[311] Das Gericht führt dazu im einzelnen aus:

> „Zwar kann ein Verein die sich aus § 31 BGB ergebende Haftung nach § 40 BGB nicht durch Satzungsbestimmung ausschließen. Dies gilt jedoch nur im Verhältnis zu Dritten. Diese könnten durch eine unerlaubte Handlung eines Vereinsorgans geschädigt werden und würden aufgrund einer Satzungsbestimmung, die ihnen kaum bekannt sein kann, keinen Schadensersatz vom Verein erhalten. Vereinsmitglieder, die die Satzung kennen und dem Verein aufgrund eigener Willensentscheidung angehören, bedürfen eines solchen Schutzes nicht. Der Verein kann deshalb jedenfalls eine Haftung aus der Verletzung von Verkehrssicherungspflichten gegenüber seinen Mitgliedern durch die Satzung ausschließen (Reichert/Dannecker/Kühr, Handbuch des Vereins- und Verbandsrechts 3. Aufl. Rn. 1304).“[312]

Inhaltlich verstoße es auch nicht gegen Treu und Glauben, wenn der beklagte Verein das mit der Benutzung seiner Sportanlagen verbundene Risiko den Mitgliedern aufbürde.[313] Die Gründe der Entscheidung zeigen deutlich, daß das *LG Karlsruhe* § 31 BGB im Innenverhältnis für satzungsdispositiv hält. Hinter diese Ansicht steht letztlich nur ein zentrales Argument: Vereinsmitglieder kennen den Inhalt der Satzung und gehören dem Verein aufgrund ihrer eigenen Entscheidung an. Sie sind deshalb was den satzungsmäßigen Ausschluß der Haftung des Vereins angeht – anders als außenstehende Dritte – *nicht schutzbedürftig*. Ob dieses Argument einer näheren Prüfung standhält, wird sich noch zeigen müssen.[314]

#### *(6) Die Entscheidung* OLG Celle *OLGReport 2002, 244*

Zur Frage der satzungsmäßigen Abdingbarkeit des § 31 BGB ist schließlich noch eine Entscheidung des *OLG Celle*[315] aus dem Jahr 2002 zu nennen. Sie wird in der vereinsrechtlichen Literatur – soweit ersichtlich – (noch) nicht erwähnt.

In dem zu entscheidenden Fall ging es unter anderem um den Schadensersatzanspruch eines Vereinsmitglieds gegenüber dem Verein. Das Gericht verneinte einen solchen Anspruch, weil die Vereinssatzung eine Klausel enthielt, wonach der Ver-

---

310 Siehe den Satzungstext bei *LG Karlsruhe* VersR 1987, 1023, 1024.

311 Vgl. *LG Karlsruhe* VersR 1987, 1023, 1024.

312 *LG Karlsruhe* VersR 1987, 1023, 1024.

313 Vgl. *LG Karlsruhe* VersR 1987, 1023, 1024.

314 Siehe dazu sogleich unten Zweiter Teil B. I. 1. b) dd) (1) (e).

315 *OLG Celle* OLGReport 2002, 244.

ein für Schäden, die den Vereinsmitgliedern durch die Benutzung der Vereinseinrichtungen entstünden, nur dann hafte, wenn einem Organmitglied oder einer sonstigen Person, für die der Verein einzustehen habe, Vorsatz oder grobe Fahrlässigkeit zur Last gelegt werden könne.[316] Da weder ein vorsätzliches noch ein grob fahrlässiges Verhalten festgestellt werden konnte, wurde die Klage abgewiesen. Damit gingen die Richter offensichtlich davon aus, daß ein Verein seine Haftung aus § 31 BGB gegenüber den Mitgliedern zumindest für die Fälle einfacher Fahrlässigkeit ausschließen kann. Leider enthält das Urteil keinerlei Begründung für diese Ansicht. Auf die Problematik der satzungsmäßigen Abdingbarkeit des § 31 BGB wird mit keinem Wort eingegangen. Die Entscheidung steht damit zwar auf der Seite der Befürworter der satzungsmäßigen Disposivität des § 31 BGB, vermag letztlich zur Lösung des Problems jedoch nichts beizutragen.

#### dd) Stellungnahme und eigene Bewertung

Es gilt zunächst, die bisher *für* die satzungsmäßige Abdingbarkeit des § 31 BGB im Innenverhältnis angeführten Argumente aus der vereinsrechtlichen Literatur und der Rechtsprechung kritisch zu würdigen.

##### *(1) Würdigung der bisher vorgetragenen Argumente*

##### (a) Argument 1

Die Verwendung des Wortes „Dritter" in § 31 BGB weise auf die drittschützende Wirkung der Vorschrift hin. Der Umkehrschluß aus § 40 BGB führe deshalb nur dazu, daß § 31 BGB Außenstehenden gegenüber nicht durch Satzung abbedungen werden könne.[317]

Diese Argumentation ist widersprüchlich, denn auch Vereinsmitglieder können unstreitig „Dritte" i. S. d. § 31 BGB sein.[318] Konsequenterweise müßte sich daher auch der Umkehrschluß auf sie erstrecken. Diese Bedenken sieht letztlich auch *Reichert,* will ihnen aber mit einer Konstruktion begegnen, die gleichzeitig das zweite Argument darstellt.

##### (b) Argument 2

Die Anwendung des § 31 BGB auf Vereinsmitglieder als „Dritte" sei eine „extensive erweiternde"[319], da der dort genannte „Dritte" an sich ein Außenstehender

---

316 Vgl. *OLG Celle* OLGReport 2002, 244 f.

317 Vgl. *Reichert* Rn. 1963 und 1967a.

318 Vgl. zu letzterem bereits oben Zweiter Teil A. I. 1. e) dd).

319 *Reichert* Rn. 1967c (8. Aufl.).

sei. Dies könne nicht dazu führen, daß auch eine satzungsmäßige Haftungseinschränkung im Vereinsinnenbereich keinen Bestand haben könne.[320]

Dieses Argument geht von dem Ansatz aus, im Falle der Vereinsmitglieder als „Dritte" handele es sich um eine „extensive erweiternde" Anwendung des § 31 BGB. Dies ist mitnichten so. An früherer Stelle konnte bereits gezeigt werden, daß das einfache Vereinsmitglied sowohl vom Wortlaut als auch vom Telos des § 31 BGB zu den dort genannten haftungsbegünstigten „Dritten" gehört, und zwar ohne daß es dazu einer „extensiven erweiternden" Auslegung bedurft hätte.[321] Das Argument vermag daher schon vom Ausgangspunkt her nicht zu überzeugen.

(c) Argument 3

Satzungsmäßige Haftungsbeschränkungen könnten sich sowohl zum Nachteil von Gläubigern als auch Mitgliedern des Vereins auswirken. Dies müsse in Kauf genommen werden, da das Vereinsrecht Gläubigerschutzvorschriften – sehe man einmal von der Insolvenzantragspflicht und der Liquidation ab – nicht kenne.[322]

Zu dieser Argumentation ist folgendes zu sagen: Nicht ganz zutreffend ist die Einschätzung, daß das Vereinsrecht des BGB Gläubigerschutzvorschriften, abgesehen von der Insolvenzantragspflicht (§ 42 II BGB) und den Vorschriften über die Liquidation (§§ 47 ff. BGB), nicht kenne. Denn auch § 31 BGB schützt die Gläubiger des Vereins insoweit, als daß er den Verein haften läßt, wenn ein Organwalter ihnen einen Schaden zufügt. Die gläubigerschützende Tendenz des § 31 BGB findet sich bereits im Telos der Norm wieder. Dem geschädigten „Dritten" wird zur Sicherung seines Ausgleichsinteresses der Zugriff auf das Vereinsvermögen eröffnet. Er soll nicht allein auf den häufig unergiebigen Weg verwiesen werden, den verantwortlichen Organwalter persönlich in Anspruch zu nehmen.[323] Zutreffend ist jedoch, daß das Vereinsrecht des BGB im Vergleich zum Recht der Aktiengesellschaften und der Gesellschaften mbH nur über einen sehr dürftigen Gläubigerschutz verfügt. Vor allem das für die AG und GmbH geltende gläubigerschützende Prinzip der Kapitalaufbringung und -erhaltung fehlt beim Recht des Vereins vollständig.[324] Die Tatsache, daß das BGB-Vereinsrecht deutlich weniger Gläubigerschutz vermittelt als das AktG oder das GmbHG, sollte aber kein Grund dafür sein, die wenigen vorhandenen gläubigerschützenden Normen auch noch dadurch auszuhöhlen, daß man sie gegenüber den Mitgliedern als möglichen Gläubigern zur einseitigen satzungsmäßigen Disposition des Vereins stellt. Vielmehr spricht der

---

320 Vgl. *Reichert* Rn. 1967c (8. Aufl.).

321 Siehe dazu oben Zweiter Teil A. I. 1. e) dd).

322 Vgl. *Reichert* Rn. 1967c (8. Aufl.).

323 Siehe zum Telos des § 31 BGB ausführlich oben Zweiter Teil A. I. 1. a).

324 Vgl. etwa *Grunewald* GesR 3. Teil Rn. 2 ff. und ausführlich zum Grundsatz der Kapitalaufbringung und -erhaltung bei AG und GmbH etwa *K. Schmidt* GesR § 29 II (S. 881 ff.), § 37 II, III (S. 1112 ff., S. 1131 ff.)

sowieso schwach ausgeprägte Gläubigerschutz beim Verein eher dafür, die vorhandenen Regelungen wenigstens als zum „satzungsfesten“ Recht gehörig anzusehen.

(d) Argument 4

Letztlich lasse sich die Zulässigkeit und damit die Wirksamkeit einer satzungsmäßigen Abbedingung des § 31 BGB im Innenverhältnis nur damit begründen, daß sich der Vereinsbeitritt durch einen Aufnahmevertrag vollziehe, in welchem der Aufnahmebewerber die Satzung und damit auch die Enthaftungsklausel als für sich verbindlich anerkenne.[325] Bei Gründungsmitgliedern könne die Berufung auf die Unwirksamkeit der Klausel einen Verstoß gegen Treu und Glauben darstellen, da sie eine solche Klausel nicht in die Satzung hätten aufnehmen müssen.[326]

Diese Überlegung *Reicherts* zeigt, daß auch er sich letztendlich bewußt ist, daß die *bisher* genannten Argumente für eine satzungsmäßige Abdingbarkeit des § 31 BGB im Innenverhältnis nicht stichhaltig sind. Sein zuletzt genanntes Argument vermag jedoch in der Sache ebenfalls nicht zu überzeugen. Mit der von ihm gebildeten Konstruktion könnten Vereine nämlich *sämtliche* satzungsmäßig eigentlich gerade zwingenden Vorschriften des BGB-Vereinsrechts im Verhältnis zu ihren Mitgliedern mit dem Hinweis umgehen, daß das jeweilige Vereinsmitglied die die Vorschrift abbedingende Satzungsklausel ja durch den Aufnahmevertrag als für sich verbindlich anerkannt habe. Der Ansatz führt demnach zu einer völligen Aushöhlung des § 40 BGB und zu einer Umgehung des satzungsmäßig zwingenden Vereinsrechts. Dies läßt sich weder mit § 40 BGB noch mit § 25 BGB in Einklang bringen.

(e) Argument 5

Zwar könne der Verein die Haftung aus § 31 BGB wegen § 40 BGB nicht durch Satzungsbestimmung ausschließen. Dies gelte jedoch nur im Verhältnis zu Dritten. Vereinsmitglieder, die die Satzung kennen und dem Verein aufgrund eigener Willensentscheidung angehören, bedürften eines solchen Schutzes nicht.[327]

Kernaussage dieses Arguments ist die *fehlende Schutzbedürftigkeit der Vereinsmitglieder* in bezug auf einen satzungsmäßigen Haftungsausschluß. Sie soll bereits deshalb vorliegen, weil die Mitglieder die Satzung kennen und dem Verein aufgrund eigener Entscheidung angehören. Jedoch ist zu bedenken, daß in der Praxis viele Vereinsmitglieder den Inhalt der Vereinssatzung gerade nicht im Detail kennen.[328] Dagegen läßt sich sicherlich sagen, daß sie diese Unkenntnis selbst zu ver-

---

325 Vgl. *Reichert* Rn. 1967b (8. Aufl.).

326 Vgl. *Reichert* Rn. 1967b. (8. Aufl.).

327 Vgl. *LG Karlsruhe* VersR 1987, 1023, 1024.

328 Auf dieses Problem weist in anderem Zusammenhang auch der *BGH* (Z 105, 306, 315) hin. Vgl. allg. auch *Grunewald* ZHR 152 (1988), 242, 248; *Lukes* NJW 1972, 121, 128; *Reuter* ZHR 148 (1984), 523, 529.

treten haben. Dies ändert jedoch nichts daran, daß *faktisch* der Mehrzahl der Mitglieder der genaue Inhalt der Vereinssatzungen unbekannt ist. Darüber hinaus mag es der Regelfall sein, daß die Mitglieder dem Verein aufgrund eigener Entscheidung angehören. Daneben gibt es jedoch auch Fälle von Zwangsmitgliedschaften in Vereinen.[329] Außerdem sind manche Mitgliedschaften zwar *rechtlich* gesehen freiwillig, doch sind die Vereinsmitglieder aus anderen Gründen, etwa zu ihrer Berufsausübung oder weil ein Verein am Ort die einzige Möglichkeit einer bestimmten Betätigung bietet, *faktisch* zwingend auf die Mitgliedschaft gerade in diesem Verein angewiesen.[330] Als Ausweg könnte man erwägen, in diesen Fällen über die Zulässigkeit der satzungsmäßigen Abbedingung des § 31 BGB anders zu entscheiden als in den Fällen einer vollkommen freiwilligen Mitgliedschaft. Konsequenterweise müßte man dann jedoch auch noch zwischen einzelnen Mitgliedern ein und desselben Vereins differenzieren, weil das eine Mitglied vielleicht faktisch auf die Mitgliedschaft in dem Verein angewiesen ist, wohingegen ein anderes Mitglied Ausweichmöglichkeiten hat. Eine solch unterschiedliche Behandlung wäre aber nicht nur inkonsequent und würde den ursprünglichen Ansatz in Frage stellen, sie wäre auch der Rechtssicherheit wenig zuträglich, da sich im Einzelfall trefflich darüber streiten ließe, ob jemand z. B. zu seiner Berufsausübung *tatsächlich* zwingend auf eine bestimmte Mitgliedschaft angewiesen ist. Außerdem wäre es mit dem vereinsrechtlichen Gleichbehandlungsgebot unvereinbar, § 31 BGB nur bestimmten Mitgliedern gegenüber als satzungsfest anzusehen. Zu guter letzt ist anzumerken, daß man bei anderen zwingenden Vorschriften des Vereinsrechts – z. B. dem Austrittsrecht der Mitglieder nach § 38 BGB – auch nicht auf die Idee käme, ihre satzungsmäßige Abdingbarkeit gegenüber den Vereinsmitgliedern damit zu begründen, daß diese den Satzungsinhalt ja kennen und dem Verein aufgrund eigener Entscheidung angehören. Das Argument der fehlenden Schutzbedürftigkeit der Vereinsmitglieder kann daher ebenfalls nicht überzeugen.

*(2) Zwischenergebnis*

Die bisher vorgebrachten Argumente können aus den genannten Gründen nicht überzeugen und vermögen daher die Frage nach der satzungsmäßigen Abdingbarkeit des § 31 BGB im Innenverhältnis nicht zu beantworten. Zur Lösung des Problems empfiehlt sich vielmehr ein genauerer Blick auf den Wortlaut, die Entstehungsgeschichte und den Telos der §§ 31, 40 BGB.

---

329 So sind eingetragene Genossenschaften gemäß § 54 GenG verpflichtet, einem Prüfungsverband anzugehören. Dieser Prüfungsverband kann durchaus ein eingetragener Verein sein, dessen (Zwangs-)Mitglieder die Genossenschaften sind, siehe *BGHZ* 105, 306.

330 Vgl. allg. etwa *Edenfeld* S. 128 ff.

### *(3) Wortlaut der §§ 31, 40 BGB*

Vom Wortlaut her eindeutig nennt § 40 BGB die satzungsmäßig abdingbaren Vorschriften des BGB-Vereinsrechts. Da § 31 BGB nicht genannt ist, muß er im Umkehrschluß satzungsfest sein. Auch enthält § 31 BGB vom Wortlaut her keinen „normeigenen Satzungsvorbehalt". Wie bereits an früherer Stelle festgestellt, ergibt sich bereits aus der Wortlautauslegung des § 31 BGB, daß Vereinsmitglieder unter den Begriff des „Dritten" fallen. Auf diese Ausführungen darf hier verwiesen werden.[331] § 40 BGB enthält in seiner Formulierung jedoch keinerlei Hinweise, daß durch die Nichtnennung des § 31 BGB dieser etwa nur gegenüber bestimmten „Dritten" (z. B. außenstehenden Dritten) satzungsmäßig zwingend sein soll. Vielmehr spricht der Wortlaut der §§ 31, 40 BGB dafür, daß § 31 BGB ganz allgemein der satzungsmäßigen Disposition des Vereins entzogen sein soll.

### *(4) Entstehungsgeschichte der §§ 31, 40 BGB*

Im Ersten Entwurf (im folgenden auch E I genannt) des BGB gab es noch keine mit § 40 BGB vergleichbare Vorschrift. Vielmehr wurde die satzungsmäßige Dispositivität – wo gewollt – in direktem Zusammenhang mit den entsprechenden Normen festgestellt, wie etwa in § 44 VII E I und § 48 VI E I.[332] § 46 E I (heutiger § 31 BGB) enthielt *keine* solche Bestimmung. Weder aus den Beratungsprotokollen noch aus den Motiven der Ersten Kommission ergeben sich Hinweise darauf, daß § 46 E I nur außenstehenden Dritten, nicht aber den Vereinsmitgliedern gegenüber zum satzungsmäßig zwingenden Recht gehören sollte.[333]

Erst die Zweite Kommission nahm mit § 37 E II eine dem heutigen § 40 BGB vergleichbare Regelung in den Zweiten Entwurf (im folgenden auch E II genannt) auf. § 37 E II erwähnte jedoch § 30 E II (heutiger § 31 BGB) nicht, so daß derselbe Umkehrschluß wie beim heutigen § 40 BGB für eine Satzungsfestigkeit des § 30 E II spricht. An keiner Stelle der Beratungen oder in den Protokollen der Zweiten Kommission ist die Rede davon, daß § 30 E II nur *außenstehenden* Dritten gegenüber satzungsfest sein sollte.[334] An § 30 E II hat sich in der revidierten Fassung des Zweiten Entwurfs (§ 28) und in der Reichstagsvorlage (§ 28) nichts mehr geändert. Gleiches gilt für § 37 E II in bezug auf § 30 E II.[335] Der Bericht der Reichstagskommission vom 12. 6. 1896 enthält keine brauchbaren Aussagen zur

---

331 Siehe oben Zweiter Teil A. I. 1. e) dd).

332 Der genaue Wortlaut der Entwürfe ist abgedruckt bei *Mugdan* I S. LX ff.

333 Siehe die Beratungsprotokolle bei *Jakobs/Schubert* Beratung des BGB AT 1 S. 153 ff., 186 f., 208 und die Motive bei *Mugdan* I S. 408 f.

334 Siehe die Beratungen der 2. Kommission bei *Jakobs/Schubert* Beratung des BGB AT 1 S. 252 ff. und die Protokolle bei *Mugdan* I S. 594 ff., 618 f.

335 Siehe § 37 des rev. 2. Entwurfs und § 37 der Reichstagsvorlage. Die Normen des rev. Entwurfs und der Reichstagsvorlage sind abgedruckt bei *Mugdan* I S. LX ff.

vorliegenden Problematik.[336] Ein interessanter Hinweis ergibt sich jedoch aus der Denkschrift des Reichsjustizamtes. Dort heißt es:

> „Die für sämtliche rechtsfähigen Vereine geltenden allgemeinen Vorschriften (§§ 22–51) [heute §§ 25–54 BGB] behandeln zunächst die Verfassung der Vereine. Als für die Verfassung maßgebend werden nur die Vorschriften des Entw. und die Vereinssatzung anerkannt [...] (§ 22) [heutiger § 25 BGB]. Jene Vorschriften sind teils zwingender Natur, namentlich insoweit, als sie bezwecken, das Vorhandensein der unentbehrlichen Vereinsorgane und den Schutz Dritter, *sowie der Mitglieder* sicher zu stellen, teils treten sie nur in Ermangelung abweichender Satzungen ergänzend ein."[337]

Der (heutige) § 31 BGB ist genau eine solche Vorschrift, die den Schutz außenstehender Dritter, aber auch den (haftungsrechtlichen) Schutz der Vereinsmitglieder sicherstellt, denn auch Vereinsmitglieder können „Dritte" i. S. d. § 31 BGB sein. Die konsequente Umsetzung des in der Denkschrift Gesagten kann deshalb nur sein, daß § 31 BGB jedenfalls insoweit zwingendes Recht ist, als er weder außenstehenden Dritten noch Vereinsmitgliedern gegenüber *durch Satzungsbestimmung* abbedungen werden kann.

Die Entstehungsgeschichte der §§ 31, 40 BGB spricht demnach dafür, in § 31 BGB eine umfassend (also auch gegenüber Vereinsmitgliedern) satzungsfeste Norm zu sehen.[338]

### *(5) Telos der §§ 31, 40 BGB*

Auf den Telos des § 31 BGB wurde in der vorliegenden Untersuchung schon mehrfach eingegangen. Teleologische Erwägungen sprechen für eine *Anwendung* des § 31 BGB zugunsten von geschädigten Vereinsmitgliedern.[339] Sinn und Zweck des § 31 BGB ist unter anderem der Verkehrsschutz.[340] Ein Vereinsmitglied kann aber genauso wie eine außenstehende Person durch einen Organwalter einen Schaden erleiden. Deshalb muß das Vereinsmitglied ebenso wie ein Außenstehender zur Sicherung seines Ausgleichsinteresses auf das Vereinsvermögen zugreifen können. Schon wegen der gleichartigen Interessenlage ist es nicht gerechtfertigt, das Vereinsmitglied schlechterzustellen, indem man es auf den häufig unergiebigen Weg der alleinigen Inanspruchnahme des persönlich verantwortlichen Schädigers verweist. Es ist kein Grund ersichtlich, dem Vereinsmitglied diesen Schutz allein wegen seiner Mitgliedschaft im Verein abzusprechen.

Es stellt sich die Frage, ob der Telos der §§ 31, 40 BGB über eine *Anwendung* des § 31 BGB hinaus aber auch verlangt, daß § 31 BGB den Vereinsmitgliedern

---

336 Siehe den Bericht der Reichstagskommission bei *Mugdan* I S. 950 ff.

337 Denkschrift bei *Mugdan* I S. 828 (Hervorhebung nicht im Original). Diese Passage bleibt offenbar unberücksichtigt bei *Singer* S. 80 ff., 87.

338 A.A.: *Singer* S. 80 ff., die von der Prämisse ausgeht, der Gesetzgeber habe bei § 31 BGB gar nicht an eine Haftung des Vereins gegenüber seinen Mitgliedern gedacht.

339 Siehe dazu bereits oben Zweiter Teil A. I. 1. e) dd).

340 Zum Telos des § 31 BGB ausführlich oben Zweiter Teil A. I. 1. a).

gegenüber – ebenso wie gegenüber außenstehenden Dritten – nicht *durch satzungsmäßige Regelung abbedungen* werden kann. Das *LG Karlsruhe* hatte diese Frage mit der Begründung verneint, Vereinsmitglieder seien insoweit – anders als außenstehende Dritte – nicht schutzbedürftig.[341] Allerdings kann die dazu vom Gericht vorgetragene Begründung nicht überzeugen.[342] Was die Schutzbedürftigkeit bei einer einseitigen satzungsmäßigen Abdingbarkeit des § 31 BGB durch den Verein angeht, ist auf der Seite der Mitglieder folgendes zu beachten: Vereinsmitglieder haben im Vergleich zu außenstehenden Dritten einen deutlich intensiveren Kontakt zum Verein und seinen Organwaltern. Durch dieses „mehr" an Berührungspunkten steigt jedoch auch die Gefahr, durch den Verein bzw. dessen Organwalter geschädigt zu werden. Vor diesem Hintergrund wäre es geradezu sinnwidrig, dem Verein die Möglichkeit zuzubilligen, sich einseitig durch Satzungsregelung der Haftung nach § 31 BGB zu entledigen. Etwas anderes ist es selbstverständlich, wenn sich Vereinsmitglieder vertraglich (individuell oder durch AGB) mit dem Verein auf einen Haftungsausschluß einigen, denn hierbei handelt es sich nicht um eine *einseitige* Bestimmung durch den Verein, sondern um eine einvernehmliche Lösung. Das Vereinsmitglied ist bezüglich der Satzungsfestigkeit des § 31 BGB demnach mindestens ebenso schutzbedürftig wie außenstehende Dritte. Allein die Tatsache, daß ein Vereinsmitglied durch sein Stimmrecht in der Mitgliederversammlung Einfluß auf den Satzungsinhalt und somit auf satzungsmäßige Haftungsklauseln nehmen kann, führt nicht zum Wegfall seiner Schutzbedürftigkeit. Zum einen verfügen häufig gar nicht alle Mitglieder über ein Stimmrecht. Zulässig und durchaus üblich ist etwa, Minderjährigen ein Stimmrecht erst ab einem bestimmten Alter (z. B. 16 Jahre) zu gewähren.[343] Zum anderen wirkt für die in der Abstimmung unterliegende Minderheit ein satzungsmäßiger eingeführter Haftungsausschluß wie eine einseitige Bestimmung durch den Verein. Zwar sieht das Gesetz in § 33 I 1 BGB vor, daß zu einer Satzungsänderung und damit auch zu einer satzungsmäßigen Abbedingung des § 31 BGB eine Drei-Viertel-Mehrheit der erschienenen Mitglieder erforderlich ist. Wie sich aus § 40 BGB ergibt, ist § 33 I BGB jedoch satzungsdispositiv. In der Praxis gibt es deshalb nicht wenige Vereine, die sich auf eine einfache oder eine Zwei-Drittel-Mehrheit geeinigt haben, um der Mitgliederversammlung mehr Handlungsfähigkeit zu geben. In allen Fällen besteht jedenfalls die Gefahr, daß sich für eine Gruppe von Vereinsmitgliedern die satzungsmäßige Abbedingung des § 31 BGB als einseitige Bestimmung darstellt. Darüber hinaus kann – unabhängig davon, ob die Drei-Viertel-Mehrheit des § 33 I BGB gilt oder nicht – hinter der abstimmungsmäßig unterliegenden Minderheit tatsächlich sogar die zahlenmäßige Mehrheit der Vereinsmitglieder stehen. Dies liegt daran, daß faktisch nie sämtliche Vereinsmitglieder an einer Mitgliederversammlung teilnehmen (können). So waren in einem vom *OLG Frankfurt*[344] zu entscheidenden Fall

---

341 Vgl. *LG Karlsruhe* VersR 1987, 1023, 1024.

342 Siehe dazu eingehend oben Zweiter Teil B. I. 1. b) dd) (1) (e).

343 Vgl. *Reichert* Rn. 910.

344 OLGZ 1981, 391; siehe auch *BGH* WM 1986, 289 (13 von 80 Mitgliedern anwesend).

bei einer Mitgliederversammlung zu einer wichtigen Satzungsänderung nur 83 der 4500 Vereinsmitglieder anwesend. Dies entsprach, wie das Gericht feststellte, der in diesem Verein üblichen Präsenz. Ein sehr prägnantes Beispiel liefert auch die am 13. 4. 2002 in Bonn abgehaltene Mitgliederversammlung der Deutsch-Amerikanischen Juristen-Vereinigung e.V. Von den 3660 Mitgliedern[345] nahmen gerade einmal 40 (!) an der Versammlung teil.[346] Die Beteiligung lag damit bei etwa 1,1%. Dies mag um so mehr erstaunen, als die Mitglieder des Vereins ganz überwiegend Juristen, Kanzleien, Rechtsreferendare, Doktoranden und Jurastudenten sind, von denen man annehmen möchte, daß sie für die Wahrnehmung ihrer Mitgliedschaftsrechte „aus beruflichen Gründen" sensibilisiert sind.[347]

Teleologische Überlegungen zu § 31 BGB, vor allem der Aspekt der *Schutzbedürftigkeit,* sprechen demnach *für* – und nicht gegen – eine Satzungsfestigkeit des § 31 BGB gegenüber den Vereinsmitgliedern. Eine solche Interpretation würde zudem einen wichtigen Beitrag zum Minderheitenschutz im Verein leisten.

Noch nicht beantwortet ist hingegen, wie sich der Telos *des § 40 BGB* zur Frage der Abdingbarkeit des § 31 BGB im Innenverhältnis verhält. Der Sinn und Zweck des § 40 BGB besteht aus zwei Elementen. Zunächst soll die Vorschrift – positiv formuliert – die durch Satzung abdingbaren Vorschriften der §§ 26 ff. BGB aufzeigen. Daneben soll sie – negativ formuliert – aber auch klarstellen, welche Vorschriften durch ihre Nichtnennung zum satzungsmäßig zwingenden Recht gehören (Umkehrschluß). Durch die Nichterwähnung bestimmter Normen, wie z. B. § 26 BGB, gewährt § 40 BGB einen gewissen Mindeststandard, von dem der Verein nicht einfach *durch Satzungsregelung* abweichen kann. In Bezug auf § 26 BGB bedeutet dies etwa, daß die Satzung den Vorstand nicht abschaffen kann und ihn auch nicht gänzlich von der Vertretung des Vereins ausschließen kann. Mit der Sicherung dieses Mindeststandards schützt § 40 BGB im Falle des § 26 BGB sowohl die Interessen Dritter im Rechtsverkehr, die sich darauf verlassen können müssen, daß der Verein zu allererst durch seinen Vorstand vertreten wird, als auch die Interessen des Vereins und seiner Mitglieder, die auf das Vorhandensein eines Vorstands angewiesen sind, soll der Verein nicht handlungsunfähig werden. Dieses Beispiel zeigt, daß § 40 BGB einen gewissen satzungsfesten Mindeststandard an Normen des BGB-Vereinsrechts nicht nur im Interesse außenstehender Dritter, sondern durchaus auch im Interesse der Vereinsmitglieder gewährt.[348] Da Vereinsmitglieder geschädigte „Dritte" i. S. d. § 31 BGB sein können und deshalb vom Schutzbereich der Vorschrift erfaßt werden, muß mangels anderweitiger Hinweise davon ausgegangen werden, daß § 40 BGB einen satzungsfesten Mindeststandard

345 Stand: April 2002, vgl. *Ackmann* DAJV-Newsletter 2/2002 S. 52, 54.

346 Vgl. *Ackmann* DAJV-Newsletter 2/2002 S. 51

347 Letztlich erklärt sich die geringe Teilnehmerzahl wohl vor allem damit, daß die DAJV e.V. deutschlandweit tätig ist. Die Mitglieder verfügen offensichtlich nicht über nötige freie Zeit oder scheuen die Kosten und Mühen einer „Reise" nach Bonn.

348 Weitere Beispiele für in § 40 BGB nicht genannte und deshalb satzungsfeste Normen, die den Schutz von Mitgliederinteressen betreffen: §§ 34, 35, 36, 37, 39 BGB.

auch insoweit vorschreibt, als daß dem Verein eine *satzungsmäßige* Abbedingung des § 31 BGB gegenüber seinen Mitgliedern verwehrt sein soll.

*(6) Ergebnis*

Die besseren Argumente, insbesondere der Wortlaut, die Entstehungsgeschichte und der Telos der §§ 31, 40 BGB sprechen dafür, daß § 31 BGB sowohl außenstehenden Dritten als auch Vereinsmitgliedern gegenüber *nicht durch Satzungsregelung* abbedungen werden kann.[349] Der Verein kann demnach weder im Außenverhältnis noch im Innenverhältnis durch die Satzung seine Haftung aus § 31 BGB ausschließen oder begrenzen. Anderslautende Satzungsregelungen wären wegen Verstoßes gegen zwingendes Gesetzesrecht unwirksam.

### 2. Haftungsbeschränkung durch Regelung in einer Vereinsordnung

Da eine Abbedingung des § 31 BGB *durch Satzungsregelung* nicht möglich ist, könnte sich eine haftungsbeschränkende Regelung in einer *Vereinsordnung* anbieten. Soweit ersichtlich ist dies bisher weder in Rechtsprechung noch Literatur erörtert worden.

Vereinsordnungen – auch Nebenordnungen genannt – sind abstrakt-generelle, im Rang unterhalb der Satzung stehende Regelwerke, die der Verein im Rahmen seiner Vereinsautonomie schaffen kann. Ihre Funktion liegt regelmäßig darin, die Satzung auszufüllen, zu erläutern, zu konkretisieren, durchzuführen und zu entlasten.[350] In der Praxis finden sich Vereins- oder Nebenordnungen meist in Gestalt von Geschäftsordnungen der Vereinsorgane, Wahlordnungen, Schiedsordnungen, Benutzungsordnungen für Vereinseinrichtungen (z. B. Sportplatzordnungen), Sportwettkampfordnungen, Verfahrensordnungen, Jugendordnungen, Ehrenordnungen, Zuchtordnungen oder auch Beitragsordnungen.[351]

Vereinsordnungen sind *für Vereinsmitglieder* verbindlich, weil das einzelne Mitglied sie – ebenso wie die Satzung – mit seiner Beteiligung an der Vereinsgründung oder mit seinem Beitritt als rechtsverbindlich anerkennt.[352] Dies gilt auch für erst später geschaffene Ordnungen. Bestimmungen in Vereinsordnungen *zu Lasten Dritter* sind hingegen ebenso unzulässig wie Verträge zu Lasten Dritter.[353] Damit

---

349 Für eine satzungsmäßige Abdingbarkeit des § 31 BGB gegenüber den Vereinsmitgliedern hingegen *Singer* S. 94, die dies mit einer teleologischen Extension des § 40 BGB begründet.

350 Vgl. Soergel/*Hadding* § 25 Rn. 8; *Lohbeck* MDR 1972, 381, 382; *Lukes* NJW 1972, 121, 125.

351 Vgl. die ausführliche Auflistung bei *Kirberger* S. 47 – 196 und S. XX-XXXX; vgl. auch *Kohler* S. 23 ff., 168 ff.; Soergel/*Hadding* § 25 Rn. 7; *Lukes* NJW 1872, 121, 124 f.

352 Vgl. Soergel/*Hadding* § 25 Rn. 8; *Kohler* S. 36 ff., 39; vgl. für die Satzung *BGHZ* 13, 5, 11; 47, 172, 175; 87, 337, 344; Staudinger/*Weick* § 25 Rn. 9.

353 Vgl. *Edenfeld* S. 47 (allerdings zu Satzungsbestimmungen).

steht aber zugleich eines fest: Vereinsordnungen entfalten *keine Rechtswirkungen gegenüber Nichtmitgliedern,* es sei denn, es liegt ein besonderer Verpflichtungsgrund wie etwa eine Unterwerfungserklärung im Sinne einer rechtsgeschäftlichen Vereinbarung vor.[354] An einer solchen fehlt es im Regelfall jedoch gerade. Eine Beschränkung der Haftung des Vereins aus § 31 BGB durch Regelung in einer Vereinsordnung muß deshalb *gegenüber Nichtmitgliedern* schon mangels Geltungskraft ausscheiden.[355]

Für die eigenen Vereinsmitglieder sind Vereinsordnungen hingegen grundsätzlich rechtsverbindlich. Die Wirksamkeit einer Beschränkung der Haftung des Vereins aus § 31 BGB hängt ihnen gegenüber davon ab, ob eine solche Bestimmung überhaupt zum *zulässigen Regelungsgehalt von Vereinsordnungen* gehört.

§ 25 BGB bestimmt: „Die Verfassung eines rechtsfähigen Vereins wird, soweit sie nicht auf den nachfolgenden Vorschriften beruht, durch die Vereinssatzung bestimmt." Diese Vorschrift zeigt, daß *die Verfassung* des Vereins nur aus drei *Rechtsquellen* besteht, die in einem Stufenverhältnis zueinander stehen:[356] Aus dem zwingenden Gesetzesrecht, falls solches fehlt aus der Satzung, und wenn auch die Satzung schweigt aus dem dispositiven Gesetzesrecht. *Inhaltlich* gehören zur Verfassung des Vereins, wie der *BGH* in einer grundlegenden Entscheidung aus dem Jahre 1967 festgestellt hat, alle „das Vereinsleben bestimmenden Grundentscheidungen".[357] Eine solche liege jedenfalls vor, wenn die Regelung für das Mitglied eine erhebliche Belastung darstelle und es mit ihr nicht rechnen müsse.[358] Die das Vereinsleben bestimmenden Grundentscheidungen seien kraft zwingender Vorschrift (§§ 25, 71 I 1 BGB) in die Satzung aufzunehmen, soweit sie nicht bereits im Gesetz enthalten seien.[359] Dadurch werde dem Minderheitenschutz Rechnung getragen, denn für Satzungsbestimmungen gelte gemäß § 33 I 1 BGB – jedenfalls mangels anderweitiger Regelung in der Satzung (§ 40 BGB) – eine erschwerte Abänderbarkeit.[360] Die Literatur ist dem *BGH* überwiegend gefolgt.[361]

---

354 Vgl. *BGH* WM 1972, 1249; *BGHZ* 128, 93, 96 f., 103 = NJW 1995, 583; *Edenfeld* S. 46 m. w. N. in Fn. 118; *Heermann* NZG 1999, 325, 326 ff.

355 Ganz so einfach ist die Situation bei *Satzungs*regelungen nicht, weil diese – wie §§ 26 II 2, 68, 70 BGB zeigen – in Ausnahmefällen auch ohne besonderen Verpflichtungsgrund gegenüber außenstehenden Dritten wirken können.

356 Vgl. Soergel/*Hadding* § 25 Rn. 3.

357 *BGHZ* 47, 172, 177 = NJW 1967, 1268; seitdem st. Rspr., siehe z. B. *BGH* RdL 1983, 317; *BGHZ* 88, 314, 316 = NJW 1984, 1355; *BGHZ* 105, 306, 313 f. = NJW 1989, 1724; *BGHZ* 128, 93, 106.

358 Vgl. *BGHZ* 47, 172, 177 ff.

359 Vgl. *BGHZ* 47, 172, 177; 88, 314; Palandt/*Heinrichs* § 25 Rn. 2, 6. (Hervorhebung nicht in den Originaltexten.)

360 Vgl. *BGHZ* 105, 306, 314, der allerdings nicht berücksichtigt, daß § 33 BGB wegen § 40 BGB satzungsdispositiv ist.

361 So etwa MüKo/*Reuter* § 25 Rn. 1; Palandt/*Heinrichs* § 25 Rn. 1; Soergel/*Hadding* § 25 Rn. 1; Erman/*H.P.Westermann* § 25 Rn. 1; RGRK/*Steffen* § 25 Rn. 1; *Lukes* NJW 1972, 121, 126 f.; *Lohbeck* MDR 1972, 381 ff.; *Kirberger* S. 199 ff.; *Reichert* Rn. 299

Ohne eine Abweichung in der Sache ausdrücken zu wollen, werden die „Grundentscheidungen" dabei teils auch als „materielles Satzungsrecht im engeren Sinne" bezeichnet.[362] Überträgt man die Formel der Rechtsprechung auf die vorliegende Problematik, bedeutet dies, daß eine Haftungsregelung durch Bestimmung in einer Vereinsordnung überhaupt nur zulässig ist, wenn es sich dabei nicht um eine „das Vereinsleben bestimmende Grundentscheidung" und damit einen Teil der Vereinsverfassung handelt.

Die Beschränkung der sich aus § 31 BGB ergebenden Haftung des Vereins ist für das Verhältnis der Mitglieder zum Verein und damit für das Vereinsleben von immenser Bedeutung. Dies läßt sich gut am Beispiel eines *Haftungsausschlusses* zeigen. Hätte der Verein ohne den Haftungsausschluß allein gehaftet, verliert das Vereinsmitglied im Haftungsfall seinen einzigen Schuldner und geht leer aus. Hätte ohne die haftungsausschließende Regelung der Verein und neben ihm noch ein Organwalter gehaftet, verliert das geschädigte Mitglied mit dem Verein zumindest einen wichtigen, unter Umständen sogar den einzig zahlungsfähigen Schuldner. Es bleibt ihm nur der häufig unergiebige Weg der alleinigen Inanspruchnahme des persönlich verantwortlichen Organwalters. Dies zeigt, daß der *Ausschluß* der sich über § 31 BGB ergebenden Haftung beträchtliche Auswirkungen für die Mitglieder hat. Er verschlechtert ihre Rechtsstellung gegenüber dem Verein für den Schadensfall deutlich und stellt eine *erhebliche Belastung* dar. Er beinhaltet Rechtsnachteile, „die nicht selbstverständlich sind und mit denen ein in den Verein eintretendes Mitglied nicht ohne weiteres rechnen muß".[363] Dies gilt darüber hinaus nicht nur für den *Ausschluß,* sondern auch für eine *Begrenzung* der Haftung aus § 31 BGB. Man denke dabei etwa nur an die Begrenzung der Haftung auf bestimmte Schäden (z. B. vorhersehbare) oder auf eine Höchstsumme.[364] Auch hier geht das Mitglied unter Umständen leer aus oder bekommt einen Teil seines Schadens nicht ersetzt. Dies stellt ebenfalls eine deutliche Verschlechterung seiner Rechtsstellung und eine erhebliche Belastung dar, die nicht selbstverständlich ist und mit denen ein eintretendes Mitglied nicht rechnen muß.

Die Beschränkung der sich aus § 31 BGB ergebenden Haftung gehört deshalb insgesamt zu den „das Vereinsleben bestimmenden Grundentscheidungen", sie stellt „materielles Satzungsrecht im engeren Sinne" dar. Sie ist nicht Teil des zulässigen Regelungsgehalts von Vereinsordnungen, sondern müßte in die Satzung aufgenommen werden, wo sie allerdings wegen Verstoßes gegen §§ 31, 40 BGB unwirksam wäre.[365] Würde der Verein eine derartige Haftungsklausel trotzdem in

---

(8. Aufl.); im Ergebnis auch Staudinger/*Weick* § 25 Rn. 3; kritisch zum Begriff der Vereinsverfassung hingegen *Reemann* S. 7 ff.; *Kohler* S. 60 ff., 68 f., 72 ff., 86 ff., 111; *Reuter* ZHR 148 (1984), 523, 526 ff., 553 f.; *Grunewald* ZHR 152 (1988), 242, 246 ff.

362 So etwa Soergel/*Hadding* § 25 Rn. 4.

363 So die Formulierung des *BGH* in BGHZ 47, 172, 178, allerdings ohne Bezug zu Haftungsbeschränkungen. Gegen diese Kriterien etwa *Lukes* NJW 1972, 121, 127.

364 Siehe zu den verschiedenen denkbaren Arten von Haftungs*begrenzungen* oben Fn. 17.

365 Vgl. zu letzterem oben Zweiter Teil B. I. 1. b) dd) (6).

einer Vereinsordnung regeln, wäre diese insoweit wegen Verstoßes gegen §§ 25, 71 I 1 BGB nichtig.[366]

Selbst wenn man es für möglich hält, daß „materielles Satzungsrecht im engeren Sinne" nicht nur in der formell als „Satzung" bezeichneten Urkunde, sondern auch in einer Vereinsordnung enthalten sein kann[367], ändert sich an diesem Ergebnis nichts. Denn für einen solchen „verfassungsrechtlichen Teil"[368] einer Vereinsordnung gelten die für die Satzung einschlägigen Regelungen[369], unter anderem also die §§ 31, 40 BGB, nach denen eine Abbedingung des § 31 BGB unzulässig ist.[370]

Darüber hinaus spricht gegen die Zulässigkeit einer § 31 BGB betreffenden Haftungsregelung in einer Vereinsordnung auch ein *argumentum a maiori ad minus* zu § 40 BGB. Ergibt sich nämlich aus dem Umkehrschluß zu § 40 BGB, daß § 31 BGB nicht *durch die Satzung* abbedungen werden kann, so muß dies *erst recht* für eine *Vereinsordnung* als einer ebenfalls einseitigen, im Rang aber noch unter der Satzung stehenden Regelung gelten.

Der Verein kann seine Haftung aus § 31 BGB also weder Außenstehenden noch Mitgliedern gegenüber durch Regelung *in einer Vereinsordnung* beschränken.

### 3. Haftungsbeschränkung durch individualvertragliche Vereinbarung

Der Verein kann seine Haftung aus § 31 BGB wegen § 40 BGB weder gegenüber Außenstehenden noch gegenüber den eigenen Mitgliedern *durch Satzungsregelung* (oder Vereinsordnung) beschränken. Hingegen ist ein *individualvertraglicher* Haftungsausschluß oder eine Haftungsbegrenzung grundsätzlich zulässig.[371] Dies ergibt sich für die Haftung aus bestehenden Schuldverhältnissen (z. B. Vertragshaftung) aus § 276 I 1 BGB, einem Umkehrschluß zu § 276 III BGB und allgemein aus dem Grundsatz der Privatautonomie, für die Deliktshaftung hingegen allein aus der Privatautonomie.[372] Außerdem läßt sich aus § 40 BGB lediglich

---

366 Vgl. zur Rechtsfolge allg. *BGHZ* 47, 172, 178 ff. = NJW 1967, 1268; *Grunewald* ZHR 152 (1988), 242, 243.

367 So z. B. Soergel / *Hadding* § 25 Rn. 4; *Kirberger* S. 203 ff.; 215 ff.; a.A. etwa *Reemann* S. 1 f.; Sauter / Schweyer / *Waldner* Rn. 33; *Kohler* S. 71 f.

368 Soergel / *Hadding* § 25 Rn. 4.

369 Vgl. *Kirberger* S. 215 ff., 220 ff.; Soergel / *Hadding* § 25 Rn. 4, 10 a, 21.

370 Vgl. zu letzterem oben Zweiter Teil B. I. 1. b) dd) (6).

371 Vgl. Palandt / *Heinrichs* § 31 Rn. 4; RGRK / *Steffen* § 31 Rn. 1; Soergel / *Hadding* § 31 Rn. 1; Staudinger / *Weick* § 31 Rn. 50; MüKo / *Reuter* § 31 Rn. 45; Erman / *H.P. Westermann* § 31 Rn. 2; Jauernig / *Jauernig* § 31 Rn. 1; *Burhoff* Rn 339; *Oertmann* § 31 Anm. 7; *Friedrich* DStR 1994, 100, 102; *Reichert* Rn. 1968; PHBSportR / *Fritzweiler* 5. Teil Rn. 71. Ein Haftungsausschluß durch *einseitige Willenserklärung* des Vereins ist selbstverständlich nicht möglich, vgl. allg. etwa *RGZ* 45, 162, 165 f.; Soergel / *Zeuner* vor § 823 Rn. 66.

372 Vgl. allg. zur Zulässigkeit von Haftungsbeschränkungen Protokolle I S. 304 f.; *Meyer* S. 5, 8 f. m. w. N.; Soergel / *Wolf* § 276 Rn. 198; Staudinger / *Löwisch* § 276 Rn. 104; *Blaurock* ZHR 146 (1982), 238, 243 f.; *Deutsch / Ahrens* Deliktsrecht Rn. 172.

die *satzungsmäßige* (und vereinsordnungsmäßige), nicht aber die generelle Unabdingbarkeit des § 31 BGB ableiten. So stellte denn auch das *RG* bereits im Jahre 1903 fest, daß mit § 40 BGB nur gemeint sei, daß der Verein ebenso wie jede natürliche Person nicht *einseitig* in der Satzung Bestimmungen treffen dürfe, die andere ohne weiteres binden.[373] Demgegenüber stehe es dem Verein frei, seine Haftung innerhalb der gesetzlichen Grenzen *durch Vertrag* sowohl seinen Mitgliedern als auch Außenstehenden gegenüber auszuschließen.[374] Es bleibt deshalb nur zu klären, worin diese „gesetzlichen Grenzen" liegen.

### *a) Grenzen einer individualvertraglichen Haftungsbeschränkung*

Nach § 31 BGB (i.V.m. z. B. § 823 I BGB) haftet der Verein grundsätzlich für ein vorsätzliches oder fahrlässiges schadenstiftendes Verhalten seiner Organwalter und Repräsentanten. Dies gilt zunächst für den nichtrechtsgeschäftlichen (deliktischen) Bereich. Aber auch im rechtsgeschäftlichen Bereich ist nicht § 278 S. 1 1. Var. BGB, sondern §§ 31, 276 I 1 BGB einschlägig.[375] § 278 S. 2 BGB findet demnach keine Anwendung. Deshalb liegt die äußerste Grenze für einen individualvertraglichen Haftungsausschluß in § 276 III BGB.[376] Der Verein kann demnach seine Haftung für ein *vorsätzliches Verhalten* der Vorstandsmitglieder, besonderen Vertreter und Repräsentanten nicht im Voraus ausschließen.[377] Insoweit wäre auch eine Haftungs*begrenzung* – etwa auf eine bestimmte Höchstsumme – wegen § 276 III BGB unwirksam.[378] Darüber hinaus sind noch einige spezialgesetzliche Normen zu beachten, die die Möglichkeit der Vereinbarung von Haftungsbeschränkungen eingrenzen. Für den Haftungsbereich des Vereins sind insoweit vor allem die §§ 619, 702 a BGB, 8 a II StVG, 7 HaftPflG, 49 LuftVG zu nennen.[379] Demgegenüber kann der

373 Vgl. *RG* Das Recht 1904, 16.

374 Vgl. *RG* Das Recht 1904, 16.

375 Vgl. dazu oben Zweiter Teil A. II. 1.

376 § 276 III BGB gilt unmittelbar nur für die Haftung aus bestehenden Sonderrechtsverhältnissen, als allgemeiner Rechtsgedanke jedoch auch für die deliktische Haftung.

377 Vgl. allg. (zu § 276 II BGB a.F.) *RGZ* 157, 228, 232; *BGHZ* 13, 198, 202; *BGH* LM BGB § 138 (Cc) Nr. 1; LM BGB § 157 (Ga) Nr. 3; Staudinger/*Löwisch* § 276 Rn. 106; Staudinger/*Weick* § 31 Rn. 50; RGRK/*Steffen* § 31 Rn. 1; RGRK/*Alff* § 276 Rn. 88; Soergel/*Hadding* § 31 Rn. 1; Palandt/*Heinrichs* § 31 Rn. 4; Erman/*H.P. Westermann* § 31 Rn. 2; Erman/*Battes* § 276 Rn. 81; Jauernig/*Jauernig* § 31 Rn. 1; *Oertmann* § 31 Anm. 7; *Friedrich* DStR 1994, 100, 102; *Burhoff* Rn. 339; PHBSportR/*Fritzweiler* 5. Teil Rn. 71; MüKo/*Reuter* § 31 Rn. 45, der allerdings bei leitenden Angestellten (§ 31 BGB analog) § 276 II a.F. BGB (jetzt § 276 III BGB) nicht anwenden will. Dies erscheint inkonsequent, wurde doch zuvor die für eine Analogie zu § 31 BGB erforderliche vergleichbare Interessenlage mit den dort genannten verfassungsmäßigen Vertretern bejaht.

378 Vgl. Soergel/*Wolf* § 276 Rn. 200; Staudinger/*Löwisch* § 276 Rn. 105; Palandt/*Heinrichs* § 276 Rn. 35.

379 Siehe auch *RGZ* 68, 358, 366 f. als Beispiel für eine Haftungsausschluß, der gegen ein Gesetz verstößt und deshalb gemäß § 134 BGB nichtig ist.

Verein durch individualvertragliche Vereinbarung sowohl den eigenen Mitgliedern als auch Außenstehenden gegenüber seine Haftung aus § 31 BGB für ein einfach bis grob *fahrlässiges* Verhalten seiner Organwalter und Repräsentanten *grundsätzlich* beschränken.

Zu beachten ist, daß einer *grundsätzlich* zulässigen Haftungsbeschränkung für einfache oder grobe Fahrlässigkeit *im Einzelfall* aufgrund einer alle Umstände berücksichtigenden umfassenden Interessenabwägung das Gebot von Treu und Glauben (§ 242 BGB) entgegenstehen kann.[380] Ein solcher Verstoß gegen § 242 BGB stellt jedoch die *Ausnahme* dar. Bei einem Haftungsausschluß für *grobe Fahrlässigkeit* kann er vorliegen, wenn die Möglichkeit der Schadensvermeidung ausschließlich in der Hand des Vereins liegt, die Schadensvermeidung für ihn mit zumutbaren Belastungen zu bewältigen (oder zu versichern) ist[381] und der Geschädigte nach der Verkehrsauffassung davon ausgehen darf, daß der Verein im Schadensfalle wenigstens für grobe Fahrlässigkeit und Vorsatz haftet. Daß darüber hinaus in einem konkreten Fall auch ein Haftungsausschluß für *einfache Fahrlässigkeit* gegen Treu und Glauben (§ 242 BGB) verstößt, läßt sich zwar nicht gänzlich ausschließen, ist jedoch nur schwer vorstellbar und wird daher eine noch seltenere Ausnahme bleiben. Sowohl bei Haftungsausschlüssen für einfache als auch für grobe Fahrlässigkeit ist letztlich eines zu beachten: Wie sich aus § 276 I 1 BGB und einem Umkehrschluß zu § 276 III BGB ergibt, sollen sie von Gesetzes wegen grundsätzlich zulässig sein. Ihre Unzulässigkeit mit einem Verstoß gegen § 242 BGB zu begründen, stellt eine Abweichung von der Regel dar und bedarf daher gewichtiger Gründe.

Darüber hinaus sind Haftungsbeschänkungen in Individualvertägen nach der Rechtsprechung jedenfalls *grundsätzlich* auch nicht sittenwidrig.[382] Anderes kann jedoch wiederum in Ausnahmefällen aufgrund einer alle Umstände berücksichtigenden umfassenden Interessenabwägung gelten.[383] Liegt Sittenwidrigkeit vor, ist die Haftungsbeschränkung gemäß § 138 I BGB nichtig.[384] Sittenwidrigkeit ist etwa dann gegeben, wenn dem Vertragspartner durch die Haftungsbeschränkung ein bestehender Versicherungsschutz bewußt vorenthalten werden soll.[385] Gleiches

---

380 Vgl. *RGZ* 168, 321, 329; *BGHZ* 20, 164; 71, 228; *OLG Karlsruhe* VersR 1969, 287, 288; Soergel / *Zeuner* vor § 823 Rn. 66; Erman / *Werner* § 242 Rn. 125; Staudinger / *Löwisch* § 276 Rn. 112; siehe auch *Bruns* S. 231 ff.: Verstoß gegen §§ 138 I, 242 BGB, wenn eine „geschäftsadäquate Mindesthaftung" nicht gewahrt wird.

381 Siehe zu den Kriterien der Zumutbarkeit und Versicherbarkeit *OLG Hamm* VersR 1995, 309, 310 f.

382 Siehe etwa *RG* JW 1934, 473; *BGH* WuW 1963, 813; auch Soergel / *Wolf* § 276 Rn. 201.

383 Vgl. Soergel / *Wolf* § 276 Rn. 201; Soergel / *Zeuner* vor § 823 Rn. 66; RGRK / *Steffen* vor § 823 Rn. 57; Erman / *Battes* § 276 Rn. 83; Staudinger / *Löwisch* § 276 Rn. 112. Siehe auch *OLG Karlsruhe* VersR 1969, 287, 288 (Sittenwidrigkeit allerdings verneint).

384 Dies führt zur Nichtigkeit des ganzen Rechtsgeschäfts, wenn nicht anzunehmen ist, daß dieses auch ohne den nichtigen Teil vorgenommen worden wäre, vgl. § 139 BGB.

385 Vgl. *OLG Hamm* VersR 1995, 309, 311 (zum Haftungsausschluß).

gilt, wenn der Verein eine Monopolstellung innehat und diese dazu ausnutzt, sich unter Mißachtung der berechtigten Belange des anderen Teils einseitig und unberechtigt zu bevorzugen.[386] Bei der dazu erforderlichen Interessenabwägung ist jedoch zu berücksichtigen, ob sich der andere gegen das ihn nun treffende Risiko versichern kann und ob eine solche Versicherung üblich ist.[387] Einer Ansicht zufolge soll Sittenwidrigkeit auch schon dann vorliegen, wenn der Haftungsverzicht kein Korrelat für die von dem anderen Teil zu erbringende Leistung, für die Freizeichnung von einem gleichwertigen Haftungsrisiko des Verzichtenden, für einen Gefallen oder für ein Handeln ausschließlich im Interesse und im alleinigen Gefahrenbereich des Verzichtenden ist.[388] Dem kann jedoch nicht gefolgt werden. Bei der Frage nach der Sittenwidrigkeit einer Haftungsbeschränkung sind vielmehr sämtliche Vertragsumstände zu einem Gesamtbild heranzuziehen. Die „Korrelatsregel" führt hingegen dazu, daß jeweils nur ein Kriterium (etwa die Gegenleistung) berücksichtigt wird. Damit wird aber die Eingangsschwelle zur Sittenwidrigkeit derart weit abgesenkt, daß Haftungsbeschränkungen nicht ausnahmsweise, sondern in einer beachtlichen Zahl von Fällen sittenwidrig wären. Dies ist mit der Regel, daß Haftungsbeschränkungen nach der Vertragsfreiheit grundsätzlich zulässig sein sollen, nicht vereinbar.[389]

Schließlich soll eine individualvertragliche Haftungsfreizeichnung für grobe Fahrlässigkeit jedenfalls *bei Personenschäden* automatisch sittenwidrig sein.[390] Dem kann in dieser Form ebenfalls nicht gefolgt werden. Die Abbedingung des haftungsrechtlichen Schutzes der körperlichen Integrität als einem der wertmäßig höchsten Schutzgüter vor grob fahrlässigem schädigendem Verhalten mag zwar *regelmäßig* gegen das Anstandsgefühl aller billig und gerecht Denkenden verstoßen. Allerdings muß dies nicht immer so sein. Vielmehr muß auch hier eine umfassende Interessenabwägung *im Einzelfall* entscheidend bleiben.

In jedem Fall müssen einzelvertragliche Haftungsbeschränkungen klar und eindeutig formuliert sein.[391] Formulierungen, daß der andere Teil „das Risiko übernehme" oder „auf eigene Gefahr" handele, sind zu vermeiden, weil sie objektiv gerade nicht eindeutig ist.[392] Den Anforderungen entspricht hingegen eine Klau-

---

386 Vgl. Staudinger/*Löwisch* § 276 Rn. 112. Dabei spielt auch die Frage nach der Möglichkeit und Üblichkeit einer Schadensversicherung auf Seiten des Betroffenen eine Rolle, vgl. *BGHZ* 33, 216. Vgl. zur (sittenwidrigen) Ausnutzung einer Monopolstellung allg. *RGZ* 62, 264, 266; *BGHZ* 19, 85, 94; Staudinger/*Sack* § 138 Rn. 250 ff.; Soergel/*Hefermehl* § 138 Rn. 114.

387 Vgl. *BGHZ* 33, 216; Staudinger/*Löwisch* § 276 Rn. 112.

388 Vgl. RGRK/*Steffen* vor § 823 Rn. 57.

389 Siehe zur grundsätzlichen Zulässigkeit von Haftungsbeschränkungen etwa Soergel/*Wolf* § 276 Rn. 198; Staudinger/*Schmidt* § 242 Rn. 919; Staudinger/*Löwisch* § 276 Rn. 104.

390 Vgl. RGRK/*Steffen* vor § 823 Rn. 57. Dies wäre vor allem für Sportvereine relevant.

391 Vgl. *BGH* VersR 1956, 301; NJW 1977, 2158, 2159; NJW 1992, 907, 908 (st. Rspr.).

392 Vgl. *OLG München* VersR 1974, 200, 201; VersR 1980, 724, 725. Siehe zur Uneindeutigkeit allg. *RGZ* 116, 213, 215; 117, 102; 145, 390, 394; *BGHZ* 5, 111; *BGH* VersR 1956, 301.

sel, nach der die Haftung des Vereins etwa für leicht oder grob fahrlässiges Verhalten von verfassungsmäßigen Vertretern i. S. d. § 31 BGB ausgeschlossen oder auf eine bestimmte Höchstsumme begrenzt ist. Darüber hinaus sind Haftungsbeschränkungen nach ständiger Rechtsprechung im Zweifel eher eng und gegen denjenigen auszulegen, der die Haftung abbedingen will.[393] Auch deswegen muß die Klausel klar und unmißverständlich formuliert sein.

Zwar umfassen individualvertragliche Haftungsbeschränkungen *regelmäßig* auch die Beschränkung der *deliktsrechtlichen* Haftung.[394] Nach Ansicht des *BGH* und Teilen der Literatur muß dies jedoch nicht immer so sein.[395] Vielmehr soll nach allgemeinen Auslegungsgrundsätzen (§§ 133, 157 BGB) zu entscheiden sein, was im Einzelfall Inhalt der Regelung ist. Jedenfalls dann, wenn die Klausel so allgemein gehalten ist, daß sie jeden Schaden erfaßt, schließt sie nach Ansicht des *BGH im Zweifel* sowohl vertragliche als auch deliktische Ansprüche aus.[396] Eine ausdrückliche Erstreckung auf die Deliktshaftung ist deswegen regelmäßig entbehrlich. Gänzliche Sicherheit bietet jedoch nur eine explizite Regelung.

### *b) Konkludente Haftungsbeschränkungen und solche aufgrund ergänzender Vertragsauslegung*

Eine individualvertragliche Haftungsbeschränkung kann ausnahmsweise auch *konkludent* vereinbart werden (§§ 133, 157 BGB).[397] Dies gilt selbstverständlich beim Verein in gleichem Maße wie bei natürlichen Personen. Die Rechtsprechung ist bei der Annahme konkludenter Haftungsbeschränkungen im allgemeinen jedoch eher zurückhaltend und stellt strenge Anforderungen.[398] Dem ist zuzustim-

---

393 Vgl. *RGZ* 142, 353, 355 f.; *BGHZ* 22, 90, 96; 40, 65, 69; 47, 312, 318; 54, 299, 305; 63, 333; 67, 359, 366; 88, 228, 231; *BGH* NJW 1978, 261; NJW 1986, 2727, 2758; NJW 1992, 907, 908 (st. Rspr.); ebenso die ganz h.M. in der Lit., vgl. etwa Soergel/*Wolf* § 157 Rn. 97; Palandt/*Heinrichs* § 276 Rn. 36; MüKo/*Grundmann* § 276 Rn. 173; *Meyer* S. 9 f.

394 Vgl. Soergel/*Zeuner* vor § 823 Rn. 43; MüKo/*Kramer* § 241 Rn. 35; a.A. Staudinger/*Löwisch* § 276 Rn. 115, der bei der Frage der „Erstreckung“ auf die Auslegung der Haftungsbeschränkung im Einzelfall abstellt. Siehe allg. dazu, daß Haftungsbeschränkungen auch für deliktische Ansprüche zulässig sind: *RGZ* 88, 433, 436; *BGHZ* 9, 295, 306; RGRK/*Steffen* vor § 823 Rn. 56 f.; Erman/*Battes* § 276 Rn. 81; a.A. *Deutsch* VersR 1974, 301, 305 f.

395 Vgl. *BGHZ* 67, 359, 366 f. (Hersteller); *BGH* VersR 1971, 617 (Lagerhalter); WM 1975, 579 (Architekt); Palandt/*Heinrichs* § 276 Rn. 36; MüKo/*Kramer* § 241 Rn. 35 („einzelfallbezogene Interpretation“); Staudinger/*Löwisch* § 276 Rn. 115; ähnlich MüKo/*Grundmann* § 276 Rn. 37 mit umfangreichen Nachw. aus der Rspr. in Fn. 69.

396 Vgl. *BGHZ* 64, 355, 359 f.; *BGH* NJW 1962, 388, 389; NJW 1979, 2148, 2149.

397 Vgl. *BGH* NJW 1966, 41, 42; NJW 1977, 2158, 2159; NJW 1982, 763, 764; *OLG München* VersR 1981, 937; *LG Frankfurt* VersR 1994, 1485; Palandt/*Heinrichs* § 276 Rn. 58 a.E.; § 254 Rn. 70 ff.; Soergel/*Zeuner* vor § 823 Rn. 66 f.; RGRK/*Alff* § 276 Rn. 89; Erman/*Battes* § 276 Rn. 82; Staudinger/*Löwisch* § 276 Rn. 116.

398 Siehe etwa *RGZ* 45, 162, 165 ff.; *BGHZ* 41, 79, 81; 43, 72, 76 f.; *BGH* NJW 1966, 41, 42; VersR 1961, 428, 429; NJW 1982, 1144. Siehe auch Soergel/*Zeuner* vor § 823 Rn. 68 m.w. Beispielen aus der Rspr.; ebenso Staudinger/*Löwisch* § 276 Rn. 116.

men, denn ansonsten bestünde die Gefahr, allzu leicht in den Bereich einer unzulässigen Willensfiktion zu geraten.[399] Es müssen deshalb für einen entsprechenden Willen der Parteien *konkrete Anhaltspunkte* vorliegen.[400] Diese Anhaltspunkte können sich sowohl aus dem Verhalten der Parteien als auch auf andere Weise ergeben[401], solange sie in ausreichender Weise den Parteiwillen zu einem rechtsverbindlichen Haftungsausschluß oder einer Haftungsbegrenzung erkennen lassen. Außerdem muß dem Vertragspartner Umfang und Bedeutung der Risikoverlagerung deutlich vor Augen geführt werden.[402] Aufgrund dieser strengen Voraussetzungen dürften konkludente Haftungsbeschränkungen auch beim Verein eher die Ausnahme bleiben.

Ferner kann sich ein Haftungsausschluß oder eine Haftungsbegrenzung aus *ergänzender Vertragsauslegung* ergeben.[403] Auch (oder gerade) hier ist die Rechtsprechung jedoch sehr zurückhaltend. Diesem Ansatz ist zuzustimmen, denn die Annahme einer solchen Haftungsbeschränkung stellt eine gekünstelt wirkende rechtliche Konstruktion dar. Sie läuft ständig Gefahr, auf eine (unzulässige) Willensfiktion hinauszulaufen, weil die Parteien an einen Haftungsverzicht gerade nicht gedacht haben.[404] Für eine Haftungsbeschränkung aufgrund ergänzender Vertragsauslegung müssen daher besondere Umstände sprechen.[405] Voraussetzung ist, daß der Verein – wäre die Rechtslage vorher erörtert worden – einen Haftungsausschluß gefordert hätte und der Geschädigte diesen billigerweise nicht hätte ablehnen dürfen.[406] Zu berücksichtigen sind dabei die gesamten Umstände des Einzelfalls, die an den Auffassungen des redlichen Verkehrs und an den versicherungsrechtlichen Möglichkeiten der Beteiligten zur Weitergabe des Schadens- bzw. Haftungsrisikos zu messen sind.[407] Besteht auf seiten des Vereins Versicherungs-

---

399 Vgl. *BGHZ* 41, 79, 81; 43, 72, 76; *BGH* NJW 1961, 427, 428; 1966, 41, 42; Soergel/*Zeuner* vor § 823 Rn. 67; Staudinger/*Löwisch* § 276 Rn. 116.

400 Vgl. *RGZ* 145, 390, 394 f.; *BGHZ* 43, 72, 76; *BGH* NJW 1966, 41, 42; Palandt/*Heinrichs* § 254 Rn. 70; Staudinger/*Löwisch* § 276 Rn. 116.

401 Vgl. *BGH* NJW 1966, 41, 42.

402 Vgl. *BGH* NJW 1977, 2158, 2159; NJW 1982, 763, 764; *OLG München* VersR 1981, 937.

403 Vgl. *BGHZ* 30, 40, 46; *BGH* NJW 1979, 414, 415; *OLG Karlsruhe* DAR 2000, 307; Staudinger/*Löwisch* § 276 Rn. 116; MüKo/*Grundmann* § 276 Rn. 88; Palandt/*Heinrichs* § 276 Rn. 35.

404 Vgl. *BGHZ* 34, 355, 361; 41, 79, 81; 43, 72, 76; *BGH* NJW 1966, 41; NJW 1992, 2474, 2475; MüKo/*Grundmann* § 276 Rn. 88.

405 Vgl. *BGHZ* 30, 40, 46; 76, 32, 35; *BGH* VersR 1980, 384; NJW 1992, 2474, 2475.

406 Vgl. allg. zum Haftungsausschluß aufgrund ergänzender Vertragsauslegung *BGHZ* 9, 273, 277 f.; *BGH* NJW 1978, 625; NJW 1979, 414, 415; NJW 1980, 1681, 1682 = VersR 1980, 426; NJW 1982, 1144 = VersR 1982, 492, 493 f.; NJW 1989, 3273, 3276; ebenso Staudinger/*Löwisch* § 276 Rn. 116. Siehe Palandt/*Heinrichs* § 254 Rn. 71 und RGRK/*Steffen* vor § 823 Rn. 62 ff. dazu, welche Beurteilungskriterien für die ergänzende Vertragsauslegung insoweit eine Rolle spielen.

407 Vgl. *BGH* VersR 1978, 625; NJW 1979, 414, 415; NJW 1979, 643, 644; VersR 1980, 426, 427; NJW 1982, 1144 = VersR 1982, 492, 493 f.; RGRK/*Steffen* vor § 823 Rn. 62.

schutz, scheidet eine Haftungsbeschränkung aus, denn ein lediglich den Versicherer entlastender Haftungsverzicht entspricht regelmäßig nicht dem Willen und dem Interesse der Beteiligten.[408] Auch das geringe Entgelt einer Leistungsbeziehung spricht allein nicht für einen Haftungsausschluß aufgrund ergänzender Vertragsauslegung.[409] Anderes gilt hingegen, wenn den Verein ein ungewöhnlich hohes Risiko trifft, auf das sich ein verständiger Mensch nicht ohne Vereinbarung einer Haftungsbeschränkung einlassen würde und der Geschädigte für die Abdeckung des Schadensrisikos zumutbarer sorgen kann als der Verein (etwa durch den Abschluß einer Versicherung).[410] Eine Haftungsbeschränkung aufgrund ergänzender Vertragsauslegung scheidet aber aus, wenn es um die Verletzung *grundlegender Verkehrspflichten* geht. Denn nach der herrschenden Verkehrsauffassung darf jedermann davon ausgehen, daß der Verein in diesem Bereich tatsächlich haftet.[411] Wegen der insgesamt strengen Anforderungen wird auch eine Haftungsbeschränkung aufgrund ergänzender Vertragsauslegung in der Praxis eher die Ausnahme bleiben.[412]

Sowohl der konkludente Haftungsausschluß als auch der aus einer ergänzenden Vertragsauslegung gewonnene kommen in aller Regel nur für *einfache Fahrlässigkeit* in Betracht.[413] Sollen sie auch für *grobe Fahrlässigkeit* gelten, ist eine ausdrückliche Vereinbarung erforderlich.[414] Insgesamt ist der Bereich der konkludenten und durch ergänzende Vertragsauslegung gewonnenen Haftungsbeschränkungen nicht geeignet, daß Haftungsrisiko des Vereins nennenswert zu mindern. Dies ergibt sich zum einen daraus, daß ihr Vorliegen nur in Ausnahmefällen angenommen werden kann, zum anderen aus der Unsicherheit, ob das im Streitfall befaßte Gericht das Vorliegen einer solchen Haftungsbeschränkung auch tatsächlich bejahen wird.

### 4. Haftungsbeschränkung durch Allgemeine Geschäftsbedingungen (AGB)

Da § 40 BGB nur die *satzungsmäßige* (und vereinsordnungsmäßige) Unabdingbarkeit des § 31 BGB statuiert, steht es dem Verein frei, durch *allgemeine Geschäftsbedingungen* i. S. d. § 305 I BGB eine Haftungsbeschränkung zu vereinba-

---

408 Vgl. allg. *BGHZ* 39, 156, 158; 63, 51, 59; *BGH* NJW 1966, 41; VersR 1980, 384; NJW 1986, 2883; NJW 1992, 2474, 2475.

409 Vgl. RGRK/*Steffen* vor § 823 Rn. 63.

410 Siehe zu diesen Kriterien allg. *BGH* NJW 1980, 1681, 1682 f. = VersR 1980, 426. Siehe ferner RGRK/*Steffen* vor § 823 Rn. 66.

411 Vgl. allg. *BGH* NJW 1982, 1144 = VersR 1982, 492, 493 f.

412 Auch der *BGH* hat darauf hingewiesen, daß die Rechtsprechung mit der Annahme solcher Haftungsausschlüsse sehr zurückhaltend ist, vgl. *BGH* VersR 1980, 426, 427.

413 Vgl. *BGH* VersR 1969, 424; Palandt/*Heinrichs* § 254 Rn. 71 f. m. w. N.

414 Vgl. Palandt/*Heinrichs* § 254 Rn. 71.

ren.[415] Dies ist sowohl gegenüber Außenstehenden als auch gegenüber den eigenen Vereinsmitgliedern möglich.[416] Jedoch gelten für eine solche AGB-Haftungsklausel gesetzliche Grenzen, insbesondere die der §§ 305 ff. BGB. Ebenso wie eine individualvertragliche Haftungsbeschränkung ist eine solche durch AGB im Zweifel eng und gegen den auszulegen, der die Haftung abbedingen will. Dies ergibt sich bereits aus 305 c II BGB.[417] Die Klausel muß deshalb eindeutig zum Ausdruck bringen, daß der Ausschluß oder die Begrenzung der Haftung gewollt ist.[418] Nicht ausreichend wäre insofern etwa der schlichte Hinweis eines Schwimmsportvereins auf einem Schild, daß bei der Benutzung des Sprungbretts Vorsicht geboten ist, weil die Wassertiefe nur 1,70 m beträgt.[419] Ferner umfassen formularmäßige Haftungsbeschränkungen wegen § 305 c II BGB *im Zweifel,* d. h. wenn Unklarheiten bestehen, nur die *vertragliche Haftung.*[420] Im Falle von *konkurrierenden Deliktsansprüchen* soll sich die „Erstreckung" zwar aus Sinn und Zweck der Haftungsklausel ergeben können.[421] Um § 305 c II BGB nicht zu unterlaufen, ist aber zu fordern, daß Sinn und Zweck eine solche Erstreckung *zwingend erfordern.* Hinreichende „Planungssicherheit" für die Vereine in der Praxis bietet letztlich nur eine *ausdrücklich* formulierte Erstreckung.[422] Abgesehen von dieser Problematik sind in jedem Fall aber § 305 II BGB bezüglich der Einbeziehung und §§ 307 I, II, 309 Nr. 7 BGB bezüglich des Inhalts der Klausel zu beachten. Hierauf wird an späterer Stelle noch genauer einzugehen sein. Vorab ist die Aufmerksam-

---

415 Vgl. Soergel/*Hadding* § 31 Rn. 1; MüKo/*Reuter* § 31 Rn. 45; Staudinger/*Weick* § 31 Rn. 50; Palandt/*Heinrichs* § 31 Rn. 4; Erman/*H.P.Westermann* § 31 Rn. 2; *Reichert* Rn. 1969; *Faber* BWNotZ 1980, 81, 82; PHBSportR/*Fritzweiler* 5. Teil Rn. 71.

416 Der Verein könnte mit seinen (zukünftigen) Mitgliedern eine AGB-Haftungsklausel etwa schon anläßlich der Beitrittserklärung vereinbaren.

417 Vgl. zu § 305 c II BGB allg. Palandt/*Heinrichs* § 276 Rn. 36; zu § 5 AGBG allg. *BGH* VersR 1980, 355; NJW 1995, 56; *OLG Hamm* NJW-RR 1997, 1215; MüKo/*Hanau* (3. Aufl.) § 276 Rn. 161. Ebenso schon zur Rechtslage vor Geltung des AGBG: *BGHZ* 5, 111, 115; 17, 1; 22, 90, 96; 24, 39, 45; 47, 207, 216; 51, 55, 59; 54, 106; 54, 299, 304 f.; 60, 174, 177; 62, 83, 89 m. w. N.; 67, 359, 366; *BGH* VersR 1963, 1030; *OLG Nürnberg* VersR 1955, 444; RGRK/*Alff* § 276 Rn. 92.

418 Siehe dazu auch die i.R.d. individualvertraglichen Haftungsbeschränkungen genannten Beispiele oben Zweiter Teil B. II. 3. a).

419 Siehe zu diesem Beispiel *OLG Celle* VersR 1969, 1049, 1050. Vgl. auch *OLG Düsseldorf* NJW 1975, 1892, 1893.

420 Vgl. *BGH* NJW 1960, 1661; VersR 1970, 677; *BGHZ* 67, 359, 366 f. = NJW 1977, 379, 381; *BGH* NJW 1978, 2241; NJW 1979, 2148, 2149; *BGH* NJW 1992, 2016, 2017; RGRK/*Steffen* vor § 823 Rn. 58; MüKo/*Kramer* § 241 Rn. 35; Ulmer/Brandner/*Hensen* § 9 AGBG Rn. 159; MüKo/*Basedow* § 11 Nr. 7 AGBG Rn. 10 spricht sogar davon, daß sich eine Freizeichnungsklausel nach ihrer Auslegung „in der Regel" nicht auf die Haftung aus unerlaubter Handlung beziehe.

421 Vgl. *BGHZ* 64, 355, 369 f.; 71, 226, 228 = NJW 1978, 1430, 1431; *BGH* NJW 1977, 379, 381; BB 1979, 698, 699; MüKo/*Kramer* § 241 Rn. 35.

422 Die Bezeichnung „unerlaubte Handlung" muß allerdings nicht auftauchen. Vielmehr können auch andere (eindeutige) Begriffe verwendet werden, wie z. B. „außervertragliche Haftung", vgl. *BGH* NJW 1979, 2148, 2149; RGRK/*Steffen* vor § 823 Rn. 58.

keit noch auf einen anderen Punkt zu richten: Daß die Vorschriften der §§ 305 ff. BGB Anwendung finden, wenn der Verein AGB *gegenüber außenstehenden Dritten* verwendet, ist selbstverständlich. Etwas anderes könnte jedoch *gegenüber seinen Mitgliedern* aufgrund der Bereichsausnahme des § 310 IV 1 BGB gelten.

### *a) Die Bereichsausnahme des § 310 IV 1 BGB und die Entscheidung BGHZ 103, 219*

Gemäß § 310 IV 1 BGB findet der zweite Abschnitt des zweiten Buchs des BGB (§§ 305 ff. BGB) unter anderem keine Anwendung bei Verträgen auf dem Gebiet des *Gesellschaftsrechts*. Wie sich aus der Regierungsbegründung zum insoweit identischen alten § 23 I AGBG entnehmen läßt, liegt die Rechtfertigung für die Bereichsausnahmen darin, daß der Schutz der gesetzlichen Regelungen zu den Allgemeinen Geschäftsbedingungen in den genannten Bereichen nicht erforderlich, nicht angemessen oder nicht systemgerecht ist.[423] Als Ausnahmevorschrift ist § 310 IV BGB zwar grundsätzlich eng auszulegen.[424] Jedoch wird in die gesellschaftsrechtliche Bereichsausnahme auch das *Vereinsrecht* (und das Genossenschaftsrecht) mit einbezogen.[425] Dem ist grundsätzlich zuzustimmen. Die Bereichsausnahme „Gesellschaftsrecht" läßt sich nämlich vor allem damit rechtfertigen, daß die gesetzlichen Regelungen über Allgemeine Geschäftsbedingungen auf *schuldrechtliche Austauschverträge* und nicht auf (korporationsrechtliche) Rechtsbeziehungen innerhalb von Personenverbänden zugeschnitten sind.[426] Auch ein Verein ist aber ein (mit Rechtsfähigkeit ausgestatteter) Personenverband. Deshalb unterfallen die korporationsrechtlichen Rechtsbeziehungen zu seinen Mitgliedern § 310 IV 1 BGB.[427] Gestützt wird dieses Ergebnis auch durch die Regierungsbegründung zum alten § 23 I AGBG. Zwar hatte der Gesetzgeber bewußt auf eine Definition des Begriffs des „Gesellschaftsrechts" verzichtet.[428] Jedoch sollte die

---

423 Begründung zum RegE BT Drucks. 7/3919 S. 41 re. Sp. und 1. Teilbericht S. 101 (zum alten § 23 I AGBG). Kritisch dazu etwa Wolf/Horn/*Lindacher* § 23 AGBG Rn. 30 f.

424 Vgl. Wolf/Horn/*Lindacher* § 23 AGBG Rn. 3; a.A.: *BGHZ* 103, 219 = NJW 1988, 1729, 1730; NJW 1995, 192, 193 (beide zu § 23 I AGBG).

425 Vgl. *OLG Hamm* VersR 1995, 309, 310; *OLG Frankfurt* BB 1978, 926; Wolf/Horn/*Lindacher* § 23 AGBG Rn. 77; Staudinger/*Schlosser* § 23 AGBG Rn. 10; MüKo/*Basedow* § 23 AGBG Rn. 9; Ulmer/Brandner/*Hensen* § 23 AGBG Rn. 22; im Ergebnis ebenso *BGHZ* 128, 93, 101 ff. („Reiterliche Vereinigung"); a.A.: Erman/*Werner* § 23 AGBG Rn. 8. Siehe zum Genossenschaftsrecht vor allem die RegBegr. BT Drucks. 7/3919 S. 41 und *BGHZ* 103, 219 = NJW 1988, 1729 f.

426 Vgl. Wolf/Horn/*Lindacher* § 23 AGBG Rn. 70; MüKo/*Basedow* § 23 AGBG Rn. 11; Ulmer/Brandner/*Hensen* § 23 AGBG Rn. 20; im Ergebnis ebenso *BGHZ* 128, 93, 101 ff. (Verein); *BGHZ* 103, 219 = NJW 1988, 1729, 1730 (Genossenschaft); .

427 Vgl. *OLG Hamm* VersR 1995, 309, 310; Ulmer/Brandner/*Hensen* § 23 AGBG Rn. 22; *BGHZ* 103, 219 = NJW 1988, 1729, 1730 (Genossenschaft); im Ergebnis ebenso *BGHZ* 128, 93, 101 ff.

428 Vgl. *BGHZ* 127, 176 = NJW 1995, 192, 193.

gesellschaftsrechtliche Bereichsausnahme jedenfalls das Genossenschafts- und *Vereinsrecht* mit umfassen.[429]

Verwendet der Verein also *im korporationsrechtlichen Bereich* gegenüber seinen Mitgliedern Allgemeine Geschäftsbedingungen i. S. d. § 305 I BGB, etwa um seine Haftung für Personen- und Sachschäden beim Spielbetrieb auf der vereinseigenen Tennisanlage zu beschränken, sind diese Geschäftsbedingungen wegen § 310 IV 1 BGB nicht an den §§ 305 ff. BGB zu messen. Denn das Recht auf Benutzung der Vereinseinrichtungen folgt als sogenanntes „Wertrecht“ bereits aus der Mitgliedschaft.[430] Wie dieses Benutzungsrecht inklusive seiner Modalitäten und den dazugehörigen haftungsrechtlichen Fragen ausgestaltet wird, ist Teil der *korporationsrechtlichen Rechtsbeziehung* des Mitglieds zum Verein.[431]

Der *BGH* hat hingegen in einer Grundsatzentscheidung zum Genossenschaftsrecht, die in Rechtsprechung und Literatur weithin Zustimmung gefunden hat und auf das Vereinsrecht übertragen worden ist[432], festgestellt, daß Rechtsverhältnisse zwischen der Genossenschaft und ihren Genossen wegen § 310 IV 1 BGB (entspricht § 23 I AGBG) dann nicht den §§ 305 ff. BGB (entspricht dem AGBG) unterliegen, „wenn sie unmittelbar auf der Satzung beruhen, mitgliedschaftlicher Natur sind und der Verwirklichung des Förderzwecks der Genossenschaft dienen“.[433] Habe das Rechtsverhältnis somit ausschließlich die Satzung zur Grundlage, so gehöre es der korporationsrechtlichen Sphäre an.[434] Beruhe der Geschäftsverkehr der Mitglieder mit der Genossenschaft hingegen auf *vertraglicher* Grundlage, so spiele er sich als rein schuldrechtliche Beziehung außerhalb des korporationsrechtlichen Mitgliedsverhältnisses ab.[435] Übertragen auf die vorliegende

---

429 Siehe BT Drucks. 7/3919 S. 41.

430 Vgl. *BGH* NJW-RR 1992, 507; Soergel/*Hadding* § 38 Rn. 18. Uneinheitlich hingegen die Terminologie: „Wertrechte“ (so etwa *RGZ* 103, 265, 268; RGRK/*Steffen* § 38 Rn. 8; Palandt/*Heinrichs* § 38 Rn. 1) werden auch als „Vorteilsrechte“ (Soergel/*Hadding* § 38 Rn. 16), „Genußrechte“ (Larenz/*Wolf* BGB AT § 10 B II 1; *Habersack* S. 271) oder „Benutzungsrechte“ (*K. Schmidt* GesR § 24 IV 2 c (S. 704)) bezeichnet.

431 Dasselbe gilt etwa auch für einen formularmäßigen Haftungsausschluß eines Lohnsteuerhilfevereins gegenüber seinen Mitgliedern bezüglich seiner Haftung bei der Erstellung der Steuerklärungen.

432 Vgl. *OLG Hamm* VersR 1995, 309, 310; ohne weitere Begründung *BGHZ* 128, 93, 101 („Reiterliche Vereinigung“); *Reichert* Rn. 1967, 1970; MüKo/*Basedow* § 23 AGBG Rn. 13; Staudinger/*Schlosser* § 23 AGBG Rn. 8; Ulmer/Brandner/*Hensen* § 23 AGBG Rn. 22; Wolf/Horn/*Lindacher* § 23 AGBG Rn. 77.

433 *BGHZ* 103, 219 = NJW 1988, 1729. In der Entscheidung bildeten besondere Leistungs- und Benutzungspflichten den Gegenstand des Rechtsverhältnisses zwischen der Genossenschaft und den Genossen. Entscheidung bestätigt in *BGH* WM 1992, 99, 100 (stille Gesellschaft).

434 Anderes gelte nur, wenn eine objektiven Auslegung der Satzung ergäbe, daß es sich lediglich um einen unechten Satzungsbestandteil handelt, der in Wahrheit eine schuldrechtliche Beziehung ohne materiellen Satzungscharakter zum Gegenstand habe, vgl. *BGHZ* 103, 219 = NJW 1988, 1729.

435 Vgl. *BGHZ* 103, 219 = NJW 1988, 1729.

Problematik würde dies bedeuten, daß eine formularmäßige Haftungsbeschränkung gegenüber den Mitgliedern des Vereins dann nicht unter die Bereichsausnahme des § 310 IV 1 BGB fällt, wenn sie nicht *unmittelbar auf der Satzung,* sondern auf *vertraglicher Grundlage* beruht. Eine solche Sicht der Dinge wäre jedoch zu eng. Dem *BGH* kann insoweit – entgegen der ganz h.M. in der Literatur[436] – nicht gefolgt werden. Denn der korporationsrechtlichen Natur einer Haftungsbeschränkung steht gerade *nicht* entgegen, daß diese weder in der Satzung noch in einer Vereinsordnung geregelt, sondern als allgemeine Geschäftsbedingung (vertraglich) formuliert ist.[437] Zum einen kann die Haftung des Vereins aus § 31 BGB nach der hier vertretenen Meinung gar nicht durch Satzung oder Vereinsordnung abbedungen werden.[438] Zum anderen können auch formularmäßige (vertragliche) Vereinbarungen – wie das eingangs genannte Beispiel der Haftungsbeschränkung eines Tennisvereins zeigt – *in der Sache* durchaus korporationsrechtliche und nicht nur rein schuldrechtliche Regelungen enthalten.[439] Nicht das äußere Erscheinungsbild der Regelung, sondern ihr materieller Inhalt entscheidet darüber, ob sie dem korporationsrechtlichen oder dem rein schuldrechtlichen Bereich zuzuordnen ist.

Auf formularmäßige Haftungsklauseln, die den korporationsrechtlichen Bereich betreffen, sind die §§ 305 ff. BGB dementsprechend wegen § 310 IV 1 BGB nicht anwendbar. Dies bedeutet jedoch nicht, daß bei derartigen Haftungsklauseln überhaupt keine Inhaltskontrolle stattfände. Vielmehr kommen die allgemeinen Anforderungen und Grenzen zur Anwendung, also insbesondere §§ 276 III, 242, 138 BGB.[440] Was diese Grenzen anbelangt, kann auf die Ausführungen zu den individualvertraglichen Haftungsbeschränkungen verwiesen werden. Im Rahmen der Inhaltskontrolle können allerdings *vereinzelt* auch Gesichtspunkte der §§ 305 ff. BGB *mittelbar* berücksichtigt werden, soweit sie einen verallgemeinerungsfähigen Rechtsgedanken enthalten und die Eigenarten der in die Bereichsausnahme fallenden Rechtsbeziehung dem nicht entgegenstehen.[441] Zu denken ist dabei etwa an

---

436 Siehe die Nachweise oben in Fn. 615.

437 Im Ergebnis zunächst ähnlich klingend *OLG Hamm* VersR 1995, 309, 310. Das Gericht geht jedoch von einem Sachverhalt aus, bei dem die Vereinbarung eines Haftungsverzichts „integraler Bestandteil des Satzungsrechts“ des Vereins war und in „unmittelbarem und untrennbarem Zusammenhang mit der satzungsmäßigen aktiven Teilnahme am Flugsport“ stand. Die Entscheidung liegt damit auf der insoweit zu engen Linie des *BGH* (BGHZ 103, 219 = NJW 1988, 1729).

438 Siehe dazu ausführlich oben Zweiter Teil B. I. 1. [dort insbesondere b) dd) (6)] und 2.

439 Vgl. *OLG Hamm* VersR 1995, 309, 310.

440 Vgl. allg. (d. h. nicht speziell für Haftungsklauseln) Wolf/Horn/*Lindacher* § 23 AGBG Rn. 8 ff., 81, 88 f.; Palandt/*Heinrichs* vor § 307 Rn. 17 a.E. (für § 242 BGB); Siehe zu den allgemeinen Grenzen im einzelnen oben Zweiter Teil B. I. 3. a) i.R.d. individualvertraglichen Haftungsausschlusses.

441 Vgl. Wolf/Horn/*Lindacher* § 23 AGBG Rn. 11 ff., 90 f. Ähnlich: *KG* DB 1978, 1025 („Die sinngemäße Anwendung der zum Recht der Allgemeinen Geschäftsbedingungen entwickelten Grundsätze ...“); Staudinger/*Schlosser* § 23 AGBG Rn. 12 („Mit Vorsicht kann in diesem Zusammenhang auf Gedankengut aus dem AGBG zurückgegriffen werden.“);

die Wertung des § 309 Nr. 7 a BGB, nach dem in Allgemeinen Geschäftsbedingungen der Ausschluß oder die Begrenzung der Haftung für *Körperschäden* generell nicht möglich sein soll.[442] Dies führt jedoch nicht etwa zu einer unmittelbaren (direkten) oder analogen Anwendung der §§ 305 ff. BGB im Ausnahmebereich des § 310 IV 1 BGB.[443] *Unmittelbare Grundlage* der Inhaltskontrolle bleiben die allgemeinen Vorschriften (insbesondere §§ 242, 138 BGB). Die verallgemeinerungsfähigen Rechtsgedanken der §§ 305 ff. BGB werden lediglich *zur inhaltlichen Ausfüllung* der allgemeinen Normen herangezogen.

Schließlich stellt sich noch die Frage, was gilt, wenn der Verein seinen Mitgliedern in derselben Weise gegenüber tritt, wie er es auch außenstehenden Dritten gegenüber tut. Denkbar wäre etwa, daß ein Tennisverein Hallenplätze gegen Entgelt sowohl an seine Mitglieder als auch an Dritte vermietet und dabei formularmäßig seine Haftung ausschließt. Man könnte die Ansicht vertreten, daß die §§ 305 ff. BGB und der damit verbundene Schutz den außenstehenden Dritten gegenüber zur Anwendung kommen, wohingegen für die Vereinsmitglieder wegen § 310 IV 1 BGB lediglich die allgemeinen Regeln gelten. Ob dies tatsächlich der Fall ist, kann sich nur aus dem Telos der Bereichsausnahme „Gesellschaftsrecht" in § 310 IV 1 BGB ergeben. Wie bereits erwähnt, unterliegt das Gesellschaftsrecht (und das Vereinsrecht) nach dem Sinn und Zweck des § 310 IV 1 BGB vor allem deshalb nicht den §§ 305 ff. BGB, weil die gesetzlichen Regelungen über Allgemeine Geschäftsbedingungen auf *schuldrechtliche Austauschverträge* und nicht auf *korporationsrechtliche* Rechtsbeziehungen innerhalb von Personenverbänden zugeschnitten sind.[444] Diese Überlegung greift jedoch nicht, wenn der Verein seinen Mitgliedern – wie im genannten Fall der Vermietung (§ 535 BGB) eines Hallentennisplatzes – in einem rein *schuldrechtlichen Austauschverhältnis* genauso gegenüber tritt, wie er es auch außenstehenden Dritten gegenüber tut. Da der Telos des § 310 IV 1 BGB hier nicht greift, kann in diesen Fällen auch die Bereichsausnahme nicht zur Anwendung gelangen. Dementsprechend sind die §§ 305 ff. BGB auf solche *rein schuldrechtlichen Austauschverträge* zwischen dem Verein und seinen Mitgliedern anwendbar.[445] Hieran ändert nichts, daß das aufgrund solcher Ver-

---

MüKo/*Basedow* § 23 AGBG Rn. 11 (allerdings keine Heranziehung der Gedanken der §§ 10, 11 AGBG, d. h. jetzt § 308, 309 BGB). Für die Möglichkeit einer „entsprechenden" Heranziehung der Wertungsmaßstäbe des AGBG bei einer Inhaltskontrolle nach § 242 BGB auch *BGHZ* 128, 93, 103. Allerdings beruhte im zu entscheidenden Fall die Unanwendbarkeit der AGBG-Inhaltskontrolle nicht auf einem Eingreifen der Bereichsausnahme des § 23 I AGBG (jetzt § 310 IV 1 BGB), sondern auf anderen Gründen. Gegen eine Berücksichtigung von Rechtsgedanken des AGBG im Rahmen einer allgemeinen Inhaltskontrolle hingegen *OLG Frankfurt* BB 1978, 927.

442 Siehe zur Inhaltskontrolle aufgrund der §§ 307 ff. BGB, insbesondere auch des § 309 Nr. 7 a BGB eingehend unten Zweiter Teil B. I. 4. c).

443 Vgl. Wolf/Horn/*Lindacher* § 23 AGBG Rn. 11 ff.

444 Siehe dazu bereits oben Zweiter Teil B. I. 4. a).

445 Vgl. allg. (ohne speziellen Bezug zu formularmäßigen Haftungsausschlüssen) Wolf/Horn/*Lindacher* § 23 AGBG Rn. 72, 78; MüKo/*Basedow* § 23 AGBG Rn. 11; Ulmer/

träge zu entrichtende Entgelt (z. B. der Mietzins für die Benutzung eines Tennishallenplatzes) für die Mitglieder in der Praxis häufig geringer ist als für Nichtmitglieder. Dieser „Bevorzugung" der Mitglieder liegen im wesentlichen zwei Gedanken zugrunde: Zum einen soll ein Anreiz für häufig spielende Dritte geschaffen werden, auf die Dauer eine Vereinsmitgliedschaft zu erwerben. Zum anderen soll gegenüber den eigenen Mitgliedern berücksichtigt werden, daß diese den Verein bereits durch ihren Mitgliedsbeitrag unterstützen. Letzteres führt jedoch nicht dazu, der Vermietung von Vereinseinrichtungen an Mitglieder den Charakter eines schuldrechtlichen Austauschverhältnisses zu nehmen. Denn die Unterstützung des Vereins durch den Mitgliedsbeitrag ist eine *allgemeine* Förderung des Vereins. Sie ist von der *konkreten* Anmietung einer Vereinseinrichtung (§ 535 BGB) *rechtlich unabhängig,* weil die Beitragspflicht auch diejenigen Mitglieder trifft, die die Halle gar nicht in Anspruch nehmen und auf der anderen Seite die Pflicht zur Mietzinszahlung nur denjenigen obliegt, die im konkreten Fall einen Hallenplatz mieten.

Als Ergebnis läßt sich demnach festhalten: Verwendet der Verein *im korporationsrechtlichen Bereich* gegenüber seinen Mitgliedern AGB, greift § 310 IV 1 BGB ein, was zur Nichtanwendbarkeit der §§ 305 ff. BGB führt. Etwas anderes gilt, wenn der Verein seinen Mitgliedern durch einen *rein schuldrechtlichen Austauschvertrag* (z. B. Miete i. S. d. § 535 BGB) so gegenüber tritt, wie er es auch außenstehenden Dritten gegenüber tut. In diesem Fall sind die §§ 305 ff. BGB uneingeschränkt anwendbar.

### *b) Einbeziehung der Klausel nach § 305 II BGB*

Nach § 305 II BGB werden Allgemeine Geschäftsbedingungen nur dann Bestandteil eines Vertrages, wenn der Verwender bei Vertragsschluß auf sie hinweist, der anderen Partei die Möglichkeit zumutbarer Kenntnisnahme verschafft und der Vertragspartner mit ihrer Geltung einverstanden ist. Verwendet der Verein AGB, stellen sich grundsätzlich dieselben Probleme wie bei natürlichen Personen.[446] Auf diesen Themenbereich umfassend und abschließend einzugehen ist nicht Thema der vorliegenden Untersuchung. Näher betrachtet werden sollen jedoch diejenigen Einbeziehungsprobleme, die *gehäuft* oder *typischerweise* bei der Verwendung von AGB durch (Sport-)Vereine auftreten.

#### aa) Aufdrucke auf Eintrittskarten

Der Verein könnte versuchen, eine AGB-Haftungsklausel in den Vertrag mit einem Dritten oder einem Vereinsmitglied einzubeziehen, indem er durch einen

Brandner / *Hensen* § 23 AGBG Rn. 22. Vgl. für das Verhältnis Gesellschaft – Gesellschafter *BGH* WM 1992, 99, 100.

446 Siehe zu den Problemen bei der Einbeziehung allg. etwa Palandt / *Heinrichs* § 305 Rn. 29 ff.

*Aufdruck auf der Eintrittskarte* zu einer (Sport-)Vereinsveranstaltung auf die Geltung seiner AGB hinweist.[447] Denkbar – und in der Praxis häufig anzutreffen – wäre auch, die Haftungsklausel *selbst* auf der Eintrittskarte anzubringen (z. B. „Keine Haftung für Sach- und Körperschäden").[448] Zu beachten ist, daß der Verwender der AGB gemäß § 305 II Nr. 1 BGB *ausdrücklich* auf sie hinweisen muß.[449] Der Hinweis (bzw. die Klausel) muß so angeordnet und gestaltet sein, daß er (bzw. sie) von einem Durchschnittskunden auch bei flüchtiger Betrachtung nicht übersehen werden kann.[450] Ein versteckter, zu klein gedruckter, kaum lesbarer oder auf der Rückseite der Eintrittskarte angebrachter Hinweis genügt diesen Anforderungen nicht.[451] Er hat vielmehr klar, unmißverständlich und auffällig zu sein.[452] Im Fall der Eintrittskarte muß sich der Hinweis (bzw. die Klausel) deshalb in jedem Fall auf der *Vorderseite* des Tickets befinden. Ob dies jedoch für eine Einbeziehung ausreicht, wird sich erst aus den folgenden Überlegungen ergeben.

Der Hinweis muß gemäß § 305 II Nr. 1 BGB *bei Vertragsschluß* erfolgen. Genau hier liegt aber das Problem der Eintrittskarte. *Bei Vertragsschluß* bedeutet *im Zusammenhang mit den Erklärungen, die zum Abschluß des konkreten Vertrages geführt haben.*[453] Maßgeblicher Zeitpunkt ist dabei die Abgabe der Willenserklärung durch die andere Vertragspartei (hier den Besucher).[454] Die Eintrittskarte wird jedoch in aller Regel erst *nach dem Vertragsschluß* ausgehändigt.[455] Ein auf

---

[447] Siehe allg. zu Hinweisen auf Tickets den Fall bei *LG Berlin* NJW 1982, 343, bei dem ein Flugveranstalter durch Hinweis auf den Flugtickets seine AGB in die Beförderungsverträge einbeziehen wollte.

[448] Siehe dazu etwa *RGZ* 113, 425, 426 (Marke einer Kleiderablage); *OLG Nürnberg* VersR 1955, 444 (Eintrittskarte zu Fußballspiel); *BGH* NJW 1984, 801 = VersR 1984, 164 (Eintrittskarte zu Eishockeyspiel); *BGH* NJW 1985, 620 = VersR 1985, 64 (Tageskarte für Skilift); *LG München* I NJW 1991, 1491 (Konzertkarte); *LG Trier* NJW 1993, 1474 (Konzertkarte).

[449] Auch wenn die Klausel selbst (ohne weiteren Hinweis) direkt auf der Eintrittskarte angebracht ist, handelt es sich um AGB; siehe § 305 I 2 2. Var. BGB. Auf die Eigenschaft der Vertragsbedingungen als AGB muß nicht hingewiesen werden, vgl. *OLG Frankfurt* NJW 1986, 2712.

[450] Vgl. *BGH* NJW 1984, 801, 802; NJW-RR 1987, 112, 113; *OLG Nürnberg* BB 1990, 1998; *OLG Frankfurt* DB 1981, 884; *LG Trier* NJW 1993, 1474, 1475; Palandt / *Heinrichs* § 305 Rn. 29; Ulmer / Brandner / *Hensen* § 2 AGBG Rn. 24; Wolf / Horn / *Lindacher* § 2 AGBG Rn. 8; Erman / Hefermehl / *Werner* § 2 AGBG Rn. 4.

[451] Vgl. *LG Berlin* NJW 1982, 343, 344 (Hinweis auf der Rückseite eines Flugtickets); *LG Trier* NJW 1993, 1474, 1475 (zu kleiner, kaum lesbarer Aufdruck auf einer Eintrittskarte); *OLG Nürnberg* VersR 1955, 444; auch *BGH* NJW 1984, 801, 802 („Bedenken" wegen „kaum lesbarem Aufdruck"); allg. zum „ausdrücklichen Hinweis" Palandt / *Heinrichs* § 305 Rn. 29 m. Nachw. aus der Rspr.; Erman / Hefermehl / *Werner* § 2 AGBG Rn. 4 ff.

[452] Vgl. *BGH* ZIP 1981, 1221; Erman / Hefermehl / *Werner* § 2 AGBG Rn. 4.

[453] Vgl. Erman / Hefermehl / *Werner* § 2 AGBG Rn. 18; Palandt / *Heinrichs* § 305 Rn. 30. (Hervorhebung nicht in den Originaltexten.).

[454] Vgl. Wolf / Horn / *Lindacher* § 2 AGBG Rn. 35.

[455] Dies bleibt völlig unberücksichtigt bei *LG München* I NJW 1991, 1491. Das Gericht hält die Haftungsklausel auf der Rückseite der Eintrittskarte allerdings wegen Verstoßes gegen den alten § 11 Nr. 7 AGBG für unwirksam.

ihr abgedruckter Hinweis kann eine AGB-Haftungsklausel deshalb wegen § 305 II Nr. 1 BGB *nicht* wirksam in den Vertrag einbeziehen.[456] Auch wird die Klausel durch das Aushändigen der Eintrittskarte nicht etwa nachträglich in den vorher geschlossenen Vertrag einbezogen.[457] Für eine solche Vertragsänderung fehlt es an dem Einverständnis des Vertragspartners (hier des Besuchers). An der Nichteinbeziehung ändert sich selbst dann nichts, wenn die Eintrittskarte ausnahmsweise *bei Vertragsschluß* übergeben wird. Es kann nämlich von dem Vertragspartner eines *mündlichen* Vertragsschlusses wie dem Eintrittskartenkauf nicht erwartet werden, daß er ohne besonderen (zusätzlichen) Hinweis von dem auf einer Eintrittskarte optisch notwendigerweise relativ kleinen Aufdruck Kenntnis nimmt.[458] Darauf hatte bereits das *RG* in einer Entscheidung aus dem Jahre 1926[459] hingewiesen. Denn die Einbeziehungsabsicht muß dem Kunden gerade bei einem mündlichen Vertragsschluß *deutlich* vor Augen geführt werden.[460] Auch kann sein Einverständnis (§ 305 II a.E. BGB) bei einem notwendigerweise kleinen Hinweis auf einer Eintrittskarte nicht einfach unterstellt werden. Die Einbeziehung einer AGB-Haftungsklausel durch den *Aufdruck auf einer Eintrittskarte* bei einem mündlichem Vertragsschluß (z. B. an der Kasse) scheidet demnach – entgegen vielfach anderer Handhabung in der Praxis – aus.

Neben der *persönlichen Aushändigung* der Eintrittskarte kommt es vor, daß dem Besucher die Karte aufgrund einer mittels Telefon, Brief, Fax oder Email erfolgten Bestellung *per Post* zugesandt wird (so etwa bei den DFB-Pokalendspielen). Auch in diesen Fällen befinden sich auf den Karten nicht selten AGB oder zumindest Hinweise auf die Geltung von AGB. Was die Frage der *Ausdrücklichkeit* des Hinweises angeht, gilt das bereits oben Gesagte. Die Klausel oder der Hinweis muß sich deshalb in jedem Fall auffällig und gut lesbar auf der *Vorderseite* des Tickets

---

456 Vgl. *LG Berlin* NJW 1982, 343, 344 (Flugticket). Der *BGH* (NJW 1984, 801, 802) hingegen hat offensichtlich „Bedenken" gegen die Einbeziehung nur wegen des nach § 2 I Nr. 1 AGBG erforderlichen *ausdrücklichen* Hinweises und nicht wegen des Merkmals „bei Vertragsschluß". Scheitern läßt er die Einbeziehung letztlich am fehlenden Einverständnis i. S. d. § 2 I Nr. 2 AGBG. Wie der *BGH* auch *LG Trier* NJW 1993, 1474, 1475 und vor Geltung des AGBG auch schon *OLG Nürnberg VersR 1955, 444.* Vgl. aus der Lit. (Nichteinbeziehung von AGB durch Aufdruck auf Eintrittskarten wegen des Merkmals „bei Vertragsschluß") Palandt/*Heinrichs* § 305 Rn. 30; Ulmer/Brandner/*Hensen* § 2 AGBG Rn. 34; Wolf/Horn/*Lindacher* § 2 AGBG Rn. 16, 20; Erman/Hefermehl/*Werner* § 2 AGBG Rn. 9; a.A. etwa Staudinger/*Schlosser* § 2 AGBG Rn. 10, 13, 19; MüKo/*Basedow* § 2 AGBG Rn. 7, 10.

457 Vgl. zur nachträglichen Einbeziehung allg. Erman/Hefermehl/*Werner* § 2 AGBG Rn. 23.

458 Vgl. *BGH* NJW 1984, 801, 802 („Bedenken" wegen § 2 I Nr. 1 AGBG); *LG Trier* NJW 1993, 1474, 1475; Ulmer/Brandner/*Hensen* § 2 AGBG Rn. 34; siehe auch schon *OLG Nürnberg* VersR 1955, 444.

459 *RG* v. 14. 5. 1926, RGZ 113, 425, 426 (Aufdruck auf der Marke einer Kleiderablage).

460 Vgl. allg. zur Einbeziehung beim mündlichen Vertragsschluß Erman/Hefermehl/*Werner* § 2 AGBG Rn. 6; Ulmer/Brandner/*Hensen* § 2 AGBG Rn. 33; Wolf/Horn/*Lindacher* § 2 AGBG Rn. 8.

befinden. Die Einbeziehung der AGB scheitert jedoch auch hier regelmäßig daran, daß der Hinweis nicht *bei Vertragsschluß* erfolgt, weil die Versendung der Karte erst zu einem späteren Zeitpunkt stattfindet.[461] Für eine Änderung oder Ergänzung des bereits geschlossenen Vertrages fehlt es an einem entsprechenden Einverständnis des Bestellers.[462] Sollte aber bei Zugang der Eintrittskarte ausnahmsweise noch kein Vertragsschluß vorliegen, so scheitert die Einbeziehung jedenfalls nicht an dem Argument, von dem Vertragspartner eines *mündlich* abgeschlossenen Vertrages könne nicht erwartet werden, daß er ohne besonderen (zusätzlichen) Hinweis von dem auf einer Eintrittskarte optisch notwendigerweise relativ kleinen Aufdruck Kenntnis nehme[463], denn um einen *mündlichen* Vertragsschluß geht es in diesem Fall nicht (mehr). Die Zusendung der Eintrittskarte, auf der AGB oder ein Hinweis auf die Geltung von AGB angebracht sind, stellt seitens des Vereins eine Ablehnung des Angebots des Bestellers dar verbunden mit dem neuerlichen Angebot auf Abschluß eines Vertrages, dessen Bestandteil die AGB sind (abändernde Annahme i. S. d. § 150 II BGB). Nimmt der potentielle Besucher (Besteller) dieses neuerliche Angebot ausdrücklich oder konkludent (etwa durch Überweisung des Eintrittspreises) an, werden die AGB wirksam in den Vertrag einbezogen. Im Gegensatz zum mündlichen Vertragsschluß ist also *auf diesem Weg* die Vereinbarung von AGB durch Aufdruck auf der Eintrittskarte jedenfalls grundsätzlich möglich. Die Einbeziehung der AGB scheitert in der Praxis jedoch häufig aus einem anderen Grund: Der Verwender weist auf der Eintrittskarte nur auf die Geltung der AGB hin, versäumt es aber, dem potentiellen Besucher die AGB *zusammen mit der Karte* zuzusenden. In diesem Fall fehlt es *bei Vertragsschluß* an der *Möglichkeit zumutbarer Kenntnisnahme* (§ 305 II Nr. 2 BGB).

#### bb) Aushang am Ort des Kartenverkaufs

Eine Alternative zum Aufdruck auf der Eintrittskarte könnte ein *Aushang* am Ort des Kartenverkaufs sein. Gemäß § 305 II Nr. 1 BGB kann, wenn ein ausdrücklicher Hinweis wegen der Art des Vertragsschlusses nur unter unverhältnismäßigen Schwierigkeiten möglich ist, auch durch einen deutlich sichtbaren *Aushang* am Ort des Vertragsschlusses auf die Geltung der AGB hingewiesen werden. Hauptanwendungsfall sind Massenverträge des täglichen Lebens ohne besonderen wirtschaftlichen Wert im Einzelfall, bei denen der Vertrag konkludent durch die Inanspruchnahme der Leistung zustande kommt, wie z. B. bei der Benutzung von Schließfächern, Parkhäusern und Automaten.[464] Darüber hinaus

---

461 So etwa auch, wenn das entsprechende Entgelt vor Zusendung der Karte bezahlt werden muß.

462 Siehe dazu schon oben im gleichen Abschnitt.

463 Siehe hierzu auf den Seiten zuvor mit Fn. 454 ff.

464 Vgl. Regierungsbegründung BT Drucks. 7/3919 S. 18; Palandt/*Heinrichs* § 305 Rn. 31; Ulmer/Brandner/*Hensen* § 2 AGBG Rn. 38; Erman/Hefermehl/*Werner* § 2 AGBG Rn. 9.

gilt die Möglichkeit des Aushangs aber auch für sonstige Geschäfte des Massenverkehrs, bei denen ein ausdrücklicher Hinweis zwar möglich wäre, aber eine unverhältnismäßige und im Grunde überflüssige Erschwerung der Massenabfertigung darstellen würde.[465] Zu diesen Geschäften gehört etwa die Benutzung von PKW-Waschanlagen, aber auch der Besuch von Kinos, Theatern und Sportveranstaltungen.[466] Richtet also ein Verein eine größere Sportveranstaltung aus, so kann er eine AGB-Haftungsklausel in die Verträge mit den Veranstaltungsbesuchern einbeziehen, indem er am Ort des Vertragsschlusses – also dort, wo die Eintrittskarte verkauft wird – durch einen deutlich sichtbaren Aushang auf die Geltung der AGB hinweist. Ein mündlicher Hinweis[467] des Verkaufspersonals gegenüber jedem einzelnen Besucher würde nämlich eine unzumutbare Erschwerung der Massenabfertigung darstellen. Außerdem stünde der vom Verwender zu führende Beweis des im Einzelfall erfolgten Hinweises in keinem Verhältnis zum vertraglichen Entgelt.[468]

Zu beachten ist jedoch, daß der *Aushang* so angebracht sein muß, daß er nicht zu übersehen ist und deshalb mit der Kenntnisnahme durch den Kunden gerechnet werden kann.[469] Ansonsten ließe sich das Verhalten des Kunden nicht als konkludentes Einverständnis mit der Einbeziehung der AGB verstehen.[470] Zwar müssen auf dem Aushang *grundsätzlich* nicht zugleich auch die AGB zu finden sein.[471] Insoweit weist *Heinrichs*[472] zu Recht darauf hin, daß prinzipiell ein Schild mit folgendem Inhalt ausreicht: „Für alle Verträge gelten unsere AGB. Diese liegen für sie an der Kasse zur Einsicht bereit." Etwas anderes muß aber für eine Sportmassenveranstaltung wegen der Möglichkeit der *zumutbaren* Kenntnisnahme (§ 305 II Nr. 2 BGB) gelten. Es ist dem einzelnen Besucher einer solchen Veranstaltung wegen des häufig herrschenden großen Andrangs und Gedränges nicht zuzumuten, erst an der Kasse nach einer schriftlichen Fassung der AGB zu fragen, um diese dann lesen zu können. Vielmehr müssen sich die AGB gut lesbar bereits auf dem Schild selbst befinden, so daß der Besucher eine realistische Chance der Kenntnis-

---

465 Vgl. *BGH* NJW 1985, 850; Palandt/*Heinrichs* § 305 Rn. 31; Ulmer/Brandner/*Hensen* § 2 AGBG Rn. 36 f., 39 f.; Wolf/Horn/*Lindacher* § 2 AGBG Rn. 19 f.; Erman/Hefermehl/*Werner* § 2 AGBG Rn. 9. Siehe auch schon *RG* v. 14. 5. 1926, RGZ 113, 425, 427.

466 Vgl. Palandt/*Heinrichs* § 305 Rn. 31; Wolf/Horn/*Lindacher* § 2 AGBG Rn. 20; Erman/Hefermehl/*Werner* § 2 AGBG Rn. 9.

467 Ein schriftlicher Hinweis auf der Eintrittskarte genügt beim mündlichen Vertragsschluß (z. B. an der Kasse) gerade nicht, siehe oben Zweiter Teil B. I. 4. b) aa).

468 Siehe zum Problem der Beweislast Wolf/Horn/*Lindacher* § 2 AGBG Rn. 19, 48.

469 Vgl. allg. Palandt/*Heinrichs* § 305 Rn. 31; Ulmer/Brandner/*Hensen* § 2 AGBG Rn. 44; Staudinger/*Schlosser* § 2 AGBG Rn. 21; Erman/Hefermehl/*Werner* § 2 AGBG Rn. 10.

470 Vgl. Erman/Hefermehl/*Werner* § 2 AGBG Rn. 10.

471 Vgl. Ulmer/Brandner/*Hensen* § 2 AGBG Rn. 42; Palandt/*Heinrichs* § 305 Rn. 31; Wolf/Horn/*Lindacher* § 2 AGBG Rn. 21; Staudinger/*Schlosser* § 2 AGBG Rn. 20 f.; Soergel/*Stein* § 2 AGBG Rn. 16; a.A. Erman/Hefermehl/*Werner* § 2 AGBG Rn. 10.

472 Palandt/*Heinrichs* § 305 Rn. 31.

nahme hat, ohne den Einlaß der anderen Besucher über Gebühr aufhalten und sich unter Umständen deren Zorn aussetzen zu müssen.[473]

Der Verein kann also bei einer größeren Veranstaltung (z. B. im Sportbereich) eine AGB-Haftungsklausel in die Verträge mit den Veranstaltungsbesuchern einbeziehen, indem er am Ort des Vertragsschlusses durch einen deutlich sichtbaren Aushang auf die Geltung der AGB hinweist und die AGB selbst auf diesem Aushang anbringt.

Was die *Einbeziehung* angeht, sind allerdings noch weitere Punkte zu beachten. Die Möglichkeit der *zumutbaren* Kenntnisnahme gemäß § 305 II Nr. 2 BGB bedeutet auch, daß die AGB für einen durchschnittlichen Vertragspartner mühelos lesbar sein müssen.[474] Sie haben ein Minimum an Übersichtlichkeit aufzuweisen[475] und dürfen zur Bedeutung des Geschäfts nicht in unverhältnismäßigem Umfang stehen.[476] Schließlich müssen sie verständlich formuliert seien.[477] Fehlt es an diesen grundlegenden Voraussetzungen, so wird die AGB-Klausel bereits nicht in den Vertrag einbezogen (§ 305 II BGB).[478] Schon deshalb sollte eine Haftungsklausel klar und verständlich formuliert werden. Ungenügend sind Formulierungen wie z. B. „Die Benutzung der Einrichtung erfolgt auf eigene Gefahr“ oder „Die Besucher sind für sich und mitgebrachte Gegenstände selbst verantwortlich.“ Den Anforderungen genügend ist hingegen folgende Klausel: „Der Verein haftet nicht für einen Schaden, der durch einfache Fahrlässigkeit seiner Vorstandsmitglieder oder sonstigen verfassungsmäßigen Vertreter verursacht wurde.“

Schließlich muß der Vertragspartner zu einer wirksamen Einbeziehung gemäß § 305 II a.E. BGB mit der Geltung der AGB auch *einverstanden* sein. Dieses *Einverständnis* kann auch konkludent erklärt werden.[479] Davon ist in aller Regel auszugehen, wenn die Voraussetzungen des § 305 II Nr. 1 und 2 BGB vorliegen und es dann zum Vertragsschluß kommt, ohne daß der Geltung der AGB ausdrücklich widersprochen wird.[480]

---

473 Selbstverständlich genügt es auch, wenn der Hinweis und die AGB auf getrennten Schildern angebracht sind und das Erfordernis der zumutbaren Kenntnisnahme ansonsten gewahrt ist.

474 Vgl. BT Drucks 7/3919, S. 18; *BGH* NJW 1983, 2772, 2773; NJW-RR 1986, 1311; *OLG Saarbrücken* NJW-RR 1988, 858; *LG München* VuR 1996, 36; Erman/Hefermehl/*Werner* § 2 AGBG Rn. 15.

475 Vgl. *BGHZ* 51, 55, 59; *BGH* WM 1975, 739, 740; WM 1978, 978, 979; *OLG Hamm* NJW-RR 1988, 944; Erman/Hefermehl/*Werner* § 2 AGBG Rn. 15.

476 Vgl. Palandt/*Heinrichs* § 305 Rn. 39; Ulmer/Brandner/*Hensen* § 2 AGBG Rn. 52 m. w. N. in Fn. 129; Erman/Hefermehl/*Werner* § 2 AGBG Rn. 15.

477 Vgl. Wolf/Horn/*Lindacher* § 2 AGBG Rn. 27; Palandt/*Heinrichs* § 305 Rn. 41; Ulmer/Brandner/*Hensen* § 2 AGBG Rn. 50 f.; Erman/Hefermehl/*Werner* § 2 AGBG Rn. 15.

478 Zugleich ist die Klarheit und Verständlichkeit Bestandteil der Inhaltskontrolle nach § 307 I 2 BGB.

479 Vgl. Erman/Hefermehl/*Werner* § 2 AGBG Rn. 19.

480 Vgl. *OLG Hamm* BB 1981, 148; Palandt/*Heinrichs* § 305 Rn. 43; Ulmer/Brandner/*Hensen* § 2 AGBG Rn. 61; Staudinger/*Schlosser* § 2 AGBG Rn. 37; Wolf/Horn/*Lindacher*

### cc) „Haftungsfreistellungsschilder"

In der Praxis vieler (Sport-)Vereine üblich ist die Anbringung von „Haftungsfreistellungsschildern" an Einrichtungen, die von Vereinsmitgliedern und Dritten benutzt werden. So finden sich etwa an den Zäunen oder Eingangstüren zu Tennisplätzen immer wieder Schilder mit dem Hinweis, daß die Benutzung der Tennisanlage „auf eigene Gefahr" geschehe oder daß der Verein nicht für Personen- oder Sachschäden im Zusammenhang mit dem Spielbetrieb hafte.[481] Denkbar sind solche Schilder aber auch an den Sprungbrettern oder am Beckenrand eines Schwimmvereins[482], an den Außenanlagen eines Leichtathletikvereins oder in der Halle eines Reitvereins.[483] Teilweise werden sie auch mit den Worten „Benutzungsordnung", „Platzordnung" oder „Hallenordnung" überschrieben und enthalten neben einem Haftungsausschluß noch weitere Verhaltensregeln für die Benutzer der Einrichtung.[484] Im vorliegenden Zusammenhang sollen jedoch nur die Haftungsklauseln interessieren. Es stellt sich die Frage, ob solche „Haftungsfreistellungsschilder" die Haftung des Vereins tatsächlich beschränken können. Zur Beantwortung dieser Frage ist zunächst auf die *Haftung gegenüber Vereinsmitgliedern* einzugehen.

#### *(1) „Haftungsfreistellungsschilder" gegenüber Vereinsmitgliedern*

#### (a) „Haftungsfreistellungsschild" als Vereinsordnung

Bei einem an einer Vereinseinrichtung angebrachten „Haftungsfreistellungsschild" könnte es sich zunächst um eine *Vereinsordnung* handeln.[485] Ob dies tatsächlich der Fall ist, kann aber letztlich dahinstehen. Denn selbst wenn es sich um eine Vereinsordnung handelte, könnte durch sie – wie bereits an früherer Stelle ausgeführt – die Haftung des Vereins aus § 31 BGB nicht wirksam abbedungen werden.

---

§ 2 AGBG Rn. 43; Erman / Hefermehl / *Werner* § 2 AGBG Rn. 19; a.A. *OLG Köln* NJW-RR 1994, 1430, 1431.

481 Gesehen z. B. auf der Anlage eines Bayreuther Tennisclubs. Siehe etwa auch *OLG Frankfurt* NJW-RR 1993, 856, 857 („Hallenordnung" eines Tennishallenbetreibers).

482 Siehe zu einem Schild an dem Sprungbrett eines Freibades *OLG Celle* VersR 1969, 1049, 1050 (wegen mangelnder Eindeutigkeit des Schildes kein vertraglicher Haftungsausschluß).

483 Siehe *BGH* NJW-RR 1988, 655, 657 (Schild im Fenster eines Reitstalls); *OLG Düsseldorf* NJW 1975, 1892, 1893 (Aushang in einem Gestüt). Siehe auch *OLG Köln* VersR 1970, 577 (Schild am Eingang zu einem gemeindlichem Kinderspielplatz); *OLG Karlsruhe* VersR 1975, 381 (Schild an Trimm-dich-Pfad); *OLG Düsseldorf* VersR 1976, 1160 (Schild an Trimm-dich-Pfad); *BGH* VersR 1976, 1175, 1176 (Schild am Eingang eines städtischen Wildgeheges).

484 Siehe dazu etwa *OLG Düsseldorf* NJW 1975, 1892, 1893 („Gestütsordnung") und *OLG Frankfurt* NJW-RR 1993, 856, 857 („Hallenordnung").

485 Siehe zu den Vereinsordnungen allgemein bereits oben Zweiter Teil B. I. 2.

Dies liegt daran, daß die Beschränkung der Haftung aus § 31 BGB zu den „das Vereinsleben bestimmenden Grundentscheidungen“ und damit zur Vereinsverfassung zählt. Sie ist kein zulässiger Regelungsgegenstand von Vereinsordnungen.[486]

(b) „Haftungsfreistellungsschild“ als formularmäßiger Haftungsbeschränkungsvertrag

Selbstverständlich kann der Verein nicht durch einseitige Willenserklärung seine Haftung beschränken.[487] Das „Haftungsfreistellungsschild“ könnte jedoch als formularmäßiger Antrag des Vereins auf Abschluß eines Haftungsbeschränkungsvertrages mit dem Benutzer zu werten sein. Für einen wirksamen Vertragsschluß müßte der Benutzer dieses Angebot allerdings auch annehmen.[488] Ob dies der Fall ist, richtet sich nach allgemeinem Vertragsrecht. Denn auch das gemäß § 305 II a.E. BGB für die wirksame Einbeziehung einer Klausel erforderliche Einverständnis ist nach allgemeinen Vertragsrecht zu beurteilen.[489] Findet § 305 II a.E. BGB wegen § 310 IV 1 BGB im korporationsrechtlichen Bereich gegenüber den Vereinsmitgliedern keine Anwendung, gelten sowieso die allgemeinen Regeln.

Der Benutzer der Vereinseinrichtung wird – schon mangels Anwesenheit von Vereinsmitarbeitern – in aller Regel keine ausdrückliche Erklärung abgeben. Nach allgemeinem Vertragsrecht kann ein Vertragsangebot aber auch durch schlüssiges Verhalten („stillschweigend“ oder „konkludent“) angenommen werden.[490] Rechtsprechung und Literatur stellen jedoch an das Zustandekommen von *stillschweigenden Haftungsbeschränkungen* strenge Anforderungen und lehnen ein konkludentes Einverständnis im Zweifel eher ab.[491] Nach Ansicht des *BGH* kann in dem Verhalten des Vertragspartners nur dann ein stillschweigender (konkludenter) Haftungsverzicht gesehen werden, wenn ihm zuvor Umfang und Bedeutung der Risikoverlagerung deutlich vor Augen geführt worden sind.[492] Denn der Vertragspart-

---

486 Vgl. dazu ausführlich bereits oben Zweiter Teil B. I. 2.

487 Vgl. allg. *OLG Köln* VersR 1970, 577, 578; *OLG Karlsruhe* VersR 1975, 381, 382; Soergel/*Zeuner* vor § 823 Rn. 66; RGRK/*Steffen* vor § 823 Rn. 61. A.A. offenbar Erman/*Battes* § 276 Rn. 82.

488 Dies bleibt offensichtlich unberücksichtigt bei *OLG Frankfurt* NJW-RR 1993, 856, 857 f. („Hallenordnung“ eines Tennishallenbetreibers). Das Gericht hält die Haftungsklausel im Ergebnis jedoch aus inhaltlichen Gründen gemäß §§ 276 II a.F. BGB, § 11 Nr. 7 a.F. AGBG für unwirksam.

489 Vgl. *BGH* NJW 1982, 444, 445; Erman/Hefermehl/*Werner* § 2 AGBG Rn. 19; Staudinger/*Schlosser* § 2 AGBG Rn. 36; Ulmer/Brandner/*Hensen* § 2 AGBG Rn. 61, 22; Wolf/Horn/*Lindacher* § 2 AGBG Rn. 42.

490 Siehe zur Erklärung des Willens durch konkludentes Verhalten statt aller Larenz/*Wolf* BGB AT § 24 Rn. 13 ff., insb. 16 ff.

491 Vgl. *RGZ* 145, 390, 394 f.; *BGH* NJW 1966, 41, 42; VersR 1976, 1175, 1177; NJW 1982, 1144 = VersR 1982, 492, 493; NJW 1984, 801, 802; NJW-RR 1988, 655, 657; Soergel/*Zeuner* vor § 823 Rn. 66 ff.; Erman/Hefermehl/*Werner* § 2 AGBG Rn. 19; Palandt/*Heinrichs* § 305 Rn. 43 a.E.; Wolf/Horn/*Lindacher* § 2 AGBG Rn. 42.

ner muß sich auf die Risikoverlagerung etwa durch den Abschluß einer eigenen Versicherung einstellen können.[493] Darüber hinaus besteht die Gefahr, bei der Annahme eines konkludent geäußerten Willens in den Bereich der „unzulässigen Fiktion"[494] zu geraten, indem dem Benutzer ein Willen unterstellt wird, den dieser tatsächlich niemals hatte. Um dies zu vermeiden, müssen für einen entsprechenden Willen *konkrete Anhaltspunkte* vorliegen.[495] Diese Anhaltspunkte können sich sowohl aus dem Verhalten der Parteien als auch auf andere Weise ergeben[496], solange sie in ausreichender Weise den Parteiwillen zu einer rechtsverbindlichen Haftungsbeschränkung erkennen lassen. Diesen insgesamt strengen Voraussetzungen ist wegen der weitreichenden Bedeutung einer Haftungsbeschränkung für den Vertragspartner (Verlust der Ersatzansprüche für den Schadensfall) zuzustimmen.

Übertragen auf die vorliegende Situation müßte die Nutzung der Vereinseinrichtung durch das Mitglied den Umständen nach als konkludente Annahme der formularmäßig angebotenen Haftungsbeschränkung angesehen werden können. Die reine Nutzung der Vereinseinrichtung allein hat jedoch überhaupt keinen rechtsgeschäftlichen Erklärungswert. Auch das Haftungsfreistellungsschild vermag – isoliert betrachtet – die Annahme einer stillschweigenden Haftungsbeschränkung nicht zu rechtfertigen.[497] Etwas anderes könnte aber gelten, wenn die Vereinseinrichtung *in Kenntnis des Haftungsschildes* genutzt wird.[498] Es ließe sich argumentieren, daß in diesem Verhalten nach der Verkehrsanschauung die konkludente Willenserklärung liege, der Benutzer stimme einer Haftungsbeschränkung zu. Zu beachten ist dabei aber vor allem die Situation, in der sich der Benutzer befindet. Er will als Vereinsmitglied zur Gestaltung seiner Freizeit die Einrichtung durch *rein tatsächliche Betätigung* in Anspruch nehmen. Um ein rechtsgeschäftlich erhebliches Verhalten geht es überhaupt nicht. Möglichkeit und Modalitäten der Nutzung

---

492 Vgl. *BGH* NJW 1977, 2158, 2159 = VersR 1977, 864; NJW 1982, 763, 764; NJW-RR 1988, 655, 657; auch etwa *OLG Düsseldorf* NJW 1975, 1892, 1893; *OLG München* VersR 1981, 937.

493 Vgl. *OLG Düsseldorf* NJW 1975, 1892, 1893.

494 Soergel / *Zeuner* vor § 823 Rn. 67. Vgl. auch schon *BGHZ* 41, 79, 81; 43, 72, 76; *BGH* NJW 1966, 41, 42 („Es ist eine künstliche Konstruktion, die auf einer sehr fragwürdigen Willensfiktion aufbaut."); *OLGKöln* VersR 1977, 938 (Nr. 866); RGRK / *Steffen* vor § 823 Rn. 62.

495 Vgl. *RGZ* 145, 390, 394 f.; *BGHZ* 43, 72, 76; *BGH* NJW 1966, 41, 42 („ausreichende Anhaltspunkte"); Palandt / *Heinrichs* § 254 Rn. 70.

496 Vgl. *BGH* NJW 1966, 41, 42.

497 So auch der *BGH* in NJW-RR 1988, 655, 657 für das Schild im Fenster eines Reitstalls. Ebenso schon das *RG* in RGZ 145, 390, 394 f. zu dem in einem Kfz angebrachten Schild „Sie fahren in diesem Wagen auf eigene Gefahr".

498 Die Kenntnis des Schildes läßt in der Praxis zwar nur schwer nachweisen (siehe zu diesem Problem *OLG Düsseldorf* NJW 1975, 1892, 1893 und *BGH* VersR 1976, 1175, 1177). Insoweit trifft den Verein die Beweislast. Jedoch kann bei einem hinreichend großen, drucktechnisch auffälligen und an einem nicht zu übersehenden Ort angebrachten Schild (etwa an der Eingangstür zur Vereinseinrichtung) im Prozeß prima facie von der Kenntnis des Benutzers ausgegangen werden.

der Einrichtung ergeben sich bereits aus dem korporationsrechtlichen Mitgliedschaftsverhältnis zum Verein. Fehlt es dort an einer haftungsrechtlichen Regelung, darf das Mitglied erwarten, daß der Verein etwa für die Erfüllung grundlegender Verkehrspflichten sorgt und diesbezüglich im Schadensfalle auch haftet.[499] Es muß in dieser Situation nicht damit rechnen, daß der Verein seine Haftung beschränken will. Nach der Verkehrsanschauung kann der schlichten Nutzung der Anlage in Kenntnis des Schildes deshalb nicht der Erklärungswert beigemessen werden, der Benutzer akzeptiere eine Haftungsbeschränkung und handele unter Umständen „auf eigene Gefahr".[500] Auch im Unterlassen eines ausdrücklichen Widerspruchs gegen das Schild läßt sich nach allgemeiner Verkehrsanschauung kein konkreter Anhaltspunkt für ein konkludentes Einverständnis erblicken[501], denn das Schweigen einer Privatperson bedeutet im Rechtsverkehr in der Regel gerade keine Zustimmung.[502] Angesichts der Tragweite der Haftungsbeschränkung kann schließlich keine Rede davon sein, daß dem Benutzer in der oben beschrieben Situation allein durch die Anbringung des Schildes *Umfang und Bedeutung der Risikoverlagerung* deutlich vor Augen geführt worden seien.[503] Dem Verhalten des Benutzers den konkludenten Willen zur Annahme der Haftungsbeschränkung beizumessen, wäre vor diesem Hintergrund eine „unzulässige Fiktion"[504].

Mag das Haftungsfreistellungsschild auch als formularmäßiges *Angebot* des Vereins auf Abschluß eines Haftungsbeschränkungsvertrages zu werten sein, so fehlt es jedenfalls an einer entsprechenden (konkludenten) *Annahme* durch das Vereinsmitglied. Ein Haftungsausschluß oder eine Haftungsbegrenzung läßt sich demnach durch ein solches Schild nicht erzielen. Etwa anderes kann nur gelten, wenn das Mitglied in Reaktion auf das Schild gegenüber dem Verein *ausdrücklich* sein Einverständnis erklärt. Dies wird aber die absolute Ausnahme bleiben, da zum

---

499 Vgl. allg. zu den grundlegenden Verkehrspflichten *BGH* NJW 1982, 1144 = VersR 1982, 492, 493; NJW 1984, 801, 802; NJW 1985, 620.

500 Im Ergebnis ebenso, allerdings ohne eingehende Begründung *OLG Karlsruhe* VersR 1975, 381, 383 für den Benutzer eines mit einem Haftungsfreistellungsschild versehenen gemeindlichen Trimm-dich-Pfades. Vgl. auch *OLG Celle* VersR 1969, 1049, 1050 (Schild am Sprungbrett eines Freibades); allg. Erman / Hefermehl / *Werner* § 2 AGBG Rn. 19. Für einen Haftungsausschluß in bezug auf typische Risiken der Benutzung eines gemeindlichen Trimm-dich-Pfades hingegen *OLG Düsseldorf* VersR 1976, 1160, 1161. Die Entscheidung kann jedoch schon deshalb nicht auf den Verein als privaten Pflichtenträger übertragen werden, weil dieser für *typische* Benutzungsrisiken mangels dahingehender Verkehrspflicht von vornherein gar nicht haftet (siehe dazu allg. *BGH* VersR 1986, 705, 706 f.). Die Frage nach einem Haftungsausschluß würde sich damit insoweit erst gar nicht stellen.

501 Vgl. *BGH* NJW 1982, 1144 = VersR 1982, 492, 493; RGRK / *Steffen* vor § 823 Rn. 61; a.A. aber ausdrücklich Ulmer / Brandner / *Hensen* § 2 AGBG Rn. 61; im Ergebnis ebenso auch Erman / *Battes* § 276 Rn. 82.

502 Siehe zum Schweigen als Erklärung statt aller Larenz / *Wolf* BGB AT § 24 Rn. 19 ff.

503 Siehe zu diesem Kriterium *BGH* NJW 1977, 2158, 2159 = VersR 1977, 864; NJW 1982, 763, 764; NJW-RR 1988, 655, 657; *OLG München* VersR 1981, 937.

504 Siehe allg. zu diesem Begriff Soergel / *Zeuner* vor § 823 Rn. 67. Siehe auch schon *BGHZ* 41, 79, 81; 43, 72, 76; *BGH* NJW 1961, 427, 428; 1966, 41, 42.

einen in der fraglichen Situation ein Erklärungsgegner fehlt und das Vereinsmitglied zum anderen auch gar keine Veranlassung zur Abgabe einer solchen Einverständniserklärung sehen wird.

(c) „Haftungsfreistellungsschild" als AGB zum Nutzungsvertrag

Bei dem Haftungsfreistellungsschild könnte es sich jedoch um *Allgemeine Geschäftsbedingungen* (§ 305 I BGB) zu einem zwischen dem Verein und dem Mitglied geschlossenen *Nutzungsvertrag* handeln. Dabei ist zunächst zu beachten, daß ein Nutzungsvertrag von vornherein ausscheidet, wenn es lediglich um die (unentgeltliche) Nutzung der Vereinseinrichtungen durch das Mitglied geht. Denn dieses Nutzungsrecht folgt als „Wertrecht" bereits aus der Vereinsmitgliedschaft.[505] Ein zusätzlicher Vertrag wird nicht geschlossen. Anderes gilt hingegen, wenn der Verein seinen Mitgliedern gegen Entgelt bestimmte Einrichtungen zur Verfügung stellt, wie z. B. bei der Vermietung eines Hallentennisplatzes oder eines Segelbootes. In diesen Fällen liegt ein Nutzungsvertrag – in der Regel ein Mietvertrag i.S.v. § 535 BGB – vor. Es sei nochmals darauf hingewiesen, daß die § 305 ff. BGB in einem solchen *rein schuldrechtlichen Austauschverhältnis* zwischen Verein und Mitglied Anwendung finden, weil die Bereichsausnahme des § 310 IV 1 BGB nur für *korporationsrechtliche Rechtsverhältnisse* gilt.[506] Ob der Inhalt des Haftungsfreistellungsschildes als Allgemeine Geschäftsbedingung in den Nutzungsvertrag einbezogen wird, richtet sich dementsprechend nach § 305 II BGB.

Eine Einbeziehung des Schildes kommt nur in Betracht, wenn der Verwender (hier also der Verein) gemäß § 305 II Nr. 2 BGB *bei Vertragsschluß* und *am Ort des Vertragsschlusses* durch das Schild als einem deutlich sichtbaren Aushang auf die AGB hinweist.[507] Haftungsfreistellungsschilder sind in der Praxis jedoch meist an der Vereinseinrichtung selbst (etwa an der Zauntür zum Tennisplatz) angebracht. Der Nutzungsvertrag wird aber regelmäßig nicht an der Vereinseinrichtung, sondern in den Vereinsräumlichkeiten (z. B. in der Vereinsgaststätte, dem Vereinsheim oder im Vereinsbüro) geschlossen. Kommt der Benutzer zu dem Schild, hat er den Vertrag mit dem Verein also entweder bereits geschlossen[508] oder er schließt ihn erst später an einem anderen Ort.[509] Damit stellen die Haftungsfreistel-

505 Siehe zu den „Wert- bzw. Vorteilsrechten" etwa Soergel/*Hadding* § 38 Rn. 18. Siehe auch oben Zweiter Teil B. I. 4. a).

506 Siehe dazu ausführlich oben Zweiter Teil B. I. 4. a).

507 Dabei kann das Schild auch bereits selbst die AGB enthalten und muß sich nicht mit einem Hinweis auf sie begnügen.

508 So lag auch der Fall beim *OLG München* (BB 1980, 496), wo die Benutzungsordnung einer Bade- und Freizeitanlage nur im Hallenbad und im Freibereich ausgehängt war. In beide Bereiche gelangten die Benutzer jedoch erst nach Lösen der Eintrittskarte, d. h. nach Vertragsschluß. Siehe zum „Ort des Vertragsschlusses" allg. auch Wolf/Horn/*Lindacher* § 2 AGBG Rn. 21.

509 Dies ist etwa der Fall, wenn am Eingang zur Vereinsanlage das Schild angebracht ist, der Vertrag jedoch erst später in den Vereinsräumlichkeiten geschlossen wird.

lungsschilder zum einen schon keinen deutlichen Aushang *am Ort* des Vertragsschlusses dar. Zum anderen läßt sich in ihnen aber auch kein Hinweis *bei Vertragsschluß* (§ 305 II Nr. 2 BGB) erblicken, denn dies würde einen Zusammenhang mit den Erklärungen, die zum Abschluß des konkreten Vertrages führen, voraussetzen.[510] Genau daran fehlt es aber, wenn die Wahrnehmung des Schildes und der Vertragsschluß in der beschriebenen Art und Weise zeitlich (und örtlich) auseinanderfallen. Insgesamt sind damit gleich zwei Voraussetzungen des § 305 II Nr. 2 BGB nicht erfüllt. Der Inhalt des Schildes wird deshalb nicht wirksam in den Nutzungsvertrag einbezogen. Auch auf diese Weise vermag ein „Haftungsfreistellungsschild" nicht zu einer Haftungsbeschränkung führen.

Davon abgesehen bleibt es dem Verein natürlich unbenommen, seine AGB durch ausdrücklichen Hinweis oder Aushang[511] in den Nutzungsvertrag einzubeziehen. Er muß dazu eben „nur" die Voraussetzungen des § 305 II BGB beachten. Das eigentliche Problem ist also nicht die Unerfüllbarkeit der gesetzlichen Kriterien, sondern die Tatsache, daß sie sich regelmäßig nicht mit einem an der Vereinseinrichtung selbst angebrachten „Haftungsfreistellungsschild" erfüllen lassen.

#### *(2) „Haftungsfreistellungsschilder" gegenüber Nichtmitgliedern*

##### (a) „Haftungsfreistellungsschild" als Vereinsordnung

Gegenüber außenstehenden Dritten kann es – ebenso wie gegenüber Vereinsmitgliedern – letztlich dahinstehen, ob ein Haftungsfreistellungsschild eine Vereinsordnung darzustellen vermag. Denn durch eine solche Regelung könnte die Haftung aus § 31 BGB *gegenüber Außenstehenden* schon deshalb nicht abbedungen werden, weil Vereinsordnungen ihnen gegenüber *keine Rechtswirkungen* entfalten, es sei denn, es liegt ein besonderer Verpflichtungsgrund wie z. B. eine Unterwer-

---

510 Vgl. dazu Erman / Hefermehl / *Werner* § 2 AGBG Rn. 18; Palandt / *Heinrichs* § 305 Rn. 30.

511 Siehe zur Möglichkeit des Aushangs bei großen Sportveranstaltungen bereits oben Zweiter Teil B. I. 4. b) bb). Siehe allg. zu den Fällen, in welchen ein Aushang den nach § 305 II Nr. 1 BGB eigentlich erforderlichen *ausdrücklichen Hinweis* ersetzen kann Ulmer / Brandner / *Hensen* § 2 AGBG Rn. 36 ff. Danach genügt in Bagatellfällen des Massenverkehrs ein Aushang, wenn mit der Verwendung von AGB üblicherweise gerechnet werden muß. Ebenso Wolf / Horn / *Lindacher* § 2 AGBG Rn. 20; Staudinger / *Schlosser* § 2 AGBG Rn. 19; Soergel / *Stein* § 2 AGBG Rn. 14; Erman / Hefermehl / *Werner* § 2 AGBG Rn. 9. Dieser Ansicht ist mit Blick auf den Telos des § 305 II Nr. 2 BGB (siehe dazu ebenfalls Ulmer / Brandner / *Hensen* § 2 AGBG Rn. 37) zuzustimmen. Für ein engeres Verständnis der Vorschrift hingegen Koch / *Stübing* § 2 AGBG Rn. 26; Löwe / v.Westphalen / *Trinkner* § 2 AGBG Rn. 10. Ob ein solcher Bagatellfall gegeben ist, kann letztlich nur im Einzelfall entschieden werden. Bei der Vermietung von Tennisplätzen oder Segelbooten durch Vereine wird es sich wohl kaum um typische Bagatellmassengeschäfte handeln, bei denen mit AGB gerechnet werden muß. Auch ist ein ausdrücklicher Hinweis auf die AGB in diesen Fällen aufgrund der relativ geringen Anzahl von Vertragsschlüssen nicht mit „unverhältnismäßigen Schwierigkeiten" (§ 305 II Nr. 2 BGB) verbunden. Er kann deshalb nicht durch einen Aushang ersetzt werden.

fungserklärung im Sinne einer rechtsgeschäftlichen Vereinbarung vor.[512] An einem solchen wird es aber in aller Regel fehlen.

(b) „Haftungsfreistellungsschild" als formularmäßiger Haftungsbeschränkungsvertrag

Hier kommen wiederum ähnliche Bedenken zum Tragen wie bei Haftungsfreistellungsschildern gegenüber Vereinsmitgliedern. Der außenstehende Dritte muß mit der formularmäßig angebotenen Haftungsbeschränkung einverstanden sein, damit der Haftungsbeschränkungsvertrag zustande kommt. Das Erfordernis des Einverständnisses ergibt sich in diesem Fall schon aus § 305 II a.E. BGB. Die § 305 ff. BGB sind im Verhältnis zwischen Verein und Nichtmitgliedern in jedem Fall anwendbar, weil es nicht um korporationsrechtliche Rechtsbeziehungen geht und die Bereichsausnahme des § 310 IV 1 BGB deshalb nicht greift. Ob ein Einverständnis tatsächlich vorliegt, richtet sich nach allgemeinem Vertragsrecht.[513] Es kann nicht nur ausdrücklich, sondern auch *konkludent* erteilt werden.[514] Da es um eine stillschweigende Haftungsbeschränkung geht, sind wiederum die oben bereits genannten strengen Anforderungen zu beachten.[515] In der Nutzung der Vereinseinrichtung durch den Dritten in Kenntnis des Schildes müßte nach den Umständen und der Verkehrsanschauung die konkludente Willenserklärung zu sehen sein, er stimme einer Haftungsbeschränkung zu. Jedenfalls kann ein rechtsgeschäftlich erhebliches Verhalten nicht schon mit dem Argument ausgeschlossen werden, die rechtlichen Modalitäten ergäben sich bereits aus einem korporationsrechtlichen Mitgliedschaftsverhältnis und deshalb könne es eben nur noch um die rein tatsächliche Nutzung der Einrichtung gehen.[516] Denn der Dritte ist ja gerade *nicht* Mitglied des Vereins. Jedoch ist zu beachten, daß der Dritte vor der Nutzung einen entgeltlichen Vertrag (i.d.R. einen Mietvertrag i. S. d. § 535 BGB) mit dem Verein geschlossen hat. Nach der Verkehrsanschauung darf er daher davon ausgehen, daß alle rechtlich relevanten Modalitäten – auch eine eventuelle Haftungsbeschränkung – Inhalt dieses Vertrages geworden sind oder aber – falls nicht – auch nicht mehr vereinbart werden sollen. Für den Dritten ist nach Abschluß des Nutzungsvertrages der Bereich der rechtsgeschäftlichen Erklärungen beendet. Es folgt die rein tatsächliche Nutzung der Vereinseinrichtung. Er muß nicht damit rechnen, daß

512 Vgl. *BGH* WM 1972, 1249; *BGHZ* 128, 93, 96 f., 103 = NJW 1995, 583; *Edenfeld* S. 46 m. w. N. in Fn. 118; *Heermann* NZG 1999, 325, 326 ff.

513 Vgl. *BGH* NJW 1982, 444, 445; Erman / Hefermehl / *Werner* § 2 AGBG Rn. 19; Staudinger / *Schlosser* § 2 AGBG Rn. 36; Ulmer / Brandner / *Hensen* § 2 AGBG Rn. 61, 22; Wolf / Horn / *Lindacher* § 2 AGBG Rn. 42.

514 Siehe zur Erklärung des Willens durch konkludentes Verhalten statt aller Larenz / *Wolf* BGB AT § 24 Rn. 13 ff., insb. 16 ff.

515 Siehe zu den Anforderungen oben Zweiter Teil B. I. 3. b).

516 Siehe zu diesem für Vereinsmitglieder zutr. Argument oben Zweiter Teil B. I. 4. b) cc) (1) (b).

der Verein nach Abschluß des Nutzungsvertrages noch seine Haftung beschränken und damit das Risiko der Benutzung der Einrichtung auf ihn abwälzen will, obwohl der Verein den wirtschaftlichen Nutzen aus der Anlage zieht und der Dritte für die Nutzung bezahlt hat.[517] Vielmehr darf der Außenstehende davon ausgehen, daß der Verein etwa für die Erfüllung grundlegender Verkehrspflichten sorgt und im Schadensfalle auch haftet. Beginnt der Dritte mit der Nutzung der Einrichtung – und sei es auch in Kenntnis des Schildes – so kann darin nach der Verkehrsanschauung nur noch ein *rein tatsächliches Verhalten* und eben nicht die konkludente Erklärung gesehen werden, er sei mit einer Haftungsbeschränkung einverstanden und handele im folgenden sozusagen auf eigenes Risiko. Auch im Unterlassen eines ausdrücklichen Widerspruchs gegen das Schild läßt sich nach allgemeiner Verkehrsanschauung kein konkreter Anhaltspunkt für ein konkludentes Einverständnis erblicken[518], denn das Schweigen einer Privatperson bedeutet im Rechtsverkehr in der Regel gerade keine Zustimmung.[519] Schließlich kann keine Rede davon sein, daß dem Benutzer in der konkreten Situation allein durch die Anbringung des Schildes Umfang und Bedeutung der Risikoverlagerung deutlich vor Augen geführt worden seien.[520] Dem Verhalten des Nichtmitglieds den konkludenten Willen zur Annahme des Haftungsausschlusses beizumessen, wäre vor diesem Hintergrund ebenso eine „unzulässige Fiktion"[521] wie im Falle des Mitglieds. Da es an einem konkludenten Einverständnis fehlt, kommt auch Nichtmitgliedern gegenüber kein formularmäßiger Haftungsbeschränkungsvertrag zustande. Eine Haftungsbeschränkung zugunsten des Vereins läßt sich durch das Haftungsfreistellungsschild auf diesem Wege nicht erreichen.

(c) „Haftungsfreistellungsschild" als AGB zum Nutzungsvertrag

Bei dem Haftungsfreistellungsschild könnte es sich jedoch um *Allgemeine Geschäftsbedingungen* (§ 305 I BGB) zu dem zwischen dem Verein und dem Nichtmitglied geschlossenen *Nutzungsvertrag* handeln. Ob der Inhalt des Haftungsfreistellungsschildes als Allgemeine Geschäftsbedingung in den Nutzungsvertrag einbezogen wird, richtet sich nach § 305 II BGB.

Eine Einbeziehung des Schildes muß aber aus denselben Gründen wie im Falle des Mitglieds an § 305 II Nr. 2 BGB scheitern. Haftungsfreistellungsschilder stellen weder einen deutlichen Aushang *bei Vertragsschluß* noch *am Ort des Vertrags-*

---

517 Siehe zu letzterem Aspekt *OLG Düsseldorf* NJW 1975, 1892, 1893.

518 Vgl. *BGH* NJW 1982, 1144 = VersR 1982, 492, 493; RGRK / *Steffen* vor § 823 Rn. 61; a.A. aber ausdrücklich Ulmer / Brandner / *Hensen* § 2 AGBG Rn. 61; im Ergebnis ebenso auch Erman / *Battes* § 276 Rn. 82.

519 Vgl. statt aller Larenz / *Wolf* BGB AT § 24 Rn. 21.

520 Siehe zu diesem Kriterium *BGH* NJW 1977, 2158, 2159 = VersR 1977, 864; NJW 1982, 763, 764; NJW-RR 1988, 655, 657; *OLG München* VersR 1981, 937.

521 Siehe allg. zu diesem Begriff Soergel / *Zeuner* vor § 823 Rn. 67. Siehe auch schon *BGHZ* 41, 79, 81; 43, 72, 76; *BGH* NJW 1961, 427, 428; 1966, 41, 42.

*schlusses* dar.[522] Damit fehlt es gleich an zwei Voraussetzungen des § 305 II Nr. 2 BGB. Der Inhalt des Schildes wird demnach wegen § 305 II Nr. 2 BGB nicht wirksam in den Nutzungsvertrag einbezogen. Auch auf diese Weise vermag ein „Haftungsfreistellungsschild" gegenüber Nichtmitgliedern nicht zu einer Haftungsbeschränkung führen. Es sei jedoch nochmals darauf hingewiesen, daß der Verein bei Erfüllung der Voraussetzungen des § 305 II Nr. 2 BGB selbstverständlich die Möglichkeit hat, seine AGB durch ausdrücklichen Hinweis bzw. Aushang in den Nutzungsvertrag einzubeziehen.[523]

### *c) Inhaltliche Wirksamkeitsschranken nach §§ 309 Nr. 7, 307 I, II BGB*

Das Bürgerliche Gesetzbuch sieht in den §§ 307 ff. BGB für AGB eine gegenüber den allgemeinen Grenzen der Vertragsfreiheit[524] strengere Inhaltskontrolle vor. Die verschärften Inhaltsschranken gelten – soweit nicht die Bereichsausnahme des § 310 IV 1 BGB greift[525] – selbstverständlich auch für Vereine, wenn diese AGB verwenden. Gegenstand der Inhaltskontrolle ist der gegebenenfalls durch Auslegung zu ermittelnde *objektive Inhalt der Klausel.*[526] Die Auslegung hat sich dabei auch am Sinn und Zweck der Klausel zu orientieren.[527] Allerdings ist insoweit Vorsicht geboten, um nicht die Grenze zur geltungserhaltenden Reduktion zu überschreiten.[528] Nur *Sondersituationen,* die zwar vom Wortlaut der Klausel erfaßt werden, aber letztlich untypische, vom Verwender nicht bedachte oder nicht für regelungsbedürftig befundene *Ausnahmefälle* betreffen, gehören nicht zum objektiven Inhalt der Klausel[529] und können diese daher auch nicht nach §§ 307 ff. BGB unwirksam machen. Als Beispiel seien handelsüblichen Klauseln mit einem allgemein anerkannten eingeschränkten Anwendungsbereich.[530] Für die von nichtwirtschaftlichen Vereinen benutzten *Haftungsklauseln* dürfte es jedoch kaum einen allgemein anerkannten eingeschränkten Anwendungsbereich geben.

---

522 Vgl. dazu oben Zweiter Teil B. I. 4. b) cc) (1) (c).

523 Siehe dazu ebenfalls bereits oben Zweiter Teil B. I. 4. b) cc) (1) (c).

524 Als allgemeine Grenzen sind vor allem die §§ 134, 138, 242 BGB und die Normen des zwingenden Rechts zu nennen.

525 Siehe dazu oben Zweiter Teil B. I. 4. a).

526 Die Auslegung geht der Inhaltskontrolle vor, vgl. *BGH* NJW 1993, 2369; NJW 1999, 1633. Es ist eine überindividuelle, generalisierende Betrachtung anzustellen, vgl. *BGHZ* 22, 80; 105, 31; 110, 244; *BGH* NJW 1996, 2156; Wolf/Horn/*Lindacher* § 9 AGBG Rn. 51; Palandt/*Heinrichs* § 307 Rn. 4; Ulmer/Brandner/*Hensen* § 5 AGBG Rn. 13 ff.

527 Vgl. *BGHZ* 22, 109, 113; 49, 84, 88; *BGH* NJW 1968, 885; NJW 1993, 1381, 1382; NJW 1999, 1105, 1106; Soergel/*Stein* § 9 AGBG Rn. 7; krit. hingegen etwa Ulmer/Brandner/*Hensen* § 9 AGBG Rn. 21.

528 Siehe zum Verbot der geltungserhaltenden Reduktion unten Zweiter Teil B. I. 4. c) dd).

529 Vgl. *BGH* NJW 1993, 658; Ulmer/Brandner/*Hensen* § 6 AGBG Rn. 15; Palandt/*Heinrichs* vor § 307 Rn. 9.

530 Siehe Palandt/*Heinrichs* vor § 307 Rn. 9 mit Beispielen aus der Rspr.

Für formularmäßige *Haftungsklauseln* ist insbesondere § 309 Nr. 7 BGB zu beachten. Diese Vorschrift gilt unmittelbar für sämtliche vertraglichen Schadensersatzansprüche und solche aus culpa in contrahendo (§ 311 II BGB), nach ganz h.M. in Rechtsprechung und Literatur jedoch analog auch für Ansprüche aus Delikt.[531] Ob es nach der Neufassung des § 309 Nr. 7 BGB durch das Schuldrechtsmodernisierungsgesetz[532] (im folgenden: SMG) insoweit überhaupt noch einer Analogie bedarf, kann – weil ohne Einfluß auf das Ergebnis – dahinstehen.[533] Durch das SMG wurde auch der Einleitungssatz des § 309 BGB geändert. Er stellt nun klar, daß eine Prüfung der AGB an § 309 BGB nur erforderlich ist, wenn die Klausel von Vorschriften des *dispositiven Rechts* abweicht. Dies ist folgerichtig, denn vom zwingenden Recht kann bereits nach allgemeinen Grundsätzen nicht wirksam abgewichen werden. Eines Rückgriffs auf § 309 BGB bedarf es insoweit gar nicht.[534] Da § 276 III BGB zum zwingenden Recht gehört, kann der Verein seine Haftung für ein *vorsätzliches Verhalten* von Organwaltern und Repräsentanten i. S. d. § 31 BGB weder im vertraglichen noch im deliktischen Bereich durch AGB im voraus ausschließen oder begrenzen.[535]

#### aa) Das Klauselverbot des § 309 Nr. 7 a BGB

Gemäß § 309 Nr. 7 a BGB kann durch AGB die Haftung für Schäden aus der Verletzung *des Lebens, des Körpers oder der Gesundheit,* die auf einer fahrlässigen Pflichtverletzung des Verwenders oder einer vorsätzlichen oder fahrlässigen Pflichtverletzung eines gesetzlichen Vertreters oder Erfüllungsgehilfen des Verwenders beruhen, nicht wirksam ausgeschlossen oder begrenzt werden. Das SMG hat damit den alten § 11 Nr. 7 AGBG insoweit erweitert, als nun bezüglich der in § 309 Nr. 7 a BGB genannten Rechtsgüter auch der Ausschluß oder die Begrenzung der Haftung für *einfache Fahrlässigkeit* und im Bereich der *Gefährdungshaftung* unwirksam ist.[536] Die Begriffe „gesetzlicher Vertreter" und „Erfüllungsgehilfe" sind ebenso zu verstehen wie in § 278 S. 1 BGB. Nach einer Mindermei-

---

531 Vgl. (zum alten § 11 Nr. 7 AGBG) *BGHZ* 96, 18; 100, 157 f., 184 = NJW 1987, 1931, 1938 („zumindest entsprechend anzuwenden"); NJW 1995, 1488, 1489; Ulmer / Brandner / *Hensen* § 9 AGBG Rn. 159; Erman / Hefermehl / *Werner* § 11 AGBG Rn. 2; Wolf / Horn / *Lindacher* § 11 AGBG Rn. 7; RGRK / *Steffen* vor § 823 Rn. 60; MüKo / *Basedow* § 11 Nr. 7 AGBG Rn. 10; schon zu § 309 Nr. 7 BGB Palandt / *Heinrichs* § 309 Rn. 41. Im Ergebnis ebenso schon die Rspr. vor Geltung des AGBG, vgl. die Nachweise bei RGRK / *Steffen* vor § 823 Rn. 60.

532 Gesetz zur Modernisierung des Schuldrechts vom 26. 11. 2001 (BGBl. I S. 3138), in Kraft getreten am 1. 1. 2002.

533 Im alten § 11 Nr. 7 AGBG war ausdrücklich von einer „Vertragsverletzung" die Rede. § 309 Nr. 7 BGB spricht nur noch von einer „Pflichtverletzung".

534 Vgl. zum ganzen Palandt / *Heinrichs* § 309 Rn. 1.

535 Vgl. dazu, daß § 276 III BGB auch für AGB gilt: Soergel / *Wolf* § 276 Rn. 200.

536 Vgl. Palandt / *Heinrichs* § 309 Rn. 1, 40 ff. (§ 309 Nr. 7 a BGB entspricht Nr. 1 a des Anhangs zur RL 93 / 13 / EWG.)

nung sind die Vorstandsmitglieder, besonderen Vertreter und Repräsentanten i. S. d. § 31 BGB „gesetzliche Vertreter" des Vereins (Vertretertheorie).[537] Demzufolge wären sie auch „gesetzliche Vertreter" i. S. d. § 309 Nr. 7 a BGB. Die h.M. in Rechtsprechung und Literatur sieht diese Personen hingegen nicht als gesetzliche Vertreter, sondern als *Organe des Vereins* an (Organtheorie).[538] Nach diesem Ansatz ist der Verein *selbst* (obwohl juristische Person) *durch seine Organe* handlungs- und verschuldensfähig. Übertragen auf § 309 Nr. 7 a BGB bedeutet dies, daß der Verein (durch seine Organe handelnd) als „Verwender" anzusehen wäre. Beide Theorien kommen bei der Anwendung des § 309 Nr. 7 a BGB zum gleichen Ergebnis. Daß § 309 Nr. 7 a BGB in der Variante des „Verwenders" die Vorsatzhaftung unerwähnt läßt, liegt nur daran, daß diese bereits nach § 276 III BGB nicht abbedungen werden kann. Der Theorienstreit kann dementsprechend – weil ohne Einfluß auf das Ergebnis – dahinstehen. Der Verein vermag demnach gemäß § 309 Nr. 7 a BGB bezüglich einer Schädigung von Leben, Körper oder Gesundheit anderer weder seine vertragliche noch seine deliktische Haftung für ein Verhalten seiner Organwalter und Repräsentanten aus § 31 BGB wirksam durch AGB auszuschließen oder zu begrenzen. Damit sind Klauseln wie z. B. „Der Verein haftet nicht für Körperschäden", „Der Verein haftet nur für vorsätzlich oder grob fahrlässig verursachte Körperschäden" oder „Der Verein haftet im Falle einfacher Fahrlässigkeit bei Körperschäden nur bis zu einer Höhe von 10.000 € pro Schadensfall" gemäß § 309 Nr. 7 a BGB unwirksam.[539] Dieses Ergebnis mag für einige (Sport-)Vereine in der Praxis überraschend sein, entspricht jedoch der geltenden Gesetzeslage.

#### bb) Das Klauselverbot des § 309 Nr. 7 b BGB

Im Gegensatz zu § 309 Nr. 7 a BGB befaßt sich § 309 Nr. 7 b BGB mit den „sonstigen Schäden", d. h. solchen, die sich nicht auf das Leben, den Körper und die Gesundheit beziehen. Damit sind vor allem die Sach- und Vermögensschäden gemeint. Unwirksam ist danach eine AGB-Klausel, durch die die Haftung für sonstige Schäden, die auf einer grob fahrlässigen Pflichtverletzung des Verwenders oder einer vorsätzlichen oder grob fahrlässigen Pflichtverletzung eines gesetzlichen Vertreters oder Erfüllungsgehilfen des Verwenders beruhen, ausgeschlossen oder begrenzt wird. Zu den Begriffen des gesetzlichen Vertreters und des Erfüllungsgehilfen gilt das zu § 309 Nr. 7 a BGB Gesagte entsprechend. Der Verein kann dementsprechend gemäß § 309 Nr. 7 b BGB bezüglich vorsätzlich[540] oder grob fahrlässig herbeigeführter sonstiger Schädigungen weder seine vertragliche

---

537 Siehe zur Vertretertheorie bereits oben Zweiter Teil A. II. 1. b).

538 Siehe zur Organtheorie oben Zweiter Teil A. II. 1. und A. I. 2. c).

539 Letztere Klausel verstößt sogar aus zwei Gründen gegen § 309 Nr. 7 a BGB: Sie schließt die Haftung für fahrlässige Pflichtverletzungen bei den dort genannten Rechtsgütern aus und sie begrenzt die Haftung des Vereins summenmäßig.

540 Dies ergibt sich bereits aus § 276 III BGB.

noch seine deliktische Haftung aus § 31 BGB wirksam durch AGB ausschließen oder begrenzen. Hingegen verstößt insoweit der Ausschluß oder die Begrenzung der Haftung *für einfache Fahrlässigkeit* nicht gegen § 309 Nr. 7 b BGB.[541]

Schon vom Wortlaut her gilt sowohl für § 309 Nr. 7 a BGB als auch für § 309 Nr. 7 b BGB, daß nicht nur der Ausschluß, sondern bereits jede *Begrenzung* der dort genannten Haftung unzulässig und damit unwirksam ist. Unter den Begriff der „Begrenzung" fallen dabei Beschränkungen der Höhe des Anspruchs[542], der Ausschluß bestimmter Schäden (z. B. mittelbarer, indirekter, unvorhersehbarer oder unversicherbarer Schäden, Folgeschäden)[543], die Verkürzung der Verjährungsfrist[544], die Vereinbarung einer Subsidiaritätsklausel[545] oder einer Ausschlußfrist[546], die Abbedingung von Sorgfaltspflichten des Verwenders und die Übertragung eines Risikos allein auf den Vertragspartner.[547]

### cc) Die Inhaltskontrolle nach § 307 I, II BGB

Neben § 309 Nr. 7 BGB kann sich die Unwirksamkeit eines durch AGB vereinbarten Haftungsausschlusses oder einer Haftungsbegrenzung jedoch auch aus § 307 I, II BGB ergeben. § 307 ist im Verhältnis zu § 309 BGB ein Auffangtatbestand.[548] Eine Klausel, die in den Anwendungsbereich des § 309 BGB fällt und nach dieser Vorschrift *nicht unwirksam* ist, kann aus besonderen Gründen, die in § 309 BGB nicht berücksichtigt sind, nach § 307 I, II BGB unwirksam sein.[549] Demnach kann eine nach § 309 Nr. 7 b BGB zulässige Haftungsfreizeichnung für *einfache Fahrlässigkeit* bei Nichtkörperschäden durchaus noch nach § 307 I, II BGB unwirksam sein.[550] Wann dies der Fall ist, kann letztlich nur anhand der Umstände des Einzelfalls beantwortet werden.[551] Trotzdem sollen im folgenden bei-

---

541 Ob eine solche Haftungsklausel für einfache Fahrlässigkeit aber gegen § 307 I, II BGB verstößt, wird im folgenden zu erörtern sein.

542 Vgl. *BGH* WM 1983, 916; *OLG München* NJW-RR 1994, 742 f.; *OLG Karlsruhe* VuR 1994, 258.

543 Vgl. *BGH* NJW 1987, 2820; *OLG Stuttgart* NJW-RR 1988, 1082, 1083; Ulmer / Brandner / *Hensen* § 11 Nr. 7 AGBG Rn. 19 f.; MüKo / *Basedow* § 11 Nr. 7 AGBG Rn. 16.

544 Vgl. *BGH* NJW-RR 1987, 1252, 1253; *OLG Düsseldorf* NJW-RR 1995, 440.

545 Vgl. *BGH* WM 1989, 1521; NJW-RR 1991, 1120, 1123; MüKo / *Basedow* § 11 Nr. 7 AGBG Rn. 16; a.A. insoweit offenbar Ulmer / Brandner / *Hensen* § 11 Nr. 7 AGBG Rn. 21.

546 Vgl. *BGH* NJW-RR 1991, 1120, 1123; NJW 1999, 1031; NJW-RR 2000, 648; Ulmer / Brandner / *Hensen* § 11 Nr. 7 AGBG Rn. 21; MüKo / *Basedow* § 11 Nr. 7 AGBG Rn. 16.

547 Vgl. *BGH* NJW 2001, 751 und zum ganzen allg. Palandt / *Heinrichs* § 309 Rn. 44.

548 Vgl. Ulmer / Brandner / *Hensen* § 9 AGBG Rn. 61; Palandt / *Heinrichs* § 307 Rn. 2.

549 Vgl. *BGHZ* 90. 280, 284; 104, 232; *BGH* ZIP 1997, 282; Ulmer / Brandner / *Hensen* § 9 AGBG Rn. 67; Palandt / *Heinrichs* § 307 Rn. 2.

550 Vgl. zum alten § 11 Nr. 7 AGBG *BGH* NJW 1990, 761, 764 und MüKo / *Basedow* § 11 Nr. 7 AGBG Rn. 19.

551 Teils ist versucht worden, verallgemeinerungsfähige Kriterien aufzustellen (Bedürfnis nach Schadensausgleich; Schadensvermeidungskosten; Versicherbarkeit des Schadensrisikos;

spielhaft einige Fallgruppen dargestellt werden. Die Anwendung des § 307 I, II BGB darf jedenfalls nicht dazu führen, daß die hinter § 309 BGB stehende Regelungsabsicht des Gesetzgebers unterlaufen wird.[552] Auf der anderen Seite kann aus § 309 Nr. 7 b BGB aber auch nicht der Umkehrschluß gezogen werden, daß Haftungsbeschränkungen für leichte Fahrlässigkeit bei Nichtkörperschäden *grundsätzlich* zulässig sein sollen.[553]

Nach der Generalklausel des § 307 I 1 BGB sind Bestimmungen in AGB unwirksam, wenn sie den Vertragspartner des Verwenders entgegen den Geboten von Treu und Glauben *unangemessen benachteiligen.* Eine solche unangemessene Benachteiligung liegt vor, wenn der Verwender der AGB versucht, durch einseitige Vertragsgestaltung in mißbräuchlicher Art und Weise eigene Interessen auf Kosten seines Vertragspartners durchzusetzen, ohne auch dessen Belange hinreichend zu berücksichtigen und ihm einen angemessenen Ausgleich für die Nachteile zuzubilligen.[554] Die Benachteiligung des Vertragspartners muß dabei von einem nicht unerheblichen Gewicht sein.[555] Es sind umfassend die Interessen beider Parteien, die Anschauungen der beteiligten Verkehrskreise und die sich allgemein aus der Rechtsordnung ergebenden Bewertungskriterien, ferner Gegenstand, Zweck und Eigenart des Vertrages zu berücksichtigen.[556] Die Generalklausel des § 307 I 1 BGB wird weiter konkretisiert durch § 307 II Nr. 1 und 2 BGB. Danach ist eine unangemessene Benachteiligung *im Zweifel* anzunehmen, wenn eine Bestimmung mit den wesentlichen Grundgedanken der gesetzlichen Regelung[557], von der abgewichen wird, nicht zu vereinbaren ist (Nr. 1) oder wesentliche Rechte oder Pflichten, die sich aus der Natur des Vertrages ergeben, so einschränkt, daß die Erreichung des Vertragszwecks gefährdet ist (Nr. 2).

Stellt in einem konkreten Fall bereits eine *Haftungsbegrenzung* eine unangemessene Benachteiligung dar, so gilt dies erst recht für einen *Haftungsausschluß,* weil dieser noch stärker in die Rechte des Vertragspartners eingreift, indem er eine bestimmte Haftung gar nicht erst entstehen läßt, wohingegen die *Haftungsbegrenzung* nur den *Umfang* der Haftung betrifft. Anders herum kann im Einzelfall ein Haftungsausschluß unangemessen sein, eine summenmäßige Haftungsbegrenzung

---

anderweitiger Ausgleich), siehe *Koller* ZIP 1986, 1089, 1097; ihm folgend etwa MüKo/*Basedow* § 11 Nr. 7 AGBG Rn. 19. Die Rechtsprechung hat sich diesen Kriterien bisher – soweit ersichtlich – insgesamt noch nicht angeschlossen.

552 Vgl. *BGH* NJW 1997, 739. Die Anwendung des § 307 I, II BGB darf deshalb nicht dazu führen, daß bei sonstigen (Nichtkörper-)Schäden jeder Haftungsausschluß für einfache Fahrlässigkeit pauschal für unwirksam erklärt wird.

553 Vgl. MüKo/*Basedow* § 11 Nr. 7 AGBG Rn. 19 (noch zur alten Gesetzeslage).

554 Vgl. *BGHZ* 90, 280, 284; 120, 108, 118; *BGH* NJW 2000, 1110; Palandt/*Heinrichs* § 307 Rn. 8; ähnlich Ulmer/Brandner/*Hensen* § 9 AGBG Rn. 70.

555 Vgl. *BGH* NJW 1982, 178; NJW 1992, 1628, 1630; Erman/Hefermehl/*Werner* § 9 AGBG Rn. 10; Ulmer/Brandner/*Hensen* § 9 AGBG Rn. 73.

556 Vgl. *BGH* NJW 1986, 2102; NJW 1987, 2576; Palandt/*Heinrichs* § 307 Rn. 8.

557 Hier sind insbesondere die durch das SMG geschaffenen Änderungen der Gesetzeslage zu beachten.

aber nicht, wenn sie in einem angemessenen Verhältnis zum vertragstypischen Schadensrisiko steht.[558]

Geht es um *Haftungsklauseln* in AGB, so ist bei der Frage nach einer unangemessenen Benachteiligung (§ 307 I BGB) insbesondere auch zu berücksichtigen, ob das Risiko besser vom Verwender oder vom Vertragspartner *versichert* werden kann.[559] Besteht auf Seiten des Verwenders die (zumutbare) Möglichkeit oder gar die gesetzliche Pflicht, eine Haftpflichtversicherung abzuschließen, und fehlt ein Versicherungsschutz auf Seiten des Vertragspartners üblicherweise, so liegt regelmäßig eine unangemessene Benachteiligung vor.[560] Anderes muß gelten, wenn die in Frage stehenden Schäden *beim Vertragspartner* typischerweise durch eine Versicherung abgedeckt sind.[561]

Der Vertragspartner wird ferner durch einen Haftungsausschluß für einfache Fahrlässigkeit dann unangemessenen benachteiligt i. S. d. § 307 I BGB, wenn die Kosten, die er (z. B. als Benutzer einer Vereinseinrichtung) für eine effektive Schadensvermeidung aufzuwenden hätte, im Vergleich zu denen, die beim Verwender entstehen würden, deutlich höher sind.[562]

Darüber hinaus ist ein *Haftungsausschluß*[563] für einfache Fahrlässigkeit wegen unangemessener Benachteiligung i. S. d. § 307 I BGB unwirksam, wenn der Verein als Verwender in besonderer Weise Vertrauen für sich in Anspruch genommen hat.[564] Dies kann z. B. bei der steuerlichen Beratung durch einen Lohnsteuerhilfeverein der Fall sein. Eine unangemessene Benachteiligung liegt ferner vor, wenn der Vertragsgegenstand dem Verein anvertraut ist und der Vertragspartner keine eigene Vorsorgemöglichkeit hat oder wenn nur der Verein ein bestimmtes Risiko beherrschen kann.[565]

*Gegen* eine unangemessene Benachteiligung und damit *für* die Wirksamkeit eines Haftungsausschlusses oder einer Haftungsbegrenzung kann im Einzelfall ein

---

558 Vgl. allg. MüKo/*Basedow* § 11 Nr. 7 AGBG Rn. 23. Siehe zur summenmäßigen Haftungsbeschränkung *BGH* NJW 1993, 335.

559 Vgl. *BGHZ* 103, 326; 114, 238, 246; *Sieg* BB 1993, 149; Palandt/*Heinrichs* § 307 Rn. 15; Ulmer/Brandner/*Hensen* § 9 AGBG Rn. 114 ff.; *Koller* ZIP 1986, 1089, 1097; MüKo/*Basedow* § 11 Nr. 7 AGBG Rn. 19.

560 Vgl. *OLG Hamburg* DAR 1984, 260; *KG* NJW-RR 1991, 699; Staudinger/*Coester* § 9 AGBG Rn. 341; Palandt/*Heinrichs* § 307 Rn. 47.

561 Vgl. *BGHZ* 33, 220; 103, 326; *OLG Karlsruhe* VersR 1971, 159; Palandt/*Heinrichs* § 307 Rn. 15, 47; anders hingegen *BGH* NJW-RR 1998, 1426 in einem Fall, in dem es um die Beschädigung von Transportgut ging.

562 Siehe zum Kriterium der Schadensvermeidungskosten *Koller* ZIP 1986, 1089, 1097 und Müko/*Basedow* § 11 Nr. 7 AGBG Rn. 19.

563 Dies gilt nur für einen Haftungs*ausschluß*. Eine angemessene Haftungs*begrenzung* kann hingegen wirksam sein, vgl. allg. MüKo/*Grundmann* § 276 Rn. 175.

564 Vgl. allg. *BGH* NJW-RR 1986, 272; Ulmer/Brandner/*Hensen* § 9 AGBG Rn. 153.

565 Vgl. allg. zur ersten Konstellation *OLG Hamburg* DAR 1984, 260 (Kfz-Waschanlage) und zur zweiten *BGH* NJW 1985, 915 (Tankschecksystem).

dem Vertragspartner vom Verwender gewährter anderweitiger Ausgleich sein. Dabei ist ein Preisabschlag allein jedoch nicht ausreichend, weil selbst ein sorgfältiger (nichtkaufmännischer) Vertragspartner die AGB-mäßige Haftungsbeschränkung inhaltlich häufig gar nicht kennt und sie deshalb auch nicht vom Preis diskontiert.[566] Ein angemessener anderweitiger Ausgleich liegt hingegen vor, wenn der Verwender den Vertragspartner im Gegenzug ebenfalls von einem (vergleichbaren) Haftungsrisiko freistellt.

Aus § 307 II Nr. 2 BGB ergibt sich der Grundsatz, daß bei der Verletzung von sogenannten *Kardinalpflichten* die Haftung für einfache Fahrlässigkeit *in der Regel* nicht ausgeschlossen werden kann.[567] Unter den Begriff der Kardinalpflichten fallen dabei alle wesentlichen Rechte und Pflichten eines Vertrages. Bei gegenseitigen Verträgen sind dies zunächst die im Gegenseitigkeitsverhältnis stehenden Hauptleistungspflichten.[568] Darüber hinaus gehören zu den Kardinalpflichten aber auch Pflichten, die für den Schutz des Vertragspartners von grundlegender Bedeutung sind[569] und solche, deren Erfüllung die ordnungsgemäße Durchführung des Vertrages überhaupt erst ermöglichen.[570] Unwirksam ist danach ein Haftungsausschluß für grundlegende Sorgfaltspflichten[571], wozu auch *grundlegende Verkehrspflichten* gehören.[572] Gleiches gilt für grundlegende Mängel in der betrieblichen Organisation.[573] Nach der Rechtsprechung verstoßen insbesondere auch solche Haftungsklauseln gegen § 307 II Nr. 2 BGB, die vertragstypisch vorhersehbare Schäden von der Haftung ausnehmen.[574] Die Rechtsprechung hatte das Verbot einer Haftungsfreizeichnung anfänglich auf die grundlegende Organisation der betrieblichen Abläufe und die Schaffung der wesentlichen Voraussetzungen für eine ordnungsgemäße Vertragserfüllung beschränkt.[575] Inzwischen ist die Unwirksamkeit von Haftungsklauseln nach § 307 II Nr. 2 BGB aber auch bei Nebenpflichten und bei Ausführungsverschulden bejaht worden.[576] Andere Entscheidungen haben

---

566 Vgl. *OLG Karlsruhe* NJW-RR 1989, 243, 244; NJW-RR 1989, 1333, 1335; MüKo/*Basedow* § 11 Nr. 7 AGBG Rn. 19.

567 St. Rspr., vgl. etwa *BGHZ* 89, 363, 367; 93, 48; *BGH* NJW 1993, 335; NJW-RR 1993, 561; NJW 1999, 1031. Zustimmend z. B. Ulmer/Brandner/*Hensen* § 9 AGBG Rn. 153, § 11 Nr. 7 AGBG Rn. 26 mit guter Rechtsprechungsübersicht in Rn. 24.

568 Vgl. Palandt/*Heinrichs* § 307 Rn. 33.

569 Vgl. *BGH* NJW 1985, 915; Wolf/Horn/*Lindacher* § 9 AGBG Rn. 89; Palandt/*Heinrichs* § 307 Rn. 33.

570 Vgl. *BGHZ* 103, 324; *BGH* NJW 1985, 3017; NJW-RR 1986, 271, 272; NJW-RR 1993, 561.

571 Vgl. *BGH* NJW 1982, 1144; NJW 1984, 801; NJW 1985, 620; NJW-RR 1998, 1426; *OLG Köln* VersR 1999, 914.

572 Ein Beispiel für eine grundlegende Verkehrspflicht ist etwa die Pflicht eines Leichtathletikvereins, seine Außenanlagen in einem Zustand zu erhalten, von dem keine das sportarttypische Maß übersteigende Gefahren ausgehen.

573 Vgl. *BGH* NJW 1973, 2154; *OLG Hamburg* MDR 1998, 470.

574 Vgl. *BGH* NJW 1993, 335; NJW 2001, 292, 302; NJW-RR 2001, 342.

575 Vgl. vor allem *BGHZ* 49, 363; 71, 228.

sich bei der Anwendung des § 307 II Nr. 2 BGB wiederum eher zurückgehalten.[577] Vor diesem Hintergrund ist zu Recht darauf hingewiesen worden, daß die Grenzen des § 307 II Nr. 2 BGB „fast unkalkulierbar"[578] geworden sind. Bleibt die Frage nach der Unwirksamkeit einer Haftungsfreizeichnung für einfache Fahrlässigkeit zwar letztlich dem Einzelfall vorbehalten, so muß doch festgestellt werden, daß jedenfalls ein Haftungsausschluß nach der Rechtsprechung des *BGH regelmäßig* wegen Verstoßes gegen § 307 II Nr. 2 BGB unwirksam ist, wenn er sich auf sogenannte *Kardinalpflichten* bezieht. Dem Verein wird es deshalb in diesem Bereich kaum gelingen, durch AGB einen wirksamen Haftungsausschluß zu erreichen. Wirksam ist hingegen eine summenmäßige *Begrenzung* der Haftung, die so bemessen ist, daß der Durchschnittsschaden noch ersetzt wird.[579] Ebenso wirksam ist – weil keine Kardinalpflicht betreffend – ein *Haftungsausschluß*[580] für einfache Fahrlässigkeit bezüglich des Verlusts oder der Beschädigung der von dem Benutzer einer Vereinseinrichtung eingebrachten Sachen (z. B. Kleidung, Taschen, Sportgeräte).[581] Daneben soll bei vermögensrechtlichen Geschäften zumindest eine *Haftungsbegrenzung* auf *nicht vorhersehbare, untypische, exzessive Schäden* wirksam sein.[582] Unwirksam hingegen ist eine *Haftungsbegrenzung* im Bereich der vertragstypischen Schäden und allgemein auf eine Summe, die in keinem Verhältnis zu dem Schaden steht, der sich vorhersehbar aus einer Pflichtverletzung entwickeln kann.[583] Gleiches gilt für die pauschale Formulierung „Die Haftung des Vereins für leicht fahrlässig verursachte Nichtkörperschäden ist auf das 15-fache des Eintrittspreises begrenzt".[584]

Eine unangemessene Benachteiligung i. S. d. § 307 I 1 BGB kann sich schließlich auch daraus ergeben, daß die Bestimmung nicht klar und verständlich ist

---

576 Vgl. *BGHZ* 89, 368; *BGH* NJW 1985, 914.

577 Siehe z. B. *BGHZ* 103, 316; 108, 351; *BGH* NJW 1990, 764; NJW 1998, 1640, 1642.

578 Palandt / *Heinrichs* § 307 Rn. 35.

579 Vgl. *BGHZ* 89, 363; *BGH* NJW 1990, 761, 763; Ulmer / Brandner / *Hensen* § 11 Nr. 7 AGBG Rn. 23 ff.; Wolf / Horn / *Lindacher* § 11 AGBG Rn. 14 ff., 22 f.; MüKo / *Grundmann* § 276 Rn. 175.

580 Ist schon ein Haftungsausschluß zulässig, gilt dies erst recht für eine Haftungsbegrenzung, denn diese beeinträchtigt die Rechte des Vertragspartner in geringerem Maße.

581 Im Ergebnis ebenso *BGH* NJW 1990, 761, 764 für die Verletzung der Obhutspflicht über die vom Patienten ins Krankenhaus eingebrachten Sachen. Zustimmend etwa Ulmer / Brandner / *Hensen* § 11 Nr. 7 AGBGB Rn. 24; MüKo / *Basedow* § 11 Nr. 7 AGBG Rn. 21.

582 Vgl. *BGH* NJW 1980, 1953, 1955; WM 1985, 1535; WM 1991, 459; NJW 1994, 335, 336 (Haftungsbeschränkung auf 100000 DM nur wirksam, wenn die vertragstypischen, vorhersehbaren Schäden abgedeckt sind); *OLG Köln* NJW-RR 1987, 53, 54; Palandt / *Heinrichs* § 307 Rn. 50; Ulmer / Brandner / *Hensen* § 9 AGBG Rn. 156; MüKo / *Basedow* § 11 Nr. 7 AGBG Rn. 23.

583 Vgl. *BGH* NJW 1984, 1350; NJW 1985, 3016; VersR 1999, 493; *OLG Stuttgart* NJW-RR 1987, 311, 316 f.; Ulmer / Brandner / *Hensen* § 9 AGBG Rn. 156; MüKo / *Basedow* § 11 Nr. 7 AGBG Rn. 23.

584 Vgl. hierzu *OLG Köln* NJW-RR 1998, 997, 998; MüKo / *Basedow* § 11 Nr. 7 AGBG Rn. 24.

(*Transparenzgebot* des § 307 I 2 BGB). Der Verein muß in seinen AGB die Rechte und Pflichten seines Vertragspartners möglichst klar und durchschaubar darstellen.[585] Abzustellen ist dabei auf die Sicht eines aufmerksamen und sorgfältigen Vertragspartners.[586] Nach Treu und Glauben muß die Klausel wirtschaftliche Nachteile und Belastungen so weit erkennen lassen, wie dies nach den Umständen gefordert werden kann.[587] Unwirksam nach diesen Grundsätzen wäre etwa folgende Klausel: „Der Verein haftet für leicht fahrlässig verursachte Sachschäden nicht, wenn diese durch seine Schadensversicherung abgedeckt sind".[588] Auch ein aufmerksamer und sorgfältiger Vertragspartner kann hier ohne genaue Kenntnis (und Verständnis) des Versicherungsvertrags des Vereins nicht erkennen, welche Schäden im einzelnen von dem Haftungsausschluß umfaßt sind. Ebenso unwirksam ist ein Haftungsausschluß „soweit gesetzlich zulässig".[589] Auch hier geht aus der Klausel nicht hinreichend klar und verständlich hervor, welchen Umfang der Haftungsausschluß tatsächlich hat. Andererseits dürfen aber auch keine überzogenen Anforderungen an die „Transparenz" von Bestimmungen in AGB gestellt werden. An Klarheit und Verständlichkeit kann sinnvollerweise nur gefordert werden, was überhaupt möglich ist.[590] Der Verwender muß dem Vertragspartner also nicht etwa die Bedeutung jeder Klausel erklären.[591] Schließlich sei nochmals darauf hingewiesen, daß das Transparenzgebot nicht nur Teil der Inhaltskontrolle ist, sondern bereits bei der Frage nach der wirksamen Einbeziehung der Klausel nach § 305 II BGB zu beachten ist. Fehlt es einer Bestimmung *insgesamt* an hinreichender Klarheit und Bestimmtheit, so wird sie wegen § 305 II BGB in der Regel schon gar nicht Bestandteil des Vertrages.

Zusammenfassend läßt sich feststellen, daß die Rechtsprechung in zunehmenden Maße auch Haftungsausschlüsse in AGB für *leichte Fahrlässigkeit* als mit § 307 I, II BGB unvereinbar und damit als unwirksam ansieht.[592] Es wird dem Verein also – von wenigen Fällen abgesehen – kaum gelingen, auf diesem Wege eine nennenswerte Beschränkung seiner vertraglichen oder deliktischen Haftung aus § 31 BGB zu erzielen.

#### dd) Rechtsfolgen eines Verstoßes gegen §§ 309 Nr. 7, 307 I, II BGB

Verstößt eine Klausel gegen § 309 Nr. 7 BGB, ist sie nach dem klaren Gesetzeswortlaut unwirksam. Verstößt sie *teilweise* gegen § 309 Nr. 7 BGB, so ist sie

---

585 Vgl. *BGHZ* 106, 49; *BGH* NJW 2000, 651; NJW 2001, 2014, 2016.

586 Vgl. Palandt / *Heinrichs* § 307 Rn. 19.

587 Vgl. *BGH* NJW 1999, 2279; NJW 2001, 2014, 2016; *Rosenow / Schaffelhuber* ZIP 2001, 2211.

588 Vgl. allg. *BGH* NJW 1996, 1407; Ulmer / Brandner / *Hensen* § 9 AGBG Rn. 153.

589 Vgl. *BGHZ* 93, 48; NJW 1991, 2632; NJW 1993, 1062; NJW 1996, 1407, 1408; Ulmer / Brandner / *Hensen* § 9 AGBG Rn. 51.

590 Vgl. *BGH* NJW 1998, 3114, 3116.

591 Ähnlich etwa *BGHZ* 112, 119 und Palandt / *Heinrichs* § 307 Rn. 18.

592 Vgl. Ulmer / Brandner / *Hensen* § 9 AGBG Rn. 150.

trotzdem grundsätzlich *im ganzen* unwirksam.[593] Ist demnach ein Haftungsausschluß oder eine Haftungsbegrenzung umfassend oder ohne Einschränkung formuliert, so daß *auch* die Haftung für Körperschäden oder grobes Verschulden erfaßt ist (siehe § 309 Nr. 7 a, b BGB), ist die Klausel *insgesamt* unwirksam. Nach ständiger Rechtsprechung des *BGH* und herrschender Ansicht in der Literatur ist eine *geltungserhaltende Reduktion* auf den noch zulässigen Teil *unzulässig.*[594] Dem ist wegen des Schutzzwecks der §§ 307 ff. BGB zuzustimmen.[595] Der Verwender könnte sonst ohne Risiko eine beliebige Haftungsklausel verwenden und sich darauf verlassen, daß die Gerichte diese im Streitfall jedenfalls auf das noch zulässige Maß reduzieren.

Die Rechtsfolge der Gesamtunwirksamkeit gilt auch, wenn eine Bestimmung gegen § 307 I, II BGB verstößt[596], etwa weil sie – und sei es nur zum Teil – die Haftung für Kardinalpflichten ausschließt oder das Transparenzgebot verletzt.

Nach ständiger Rechtsprechung des *BGH* führt jedoch ein unwirksamer Teil einer Klausel dann nicht zu ihrer Gesamtunwirksamkeit, wenn der inhaltlich zulässige Teil eine aus sich heraus verständliche, sprachlich und inhaltlich vom Rest *teilbare Bestimmung* enthält. Dies gilt auch, wenn unzulässiger und zulässiger Teil denselben Sachkomplex betreffen.[597] Voraussetzung für eine solche Teilbarkeit ist aber in jedem Fall, daß der unzulässige Teil einfach „weggestrichen" werden kann.[598] Verwendet der Verein demnach etwa die Klausel „Der Verein haftet nicht für durch einfache oder grobe Fahrlässigkeit verursachte Sachschäden", so ist der Teil, der sich auf die grobe Fahrlässigkeit bezieht, wegen § 309 Nr. 7 b BGB unzulässig. Dies führt jedoch nur zur Teil- und nicht zur Gesamtunwirksamkeit der Klausel, weil der unzulässige Teil („oder grobe Fahrlässigkeit") einfach herausgestrichen werden kann, ohne daß der zulässige Teil dadurch unverständlich oder sinnlos wird.[599] Im übrigen bleibt der Haftungsausschluß für einfach fahrlässig verursachte Sachschäden also wirksam.[600]

---

593 Vgl. *BGHZ* 86, 296; 96, 25; Palandt / *Heinrichs* vor § 307 Rn. 8; § 309 Rn. 47. Wegen § 306 I BGB bleibt der Vertrag im übrigen grundsätzlich wirksam.

594 Vgl. *BGHZ* 86, 284, 297; 96, 18, 24 f.; 100, 158, 184; 114, 342; 120, 122; *BGH* NJW 1993, 1135; NJW 1999, 1031; NJW 2000, 1110 / 1113; Ulmer / Brandner / *Hensen* § 6 AGBG Rn. 14 ff.; Palandt / Heinrichs vor § 307 Rn. 8; § 307 Rn. 53; a.A. *OLG München* NJW 1981, 1963; *Hager* JZ 1996, 175; MüKo / *Basedow* § 6 AGBG Rn. 13.

595 Siehe zum Schutzzweck etwa Ulmer / Brandner / *Hensen* Einl. Rn 28 ff. und § 9 AGBG Rn. 1.

596 Vgl. *BGHZ* 93, 48; *BGH* NJW 1991, 2563; NJW 1993, 335; NJW-RR 1998, 1426.

597 Vgl. zum ganzen *BGH* NJW 1982, 178, 179, 181; seither st. Rspr., vgl. z. B. *BGHZ* 93, 29, 37, 48; 107, 190; 108, 1, 12; *BGH* NJW 1998, 2284; NJW 1999, 1108; NJW 2001, 292, 294; ebenso aus der Lit.: Ulmer / Brandner / *Hensen* § 6 AGBG Rn. 12 ff.; Staudinger / *Schlosser* § 6 AGBG Rn. 15; Wolf / Horn / *Lindacher* § 6 AGBG Rn. 40; Palandt / Heinrichs vor § 307 Rn. 11.

598 Vgl. *BayObLGZ* 1997, 159; *LG Bremen* NJW-RR 1989, 1080.

599 Vgl. dazu (nicht speziell für den Verein) *Sonnenschein* NJW 1980, 1720.

## 5. Haftungsbeschränkung durch Vertretungsregelung

Eine Beschränkung der Haftung des Vereins aus § 31 BGB kann sich ferner aus einer *Beschränkung der Vertretungsmacht* der Organwalter ergeben. Nach dem gesetzlichen Grundmodell wird der Verein durch einen Ein-Mann-Vorstand allein vertreten (§ 26 I 1, II 1 1. HS BGB). Besteht der Vorstand hingegen aus mehreren Personen (§ 26 I 2 BGB), so gilt von Gesetzes wegen im Unterschied zur Rechtslage bei der AG (§ 78 II 1 AktG), der GmbH (§ 35 II 2 GmbHG) und der eG (§ 25 I 1 GenG) nicht das Prinzip der Gesamtvertretung, sondern vielmehr der Grundsatz der *Mehrheitsvertretung.*[601] Die Vertretungsmacht des Vorstands ist dabei sachlich umfassend und unbeschränkt, wie sich aus § 26 II 1 1. HS BGB und einem Umkehrschluß zu § 26 II 2 BGB ergibt. Von diesen gesetzlichen Vorgaben kann jedoch *durch Satzungsbestimmung* abgewichen werden, und zwar – anders als bei den Gesellschaften mbH[602], den Aktiengesellschaften[603], den eingetragenen Genossenschaften[604] und den Vereinen etwa in Österreich[605] – *mit Wirkung gegenüber Dritten,* indem die neue Vertretungsregelung *in das Vereinsregister eingetragen* wird (§§ 26 II 2, 64, 70, 68 BGB).[606] Diese Besonderheit erklärt sich daraus, daß beim Verein im Gegensatz zur AG, GmbH und eG eine unternehmerische Zielsetzung nicht im Vordergrund steht und die Verkehrsinteressen deshalb in geringerem Maße betroffen sind.[607] Der Verein kann sich auf eine satzungsmäßige Beschränkung der Vertretungsmacht des Vorstands allerdings nur dann berufen, wenn

---

600 Zu beachten ist allerdings, daß sich seine Unwirksamkeit noch aus § 307 I, II BGB ergeben kann, siehe dazu oben Zweiter Teil B. I. 4. c) cc).

601 So die h.M. in der Lit., vgl. *Schwarz* RPfleger 2003, 1, 2; Soergel / *Hadding* § 26 Rn. 16; Sauter / Schweyer / *Waldner* Rn. 231; Palandt / *Heinrichs* § 26 Rn. 6; RGRK / *Steffen* § 26 Rn. 4; Staudinger / *Weick* § 26 Rn. 12; MüKo / *Reuter* § 26 Rn. 16; *Flume* JurP § 10 II 2 a (S. 360); *Mittenzwei* MDR 1991, 426, 427. Dieser Ansicht ist insbesondere vor dem Hintergrund der Entstehungsgeschichte der §§ 26, 28 BGB (siehe dazu Protokolle bei Mugdan I, S. 612–614) zu folgen, denn das Mehrheitsprinzip sollte nicht nur für die interne Beschlußfassung des Vorstands, sondern *auch für die Vertretung nach außen* gelten. Für Gesamtvertretung hingegen *Reichert* Rn. 1402; *Stöber* Rn. 322; *Hübner* Rn. 222; *Ott* S. 172. Der *BGH* hat diese Frage bisher offengelassen (siehe *BGHZ* 69, 250, 253) und sich auch in *BGHZ* 119, 379, 382 nicht dazu geäußert.

602 Siehe § 37 II 1 GmbHG.

603 Siehe § 82 I AktG.

604 Siehe § 27 II 1 GenG.

605 § 6 III des neuen österreichischen Vereinsgesetzes (in Kraft seit 1. 7. 2002) stellt klar, daß die Vertretungsmacht des Vorstands nach außen unbeschränkbar ist, vgl. dazu *Lachmair* SpuRt 2002, 181, 182 f.

606 Dies gilt sowohl für die Beschränkung der Vertretungsmacht (z. B. keine Geschäfte über 10000 €) als auch für Regelung über die Gestaltung der Vertretungsmacht (z. B. Gesamt- oder Einzelvertretung). Inzwischen muß die Vertretungsmacht des Vorstand gemäß § 64 BGB i.d.F. des ERJuKoG v. 10. 12. 2001 immer in das Vereinsregister eingetragen werden, also auch dann, wenn sie dem gesetzlichen Modell der Mehrheitsvertretung entspricht und die Satzung schweigt, vgl. dazu *Schwarz* NZG 2002, 1033 ff.

607 Vgl. MüKo / *Reuter* § 26 Rn. 13; Sauter / Schweyer / *Waldner* Rn. 234.

sie *im Zeitpunkt der Vornahme des Rechtsgeschäfts* im Vereinsregister eingetragen oder dem Dritten bekannt war (§§ 68 S. 1, 70 BGB). Selbst wenn die Beschränkung eingetragen war, muß der Dritte sie nicht gegen sich gelten lassen, wenn er sie ohne Fahrlässigkeit nicht kannte (§§ 68 S. 2, 70 BGB). Jedoch wird Fahrlässigkeit in aller Regel zu bejahen sein, wenn die Unkenntnis des Dritten darauf beruht, daß er vor Abschluß des Rechtsgeschäfts das Vereinsregister nicht eingesehen hat.[608] Anders liegt der Fall, wenn das Rechtsgeschäft nur wenige Stunden nach der Eintragung der Beschränkung vorgenommen wird.[609] Die Beschränkung der Vertretungsmacht muß sich aus Gründen des Verkehrsschutzes *unmittelbar* aus dem Vereinsregister ergeben. Eine Eintragung, in der lediglich auf das Beschlußprotokoll der Mitgliederversammlung verwiesen wird, genügt nicht.[610] Ist die Beschränkung der Vertretungsmacht eingetragen, wird der gute Glaube des Dritten an die Unbeschränktheit der Vertretungsmacht nicht geschützt.[611] Ferner gilt für das Vereinsregister der Grundsatz der *negativen Publizität.*[612] Dementsprechend kann sich der Dritte nicht auf die Richtigkeit oder die rechtliche Gültigkeit einer Eintragung berufen. Es wird nur der gute Glaube daran geschützt, daß das, was *nicht* eingetragen ist, rechtlich *nicht* gilt.[613] Ist etwa ein Vorstandsmitglied zu Unrecht in das Vereinsregister eingetragen, wird das Vertrauen des Dritten auf diese Eintragung nicht geschützt (im Unterschied zu § 15 III HGB *keine positive Publizität*).[614]

Hinter der Überlegung, durch die Beschränkung der Vertretungsmacht eine Beschränkung der Haftung des Vereins aus § 31 BGB zu erreichen, steht letztlich folgender Gedanke: Je eingegrenzter und klarer umrissen die Vertretungsmacht der Organwalter ist, desto eher werden sie bei nichtordnungsgemäßer Geschäftsführung nicht nur ihre Pflichten im Innenverhältnis verletzen, sondern auch im *Außenverhältnis* ihre Vertretungsmacht überschreiten. In diesem Fall wird der Verein gemäß § 177 I BGB[615] durch das Rechtsgeschäft *nicht* verpflichtet. Ihn trifft grundsätzlich auch keine Schadensersatzpflicht. Vielmehr ist der handelnde Organwalter

608 Vgl. statt aller Sauter / Schweyer / *Waldner* Rn. 235.

609 Vgl. *Mergelmeyer* RPfleger 1966, 197; Sauter / Schweyer / *Waldner* Rn. 235; Staudinger / *Habermann* § 68 Rn. 4.

610 Vgl. ausdrücklich *BGHZ* 18, 303 = NJW 1955, 1916.

611 Vgl. *BayObLG* NJW 1962, 2253; *OLG Celle* RdL 1965, 246.

612 Vgl. *BayObLGZ* 1999, 237, 241 und aus der Lit. statt aller Soergel / *Hadding* § 68 Rn. 1 ff.

613 Vgl. MüKo / *Reuter* § 68 Rn. 1.

614 Vgl. *RG* WarnRspr. 1929 Nr. 73; *BGHZ* 65, 309, 310; *BayObLG* RPfleger 1983, 74; Staudinger / *Habermann* § 68 Rn. 5; MüKo / *Reuter* § 68 Rn. 1; RGRK / *Steffen* § 68 Rn. 1; *H. Westermann* JuS 1963, 1, 4.

615 Die §§ 164 ff. (auch §§ 177 ff.) BGB sind wegen § 26 II 1 BGB auch auf die organschaftliche Vertretung des Vereins durch den Vorstand anwendbar, vgl. etwa *K. Schmidt* GesR § 10 II 1 (S. 254 ff.); *Flume* JurP § 11 I; Staudinger / *Weick* § 26 Rn. 22 ff.; Palandt / *Heinrichs* § 26 Rn. 1; Soergel / *Hadding* § 26 Rn. 11; MüKo / *Schramm* vor § 164 Rn. 7; a.A.: *Beuthien* NJW 1999, 1142.

selbst gemäß § 179 I BGB dem Dritten zur Erfüllung oder zum Schadensersatz verpflichtet. Daneben kann noch eine Haftung aus culpa in contrahendo (nun §§ 311 II, 241 II, 280 BGB) oder Delikt in Betracht kommen, die aber zunächst auch nur den Organwalter persönlich trifft. Es stellt sich jedoch die Frage, ob *der Verein* nicht über § 31 BGB im Wege des gesetzlichen Schuldbeitritts für das Verhalten der Organwalter haftet. Wäre dies der Fall, würde der für ihn durch die Beschränkung der Vertretungsmacht soeben erst erreichte Haftungsschutz wieder zunichte gemacht. Um dies zu verhindern, ist der Konflikt zwischen Haftungs- und Vertretungsordnung wie folgt zu lösen: Haftungs- und Vertretungsordnung sind grundsätzlich unabhängig voneinander.[616] Etwas anderes gilt, wenn der Schutzzweck der Vertretungsordnung dies gebietet.[617] Dies ist der Fall, wenn die Schutzmechanismen der Vertretungsordnung ansonsten leerliefen.[618] Eine Haftung des Vereins nach § 179 I oder II BGB i.V.m. § 31 BGB scheidet daher aus.[619] Darüber hinaus ist eine Haftung des Vereins aus § 31 BGB i.V.m. culpa in contrahendo (nun §§ 311 II, 241 II, 280 BGB) abzulehnen, wenn die einzige schuldhafte Pflichtverletzung des Organwalters darin liegt, daß dieser ohne ausreichende Vertretungsmacht gehandelt hat. Ansonsten würde die Haftung des Vereins derjenigen nach § 179 I oder II BGB entsprechen und dazu führen, daß der Verein so gestellt wird, als habe der Organwalter tatsächlich mit ausreichender Vertretungsmacht gehandelt.[620] Verwirklicht der Organwalter jedoch *darüber hinaus* durch sein Verhalten einen *sonstigen Tatbestand,* der zum Schadensersatz verpflichtet (z. B. § 823 I BGB oder culpa in contrahendo im Hinblick auf eine weitergehende Schutzpflicht, vgl. nun §§ 311 II, 241 II BGB), ist dies dem Verein voll zuzurechnen. In einem solchen Fall ist der Schutzzweck der Vertretungsordnung nicht einschlägig.[621] Vertretungsordnung und Haftungsordnung treffen vielmehr nur zufällig zusammen.[622] Der Verein haftet nach § 31 BGB, wenn der Organwalter „in Ausführung der ihm zustehenden Verrichtungen" gehandelt hat.[623]

---

616 So auch *BGH* MDR 1959, 202, 203; NJW 1986, 2941, 2942; NJW 1952, 537, 538 (zur KG). MüKo/*Reuter* § 31 Rn. 37; ähnlich auch *BGH* NJW 1986, 2939, 2940.

617 Vgl. *Helms* S. 54 und *BGH* NJW 1986, 2941, 2942 f.; ähnlich auch *BGH* NJW 1986, 2939, 2940.

618 Vgl. *BGHZ* 98, 148, 154 f. m. w. N. = NJW 1986, 2941, 2942 f.; MüKo/*Reuter* § 31 Rn. 37; Soergel/*Hadding* § 31 Rn. 24; *Helms* S. 54.

619 So die ganz h.M., vgl. *RGZ* 162, 129, 159; *BGH* NJW 1986, 2939, 2940; *BGHZ* 98, 148, 155 = NJW 1986, 2941, 2942 f.; Enneccerus/*Nipperdey* AT 1 § 110 I 1, 3 (S. 661 f., 663); *Flume* JurP § 11 III 3 (S. 388); MüKo/*Reuter* § 31 Rn. 37; *Helms* S. 54 f. m. w. N.; Soergel/*Hadding* § 31 Rn. 24; *Heermann/Götze* S. 53; a.A. aber *OLG Stuttgart* SeuffArch. 82 Nr. 1 und *Frotz* S. 246 ff.

620 Vgl. *BGHZ* 98, 148, 155; *BGH* NJW 1969, 522, 524; NJW 1986, 2939, 2940; MüKo/*Reuter* § 31 Rn. 38; Soergel/*Hadding* § 31 Rn. 24; *Helms* S. 55; im Ergebnis ebenso *Heermann/Götze* S. 53; a.A. aber *Prölls* JuS 1986, 169, 174.

621 Vgl. *BGH* NJW 1986, 2941, 2942 f.

622 Vgl. MüKo/*Reuter* § 31 Rn. 38 f.; *Helms* S. 55; *Canaris* JuS 1980, 322, 324.

623 Vgl. *BGHZ* 98, 148, 153 ff.; *BGH* NJW 1986, 2939, 2940; WM 1987, 286, 287; *Canaris* JuS 1980, 332, 334; *Flume* JurP § 11 III 3 (S. 390 f.); *Helms* S. 55; Soergel/*Hadding* § 31

### *a) Mögliche Vertretungsregelungen*

Wie gerade gezeigt werden konnte, läßt sich für den Verein durch eine Beschränkung der Vertretungsmacht der Organwalter in gewissem Maße auch eine Beschränkung seiner Haftung erreichen. Vor diesem Hintergrund stellt sich nun die Frage, welche Beschränkungen der Vertretungsmacht zulässig und haftungsmäßig sinnvoll sind.

#### aa) Beschränkung der Vertretungsmacht durch den Zuständigkeitsbereich des Vorstands und den Vereinszweck

Auch ohne entsprechende Regelung in der Satzung erstreckt sich die Vertretungsmacht nach ganz herrschender Meinung nicht auf solche Geschäfte, die außerhalb des gesetzlich vorgesehen *Zuständigkeitsbereichs* des Vorstands liegen.[624] Dies gilt jedoch nur insoweit, als es um die *gesetzlich zwingende Zuständigkeitsordnung* geht, also vor allem bei den *Grundlagengeschäften,* die unabdingbar der Mitgliederversammlung zugewiesen sind (z. B. Änderung der Satzung oder des Vereinszwecks, vgl. § 33 BGB, Vorstandsbestellung oder -abberufung, vgl. §§ 27 I, 40 BGB, Auflösung des Vereins, vgl. § 41 S. 1 BGB).[625] Darüber hinaus erstreckt sich nach herrschender Ansicht die Vertretungsmacht des Vorstands nicht auf solche Geschäfte, die für Dritte *erkennbar außerhalb des Vereinszwecks* liegen.[626] Wegen der Sicherheit des Rechtsverkehrs muß das Geschäft aber *erkennbar gänzlich außerhalb des Vereinszwecks* liegen.[627]

---

Rn. 25; Sauter / Schweyer / *Waldner* Rn. 290. Siehe zur Entwicklung der Rspr. hierzu MüKo / *Reuter* § 31 Rn. 36.

624 So im Ergebnis *BGH* JZ 1953, 474, 475 (Änderung des Vereinsnamens). Vgl. aus der Literatur etwa Palandt / *Heinrichs* § 26 Rn. 5; *Reichert* Rn. 1397; Sauter / Schweyer / *Waldner* Rn. 233; zur Begründung dieser Ansicht: *Steinbeck* S. 200 ff.; Soergel / *Hadding* § 26 Rn. 20.

625 Vgl. Soergel / *Hadding* § 26 Rn. 20; anders offensichtlich Sauter / Schweyer / *Waldner* Rn. 233.

626 Vgl. *BGH* JZ 1953, 474 (obiter dictum) unter Berufung auf *RGZ* 145, 311, 313; *RG* Das Recht 1907 Nr. 2497; *v. Tuhr* AT I S. 527; Enneccerus / *Nipperdey* § 109 II; Larenz / *Wolf* BGB AT § 10 Rn. 75; Palandt / *Heinrichs* § 26 Rn. 5; RGRK / *Steffen* § 26 Rn. 5; *Stöber* Rn. 286; Sauter / Schweyer / *Waldner* Rn. 233; offengelassen in *BGH* NJW 1980, 2799, 2800. Für die Anwendung der Regeln über den Mißbrauch der Vertretungsmacht hingegen Soergel / *Hadding* § 26 Rn. 20; *Flume* JurP § 10 II 2 d (S. 369 ff.); *K. Schmidt* GesR § 8 V 2 (S. 214 ff.); MüKo / *Reuter* § 26 Rn. 14; *Jüngst* S. 32 ff.; *Reichert* Rn. 1396; Staudinger / *Weick* § 26 Rn. 9.

627 So etwa auch Sauter / Schweyer / *Waldner* Rn. 233.

### bb) Beschränkung der Vertretungsmacht durch das Weisungsrecht der Mitgliederversammlung

Der Mitgliederversammlung steht gegenüber dem Vorstand ein *Weisungsrecht* aus §§ 27 III, 665 BGB zu, wenn sich nicht aus der Satzung ein anderes ergibt.[628] Eine solche Weisung wirkt aber nur im *Innenverhältnis*. Sie hat *keinen Einfluß* auf den Umfang der *Vertretungsmacht* des Vorstands.

### cc) Vollständiger Entzug der Vertretungsmacht

Ein vollständiger Entzug der Vertretungsmacht des Vorstands ist rechtlich nicht zulässig, weil eine solche „Entmachtung" des Vorstands mit seiner Stellung als Vertretungsorgan des Vereins nicht zu vereinbaren ist (vgl. § 26 II 1 1. HS, 2, § 40 BGB).[629] Deshalb können auch bei einem mehrgliedrigen Vorstand einzelne Mitglieder nicht *gänzlich* von der Vertretung ausgeschlossen werden.[630]

### dd) Untersagung bestimmter Geschäfte und Zuweisung nur einiger Geschäfte

Durch die Satzung kann die Vertretungsmacht des Vorstands in der Weise beschränkt werden, daß sie *bestimmte Geschäfte* (z. B. Grundstücksgeschäfte) nicht umfaßt (*negative Formulierung*).[631] Zulässig ist es zwar auch, die Erteilung von Untervollmachten von der Vertretungsmacht des Vorstands auszunehmen.[632] Eine solche Regelung ist jedoch wenig *praktikabel*, führt sie doch dazu, daß der Vorstand *sämtliche* Rechtsgeschäfte für den Verein selbst vornehmen muß (z. B. auch den Kauf von Glühbirnen etc.). Rechtlich zulässig ist es, durch Satzungsregelung die Vertretungsmacht des Vorstands *unter den einzelnen Vorstandsmitgliedern* nach Sachbereichen (Ressorts) aufzuteilen (*positive Formulierung*).[633] Bezüglich der nicht aufgeteilten Bereiche gilt dann weiterhin die gesetzlich (Mehrheitsvertretung) oder in der Satzung vorgesehene Vertretungsregelung (z. B. Einzelvertre-

---

628 Vgl. *BGHZ* 119, 379, 385; Sauter / Schweyer / *Waldner*, Rn. 156, 281. Darüber hinaus kann die Satzung auch Weisungsrechte eines anderen Organs (z. B. des Aufsichtsrats) gegenüber dem Vorstand vorsehen.

629 So die ganz überwiegende Auffassung, vgl. *BayObLGZ* 1969, 33; 1971, 266, 271 ff.; 1972, 286; Sauter / Schweyer / *Waldner* Rn. 234; Palandt / *Heinrichs* § 26 Rn. 5; *K. Schmidt* GesR § 24 III 2 (S. 688 ff.); Soergel / *Hadding* § 26 Rn. 4.

630 Vgl. *KG* OLGRspr. 12, 4; *BayObLGZ* 1971, 266, 271; 1972, 286, 287; Sauter / Schweyer / *Waldner* Rn. 225, 231; *Danckelmann* NJW 1973, 735, 736, 738; Soergel / *Hadding* § 26 Rn. 7.

631 Vgl. Palandt / *Heinrichs* § 26 Rn. 5; Soergel / *Hadding* § 26 Rn. 21a; *Friedrich* DStR 1994, 100.

632 Vgl. Soergel / *Hadding* § 26 Rn. 19.

633 Vgl. Soergel / *Hadding* § 26 Rn. 7, 21a.

tungsmacht). Davon abgesehen steht es dem Verein natürlich frei, im *Innenverhältnis* die *Geschäftsführungsbefugnisse* nach Organen, Ämtern oder Sachbereichen zu ordnen. Dies berührt jedoch nicht die *Vertretungsmacht* des Vorstands nach außen.

#### ee) Zuweisung bestimmter Geschäfte an andere Organe und Normierung eines Zustimmungserfordernisses

Die Vertretungsmacht des Vorstands kann beschränkt werden, indem *anderen Organen* – vor allem besonderen Vertretern i. S. d. § 30 BGB – bestimmte Geschäftsbereiche (z. B. Bankangelegenheiten) und die dazugehörige Vertretungsmacht *ausschließlich zugewiesen* werden.[634] Dies führt zu einer Verringerung der Haftungsrisiken des Vereins, wenn die Satzung gleichzeitig die Besetzung des „anderen Organs" von bestimmten Qualifikationen (z. B. einer kaufmännischen Ausbildung) abhängig macht. Mit der höheren Sachkunde wird die Zahl der schadensträchtigen Fehlentscheidungen regelmäßig abnehmen. Die Vertretungsmacht des Vorstands kann ferner für bestimmte Geschäfte von der *Zustimmung eines anderen Organs* abhängig gemacht werden.[635] Dies führt zu einer verbesserten Kontrolle des Vorstands und damit zu einer Verringerung des Haftungsrisikos, insbesondere wenn das „andere Organ" mit fachkundigen oder besonders zuverlässigen Personen besetzt ist. Auf diesem Weg wird auch bei wechselnden Vorstandsmitgliedern die Einbringung besonderer Sachkunde in die Entscheidungen gewährleistet. Als „andere Organe" kommen in Betracht: Vorstandschaft, Gesamtvorstand, erweiterter Vorstand, Beirat, Mitgliederversammlung, Präsidium, Direktorium, Aufsichtsrat, Geschäftsführer, besonderer Vertreter i. S. d. § 30 BGB, Ausschuß, Kassenwart, Sportwart, Schatzmeister oder Hausverwalter.[636] Eine entsprechende Satzungsregelungen könnte wie folgt lauten: „Der Vorstand bedarf zur Vertretung des Vereins bei der Eingehung einer Verbindlichkeit von über 10.000 € der schriftlichen Zustimmung der Mitgliederversammlung."

#### ff) Eindeutigkeit und Klarheit von Beschränkungen der Vertretungsmacht

Unabhängig von der konkreten Art der Beschränkung der Vertretungsmacht muß die Regelung wegen der Rechtssicherheit und des Verkehrsschutzes jedoch *eindeutig* erkennen lassen, daß eine *Beschränkung der Vertretungsmacht im Au-*

---

634 Vgl. *BayObLGZ* 1971, 266 = RPfleger 1971, 352; Palandt/*Heinrichs* § 26 Rn. 5; *Friedrich* DStR 1994, 100; Sauter/Schweyer/*Waldner* Rn. 234.

635 Vgl. *OLG Köln* OLGReport 1999, 169, 170; RGRK/*Steffen* § 26 Rn. 5; MüKo/*Reuter* § 26 Rn. 13; Palandt/*Heinrichs* § 26 Rn. 5; *Friedrich* DStR 1994, 100; *Reichert* Rn. 1398 f.; Soergel/*Hadding* § 26 Rn. 21a; Staudinger/*Weick* § 26 Rn. 11; Sauter/Schweyer/*Waldner* Rn. 229.

636 Vgl. Sauter/Schweyer/*Waldner* Rn. 234 und 308 f.

*ßenverhältnis* und nicht nur eine Regelung der *Geschäftsführung im Innenverhältnis* gewollt ist.[637] Wann sich eine Regelung (auch) auf die Vertretungsmacht bezieht, ergibt sich aus der Auslegung der Satzung.[638] Entgegen der Ansicht von *Waldner*[639] findet sich jedoch in den einschlägigen *BGH*-Entscheidungen keine Aussage dahingehend, daß die Beschränkung der Vertretungsmacht „jedenfalls die Ausnahme" darstelle. Nicht ausreichend ist jedenfalls eine allein den Handlungsspielraum des Vorstands einschränkende Bestimmung.[640] Für eine Beschränkung *der Vertretungsmacht* spricht jedoch, wenn nur durch eine solche Beschränkung der Zweck der fraglichen Bestimmung erreicht werden kann.[641] Gleiches gilt bei einem Geschäftsbereich, der für das Vermögen des Vereins oder für seine Stellung nach außen von großer Bedeutung ist.[642] Hingegen liegt nur eine Bindung im Innenverhältnis vor, wenn in der Satzung bestimmt ist, daß dem Vorstand die Führung des Vereins nach der Satzung und den Beschlüssen der Mitgliederversammlung obliegt.[643] Gleiches gilt für Formvorschriften.[644]

Darüber hinaus muß aus Gründen der Rechtssicherheit und des Schutzes des Rechtsverkehrs in der Regelung *eindeutig* zum Ausdruck kommen, welchen *Umfang* die Beschränkung der Vertretungsmacht haben soll.[645] So hat das *Bayerische Oberste Landesgericht* entschieden, daß eine satzungsmäßige Bestimmung, nach der der Vorstand zu Investitionsmaßnahmen von über 50.000 DM der Zustimmung der Mitgliederversammlung bedarf, die Vertretungsmacht des Vorstands nicht einschränke.[646] Dem ist zuzustimmen, weil ein Dritter bei Abschluß eines Rechtsgeschäfts mit dem Verein nicht wissen kann, ob das einzelne Geschäft im Rahmen einer Investitionsmaßnahme mit einem *Gesamtumfang* von mehr oder weniger als 50.000 DM erfolgt.[647]

---

637 Vgl. *BGH* NJW 1980, 2799, 2800; NJW-RR 1996, 866; ebenso *BayObLGZ* 1999, 237, 239 und aus der Lit. Palandt/*Heinrichs* § 26 Rn. 5; *Friedrich* DStR 1994, 100; Sauter/Schweyer/*Waldner* Rn. 234; *Reichert* Rn. 1398; *Stöber* Rn. 282; Soergel/*Hadding* § 26 Rn. 21a; Staudinger/*Weick* § 26 Rn. 11.

638 Siehe zur Auslegung der Satzung allgemein etwa *BGHZ* 47, 172, 179 f.; 63, 282, 290; 96, 245, 250; 113, 240; Soergel/*Hadding* § 25 Rn. 32; MüKo/*Reuter* § 25 Rn. 14; Palandt/*Heinrichs* § 25 Rn. 3 f.

639 Sauter/Schweyer/*Waldner* Rn. 234 unter Hinweis auf *BGH* NJW-RR 1996, 866.

640 So ausdrücklich *BGH* NJW 1980, 2799, 2800.

641 Vgl. *BGH* NJW 1980, 2799, 2800; NJW-RR 1996, 866; MüKo/*Reuter* § 26 Rn. 15; Sauter/Schweyer/*Waldner* Rn. 234.

642 Vgl. Sauter/Schweyer/*Waldner* Rn. 234.

643 Vgl. den Fall von *OLG Frankfurt* RPfleger 1977, 103.

644 Vgl. Sauter/Schweyer/*Waldner* Rn. 234.

645 Vgl. *BayObLG* DB 1973, 2518; *BayObLGZ* 1999, 237, 239; Palandt/*Heinrichs* § 26 Rn. 5; *Reichert* Rn. 1398; *Stöber* Rn. 282.

646 Vgl. *BayObLGZ* 1999, 237 = RPfleger 1999, 544 = DNotZ 2000, 49.

647 Vgl. *BayObLGZ* 1999, 237, 241.

### gg) Mehrheitsvertretung, Einzelvertretung, Gesamtvertretung, unechte Gesamtvertretung

Neben den bisher dargestellten Beschränkungen *sachlicher Art* sind auch Regelungen *personeller Art* möglich. Für den mehrgliedrigen Vorstand gilt von Gesetzes wegen *Mehrheitsvertretung.*[648] Haftungsrechtlich gesehen ist der Grundsatz der Mehrheitsvertretung günstig, weil nicht bereits ein einzelnes Vorstandsmitglied den Verein wirksam verpflichten kann. Die Satzung des Vereins kann aber auch bestimmen, daß ein, mehrere oder alle Vorstandsmitglieder jeweils *allein* zur Vertretung des Vereins berechtigt sind (*Einzelvertretungsmacht*)[649] Dies darf aber nicht dazu führen, daß ein Mitglied des Vorstands gänzlich von der Vertretung des Vereins ausgeschlossen wird.[650] Haftungsrechtlich ist die Einzelvertretungsmacht riskanter, weil schon ein einzelnes Vorstandsmitglied Verbindlichkeiten für den Verein begründen kann. Durch Satzungsregelung kann schließlich *Gesamtvertretungsmacht* angeordnet werden.[651] In diesem Fall bedarf es zur wirksamen Vertretung eines Zusammenwirkens mehrerer oder sämtlicher Vorstandsmitglieder. Haftungsrechtlich ist dies für den Verein günstig, denn das Zusammenwirken der Vorstandsmitglieder führt zu einer gewissen gegenseitigen Kontrolle. Nach ganz überwiegender Auffassung ist hingegen eine Satzungsregelung wegen Verstoßes gegen

---

648 Siehe oben Zweiter Teil B. I. 5. vor a). Siehe zur Möglichkeit der Unterbevollmächtigung *BAG* BB 1956, 79; Palandt/*Heinrichs* § 26 Rn. 7; Sauter/Schweyer/*Waldner* Rn. 231, 237; Soergel/*Hadding* § 26 Rn. 18 f. Die Bevollmächtigung darf aber nicht zu einer faktischen Übertragung der Organstellung hinauslaufen, vgl. *BGHZ* 64, 72 (zur GmbH). Unwirksam ist deshalb die Bevollmächtigung eines einzelnen Vorstandsmitglieds *allgemein* oder für einen *sachlich nicht hinreichend abgegrenzten Geschäftskreis,* vgl. *BGHZ* 34, 27; *BGH* WM 1978, 1047, 1048; *OLG München* NJW-RR 1991, 893; *OLG Hamm* OLGZ 1978, 21, 24; 26, 27. Ebenso unwirksam ist die Erteilung einer *generellen unwiderruflichen Vollmacht,* vgl. *OLG München* OLGZ 1965, 1. Unbedenklich hingegen ist die Bevollmächtigung (auch die unwiderrufliche) *nur für ein einzelnes Rechtsgeschäft.*

649 Vgl. *BGHZ* 69, 250 = NJW 1977, 2310; *BGH* WM 1992, 2055; *BayObLG* OLGRspr. 15, 306; *KG* Das Recht 1929 Nr. 1455; Palandt/*Heinrichs* § 26 Rn. 6; *K. Schmidt* GesR § 24 III 2 (S. 688 ff.); Sauter/Schweyer/*Waldner* Rn. 130, 231; Soergel/*Hadding* § 26 Rn. 17.

650 Dies ergibt sich daraus, daß § 26 II 1 BGB zwingend Recht ist (Umkehrschluß aus § 40 BGB).

651 Vgl. *BayObLG* OLGRspr. 15, 306; *KG* Das Recht 1929 Nr. 1455; Soergel/*Hadding* § 26 Rn. 17; MüKo/*Reuter* § 26 Rn. 14; Sauter/Schweyer/*Waldner* Rn. 231; *K. Schmidt* GesR § 24 III 2 (S. 688 ff.); Palandt/*Heinrichs* § 26 Rn. 6. Auch im Falle der Gesamtvertretung kann bereits das Verschulden eines einzelnen Vorstandsmitglieds zu einer Haftung des Vereins aus § 31 BGB (z. B. i.V.m. § 823 I BGB) führen, vgl. *RGZ* 57, 93, 94; 74, 250, 257; 78, 353; 82, 436; 110, 145; 134, 375, 377; 157, 228, 233; 163, 21, 29; *BGH* WM 1959, 78, 80; NJW 1980, 115; NJW 1986, 2941; *OLG München* NJW-RR 1991, 672; Soergel/*Hadding* § 31 Rn. 25. Dies kann schon dann der Fall sein, wenn die unerlaubte Handlung eines Gesamtvertretungsberechtigten nur in der Fälschung der Unterschriften der anderen Organmitglieder besteht, vgl. *BGH* NJW 1986, 2941 unter ausdrücklicher Abkehr von der vorherigen Rspr. (z. B. *RGZ* 134, 375; *BGH* WM 1967, 714); *OLG München* NJW-RR 1991, 672, 673; *Stöber* Rn. 398.

das Prinzip der *organschaftlichen Vertretung* unzulässig, durch die einem Nichtvorstandsmitglied (z. B. einem Geschäftsführer) die allgemeine Befugnis eingeräumt wird, den Verein gemeinsam mit einem Vorstandsmitglied zu vertreten (*unechte Gesamtvertretung*).[652] Rechtlich zulässig ist es aber, einem, mehreren oder allen Vorstandsmitgliedern Einzelvertretungsmacht einzuräumen und diese von der *Zustimmung* eines Nichtvorstandsmitglieds abhängig zu machen.[653] Schlußendlich ist darauf hinzuweisen, daß Vertretungshandlungen des Vorstands *in ihrer Wirksamkeit* jedenfalls nicht von einem wirksamen *internen Vorstandsbeschluß* abhängen. Erforderlich aber auch ausreichend ist, daß nach außen eine vertretungsberechtigte Anzahl von Vorstandsmitgliedern auftritt.[654]

### *b) Vertretungsregelungen für besondere Vertreter i. S. d. § 30 BGB*

Da der Verein gemäß § 31 BGB für seine besonderen Vertreter genauso haftet wie für seine Vorstandsmitglieder, gilt für das Verhältnisses der Vertretungs- zur Haftungsordnung das zum Vorstand Gesagte entsprechend.

Die Vertretungsmacht eines besonderen Vertreters erstreckt sich gemäß § 30 S. 2 BGB „im Zweifel auf alle Rechtsgeschäfte, die der ihm zugewiesene Geschäftskreis gewöhnlich mit sich bringt." Damit ist seine organschaftliche Vertretungsmacht schon von Gesetzes wegen sachlich beschränkt. Was zusätzliche sachliche und personelle Beschränkungen angeht, gilt das zum Vorstand gesagte mit der Abweichung entsprechend, daß sogar der gänzliche Entzug der Vertretungsmacht zulässig ist.[655] Durch einen entsprechenden Registereintrag läßt sich analog §§ 70 1. Var., 68 BGB eine Drittwirkung der Beschränkung erzielen.[656]

---

652 Vgl. *OLG Hamm* OLGZ 1978, 21, 23 f., 26; 1978, 26, 29; Erman/*H.P. Westermann* § 26 Rn. 1; *K. Schmidt* GesR § 24 III 2 (S. 688 ff.); MüKo/*Reuter* § 26 Rn. 14; Palandt/*Heinrichs* § 26 Rn. 3; Soergel/*Hadding* § 26 Rn. 8; Sauter/Schweyer/*Waldner* Rn. 229; *Friedrich* DStR 1994, 100; *Burhoff* Rn. 138; *Reichert* Rn. 1426; *Edenfeld* S. 109 ff.; a.A. aber *Kirberger* RPfleger 1979, 5, 48 ff.

653 Vgl. dazu bereits oben Zweiter Teil B. I. 5. a) ee).

654 Str., wie hier Palandt/*Heinrichs* § 26 Rn. 6; Soergel/*Hadding* § 26 Rn. 16, § 28 Rn. 9; Staudinger/*Weick* § 28 Rn. 8 ff., 11; *Flume* JurP § 10 II 2 a (S. 360 f.); *Reichert* Rn. 1464, 1477 f.; *Friedrich* DStR 1994, 100, 101; eingehend jüngst *Schwarz* RPfleger 2003, 1, 4 ff. A.A: *BayObLGZ* 1971, 266; 1976, 230; *Stöber* Rn. 335; Sauter/Schweyer/*Waldner* Rn. 232; *Danckelmann* NJW 1973, 735 ff.; RGRK/*Steffen* § 26 Rn. 6; MüKo/*Reuter* § 26 Rn. 15, § 28 Rn. 1. Der *BGH* (Z 69, 250, 253 f.) hat die Frage offengelassen, hält es jedoch zumindest für mit dem Gesetz vereinbar, wenn die Satzung die Unabhängigkeit der Vertretungsmacht von einer internen Beschlußfassung anordnet.

655 Dies ergibt sich aus dem Wortlaut des § 30 S. 2 BGB („im Zweifel"), aus einem Umkehrschluß zu § 26 II 1 BGB und aus der Tatsache, daß der besondere Vertreter im Unterschied zum Vorstand nur ein fakultatives Organ ist. A.A. im Ergebnis: *Friedrich* DStR 1994, 100, 101 (ohne Begründung). Offengelassen in *RGZ* 157, 228, 236.

656 Vgl. MüKo/*Reuter* § 68 Rn. 2; Sauter/Schweyer/*Waldner* Rn. 313; Soergel/*Hadding* § 30 Rn. 10, § 68 Rn. 4. Vgl. dazu, daß die Bestellung besonderer Vertreter analog § 64 BGB

### 6. Haftungsbeschränkung gegenüber den Mitgliedern durch Vereinsobservanz

Nachdem die Zulässigkeit entsprechender Regelungen für die Satzung und für Vereinsordnungen wegen § 40 BGB verneint und für Verträge bejaht werden konnte, bleibt zu klären, ob sich eine Beschränkung der Haftung des Vereins aus § 31 BGB nicht aus ständiger Übung der Mitglieder und entsprechender Akzeptanz ergeben kann (*Vereinsobservanz, Vereinsherkommen, Vereinsgewohnheitsrecht*).[657]

#### *a) Vereinsobservanz als Rechtsquelle der Verfassung eines eingetragenen Vereins*

Es stellt sich zunächst die grundlegende Frage, ob Vereinsobservanz überhaupt zu den Rechtsquellen der Vereinsverfassung gehört. Jedenfalls hat – entgegen der Ansicht von *Kirberger*[658] – das *RG* in seiner Entscheidung vom 12. März 1936[659] die *ständige Übung* im Verein *nicht* als Rechtsquelle des Vereinsrechts anerkannt, sondern lediglich festgestellt, daß sie für die *Auslegung* der Satzung von Bedeutung sein kann. Es gibt jedoch in der Rechtsprechung durchaus andere Entscheidungen, die in der Vereinsobservanz eine zulässige Quelle des Vereinsrechts sehen.[660] So findet sich etwa in einem älteren Urteil des *OLG Hamburg* die prägnante Aussage: „Diese ununterbrochene Übung weißt alle Merkmale des Herkommens auf, wie solche nach Analogie des Gewohnheitsrechts innerhalb der Autonomie des Vereins objektives Recht schafft.“[661] Auch das *RG* hat in einer Entscheidung vom 3. Februar 1936 die Möglichkeit der Ergänzung der Satzung eines eingetragenen Vereins durch Observanz ausdrücklich bejaht.[662]

*Gegen* eine Anerkennung von Vereinsobservanz als Rechtsquelle der Verfassung *beim eingetragenen Verein* spricht jedoch eindeutig die *Entstehungsgeschichte* des

---

in das Vereinsregister einzutragen ist *BayObLG* RPfleger 1999, 332, 333; *OLG Köln* MittRhNotK 1986, 225; *BayObLGZ* 1981, 71; *KG* OLGE 44, 115; *OLG Hamm* OLGZ 1978, 21, 26; Staudinger / *Weick* § 30 Rn. 9 und § 64 Rn. 6; MüKo / *Reuter* § 30 Rn. 8; Palandt / *Heinrichs* § 64 Rn. 3; Sauter / Schweyer / *Waldner* Rn. 313; a.A. insoweit aber Soergel / *Hadding* § 30 Rn. 14; RGRK / *Steffen* § 64 Rn. 3; *Stöber* Rn. 389; *Kirberger* RPfleger 1979, 10.

657 Siehe allgemein zum Gewohnheitsrecht Larenz / *Wolf* BGB AT § 3 Rn. 23 ff.

658 *Kirberger* S. 241 mit Fn. 96.

659 *RG* JW 1936, 2387.

660 Vgl. *RG* HRR 1936 Nr. 863; *OLG Hamburg* OLGRspr. 32, 332, 333; *KG* HRR 1934 Nr. 1579; *OLG Nürnberg* VersR 1955, 226, 227 li. Sp. zur Übung als Auslegungshilfe und re. Sp. zur Übung als Rechtsquelle; *OLG Frankfurt* WM 1985, 1466, 1468 (für den nicht rechtsfähigen Verein); *OLG Köln* WM 1990, 1068, 1070 (für den nicht rechtsfähigen Verein).

661 *OLG Hamburg* OLGRspr. 32, 332, 333. Es ist jedoch nicht ersichtlich, ob es um einen *eingetragenen* Verein ging.

662 *RG* HRR 1936 Nr. 863.

BGB-Vereinsrechts. Im Rahmen der Beratungen der Zweiten Kommission war der Antrag gestellt worden, folgende Vorschrift einzufügen: „Eine Bestimmung, in Ansehnung welcher die nach diesen §[663] oder in der Verfassung festgestellten Voraussetzungen nicht zutreffen, ist gültig, wenn die Bestimmung so lange in tatsächlicher Anwendung gewesen ist, daß angenommen werden muß, dieselbe entspreche dem übereinstimmenden Willen der Mitglieder.“[664] Dieser Antrag, welcher die Vereinsobservanz als ergänzende und abändernde Rechtsquelle für die Vereinsverfassung anerkennen wollte, wurde von der Kommission ausdrücklich *abgelehnt*.[665] Die Kommission führte dazu unter anderem aus: „Hinsichtlich derjenigen Körperschaften, welche erst nach dem Inkrafttreten des BGB ins Leben träten, sei dagegen das Bedürfnis für die Berücksichtigung des Herkommens zu verneinen. Für eine solche sei neben dem Publizitätsprinzipe ([...] Eintragung bei Statutenänderungen) kein Raum. Zudem sei das im Wege des Herkommens sich bildende Recht immer ein unbestimmtes, besonders sei der Zeitpunkt des Entstehens der Observanz schwer feststellbar, so daß Zweifel und Streit aus einer solchen Vorschrift entstehen würden. [...] Habe tatsächlich eine Übung längere Zeit bestanden, so bleibe [es] den Mitgliedern unbenommen, ihr durch einen verfassungsmäßigen Beschluß rechtlichen Bestand zu verleihen.“[666] Die Väter des BGB wollten also aus Gründen der Publizität und der Rechtssicherheit die Vereinsobservanz als Quelle des Vereinsverfassung *beim eingetragenen Verein* gerade ausschließen.[667]

Darüber hinaus spricht gegen die Anerkennung von Vereinsobservanz als Quelle der Vereinsverfassung auch § 25 BGB. Gemäß dieser Norm wird die Verfassung des Vereins durch die Vorschriften des BGB-Vereinsrechts und die Satzung bestimmt. Die Vereinsobservanz ist als Rechtsquelle gerade nicht genannt. Da der Ausschluß der Haftung aus § 31 BGB – wie bereits festgestellt[668] – zu den „das Vereinsleben bestimmenden Grundentscheidungen“ und damit zur Verfassung des Vereins gehört, kann er sich wegen § 25 BGB folgerichtig nur aus dem Gesetz oder der Satzung (wo er allerdings wegen § 40 BGB unwirksam wäre) ergeben, nicht aber aus Vereinsobservanz.

Selbst wenn man jedoch – wie die Rechtsprechung und Teile der Literatur – Vereinsobservanz zur Ergänzung der Verfassung des *eingetragenen Vereins* grundsätzlich für zulässig hielte[669], könnte die Haftung des Vereins aus § 31 BGB da-

---

663 Gemeint sind die §§ 27, 28 des Antrages 1 (abgedruckt bei *Mugdan* I S. 619 f.), die inhaltlich in etwa den heutigen §§ 32–34 BGB entsprechen.

664 Protokolle bei *Mugdan* I S. 623 = Protokolle I S. 530 ff.

665 Vgl. Protokolle bei *Mugdan* I S. 624 = Protokolle I S. 530 ff.

666 Protokolle bei *Mugdan* I S. 624 = Protokolle I S. 530 ff.

667 Vgl. Soergel / *Hadding* § 25 Rn. 5. Da diese Argumentation nur auf den eingetragenen Verein zutrifft, stellt Vereinsobservanz beim nicht eingetragenen (nichtrechtsfähigen) Verein durchaus eine zulässige Rechtsquelle der Vereinsverfassung dar.

668 Vgl. oben Zweiter Teil B. I. 2.

669 Vgl. dazu die in Fn. 880 genannte Rechtsprechung und aus der Literatur etwa *Reichert* Rn. 354 ff., 359, *Kirberger* S. 241 ff. und RGRK / *Steffen* § 33 Rn. 4, die allerdings bezüglich

durch nicht abbedungen werden. Denn die Abbedingung des § 31 BGB gehört – es sei nochmals darauf hingewiesen – zu den „das Vereinsleben bestimmenden Grundentscheidungen" und damit zum „materiellen Satzungsrecht im engeren Sinne".[670] Selbst wenn sich also „materielles Satzungsrecht im engeren Sinne" nicht nur aus der Satzung, sondern auch aus anderen Rechtsquellen ergeben könnte[671], würden für den verfassungsrechtlichen Teil einer solchen „anderen Rechtsquelle" gleichwohl die für die Satzung einschlägigen Vorschriften gelten[672], also unter anderem § 40 BGB. Nach dieser Vorschrift kann § 31 BGB aber gerade nicht durch die Satzung (oder Vereinsordnung) abbedungen werden.

#### *b) Ständige Übung und entsprechende Akzeptanz als konkludente Satzungsänderung*

Zutreffenderweise kann die Verfassung *des eingetragenen Vereins* nicht durch Observanz ergänzt oder abgeändert werden.[673] Nach der Rechtsprechung des *BGH* soll jedoch aus einer ständigen Übung innerhalb des Vereins auf eine *konkludente Zustimmung zu einer Satzungsergänzung oder -änderung* geschlossen werden können.[674] Legte man diesen Ansatz zugrunde, wäre eine Beschränkung der Haftung aus § 31 BGB denkbar. Gegenüber einer solchen Konstruktion bestehen jedoch gravierende Bedenken.

##### aa) Formelle Bedenken

Beim eingetragenen Verein bedarf jede Satzungsänderung und -ergänzung, mithin jede Veränderung des Satzungswortlauts, gemäß § 71 I 1 BGB zu ihrer Wirksamkeit der *Eintragung in das Vereinsregister.* Die Eintragung ist daher *konstitutiver* und nicht nur deklaratorischer Natur. Darüber hinaus muß die Satzungsänderung schriftlich festgelegt sein, da der Registerrechtspfleger die Anmeldung der Änderung andernfalls gemäß §§ 71 II, 60, 59 II Nr. 1 BGB zurückzuweisen hat.

---

des eingetragenen Vereins auf die Unwirksamkeit der Vereinsobservanz wegen der fehlenden Schriftlichkeit (§ 59 II BGB) und der fehlenden Registereintragung (§ 71 I BGB) hinweisen.

670 Siehe zu diesem Begriff allg. Soergel / *Hadding* § 25 Rn. 4.

671 So z. B. Soergel / *Hadding* § 25 Rn. 4, der insoweit auf die Nebenordnungen verweist.

672 Vgl. hierzu bereits oben Zweiter Teil B. I. 2.

673 Ebenso Staudinger / *Weick* § 25 Rn. 6; *Reemann* S. 35 ff., der aber zu Recht darauf hinweist, daß Vereinsobservanz *außerhalb der Vereinsverfassung* auch beim eingetragenen Verein zulässig ist. Ähnlich RGRK / *Steffen* § 25 Rn. 1. Ein Beispiel für eine solche Observanz außerhalb der Vereinsverfassung ist z. B. die auf Herkommen beruhende Geschäftsordnung eines Vereinsorgans.

674 Vgl. *BGHZ* 16, 143, 150 f.; 23, 122, 129 (beide Urteile zum e.V.); 25, 311, 316 (zu einem Personenzusammenschluß, der einem nichtrechtsfähigen Verein ähnelte). Dem *BGH* ausdrücklich zustimmend: *OLG Frankfurt* WM 1985, 1466, 1468 (zum nicht rechtsfähigen Verein).

Diese Anforderungen gehören zum zwingenden BGB-Vereinsrecht. Bei einer „konkludenten" Satzungsänderung durch ständige Übung fehlt es aber gerade an einer schriftlichen Fixierung und an einer Eintragung in das Vereinsregister. Schon wegen § 71 I 1 BGB ist eine solche „Satzungsänderung durch ständige Übung" beim eingetragenen Verein deshalb unwirksam.[675] Dieses zwingende Wirksamkeitshindernis wurde vom *RG* in seiner bereits erwähnten Entscheidung vom 3. Februar 1936[676] offenbar völlig übersehen.

#### bb) Materielle Bedenken

Man könnte nun argumentieren, daß sich die soeben genannten formellen Bedenken relativ leicht aus dem Weg räumen lassen, indem man die ständige Übung schriftlich fixiert und als Satzungsänderung in das Vereinsregister eintragen läßt. Nur wäre damit nichts gewonnen. Denn für die (geänderte) Satzung würde unter anderem § 40 BGB gelten, demzufolge § 31 BGB gerade nicht durch Satzungsregelung abbedungen werden kann. Die Satzung wäre insoweit wegen Verstoßes gegen zwingendes Gesetzesrecht unwirksam. Selbst wenn man also aus einer ständigen Übung innerhalb des Vereins auf eine *konkludente Zustimmung zu Satzungsergänzungen oder -änderungen* schlösse, könnte auf diesem Wege die Haftung des Vereins aus § 31 BGB nicht wirksam abbedungen werden.

## 7. Sonstige Möglichkeiten zur Eingrenzung des Haftungsrisikos

Abgesehen von den bisher aufgezeigten, eher begrenzten Möglichkeiten des Vereins, seine Haftung aus § 31 BGB *auszuschließen* oder zu *begrenzen,* gibt es einige Mechanismen, die zwar *rechtlich* gesehen nicht zu einer Beschränkung der Haftung führen, jedoch rein *tatsächlich* das Risiko des Eintritts eines Haftungsfalles zu verringern helfen.

### *a) Ausreichende Anzahl von Vorstandsmitgliedern und besonderen Vertretern*

Jeder Verein muß gemäß § 26 I 1 BGB einen Vorstand haben. Im Gegensatz etwa zur Genossenschaft, bei der der Vorstand aus mindestens zwei Personen zu

---

675 Vgl. *BGHZ* 16, 143, 150 f.; *OLG Hamm* OLGZ 1980, 326, 328; Soergel/*Hadding* § 25 Rn. 5; § 33 Rn. 14; Sauter/Schweyer/*Waldner* Rn. 37, 33 a.E., 139; *Helms* S. 48. Da es beim nicht eingetragenen Verein (§ 54 BGB) kein Eintragungserfordernis gibt, ist hier eine Satzungsänderung durch ständige Übung im Sinne einer konkludenten Satzungsänderung möglich, siehe *OLG Frankfurt* WM 1985, 1466, 1468; *OLG Köln* WM 1990, 1068, 1070; Soergel/*Hadding* § 25 Rn. 5; *Reichert* Rn. 358 ff.; *Reuter* ZHR 148 (1984), 523, 549 ff.; Palandt/*Heinrichs* § 25 Rn. 3.

676 *RG* HRR 1936 Nr. 863.

bestehen hat (§ 24 II GenG), ist für den Verein nach der gesetzlichen Regel ein Ein-Mann-Vorstand vorgesehen.[677] Die Bestellung besonderer Vertreter ist nach dem Gesetz fakultativ (§ 30 S. 1 BGB).[678] Regelmäßig wird *ein* Vorstandsmitglied allein jedoch mit der sorgfältigen Erledigung sämtlicher Geschäftsführungsangelegenheiten überfordert sein. Dies kann zu Fehlentscheidungen und Nachlässigkeiten und damit letztlich auch zu Haftungsfällen (z. B. Forderungsausfälle, Verzugsschäden) führen. Zur Eingrenzung des Risikos ist es deshalb sinnvoll, von der in § 26 I 2 BGB eingeräumten Möglichkeit Gebrauch zu machen und einen *mehrgliedrigen,* also aus mehreren Personen bestehenden Vorstand zu bestellen. Die Mehrgliedrigkeit bringt außerdem noch einen weiteren Vorteil mit sich: Sie führt zu einer gewissen gegenseitigen Kontrolle der Vorstandsmitglieder untereinander. Für abgegrenzte Aufgabengebiete bietet sich ferner die Berufung besonderer Vertreter i. S. d. § 30 BGB an. Bei der Frage nach der notwendigen Anzahl von Organwaltern ist allerdings zu bedenken, daß der Verein für jeden von ihnen nach § 31 BGB haftet.

### *b) Amtsdauer der Vorstandsmitglieder*

Die Amtsdauer der Vorstandsmitglieder des Vereins ist von Gesetzes wegen im Gegensatz etwa zur Aktiengesellschaft (§ 84 I 1 AktG: höchstens 5 Jahre) *unbegrenzt.*[679] Theoretisch ist daher sogar eine Bestellung auf Lebenszeit möglich. Die Satzung kann aber ein automatisches Ende der Amtszeit im Sinne einer *auflösenden Befristung* festlegen. In diesem Fall endet das Vorstandsamt gemäß § 163 2. Var. i.V.m. § 158 II BGB ohne weiteres mit dem Ende der Amtszeit.[680] Eines zusätzlichen Widerrufs der Bestellung bedarf es nicht.[681] Vorausgesetzt, sie sind überhaupt an ihrer Wiederbestellung interessiert, läßt sich für die Vorstandsmitglieder durch die Bestimmung einer angemessenen Amtszeit zumindest ein gewisser *Anreiz zur ordnungsgemäßen Geschäftsführung* und damit zur Verringerung des Haftungsrisikos schaffen.[682] Das Erfordernis der Wiederbestellung schafft auf seiten des Vorstands einen gewissen Druck, sich „zu bewähren".

---

677 Dies ergibt sich aus einem Umkehrschluß zu § 26 I 2 BGB („Der Vorstand *kann* aus mehreren Personen bestehen.") (Hervorhebung nicht im Gesetzestext.)

678 Vgl. § 30 S. 1 BGB („Durch die Satzung *kann* bestimmt werden, daß neben dem Vorstande für gewisse Geschäfte besondere Vertreter zu bestellen sind.") (Hervorhebung nicht im Gesetzestext.) Nach der Rechtsprechung trifft den Verein hingegen unter bestimmten Voraussetzungen eine Pflicht zur Bestellung besonderer Vertreter, siehe dazu oben Zweiter Teil A. I. 5. b).

679 Vgl. Soergel / *Hadding* § 27 Rn. 15; RGRK / *Steffen* § 27 Rn. 4; Staudinger / *Weick* § 27 Rn. 13; einschränkend MüKo / *Reuter* § 27 Rn. 24 für Vereine ohne Aufnahmefreiheit.

680 Vgl. Soergel / *Hadding* § 27 Rn. 15.

681 Vgl. *BGH* WM 1970, 1272; *OLG München* WM 1970, 770; *LG Berlin* WM 1963, 1239.

682 Dies wiederum mag helfen, Schadensfälle und damit eine Haftung des Vereins zu verhindern.

### *c) Persönliche Eigenschaften und Fähigkeiten der Organwalter*

Die *Satzung* kann regeln, daß Personen nur dann zu Vorstandsmitgliedern oder besonderen Vertretern bestellt werden dürfen, wenn sie über besondere persönliche Eigenschaften oder Fähigkeiten verfügen.[683] So kann etwa die Besetzung des Vorstandsamtes „Kassenwart" davon abhängig gemacht werden, daß die zu bestellende Person über eine bestimmte Berufsausbildung verfügt (z. B. Kaufmann, Steuerberater, Wirtschaftsprüfer). Ergibt sich in einem Verein die Notwendigkeit, einen Organwalter damit zu beauftragen, gegenüber Dritten, der Presse oder der Öffentlichkeit Erklärungen abzugeben, und enthalten diese Erklärungen tendenziell haftungsrechtlich relevante Äußerungen[684], so ist es zur Verringerung des Haftungsrisikos sinnvoll, für dieses Amt eine Person vorzusehen, die sich mit den rechtlichen Grenzen der Zulässigkeit solcher Äußerungen auskennt.[685]

### *d) Trennung von Vertretung und Geschäftsführung*

Der Verein kann gemäß § 30 BGB für bestimmte Geschäfte besondere Vertreter bestellen. Daneben ergibt sich aus § 32 I 1 BGB die Möglichkeit, über die Mitgliederversammlung und den Vorstand hinaus weitere Organe zu schaffen.[686] Diese Kompetenz geht letztlich auf die Vereinsautonomie zurück.[687] Durch die neu zu schaffenden Organe können die Zuständigkeiten und Befugnisse des Vorstands und der Mitgliederversammlung eingeschränkt werden.[688] Der Verein kann also neben dem Vorstand etwa einen besonderen Vertreter bestellen oder ein völlig neues Geschäftsführungsorgan schaffen und dieses z. B. „Präsidium", „erweiterter Vorstand", „Vorstandschaft" oder einfach „Geschäftsführung" nennen.[689] Durch die Satzung kann dem Organ dann die *interne* Führung der Vereinsgeschäfte übertragen werden.[690] Die Stellung des gesetzlich vorgesehenen „Vertreters" des Vereins

---

683 Vgl. für den Vorstand Palandt/*Heinrichs* § 26 Rn. 4; *Friedrich* DStR 1994, 100; Soergel/*Hadding* § 27 Rn. 3; Staudinger/*Weick* § 27 Rn. 7; MüKo/*Reuter* § 26 Rn. 7.

684 So z. B. bei kritischen Äußerungen der Organwalter von Umwelt- oder Tierschutzvereinen über vermeintliche Umweltsünder bzw. Tierquäler, die leicht einen deliktsrechtlichen Tatbestand erfüllen können (z. B. § 823 II BGB i.V.m. §§ 185 ff. StGB).

685 Anbieten würde sich z. B. (aber selbstverständlich nicht nur) ein Jurist mit Erfahrungen in diesem Bereich.

686 Vgl. etwa *Edenfeld* S. 82. Ein vom Gesetz selbst genanntes „anderes Vereinsorgan" i. S. d. § 32 I 1 BGB ist der besondere Vertreter gemäß § 30 BGB.

687 Vgl. dazu bereits oben Zweiter Teil A. I. 1. c) cc) (2).

688 Vgl. *Flume* JurP S. 380; *Edenfeld* S. 82.

689 Siehe zu den Bezeichnungen etwa Sauter/Schweyer/*Waldner* Rn. 234 und 308 f.

690 So inzwischen die ganz h.M., vgl. *BGHZ* 69, 250, 252 ff. = NJW 1977, 2310; Soergel/*Hadding* § 26 Rn. 4; *Danckelmann* NJW 1973, 735, 738; MüKo/*Reuter* § 26 Rn. 3 f. m. w. N. in Fn. 8; für eine zwingende Union von Geschäftsführung und Vertretung beim Vorstand hingegen früher *BayObLGZ* 1971, 302; 1972, 286.

darf dem Vorstand dadurch jedoch nicht genommen werden, weil § 26 II 1 2. HS BGB wegen § 40 BGB zwingendes Recht darstellt. Es muß weiterhin der Vorstand sein, der den Verein gerichtlich und außergerichtlich vertritt (§ 26 II 1 1. HS BGB).[691] Dazu gehört auch, daß ihm ein zur Vertretung notwendiges Mindestmaß an Willensbildungsfreiheit verbleibt, denn sonst wäre er nur Bote und kein Vertreter.[692] Eine Verringerung des Haftungsrisikos läßt sich durch die Trennung von Vertretung und Geschäftsführung insoweit erreichen, als daß sie eine gewisse gegenseitige Kontrolle der beiden Organe mit sich bringt.

### *e) Schaffung eines Aufsichtsrats*

Aus § 32 I 1 BGB und dem Grundsatz der Vereinsautonomie ergibt sich für den Verein ferner die Möglichkeit, durch die Satzung ein *Kontroll- oder Überwachungsorgan* für den Vorstand zu schaffen. Gerade in Vereinen, bei denen der Vorstand über nicht unerhebliche Geldsummen oder sonstige Vermögenswerte verfügen kann und muß (wie etwa in vielen Sportvereinen), ist dies sinnvoll.[693] Wie dieses Kontrollorgan bezeichnet wird, spielt für seine Tätigkeit keine Rolle. In Anlehnung an die Terminologie bei der eingetragenen Genossenschaft und der Aktiengesellschaft könnte man es „Aufsichtsrat" nennen. Viel wichtiger als seine Bezeichnung sind die Kompetenzen, die die Satzung diesem Organ zuweist. So führt etwa die Normierung von *Informations- oder Anhörungspflichten* des Vorstands gegenüber dem Aufsichtsrat[694] dazu, daß die Vorstandstätigkeit einer ständigen Kontrolle unterworfen wird.[695] Möglich ist auch, bestimmte Geschäftsführungsmaßnahmen des Vorstands von der *ausdrücklichen Zustimmung* des Aufsichtsrats abhängig zu machen (Innenverhältnis).[696] Hält sich der Vorstand nicht an solche Kontrollregeln, stellt dies eine Pflichtverletzung im Verhältnis zum Verein dar. Entsteht dem Verein dadurch ein Schaden, kann der Vorstand ersatzpflichtig sein.[697] Zusätzlicher „Druck" läßt sich dadurch aufbauen, daß dem Aufsichtsrat

---

691 Vgl. dazu bereits oben Fn. 856. Zulässig ist selbstverständlich, daß der Vorstand die Geschäftsführer im Einzelfall zur Vertretung des Vereins ermächtigt.

692 Vgl. MüKo/*Reuter* § 26 Rn. 4; Erman/*H.P.Westermann* § 26 Rn. 1.

693 Siehe zum Problem einer effektiven Kontrolle des Vorstands in Großvereinen jüngst mit Reformvorschlägen *Adams/Maßmann* ZRP 2002, 128 ff.; *Segna* NZG 2002, 1048 ff.; einen Reformbedarf ablehnend hingegen *Ott* ZRP 2002, 433 ff. Das neue österreichische Vereinsgesetz (in Kraft seit 1. 7. 2002) sieht in § 5 IV sogar *ausdrücklich* die Möglichkeit der Schaffung eines Aufsichtsorgans vor, vgl. *Lachmair* SpuRt 2002, 181, 182.

694 Zu denken ist etwa an Geschäftsentscheidungen, die sich auf Investitionsmaßnahmen beziehen, die eine zuvor festgelegte Höchstsumme übersteigen.

695 Informations- und Anhörungspflichten bezüglich *sämtlicher* Geschäfte würden hingegen die Arbeit des Vorstands allzusehr behindern.

696 Siehe zur Möglichkeit einer *nach außen* wirkenden Beschränkung der Vertretungsmacht des Vorstands durch die Schaffung eines Zustimmungserfordernisses bereits oben Zweiter Teil B. I. 5. a) ee).

697 Siehe zur Haftung des Vorstands gegenüber dem Verein eingehend unten Vierter Teil.

durch Satzungsregelung die *Kompetenz zur Bestellung und Abberufung* der Vorstandsmitglieder zugewiesen wird. Dies ist möglich, weil die in § 27 I BGB geregelte Zuständigkeit der Mitgliederversammlung wegen § 40 BGB satzungsdispositiv ist.

Schließlich vermag die Satzung – ähnlich wie beim Vorstand – die Bestellung von *Aufsichtsratsmitgliedern* vom Vorliegen bestimmter persönlicher Eigenschaften und Fähigkeiten abhängig zu machen. Auf diese Weise kann durch die Mitglieder des Aufsichtsrats zum einen zusätzlicher Sachverstand in die Entscheidungsprozesse des Vereins eingebracht werden. Zum anderen können solche (außenstehenden) Personen in den Aufsichtsrat bestellt werden, die eine gewisse Gewähr für eine unabhängige und seriöse Beratung und Kontrolle bieten (z. B. ein Notar), selbst aber nicht bereit wären, daß arbeitsintensivere Amt eines Vorstandsmitglieds zu übernehmen.

#### *f) Prüfung durch Revisoren*

Zwar kennt das Vereinsrecht eine regelmäßige Prüfung der Geschäftsführung der Vorstandsmitglieder im Gegensatz etwa zum Genossenschaftsrecht (§§ 53 ff. GenG) nicht. Aufgrund der Vereinsautonomie ist aber nicht nur die Schaffung eines Aufsichtsrates, sondern auch die satzungsmäßige Einsetzung von *Revisoren oder Rechnungs- oder Kassenprüfern* zur jährlichen Rechnungsprüfung möglich.[698] Dabei kommen vor allem bei größeren, finanzstärkeren Vereinen (etwa Sportvereinen) fachkundige Revisoren wie Treuhand- und Wirtschaftsprüfungsunternehmen in Betracht.[699] Die Tätigkeit der Revisoren bekommt zusätzliches Gewicht, wenn die Satzung die Notwendigkeit einer Entlastung des Vorstands am Ende eines jeden Geschäftsjahres vorsieht[700], diese Entlastung vom Ergebnis der Revisorenprüfung abhängig macht und die Prüfung nicht zu einem vorher festgelegten Zeitpunkt, sondern unangemeldet erfolgt. Der Prüfungsauftrag der Revisoren beschränkt sich in der Regel auf die Kassenführung sowie auf die Prüfung, ob die Mittel wirtschaftlich verwendet wurden, die Ausgaben sachlich richtig waren und mit dem Haushaltsplan übereinstimmen.[701] Den Revisoren steht – soweit nichts anderes bestimmt ist – das Recht zu, in alle Bücher und Schriftstücke des Vereins Einsicht zu nehmen. Die Vorstandsmitglieder dürfen die Prüfung nicht behindern, sondern müssen den Revisoren nötigenfalls (etwa bei der Suche nach Un-

---

698 Die Satzung kann auch eine ständige Geschäftsführungskontrolle durch Revisoren vorsehen. Schweigt die Satzung, kann die Mitgliederversammlung jederzeit die Einsetzung von Revisoren beschließen, vgl. Sauter / Schweyer / *Waldner* Rn. 314.

699 Siehe dazu *BGH* NJW-RR 1988, 745, 748 ff.

700 Siehe zur Entlastung des Vorstands allg. *BGHZ* 94, 324, 328 = NJW 1986, 129; 97, 382 = NJW 1986, 2550; *BGH* NJW 1987, 2430; NJW-RR 1988, 745, 748 ff.; Soergel / *Hadding* § 27 Rn. 24 f.; Sauter / Schweyer / *Waldner* Rn. 289; Staudinger / *Weick* § 27 Rn. 27; MüKo / *Reuter* § 27 Rn. 42.

701 Vgl. *BGH* NJW-RR 1988, 745, 749.

terlagen) behilflich sein. Kein Vereinsorgan kann sich gegenüber den Revisoren auf ein Schweigerecht berufen.[702] Sicherlich führt auch die Einsetzung von Revisoren *rechtlich* gesehen nicht zu einer Beschränkung der Haftung des Vereins. Allein durch den „Kontrolldruck" wird es aber zu einer Verringerung des Schadens- und Haftungsrisikos kommen. Dies haben die Gesetzgeber anderer Länder bereits erkannt, wie ein rechtsvergleichender Blick nach Österreich zeigt. Dort ist in § 5 V i.V.m. § 3 II Ziff. 7 des neuen, am 1. 7. 2002 in Kraft getretenen Vereinsgesetzes für jeden Verein die *Pflicht* normiert, in der Satzung mindestens zwei Rechnungsprüfer bzw. einen Abschlußprüfer vorzusehen.[703] Zusätzlich sieht § 24 des Gesetzes eine persönliche Haftung der Prüfer vor. Den Vereinen in Deutschland steht es frei, durch Satzungsregelung für sich eine vergleichbare Rechtslage zu schaffen.

## II. Haftungsbeschränkungen, soweit sich die Haftung des Vereins nicht über § 31 BGB (analog) ergibt

Die bisher untersuchten Möglichkeiten der Haftungsbeschränkung bezogen sich allesamt auf die Haftung des Vereins aus § 31 BGB. Um das Bild zu vervollständigen, ist nun noch auf die Beschränkung derjenigen Haftung einzugehen, die sich nicht aus § 31 BGB ergibt.

### 1. Beschränkung der Haftung für einfache Gehilfen

#### *a) Die Haftung für Erfüllungsgehilfen nach § 278 S. 1 2. Var. BGB*

Die Haftungszurechnung nach § 278 S. 1 BGB setzt ein bestehendes Sonderrechtsverhältnis voraus, aufgrund dessen dem Verein als Schuldner bestimmte Pflichten gegenüber einem Gläubiger obliegen.[704] Setzt der Verein zur Erfüllung dieser Pflichten nicht Vorstandsmitglieder, sonstige verfassungsmäßige Vertreter oder „Repräsentanten" i. S. d. § 31 BGB (analog) ein, sondern bedient er sich sogenannter „Erfüllungsgehilfen", so haftet er für deren Verschulden nicht nach § 31 BGB, sondern nach § 278 S. 1 2. Var. BGB. Auch ohne zu dem Streit zwischen Organ- und Vertretertheorie Stellung nehmen zu wollen, kann man sagen, daß § 31 BGB (i.V.m. § 276 I BGB) die Haftung für ein „eigenes" Verschulden des Vereins (d. h. eines seiner Organwalter) regelt, wohingegen § 278 S. 1 2. Var. BGB seine Haftung für ein fremdes Verhalten betrifft. Erfüllungsgehilfe i. S. d. § 278 S. 1 2. Var. BGB ist, wer nach den tatsächlichen Gegebenheiten mit Willen des Schuldners bei der Erfüllung einer diesem obliegenden Verbindlichkeit als

---

702 Vgl. zum ganzen Sauter / Schweyer / *Waldner* Rn. 314.

703 Vgl. zur österreichischen Rechtslage *Lachmair* SpuRt 2002, 181, 182.

704 Vgl. allg. *BGHZ* 1, 248, 149; 3, 46, 49; 9, 316, 317; 16, 259; 58, 207, 217; Soergel / *Wolf* § 278 Rn. 8; MüKo / *Hanau* (3. Aufl.) § 278 Rn. 5.

seine Hilfsperson tätig wird.[705] Beim Verein sind dies vor allem die *einfachen Vereinsangestellten* und *Vereinsmitglieder*, wie etwa der Angestellte in der Vereinsgaststätte, die Reinigungskraft, der Sportplatzwart, der Hausmeister, der Jugendtrainer, die Sekretärin oder der vom Verein im Rahmen einer Veranstaltung eingesetzte Platzanweiser.[706] Als Haftungszurechnungsnorm ist hier § 31 BGB nicht einmal analog anwendbar, weil ein einfacher Erfüllungsgehilfe nicht die Voraussetzungen eines „Repräsentanten" erfüllt.[707] Ihm sind gerade keine bedeutsamen, wesensmäßigen Funktionen der juristischen Person zur selbständigen, eigenverantwortlichen Erfüllung mit der Folge zugewiesen, daß er die juristische Person auf diese Weise repräsentieren würde. Er ist vielmehr „nur" eine Hilfsperson, die in der Hierarchie unterhalb der Ebene der Vorstandsmitglieder, besonderen Vertreter und „Repräsentanten" steht.

Was die Beschränkung der Haftung des Vereins für seine Erfüllungsgehilfen angeht, ist im Unterschied zu §§ 31, 276 I BGB vor allem § 278 S. 2 BGB zu beachten. Danach findet § 276 III BGB keine Anwendung, so daß der Verein – jedenfalls grundsätzlich – seine Haftung sogar für ein *vorsätzliches Verhalten* der Erfüllungsgehilfen im Voraus ausschließen kann.[708] Ob diese gesetzgeberische Großzügigkeit in allen Fällen gilt, wird sich allerdings erst noch zeigen müssen.

#### aa) Haftungsbeschränkung durch Satzungsregelung

Im Gegensatz zur Haftung aus § 31 BGB kann der Verein seine Haftung für Erfüllungsgehilfen aus § 278 S. 1 2. Var. BGB *gegenüber seinen Mitgliedern* grundsätzlich *durch Satzungsregelung* ausschließen oder begrenzen.[709] Daß der Verein in seiner Satzung eine solche Regelung treffen darf, ergibt sich zunächst aus der *Vereinsautonomie* als einer Ausprägung der allgemeinen Privatautonomie.[710] Sie gibt dem Verein das Recht, die Vereinsangelegenheiten im Rahmen des

---

705 Vgl. *BGHZ* 13, 111; 50, 32, 35; 62, 119, 124; *BGH* NJW 1978, 1157; JZ 1982, 470; ZIP 1986, 164, 167; NJW 1987, 1815, 1817 (st. Rspr.); Soergel / *Wolf* § 278 Rn. 22 ff.; MüKo / *Hanau* (3. Aufl.) § 278 Rn. 12 ff.

706 Zutreffend weist *Reichert* Rn. 1912 darauf hin, daß bei einer Sportveranstaltung mit entgeltlichem Zuschauerbesuch die Mitglieder der Heim- und der Gastmannschaft Erfüllungsgehilfen des veranstaltenden Vereins, nicht aber des Gastvereins sind.

707 Siehe allgemein zu den Eigenschaften eines „Repräsentanten" *BGHZ* 49, 19, 21 und ausführlich oben Zweiter Teil A. I. 1. c) bb) [insbesondere (f)].

708 Erst recht kann er grundsätzlich diese Haftung auch nur (z. B. summenmäßig) begrenzen. Dazu, daß die Vorsatzhaftung grundsätzlich ausgeschlossen werden kann: *KG* NJW 1960, 343; Staudinger / *Löwisch* § 276 Rn. 95.

709 Im Ergebnis ebenso, allerdings ohne Begründung: *OLG Hamm* OLGReport 1995, 6; *OLG Celle* OLGReport 2002, 244; *Friedrich* DStR 1994, 100, 102; *Reichert* Rn. 1913. Siehe dazu, daß § 31 BGB nicht *durch Satzungsregelung* abbedungen werden kann: Zweiter Teil B. I. 1. a) und b) dd) (6).

710 Siehe allg. dazu, daß sich die Möglichkeit von Haftungsbeschränkungen aus § 276 I 1 BGB, einem Umkehrschluß zu § 276 III BGB und aus der Privatautonomie ergibt: Zweiter

zwingenden Rechts eigenverantwortlich zu regeln.[711] Dazu gehört auch die Befugnis, das Rechtsverhältnis zu seinen Mitgliedern *durch die Satzung* frei zu gestalten.[712] Zum anderen steht einer satzungsmäßigen Beschränkung der Haftung für Erfüllungsgehilfen nicht § 40 BGB im Wege, weil dieser nur die Satzungsfestigkeit des § 31 BGB, nicht aber die des § 278 S. 1 2. Var. BGB festlegt. Zu beachten ist jedoch, daß eine haftungsbeschränkende Satzungsregelung *gegenüber Nichtmitgliedern* regelmäßig ausscheidet, weil die Satzung ihnen gegenüber keine Regelungskraft entfaltet.[713] Etwas anderes gilt nur, wenn ein besonderer Verpflichtungsgrund – insbesondere eine Unterwerfungserklärung im Sinne einer rechtsgeschäftlichen Vereinbarung – vorliegt[714], woran es aber meist fehlt.

Auf den ersten Blick scheint eine satzungsmäßige Beschränkung der Haftung für Erfüllungsgehilfen keine Grenzen zu kennen. Sogar der Haftungsausschluß für Vorsatz ist gemäß §§ 278 S. 2, 276 III BGB zulässig. Jedoch ist zu beachten, daß auch für Satzungsregelungen die allgemeinen Grenzen der Privatautonomie gelten. Dies ergibt sich daraus, daß die *Vereinsautonomie* als Grundlage der Satzungsautonomie „nur" eine besondere Ausprägung der *Privatautonomie* ist. Sie endet daher spätestens dort, wo auch die Privatautonomie allgemein ihre Grenzen findet.[715] Ebenso wie eine einzelvertragliche Haftungsbeschränkung hat eine satzungsmäßige Haftungsbestimmung deshalb zwingende Normen zu beachten (z. B. §§ 619, 702 a BGB, 8 a II StVG, 7 HaftPflG, 49 LuftVG). Darüber hinaus kann – wenn auch nur ausnahmsweise – eine satzungsmäßige Beschränkung der Haftung für Erfüllungsgehilfen gegen die guten Sitten verstoßen und deshalb nach § 138 I BGB nichtig sein. Hier gelten die Überlegungen zur Sittenwidrigkeit einer individualvertraglichen Beschränkung der Haftung des Vereins *aus §§ 31, 276 I BGB* entsprechend, so daß an dieser Stelle auf sie verwiesen werden kann.[716] Eine Beschränkung der Haftung für Erfüllungsgehilfen wird im Vergleich zur Haftung aus § 31 BGB jedoch noch seltener sittenwidrig sein. Denn aus § 278 S. 2 BGB läßt sich die gesetzliche Wertung entnehmen, daß bei der Beschränkung der Haftung für Erfüllungsgehilfen im Vergleich zur Haftung für eigenes Verschulden nach § 276 I BGB tendenziell großzügigere Maßstäbe anzulegen sind. Bei der Zulässigkeit von Haftungsbeschränkungen muß es deshalb einen Unterschied machen, ob es um die Haftung des Vereins für eigenes (§§ 31, 276 I BGB) oder für fremdes

---

Teil B. I. 3. vor a) mit Nachweisen. Das dies auch für die Haftung aus § 278 S. 1 BGB gilt, zeigt § 278 S. 2 BGB.

711 Vgl. statt aller etwa Soergel / *Hadding* vor § 21 Rn. 79.

712 Vgl. Soergel / *Hadding* vor § 21 Rn. 79.

713 Vgl. allg. (ohne Bezug zu Haftungsbeschränkungen) zu den Rechtswirkungen der Satzung *RG* JW 1928, 240; Soergel / *Hadding* § 25 Rn. 33 ff.

714 Vgl. allg. *BGH* WM 1972, 1249; *BGHZ* 128, 93, 96 f., 103 = NJW 1995, 583; Soergel / *Hadding* § 25 Rn. 35 m. w. N. in Fn. 205; *Edenfeld* S. 46 m. w. N. in Fn. 118; *Heermann* NZG 1999, 325, 326 ff.

715 Vgl. Soergel / *Hadding* vor § 21 Rn. 79.

716 Siehe zu den Überlegungen oben Zweiter Teil B. I. 3. a).

(§ 278 S. 1 2. Var. BGB) Verschulden geht. Auch der *BGH* hat festgestellt, daß der Ausschluß der Haftung für Erfüllungsgehilfen jedenfalls für einfache und grobe Fahrlässigkeit grundsätzlich zulässig ist.[717] Hingegen sind satzungsmäßige Beschränkungen der Haftung für Erfüllungsgehilfen für Vorsatz – nicht aber unbedingt für grobe Fahrlässigkeit – bei *Personenschäden* regelmäßig sittenwidrig. Zu beachten ist, daß im Fall der Sittenwidrigkeit einzelner Satzungsbestimmungen die Satzung im übrigen grundsätzlich wirksam bleibt. § 139 BGB ist auf Satzungen nicht anwendbar.[718] An die Stelle der nichtigen Einzelregelung tritt vielmehr das dispositive Gesetzesrecht[719], in diesem Falle also die unbeschränkte Haftung des Vereins für Vorsatz und Fahrlässigkeit seiner Erfüllungsgehilfen nach § 278 S. 1 2. Var. BGB.

Darüber hinaus ist zu beachten, daß nach der Rechtsprechung des *BGH* Satzungen von Vereinen, die über eine wirtschaftliche oder soziale Machtstellung verfügen oder deren Regelungen auch für die Beziehungen zu Nichtmitgliedern maßgebend sind, einer *richterlichen Inhaltskontrolle* nach § 242 BGB unterliegen.[720] Diese Inhaltskontrolle ist jedoch zutreffenderweise auf sämtliche Vereinssatzungen auszudehnen.[721] Es ist nicht einzusehen, warum nur Mitglieder von wirtschaftlich oder sozial mächtigen Vereinen die Möglichkeit haben sollen, Satzungsregelungen ihres Vereins gerichtlich überprüfen lassen zu können, wohingegen Mitglieder anderer Vereine sich unbilliger, durch die Mehrheit[722] eingeführter Satzungsbestimmungen nur durch Austritt und damit nur für die Zukunft entziehen können sollen. Zwar unterwirft sich ein jedes Vereinsmitglied mit der Gründungsbeteiligung oder dem späteren Beitritt der *Vereinsgewalt.* Jedoch tut es dies im Vertrauen darauf,

---

717 Vgl. *BGHZ* 33, 216, 219 ff.; *BGH* NJW 1968, 1718, (beide Entscheidungen allerdings in bezug auf die Vereinbarkeit des Haftungsausschlusses mit § 242 BGB). Ebenso etwa Erman / *Werner* § 242 Rn. 125. Sittenwidrig kann jedoch der Ausschluß der Haftung für jegliches Verschulden von leitenden Angestellten sein, vgl. *RG* JW 1931, 2719; *BGH* LM BGB § 138 Nr. 1; *BGH* BB 1984, 746 und 1449 (jedoch für das Verhältnis unter Kaufleuten); Soergel / *Wolf* § 276 Rn. 202; § 278 Rn. 60. Nach der hier vertretenen Auffassung haftet der Verein für leitende Angestellte gar nicht nach § 278 S. 1 2. Var. BGB, sondern nach § 31 BGB analog i.V.m. § 276 I BGB, wenn sie als „Repräsentanten" anzusehen sind, vgl. oben Zweiter Teil A. I. 1. c) bb) (3).

718 Vgl. *BGHZ* 47, 172; Palandt / *Heinrichs* § 25 Rn. 5.

719 Vgl. Palandt / *Heinrichs* § 25 Rn. 5.

720 Vgl. *BGHZ* 105, 306, 316 ff.; bestätigt durch *BGHZ* 128, 93, 101; *BGH* ZIP 1999, 1807, 1808.

721 Ebenso Soergel / *Hadding* § 25 Rn. 25 a; *van Look* WM-Festgabe Hellner S. 46, 48, 50; *Grunewald* ZHR 152 (1988), 242, 261; *Vieweg* FS Lukes S. 809, 817; Palandt / *Heinrichs* § 25 Rn. 9; im Ergebnis auch *OLG Frankfurt* OLGZ 1981, 391. Einschränkend hingegen *Steinbeck* S. 211 ff. (Inhaltskontrolle nur bei Vereinen, bei denen die Funktionsvoraussetzungen der Vereinsautonomie typischerweise gestört sind). Wie der *BGH* hingegen *Kohler* S. 208 ff.; MüKo / *Reuter* vor § 21 Rn. 124; § 25 Rn. 15, 116 ff. Gegen eine Inhaltskontrolle insgesamt aber *Reemann* S. 179 ff.

722 § 33 I 1 BGB verlangt zwar für eine Satzungsänderung eine Drei-Viertel-Mehrheit der erschienenen Mitglieder. Die Satzung selbst kann jedoch insofern eine andere Regelung treffen, wie sich aus § 40 BGB ergibt.

daß diese *im Rahmen von Treu und Glauben* ausgeübt wird.[723] Dies gilt für Mitglieder von wirtschaftlich oder sozial mächtigen Vereinen ebenso wie für Mitglieder sonstiger Vereine. Schließlich spricht auch die Vereinsautonomie nicht gegen eine Inhaltskontrolle. Als besondere Ausprägung der Privatautonomie beinhaltet sie zwar die Freiheit des Vereins, sich eine Satzung zu geben und damit seine Angelegenheiten selbst zu regeln. Die Vereinsautonomie wird jedoch nicht schrankenlos gewährt. Für sie gelten – wie für andere Formen der Privatautonomie auch – die Grenzen der allgemeinen Rechtsordnung[724], also insbesondere § 242 BGB. Folgerichtig muß die richterliche Inhaltskontrolle bei *sämtlichen* Vereinssatzungen Anwendung finden. Ergibt die Inhaltskontrolle, daß eine satzungsmäßige Regelung mit dem Gebot von Treu und Glauben (§ 242 BGB) nicht vereinbar ist, ist diese Regelung unwirksam.[725] Hingegen sind die §§ 305 ff. BGB auf *unmittelbar in der Vereinssatzung* enthaltenen Bestimmungen wegen § 310 IV 1 BGB nicht anwendbar.[726]

Für die Frage, ob eine satzungsmäßige Haftungsbeschränkung gegen das Gebot von Treu und Glauben (§ 242 BGB) verstößt, gelten – wie bei der Frage nach der Sittenwidrigkeit – die Überlegungen zur individualvertraglichen Beschränkung der Haftung des Vereins aus §§ 31, 276 I BGB entsprechend, so daß an dieser Stelle auf sie verwiesen werden kann.[727] Ein Verstoß gegen § 242 BGB wird bei der satzungsmäßigen Beschränkung der Haftung für Erfüllungsgehilfen eher noch seltener vorkommen als bei der Haftung aus § 31 BGB.[728]

Für *einzelvertragliche* Haftungsbeschränkungen gilt, daß sie in jedem Fall klar und eindeutig formuliert sein müssen.[729] Dieser Gedanke läßt sich auch auf satzungsmäßige Haftungsbeschränkungen übertragen. Formulierungen, daß der andere Teil „das Risiko übernehme" oder „auf eigene Gefahr" handele, sind objektiv gerade nicht eindeutig.[730] Darüber hinaus sind Haftungsbeschränkungen nach stän-

---

723 Vgl. Palandt / *Heinrichs* § 25 Rn. 9.

724 Vgl. *Grunewald* ZHR 152 (1988), 242, 257 m. w. N.

725 Vgl. Palandt / *Heinrichs* § 25 Rn. 9.

726 Vgl. *OLG Hamm* OLGReport 1995, 6 (für den eingetragenen Verein); *BGHZ* 103, 219 (für die Genossenschaft). Insoweit ist dem *BGH* zuzustimmen. Siehe hingegen oben Zweiter Teil B. I. 4. a) zur teilweisen Ablehnung der Entscheidung. Die § 305 ff. BGB würden jedoch auch auf eine Bestimmung in der Vereinssatzung Anwendung finden, wenn diese nur ein *rein schuldrechtliches Austauschverhältnis* (z. B. eine Mietverhältnis i. S. d. § 535 BGB) gegenüber den Mitgliedern regelt. Solche Regelungen sind grundsätzliche möglich, vgl. Soergel / *Hadding* § 25 Rn. 23. Das schuldrechtliche Rechtsverhältnis wird dabei aber letztlich doch nur durch individualrechtliche Vereinbarung begründet oder geändert. Die Satzung kann das Schuldverhältnis deshalb inhaltlich nicht abändern, vgl. Soergel / *Hadding* § 25 Rn. 23 m. w. N.

727 Siehe zu den Überlegungen oben Zweiter Teil B. I. 3. a).

728 Dies ergibt sich aus der Wertung des § 278 S. 2, siehe hierzu im vorliegenden Abschnitt weiter oben.

729 Vgl. *BGH* VersR 1956, 301; NJW 1977, 2158, 2159; NJW 1992, 907, 908 (st. Rspr.).

730 Siehe zur Uneindeutigkeit allg. *RGZ* 116, 213, 215; 117, 102; 145, 390, 394; *BGHZ* 5, 111; *BGH* VersR 1956, 301.

diger Rechtsprechung des *BGH* im Zweifel eher eng und gegen den auszulegen, der die Haftung abbedingen will.[731] Haftungsbeschränkungen umfassen *regelmäßig* auch die Beschränkung der deliktsrechtlichen Haftung.[732] Jedenfalls dann, wenn die Klausel so allgemein gehalten ist, daß sie jeden Schaden erfaßt, schließt sie nach Ansicht des *BGH im Zweifel* sowohl vertragliche als auch deliktische Ansprüche aus.[733]

#### bb) Haftungsbeschränkung durch Regelung in einer Vereinsordnung

Ob der Verein seine Haftung für Erfüllungsgehilfen aus § 278 S. 1 2. Var. BGB durch Regelung in einer *Vereinsordnung*[734] beschränken kann, ist bisher – soweit ersichtlich – weder in Rechtsprechung noch Literatur erörtert worden. Gegenüber *Nichtmitgliedern* scheidet eine solche Regelung jedenfalls mangels Geltungskraft der Vereinsordnung aus.[735] Gegenüber *Vereinsmitgliedern* hingegen hängt ihre Wirksamkeit davon ab, ob die Beschränkung der Haftung für Erfüllungsgehilfen zum *zulässigen Regelungsgehalt* von Vereinsordnungen gehört. Dies ist nur dann der Fall, wenn es sich *nicht* um eine „das Vereinsleben bestimmende Grundentscheidung" und damit um eine Frage der Vereinsverfassung handelt, denn solche „Grundentscheidungen" sind nach der Rechtsprechung des *BGH* wegen §§ 25, 71 I 1 BGB zwingend der *Satzung* vorbehalten.[736]

Was die Haftung des Vereins aus § 31 BGB angeht, konnte bereits festgestellt werden, daß diesbezügliche Haftungsbeschränkungen zu den „das Vereinsleben bestimmenden Grundentscheidungen" gehören.[737] Die Beschränkung der Haftung aus § 278 S. 1 2. Var. BGB ist für das Verhältnis der Mitglieder zum Verein und damit für das Vereinsleben aber ebenfalls von immenser Bedeutung. Dies läßt sich gut am Beispiel eines Haftungsausschlusses darlegen: Im Falle des Ausschlusses der Haftung aus § 278 S. 1 2. Var. BGB verliert das durch einen Erfüllungsgehilfen geschädigte Vereinsmitglied zunächst den Verein als Haftungsschuldner. Darüber hinaus kann es regelmäßig auch den Erfüllungsgehilfen nicht persönlich in An-

---

731 Vgl. speziell für satzungsmäßige Haftungsbeschränkungen *BGH* VersR 1963, 1030, 1031 (gemeindliche Wassersatzung); VersR 1970, 1131, 1132 (gemeindliche Abwassersatzung); VersR 1977, 571, 572 (Satzung eines Wasserzweckverbands); 1978, 38, 40 f. (gemeindliche Abwassersatzung); *OLG München* VersR 1980, 724, 725 (Satzung eines gemeindlichen Bade- und Freizeitzentrums); vgl. allg. zu Haftungsbeschränkungen *BGHZ* 22, 90, 96; 40, 65, 69; 47, 312, 318; 54, 299, 305; *BGH* NJW 1978, 261; NJW 1992, 907, 908.

732 Vgl. genauer oben Zweiter Teil B. I. 3. vor a) und Soergel/*Zeuner* vor § 823 Rn. 43; MüKo/*Kramer* § 241 Rn. 35 zu individualvertraglichen Haftungsbeschränkungen.

733 Vgl. *BGHZ* 64, 355, 359 f.; *BGH* NJW 1962, 388, 389; NJW 1979, 2148, 2149.

734 Siehe zum Begriff der Vereinsordnung oben Zweiter Teil B. I. 2.

735 Vgl. dazu allg. bereits oben Zweiter Teil B. I. 2.

736 Vgl. allg. *BGHZ* 47, 172, 177 = NJW 1967, 1268 und oben Zweiter Teil B. I. 2.

737 Siehe dazu oben Zweiter Teil B. I. 2.

spruch nehmen.[738] Denn dieser ist selbst nicht Partei des in Frage stehenden Rechts- oder Schuldverhältnisses, und die Dinge werden kaum jemals so liegen, daß er sich ausdrücklich oder konkludent neben dem Verein persönlich zur Leistung oder zu einem sonstigen Verhalten verpflichtet hat. Zwar kommt *ausnahmsweise* eine Eigenhaftung des Erfüllungs- oder Verhandlungsgehilfen aus culpa in contrahendo (nun §§ 311 III, 241 II, 280 BGB) oder positiver Forderungsverletzung (nun §§ 280 I, III, 281 – 283 BGB) in Betracht. Jedoch sind hier nach ständiger Rechtsprechung des *BGH* strenge Maßstäbe anzulegen.[739] Voraussetzung ist, daß der Erfüllungs- oder Verhandlungsgehilfe am Vertragsschluß ein unmittelbares wirtschaftliches Eigeninteresse hat oder in besonderem Maße für sich persönlich Vertrauen in Anspruch genommen und hierdurch die Vertragsverhandlungen oder den Vertragsschluß erheblich beeinflußt hat (vgl. nun § 311 III BGB).[740] An diesen Voraussetzungen fehlt es bei Erfüllungsgehilfen nichtwirtschaftlicher Vereine im Verhältnis zu den Vereinsmitgliedern aber in aller Regel.[741] Selbst wenn dies einmal anders sein sollte, wird die persönliche Inanspruchnahme des Erfüllungsgehilfen *wirtschaftlich* selten ergiebig sein.[742] Der Ausschluß der Haftung des Vereins aus § 278 S. 1 2. Var. BGB führt also dazu, daß das geschädigte Vereinsmitglied seinen Schaden meist selbst tragen muß. Dies zeigt, daß eine derartige Haftungsregelung in einer Vereinsordnung *beträchtliche Auswirkungen* hat, weil sie die *Rechtsstellung der Mitglieder* im Schadensfalle erheblich verschlechtert. Für das Maß der Auswirkungen macht es aus der Sicht des geschädigten Mitglieds keinen Unterschied, ob es um die Haftung des Vereins für seine Organwalter (§ 31 BGB) oder für seine einfachen Erfüllungsgehilfen (§ 278 S. 1 2. Var. BGB) geht. Beträchtliche Auswirkungen im Sinne einer erheblichen Belastung ergeben sich in beiden Fällen. Ebenso wie der Ausschluß der Haftung aus § 31 BGB beinhaltet auch der Ausschluß der Haftung aus § 278 S. 1 2. Var. BGB Rechtsnachteile, „die nicht selbstverständlich sind und mit denen ein in den Verein eintretendes Mitglied nicht ohne weiteres rechnen muß"[743]. Dies gilt darüber hinaus nicht nur für den *Ausschluß,* sondern auch für eine *Begrenzung* der Haftung. Man denke dabei etwa

---

738 Siehe allg. dazu, daß gegen den Erfüllungsgehilfen grundsätzlich keine vertraglichen Ansprüche bestehen: *BGH* NJW 1964, 2009; LM BGB § 276 (Ha) Nr. 4; Palandt/*Heinrichs* § 276 Rn. 129.

739 Vgl. *BGH* NJW-RR 1991, 1242, 1313; NJW-RR 1992, 605. Die genannten Entscheidungen beziehen sich auf die Eigenhaftung des Vertreters oder Verhandlungsgehilfen aus culpa in contrahendo.

740 Vgl. zur Eigenhaftung aus c.i.c. *BGHZ* 14, 318; 88, 68; *BGH* NJW 1990, 1907 (st. Rspr.); zur Eigenhaftung aus pFV *BGHZ* 70, 337, 342; *BGH* NJW-RR 1990, 461; zustimmend etwa Palandt/*Heinrichs* § 276 Rn. 129.

741 Auch werden die Voraussetzungen eines Deliktstatbestands auf Seiten des Erfüllungsgehilfen nur selten vorliegen. Darüber hinaus werden aus § 823 I BGB keine reinen Vermögensschäden ersetzt.

742 Einfache Erfüllungsgehilfen werden in der Regel nicht über umfangreiche (Geld-)Mittel verfügen, um einen größeren Schaden ersetzen zu können.

743 Siehe zu dieser Formulierung allg. *BGHZ* 47, 172, 177 = NJW 1967, 1268.

nur an die Begrenzung der Haftung auf bestimmte Schäden (z. B. vorhersehbare) oder auf eine Höchstsumme.[744] Auch hier geht das Mitglied unter Umständen leer aus oder bekommt einen Teil seines Schadens nicht ersetzt.

Die Beschränkung der Haftung für Erfüllungsgehilfen (§ 278 S. 1 2. Var. BGB) gehört demzufolge insgesamt – ebenso wie die Beschränkung der Haftung aus § 31 BGB – zu den „das Vereinsleben bestimmenden Grundentscheidungen"[745] und damit zur Vereinsverfassung. Daraus folgt, daß sie nicht Teil des zulässigen Regelungsgehalts von Vereinsordnungen ist. Vielmehr muß sie in die Satzung aufgenommen werden, wo sie sich allerdings an die bereits dargestellten rechtlichen Grenzen halten muß.[746]

### cc) Individualvertragliche Haftungsbeschränkung

Der Verein kann seine Haftung für Erfüllungsgehilfen aus § 278 S. 1 2. Var. BGB sowohl seinen Mitgliedern als auch außenstehenden Dritten gegenüber durch *individualvertragliche Vereinbarung* beschränken.[747] Die Zulässigkeit einer solchen Vereinbarung ergibt sich für ihn als juristische Person – ebenso wie für natürliche Personen – letztlich aus dem Grundsatz der Privatautonomie.[748] Zu beachten sind dabei aber die Grenzen, die der Privatautonomie allgemein gezogen sind. Neben spezialgesetzlichen Normen[749] gelten hier dieselben sich aus §§ 138, 242 BGB ergebenden Schranken wie bei Haftungsbeschränkungen *durch Satzungsregelung*. Auf die dortigen Aussagen kann deshalb verwiesen werden.[750] Eine Beschränkung der Haftung für Erfüllungsgehilfen wird im Vergleich zur Haftung aus § 31 BGB eher noch seltener sittenwidrig sein oder gegen § 242 BGB verstoßen.[751] Ergänzend sei darauf hingewiesen, daß durch eine *individualvertragliche* Vereinbarung im Unterschied zu *satzungsmäßigen* Regelungen die Haftung des Vereins aus § 278 S. 1 2. Var. BGB auch *außenstehenden Nichtmitgliedern* gegenüber beschränkt werden kann. Schließlich müssen auch individualvertragliche Beschränkungen des Haftung aus § 278 S. 1 2. Var. BGB klar und eindeutig formuliert sein.[752] Darüber hinaus sind

---

744 Siehe zu den verschiedenen denkbaren Arten von Haftungs*begrenzungen* oben Fn. 17.

745 Siehe zu diesem Begriff allg. *BGHZ* 47, 172, 177 = NJW 1967, 1268.

746 Siehe dazu oben Zweiter Teil B. II. 1. a) aa).

747 Ebenso, allerdings ohne Begründung: *Reichert* Rn. 1913.

748 Siehe allg. dazu, daß sich die Möglichkeit von Haftungsbeschränkungen aus § 276 I 1 BGB, einem Umkehrschluß zu § 276 III BGB und aus der Privatautonomie ergibt oben Zweiter Teil B. I. 3. vor a) mit Nachweisen. Das dies auch für die Haftung aus § 278 S. 1 BGB gilt, zeigt § 278 S. 2 BGB.

749 Als spezialgesetzliche Normen sind für den Bereich des Vereins z. B. zu nennen §§ 619, 702 a BGB, § 8 a II StVG, 7 HaftPflG, 49 LuftVG.

750 Siehe oben Zweiter Teil B. II. 1. a) aa).

751 Siehe hierzu oben Zweiter Teil B. II. 1. a) aa).

752 Vgl. zu diesem Erfordernis allg. *BGH* VersR 1956, 301; NJW 1977, 2158, 2159; NJW 1992, 907, 908.

Haftungsbeschränkungen nach ständiger Rechtsprechung des *BGH* im Zweifel eher eng und gegen den auszulegen, der die Haftung abbedingen will.[753] Haftungsbeschränkungen umfassen *regelmäßig* auch die Beschränkung der deliktsrechtlichen Haftung.[754] Jedenfalls dann, wenn die Klausel so allgemein gehalten ist, daß sie jeden Schaden erfaßt, schließt sie nach Ansicht des *BGH im Zweifel* sowohl vertragliche als auch deliktische Ansprüche aus.[755]

### dd) Haftungsbeschränkung durch AGB

Ebenso wie die Haftung für Erfüllungsgehilfen aufgrund der Privatautonomie *indivualvertraglich* beschränkt werden kann, ist dies auch durch Regelung in *Allgemeinen Geschäftsbedingungen* (AGB) möglich. Solche Haftungsbeschränkungen können sowohl mit Vereinsmitgliedern als auch mit außenstehenden Dritten vereinbart werden. Zu beachten sind dabei vor allem die Grenzen, die sich aus den §§ 305 ff. BGB ergeben, insbesondere die inhaltlichen Schranken der §§ 309 Nr. 7, 307 I, II BGB. Was die Auslegung von Haftungsklauseln, ihre Einbeziehung in den Vertrag, ihre Erstreckung auf die Deliktshaftung und die Rechtsfolgen eines Verstoßes gegen §§ 309 Nr. 7, 307 I, II BGB angeht, kann auf die Ausführungen zur AGB-mäßigen Beschränkung der Haftung aus § 31 BGB verwiesen werden.[756] Zu beachten ist, daß die § 305 ff. BGB wegen § 310 IV 1 BGB keine Anwendung finden, wenn der Verein *im korporationsrechtlichen Bereich gegenüber seinen Mitgliedern* Allgemeine Geschäftsbedingungen verwendet. Geht es hingegen um eine rein schuldrechtliche Austauschbeziehung oder werden AGB gegenüber außenstehenden Dritten verwendet, gelten die § 305 ff. BGB uneingeschränkt.[757]

#### *(1) Die Inhaltsschranke des § 309 Nr. 7 BGB*

Der Verein kann gemäß § 309 Nr. 7 a BGB die Haftung für Schäden aus der Verletzung des Lebens, des Körpers oder der Gesundheit, die auf einer vorsätzlichen oder fahrlässigen Pflichtverletzung eines Erfüllungsgehilfen beruhen, durch AGB weder begrenzen noch ausschließen. Was sonstige Schäden angeht (z. B. Sach- oder Vermögensschäden), ist gemäß § 309 Nr. 7 b BGB der Ausschluß oder die Begrenzung der Haftung jedenfalls für *Vorsatz* und *grobe Fahrlässigkeit* des Gehilfen *unwirksam*. Im übrigen kann zu § 309 Nr. 7 BGB auf die im Rahmen der Beschränkung der Haftung aus § 31 BGB getätigten Aussagen verwiesen wer-

---

753 Vgl. allg. *BGHZ* 22, 90, 96; 40, 65, 69; 47, 312, 318; 54, 299, 305; *BGH* NJW 1978, 261; NJW 1992, 907, 908. Siehe genauer dazu oben Zweiter Teil B. I. 3. a).

754 Vgl. für individualvertragliche Haftungsbeschränkungen Soergel/*Zeuner* vor § 823 Rn. 43; MüKo/*Kramer* § 241 Rn. 35.

755 Vgl. *BGHZ* 64, 355, 359 f.; *BGH* NJW 1962, 388, 389; NJW 1979, 2148, 2149.

756 Siehe dazu ausführlich oben Zweiter Teil B. I. 4.

757 Siehe zum ganzen oben Zweiter Teil B. I. 4. a).

den.[758] Die Vorschrift des § 309 Nr. 7 BGB gilt danach unmittelbar für sämtliche vertraglichen Schadensersatzansprüche und solche aus culpa in contrahendo (nun §§ 311 II, 241 II, 280 BGB). Schon vom Wortlaut her ist nach § 309 Nr. 7 a und b BGB nicht nur der Ausschluß, sondern bereits jede *Begrenzung* der dort genannten Haftung unzulässig und damit unwirksam.

*(2) Die Inhaltsschranke des § 307 I, II BGB*

Neben § 309 Nr. 7 BGB kann sich die Unwirksamkeit einer durch AGB vereinbarten Beschränkung der Haftung für Erfüllungsgehilfen aus § 307 I, II BGB ergeben.[759] Demnach kann eine nach § 309 Nr. 7 b BGB zulässige Haftungsfreizeichnung für *einfache Fahrlässigkeit* bei Nichtkörperschäden durchaus noch nach § 307 I, II BGB unwirksam sein.[760] Wann dies der Fall ist, kann letztlich nur anhand der Umstände des Einzelfalls beantwortet werden.[761] Auch hier gelten die Ausführungen zur Beschränkung der Haftung des Vereins aus § 31 BGB durch AGB entsprechend.[762] Für die Haftung für Erfüllungsgehilfen läßt sich daher ebenfalls feststellen, daß die Rechtsprechung in zunehmendem Maße auch AGB-mäßige Haftungsausschlüsse für *leichte Fahrlässigkeit* als mit § 307 I, II BGB unvereinbar und damit als unwirksam ansieht.[763] Es wird dem Verein daher kaum gelingen, auf diesem Wege eine nennenswerte Beschränkung seiner Haftung aus § 278 S. 1 2. Var. BGB zu erzielen.

### ee) Haftungsbeschränkung gegenüber den Mitgliedern durch Vereinsobservanz

Eine Beschränkung der Haftung des Vereins für seine Erfüllungsgehilfen könnte sich schließlich aus ständiger Übung der Mitglieder und entsprechender Akzeptanz ergeben (Vereinsobservanz, Vereinsherkommen, Vereinsgewohnheitsrecht). Weder Rechtsprechung noch Literatur haben sich bisher mit diesem Themenkreis befaßt.

Gegen die Zulässigkeit einer Haftungsbeschränkung durch Vereinsobservanz bestehen jedoch erhebliche Bedenken. Nach der hier vertretenen Auffassung kann

758 Siehe dazu oben Zweiter Teil B. I. 4. c) aa) und bb).

759 Siehe zum Verhältnis von § 307 I, II BGB zu § 309 Nr. 7 BGB oben Zweiter Teil B. I. 4. c) cc). Dies bleibt bei *Singer* S. 33 unberücksichtigt.

760 Vgl. zum alten § 11 Nr. 7 AGBG: *BGH* NJW 1990, 761, 764 und MüKo / *Basedow* § 11 Nr. 7 AGBG Rn. 19.

761 Teils ist versucht worden, verallgemeinerungsfähige Kriterien aufzustellen (Bedürfnis nach Schadensausgleich; Schadensvermeidungskosten; Versicherbarkeit des Schadensrisikos; anderweitiger Ausgleich), siehe *Koller* ZIP 1986, 1089, 1097; ihm folgend etwa MüKo / *Basedow* § 11 Nr. 7 AGBG Rn. 19. Die Rechtsprechung hat sich diesen Kriterien bisher – soweit ersichtlich – insgesamt noch nicht angeschlossen.

762 Siehe dazu oben Zweiter Teil B. I. 4. c) cc).

763 Vgl. Ulmer / Brandner / *Hensen* § 9 AGBG Rn. 150.

durch Observanz die *Verfassung* des eingetragenen Vereins weder abgeändert noch ergänzt werden.[764] Die Beschränkung der Haftung für Erfüllungsgehilfen gehört jedoch zu den „das Vereinsleben bestimmenden Grundentscheidungen“[765] und damit zur Vereinsverfassung.[766] Selbst wenn man in der von entsprechender Akzeptanz getragenen ständigen Übung (Observanz) eine konkludente Zustimmung zu einer Satzungsergänzung oder -änderung sähe[767], wäre eine solche „konkludente Satzungsänderung“ wegen fehlender Registereintragung gemäß § 71 I 1 BGB unwirksam.[768] Eine Beschränkung der Haftung des Vereins aus § 278 S. 1 2. Var. BGB durch Observanz ist deshalb nicht möglich.

### *b) Die Haftung des Geschäftsherrn nach § 831 I BGB*

Im Gegensatz zur Haftung nach § 278 S. 1 2. Var. BGB setzt die Geschäftsherrnhaftung aus § 831 I BGB kein bestehendes Sonderrechtsverhältnis voraus. § 831 I BGB normiert eine Haftung für ein (vermutetes) eigenes Auswahl- oder Überwachungsverschulden des Geschäftsherrn, wenn sein Verrichtungsgehilfe eine tatbestandliche und rechtswidrige unerlaubte Handlung begeht.[769] Geschäftsherr i. S. d. § 831 I BGB ist bei juristischen Personen nach der Rechtsprechung des *BGH* nur die juristische Person selbst, hier also der Verein.[770] Verrichtungsgehilfe i. S. d. § 831 I BGB ist, wer von einem Geschäftsherrn zu einer weisungsgebundenen Tätigkeit bestellt wird.[771] Schon das Erfordernis der Weisungsgebundenheit zeigt, daß der Verrichtungsgehilfe in der Hierarchie des Vereins den Vorstandsmitgliedern, besonderen Vertretern und „Repräsentanten“ untergeordnet ist. § 31 BGB ist auf den Verrichtungsgehilfen nicht einmal analog anwendbar, weil dieser nicht die Voraussetzungen eines „Repräsentanten“ erfüllt.[772] Ihm sind gerade keine bedeutsamen, wesensmäßigen Funktionen der juristischen Person zur selbständigen, eigenverantwortlichen Erfüllung mit der Folge zugewiesen, daß er die juristische Person auf diese Weise repräsentiert. Typische Verrichtungsgehilfen des Vereins sind die *einfachen Vereinsangestellten,* wie etwa der Angestellte in der Vereins-

---

764 Siehe dazu eingehend oben Zweiter Teil B. I. 6.

765 Allgemeine Formulierung aus *BGHZ* 47, 172, 177 (ohne Bezug zur Haftung).

766 Vgl. oben Zweiter Teil B. II. 1. a) bb).

767 So (allerdings nicht spezifisch zu Haftungsbeschränkungen) etwa der *BGH* (BGHZ 16, 143, 150 f.; 23, 122, 129); siehe zu weiteren Nachweisen oben Zweiter Teil B. I. 6. b).

768 Siehe zu diesem Aspekt bereits oben Zweiter Teil B. I. 6. b) aa).

769 Vgl. zur Haftung des Vereins aus § 831 I BGB bereits oben Zweiter Teil A. I. 3.

770 Siehe dazu bereits oben Zweiter Teil A. I. 3.

771 Vgl. *RGZ* 86, 424, 432; 148, 154, 161; *BGHZ* 14, 163, 177; 45, 311, 313 = NJW 1966, 1807; WM 1998, 257. Vgl. Palandt / *Thomas* § 831 Rn. 6 ff. und MüKo / *Stein* § 831 Rn. 26 ff. mit weiteren Hinweisen zum Begriff des Verrichtungsgehilfen.

772 Anderes gilt selbstverständlich, wenn die Voraussetzungen im Einzelfall vorliegen. Dann ist die betreffende Person jedoch nicht mehr Verrichtungsgehilfe, sondern „Repräsentant“ gemäß § 31 BGB analog.

gaststätte, der Sportplatzwart, der Hausmeister, der Jugendtrainer, die Sekretärin oder die Reinigungskraft. Darüber hinaus kann letztlich jedes einfache Vereinsmitglied und jeder Außenstehende Verrichtungsgehilfe des Vereins sein, wenn er durch das zuständige Vereinsorgan zu einer Verrichtung bestellt worden und weisungsgebunden sind. Dies ist etwa der Fall, wenn Vereinsmitglieder oder Dritte als Ordner bei einer Vereinsveranstaltung eingesetzt werden. Davon abgesehen haftet der Verein jedoch nach § 831 I BGB nicht generell für ein schädigendes Verhalten seiner Mitglieder.[773] Die Mitgliedschaft allein führt nicht dazu, daß aus der betreffenden Person ein Verrichtungsgehilfe wird.

#### aa) Haftungsbeschränkung durch Satzungsregelung

Im Gegensatz zur Haftung aus § 31 BGB kann der Verein die Geschäftsherrnhaftung aus § 831 I BGB *gegenüber seinen Mitgliedern* grundsätzlich *durch Satzungsregelung* beschränken.[774] Die Zulässigkeit einer solchen satzungsmäßigen Bestimmung ergibt sich zum einen aus der *Vereinsautonomie* als einer Ausprägung der allgemeinen Privatautonomie.[775] Diese gibt dem Verein das Recht, die Vereinsangelegenheiten im Rahmen des zwingenden Rechts eigenverantwortlich zu regeln.[776] Dazu gehört auch die Befugnis, das Rechtsverhältnis des Vereins zu seinen Mitgliedern *durch die Satzung* frei zu gestalten.[777] Zum anderen steht einer satzungsmäßigen Beschränkung der Haftung aus § 831 I BGB nicht § 40 BGB im Wege, weil dieser nur die Satzungsfestigkeit des § 31 BGB, nicht aber die des § 831 I BGB festlegt. Zu beachten ist aber, daß eine haftungsbeschränkende Satzungsregelung *gegenüber Nichtmitgliedern* regelmäßig ausscheidet, weil die Satzung ihnen gegenüber keine Regelungskraft entfaltet.[778] Etwas anderes gilt nur, wenn ein besonderer Verpflichtungsgrund – insbesondere eine Unterwerfungserklärung im Sinne einer rechtsgeschäftlichen Vereinbarung – vorliegt[779], woran es aber regelmäßig fehlt.

---

773 Vgl. *Reichert* Rn. 1915, der als Beispiel die Benutzung der Vereinssportanlage durch Mitglieder nennt, bei der es aufgrund von Unachtsamkeit zu einer Schädigung Dritter kommt (etwa durch den auf eine nahegelegene Straße geschossenen Ball).

774 Im Ergebnis ebenso, allerdings ohne Begründung: *OLG Hamm* OLGReport 1995, 6. Gegenüber Nichtmitgliedern muß eine solche Satzungsregelung regelmäßig mangels Geltungskraft ausscheiden, es sei denn, es liegt ein besonderer Verpflichtungsgrund (z. B. Unterwerfungserklärung im Sinne einer rechtsgeschäftlichen Vereinbarung) vor, vgl. dazu bereits oben Zweiter Teil B. II. 1. a) aa).

775 Vgl. allg. dazu, daß sich die Möglichkeit von Haftungsbeschränkungen im deliktischen Bereich aus der Privatautonomie ergibt oben Zweiter Teil B. I. 3. vor a) mit Nachweisen.

776 Vgl. statt aller etwa Soergel / *Hadding* vor § 21 Rn. 79.

777 Vgl. Soergel / *Hadding* vor § 21 Rn. 79.

778 Vgl. allg. (ohne Bezug zu Haftungsbeschränkungen) zu den Rechtswirkungen der Satzung *RG* JW 1928, 240; Soergel / *Hadding* § 25 Rn. 33 ff.

779 Vgl. allg. *BGH* WM 1972, 1249; *BGHZ* 128, 93, 96 f., 103 = NJW 1995, 583; Soergel / *Hadding* § 25 Rn. 35 m. w. N. in Fn. 205; *Edenfeld* S. 46 m. w. N. in Fn. 118; *Heermann* NZG 1999, 325, 326 ff.

Da auch für Satzungsregelungen die allgemeinen Grenzen der Privatautonomie gelten[780], sind zwingende gesetzliche Spezialvorschriften (z. B. §§ 619, 702 a BGB, 8 a II StVG, 7 HaftPflG, 49 LuftVG) und die §§ 138, 242 BGB zu beachten. Was die Beschränkung der Haftung aus § 831 I BGB angeht, findet im Unterschied zur Haftung für Erfüllungsgehilfen § 278 S. 2 BGB keine Anwendung. Dies liegt zum einen daran, daß es bei § 831 I BGB nicht um die Haftung aus einem bestehenden Sonderrechtsverhältnis geht.[781] Zum anderen betrifft § 831 I BGB nicht die Haftung des Vereins für das *fremde* Verschulden eines Gehilfen, sondern für das *„eigene"* Verschulden des Vereins, d. h. für ein Auswahl- oder Überwachungsverschulden seiner Vorstandsmitglieder, besonderen Vertreter und Repräsentanten.[782] Für dieses „eigene" Verschulden des Vereins gilt aber der allgemeine Rechtsgedanke des § 276 III BGB.[783] Deshalb kann sich der Verein nicht im voraus von seiner Haftung aus § 831 I BGB für ein vorsätzliches Fehlverhalten seiner Organwalter bei der Auswahl oder Überwachung der Verrichtungsgehilfen befreien lassen. Was die sich aus §§ 138, 242 BGB ergebenden Grenzen angeht, gilt das im Rahmen der individualvertraglichen Beschränkung der Haftung des Vereins aus § 31 BGB Gesagte entsprechend.[784] Es kann an dieser Stelle auf die dortigen Ausführungen verwiesen werden. Im Unterschied zur Haftung aus § 278 S. 1 2. Var. BGB sind bei der Beschränkung der Haftung aus § 831 I BGB in bezug auf einen eventuellen Verstoß gegen die §§ 138, 242 BGB daher keine großzügigeren Maßstäbe anzulegen. Dies ergibt sich daraus, daß es bei § 831 I BGB an einer § 278 S. 2 BGB entsprechenden Regelung und damit an der gesetzlichen Wertung fehlt, tendenziell weniger strenge Maßstäbe anzuwenden.[785] Ein Verstoß gegen §§ 138, 242 BGB wird aber – wie bei § 31 BGB – auch bei § 831 I BGB die Ausnahme bleiben.

Die §§ 305 ff. BGB finden auf satzungsmäßige Haftungsklauseln wegen der Bereichsausnahme des § 310 IV 1 BGB keine Anwendung.[786] Zu den Punkten Teilnichtigkeit, Klarheit und Eindeutigkeit der Regelung und enge Auslegung kann auf die Ausführungen im Rahmen der satzungsmäßigen Beschränkung der Haftung aus § 278 S. 1 2. Var. BGB verwiesen werden.

---

780 Siehe dazu und zur Inhaltskontrolle von Satzungen oben Zweiter Teil B. II. 1. a) aa).

781 Das Bestehen eines Sonderrechtsverhältnisses ist aber Voraussetzung für die Anwendung des § 278 BGB.

782 Diese Formulierung beinhaltet keine Stellungnahme zum Streit um Organ- und Vertretertheorie. Anstelle vom „eigenen Verschulden des Vereins" könnte man auch davon sprechen, daß das Verschulden der Organwalter dem Verein in jedem Fall unbedingt „zugerechnet" wird.

783 § 276 III BGB gilt unmittelbar nur für die Haftung aus bestehenden Sonderrechtsverhältnissen, als allgemeiner Rechtsgedanke jedoch auch für die deliktische Haftung.

784 Siehe oben Zweiter Teil B. I. 3. a).

785 § 278 S. 2 BGB kann mangels Vergleichbarkeit der Interessenlagen auch nicht analog angewandt werden, denn bei § 278 S. 1 BGB geht es um die Haftung für fremdes, bei § 831 I BGB hingegen um die Haftung für eigenes Verschulden.

786 Siehe dazu bereits oben Zweiter Teil B. II. 1. a) aa).

### bb) Haftungsbeschränkung durch Regelung in einer Vereinsordnung

Ob der Verein seine Geschäftsherrnhaftung aus § 831 I BGB gegenüber den Mitgliedern *durch Regelung in einer Vereinsordnung* beschränken kann, ist bisher – soweit ersichtlich – in Rechtsprechung und Literatur nicht erörtert worden.[787] Die Beantwortung der Frage hängt davon ab, ob die Beschränkung der Haftung aus § 831 I BGB zum *zulässigen Regelungsgehalt* von Vereinsordnungen gehört. Dies ist nur dann der Fall, wenn es sich *nicht* um eine „das Vereinsleben bestimmende Grundentscheidung" und damit um eine Frage der Vereinsverfassung handelt, denn solche „Grundentscheidungen" sind nach der Rechtsprechung des *BGH* wegen §§ 25, 71 I 1 BGB zwingend der *Satzung* vorbehalten.[788]

Entscheidend gegen die Zulässigkeit einer die Haftung des Vereins aus § 831 I BGB beschränkenden Regelung in einer Vereinsordnung spricht, daß auch die Beschränkung dieser Haftung – ebenso wie im Falle des § 31 und des § 278 S. 1 2. Var. BGB – für das Verhältnis der Mitglieder zum Verein und damit für das Vereinsleben von immenser Bedeutung ist.[789] Im Falle des *Ausschlusses* der Haftung aus § 831 I BGB verliert das durch den Verrichtungsgehilfen geschädigte Vereinsmitglied zunächst den Verein als Haftungsschuldner. Selbst wenn der Verrichtungsgehilfe dem Mitglied persönlich aus Delikt (z. B. § 823 I BGB) haftet, was schon von den Anspruchsvoraussetzungen des § 831 I BGB her nicht immer der Fall sein muß[790], so wird die Durchsetzung dieses Anspruchs wirtschaftlich nicht immer ergiebig sein. Denn die häufig ehrenamtlichen Gehilfen des Vereins verfügen nicht typischerweise über ausreichende finanzielle Mittel, um einen gerade bei Personenschäden schnell größere Summen erreichenden Schaden ersetzen zu können. Mag der Ausschluß der Haftung aus § 831 I BGB dem Mitglied auch nicht beide möglichen Haftungsschuldner nehmen, so nimmt er ihm mit dem Verein jedoch häufig den einzig liquiden. Dies zeigt, daß eine derartige Haftungsregelung in einer Vereinsordnung *beträchtliche Auswirkungen* hätte, weil sie die Rechtsstellung der Mitglieder im Schadensfalle deutlich verschlechtert und damit eine erhebliche Belastung für diese darstellt. Ebenso wie der Ausschluß der Haftung aus § 31 und § 278 S. 1 2. Var. BGB beinhaltet der Ausschluß der Geschäftsherrnhaftung aus § 831 I BGB Rechtsnachteile, „die nicht selbstverständlich sind und mit denen

---

787 Siehe zum Begriff der „Vereinsordnung" bereits oben Zweiter Teil B. I. 2. Gegenüber Nichtmitgliedern scheidet eine solche Regelung schon deshalb aus, weil Vereinsordnungen ihnen gegenüber grundsätzlich keine Rechtswirkungen entfalten, es sei denn, es liegt ein besonderer Verpflichtungsgrund (z. B. eine Unterwerfungserklärung im Sinne einer rechtsgeschäftlichen Vereinbarung) vor, woran es aber in aller Regel fehlen wird, vgl. ebenda.

788 Vgl. allg. *BGHZ* 47, 172, 177 = NJW 1967, 1268; oben Zweiter Teil B. I. 2. m. w. N.

789 Siehe zur Beschränkung der Haftung aus § 31 BGB und § 278 S. 1 2. Var. BGB durch Regelung in einer Vereinsordnung oben Zweiter Teil B. I. 2. und II. 1. a) bb).

790 Der Verein haftet bereits nach § 831 I BGB, wenn der Verrichtungsgehilfe eine tatbestandliche und rechtswidrige, nicht aber *schuldhafte* unerlaubte Handlung begangen hat. Ein Verschulden ist hingegen für eine persönliche Haftung des Verrichtungsgehilfen aus § 823 I BGB erforderlich.

ein in den Verein eintretendes Mitglied nicht ohne weiteres rechnen muß".[791] Diese Überlegung gilt darüber hinaus nicht nur für den *Ausschluß,* sondern auch für die *Begrenzung* der Haftung aus § 831 I BGB. Denn auch eine Begrenzung der Geschäftsherrnhaftung hat beträchtliche Auswirkungen auf die Rechtsstellung des geschädigten Mitglieds, die eine erhebliche Belastung darstellen, keineswegs selbstverständlich sind und mit denen nicht ohne weiteres gerechnet werden muß. Man denke dabei etwa nur an die Begrenzung der Haftung auf bestimmte Schäden (z. B. vorhersehbare) oder auf eine Höchstsumme.[792] Deshalb gehört die Beschränkung der Geschäftsherrnhaftung *insgesamt* – ebenso wie die Beschränkung der Haftung aus § 31 und § 278 S. 1 2. Var. BGB – zu den „das Vereinsleben bestimmenden Grundentscheidungen"[793] und damit zur Vereinsverfassung. Sie ist demzufolge nicht Teil des zulässigen Regelungsgehalts einer Vereinsordnung. Vielmehr ist sie in die Satzung aufzunehmen, wo sie sich allerdings an die bereits dargestellten allgemeinen Grenzen der Privatautonomie zu halten hat.

### cc) Individualvertragliche Haftungsbeschränkung

Der Verein kann seine Geschäftsherrnhaftung aus § 831 I BGB sowohl seinen Mitgliedern als auch außenstehenden Dritten gegenüber *individualvertraglich* beschränken. Dies ergibt sich letztlich aus dem Grundsatz der Privatautonomie.[794] Auch hier sind jedoch die allgemeinen Grenzen der Privatautonomie zu beachten, insbesondere also spezialgesetzliche Normen und die §§ 138, 242 BGB. Insoweit gelten dieselben Grundsätze wie bei der *satzungsmäßigen* Beschränkung der Geschäftsherrnhaftung.[795] Auf die dortigen Ausführungen darf verwiesen werden. Gleiches gilt, soweit es um die Klarheit und Eindeutigkeit und die enge Auslegung von Haftungsregelungen geht.

### dd) Haftungsbeschränkung durch AGB

Ebenso wie die Haftung aus § 31 BGB und die aus § 278 S. 1 2. Var. BGB kann die Geschäftsherrnhaftung aus § 831 I BGB aufgrund der Privatautonomie durch *Allgemeine Geschäftsbedingungen* (AGB) beschränkt werden.[796] Solche Haftungs-

---

[791] Allgemeine Formulierung aus *BGHZ* 47, 172, 177 = NJW 1967, 1268 (ohne Bezug zu Haftungsbeschränkungen).

[792] Siehe zu den verschiedenen denkbaren Arten von Haftungs*begrenzungen* oben Fn. 17.

[793] Allgemeine Formulierung aus *BGHZ* 47, 172, 177 = NJW 1967, 1268 (ohne Bezug zu Haftungsbeschränkungen).

[794] Vgl. dazu schon bei der satzungsmäßigen Haftungsbeschränkung oben Zweiter Teil B. II. 1. b) aa).

[795] Siehe dazu oben Zweiter Teil B. II. 1. b) aa).

[796] Vgl. zur Beschränkung der Haftung für Erfüllungsgehilfen durch AGB Zweiter Teil B. II. 1. a) dd).

beschränkungen können sowohl mit Mitgliedern als auch außenstehenden Dritten vereinbart werden. Zu beachten sind dabei vor allem die inhaltlichen Schranken der §§ 309 Nr. 7, 307 I, II BGB, die auch für deliktische Ansprüche gelten. Da es bei § 831 I BGB um die Haftung des Vereins für ein eigenes Verschulden (bzw. eines seiner Organe) geht, gelten insoweit die Ausführung zur AGB-mäßigen Beschränkung der Haftung aus § 31 BGB entsprechend.[797] Dementsprechend kann der Verein wegen § 309 Nr. 7 a BGB im Hinblick auf *Körperschäden* seine Haftung aus § 831 I BGB weder für Vorsatz noch für Fahrlässigkeit seiner Organwalter beschränken. Was sonstige Schäden (z. B. Sach- und Vermögensschäden) angeht, gilt § 309 Nr. 7 b BGB, so daß jedenfalls eine Beschränkung der Haftung für grobe Fahrlässigkeit nicht möglich ist.[798] Aber auch Haftungsbeschränkungen für einfache Fahrlässigkeit scheitern nach der Rechtsprechung häufig an § 307 I, II BGB.[799]

Was die Auslegung von Haftungsklauseln, ihre Einbeziehung, ihre Erstreckung auf die Deliktshaftung und die Rechtsfolgen eines Verstoßes gegen §§ 309 Nr. 7, 307 I, II BGB angeht, gilt das zur Beschränkung der Haftung aus § 31 und § 278 S. 1 2. Var. BGB gesagte entsprechend.[800] Schließlich ist zu beachten, daß die §§ 305 ff. BGB wegen § 310 IV 1 BGB keine Anwendung finden, wenn der Verein AGB im *korporationsrechtlichen Bereich gegenüber seinen Mitgliedern* verwendet.[801] In diesem Fall sind die für individualvertragliche Haftungsbeschränkungen geltenden Schranken anzuwenden, also insbesondere §§ 138, 242 BGB.[802] In rein schuldrechtlichen Austauschbeziehungen oder gegenüber außenstehenden Dritten gelten die § 305 ff. BGB hingegen uneingeschränkt.

#### ee) Haftungsbeschränkung durch Vereinsobservanz

Der Verein kann seine Geschäftsherrnhaftung aus § 831 I BGB gegenüber den Mitgliedern nicht durch Vereinsobservanz beschränken. Die Beschränkung dieser Haftung stellt – ebenso wie bei § 31 und § 278 S. 1 2. Var. BGB – eine „das Vereinsleben bestimmende Grundentscheidung“[803] dar und gehört damit zur Vereinsverfassung.[804] Nach der hier vertretenen Auffassung kann die Verfassung des eingetragenen Vereins nicht durch Observanz abgeändert oder ergänzt werden.[805]

---

797 Siehe dazu oben Zweiter Teil B. I. 4. c).

798 Die Vorsatzhaftung kann hingegen bereits wegen des allgemeinen Rechtsgedankens des § 276 III BGB nicht beschränkt werden, siehe oben Zweiter Teil B. I. 4. c) bb).

799 Siehe dazu ebenfalls die Ausführungen zur Beschränkung der Haftung aus § 31 BGB durch AGB oben unter Zweiter Teil B. I. 4. c) cc).

800 Siehe dazu vor allem oben Zweiter Teil B I. 4. vor a), b) und c) dd).

801 Siehe dazu ausführlich oben Zweiter Teil B. I. 4. a).

802 Siehe dazu bereits oben Zweiter Teil B. I. 4. a).

803 Siehe zu dieser Formulierung (allerdings ohne Bezug zur Problematik der Haftungsbeschränkung) *BGHZ* 47, 172, 177 = NJW 1967, 1268.

804 Vgl. oben Zweiter Teil B. I. 2. und II. 1. a) bb).

## 2. Beschränkung der Gefährdungshaftung

Wie bereits festgestellt werden konnte, trifft den Verein in manchen Fällen eine Gefährdungshaftung.[806] Zu nennen sind dabei vor allem die Halterhaftung bei Kraftfahrzeugen (§ 7 StVG), Luftfahrzeugen (§ 33 LuftVG) und Luxustieren (§ 833 S. 1 BGB), sowie darüber hinaus die Haftung des Grundstücksbesitzers nach § 906 II 2 BGB und die Haftung nach § 1 HPflG. Die Besonderheit der Gefährdungshaftung besteht darin, daß sie verschuldensunabhängig ausgestaltet ist. Sie greift bei Vorliegen der jeweiligen Tatbestandsvoraussetzungen ein, ohne daß es eines Verschuldens der Vorstandsmitglieder, besonderen Vertreter, „Repräsentanten" oder einfachen Gehilfen des Vereins bedarf. Was die *Beschränkung* der Gefährdungshaftung angeht, würde es den Rahmen der vorliegenden Untersuchung ersichtlich sprengen, auf die genannten Haftungstatbestände und ihre Besonderheiten im einzelnen einzugehen. Es soll daher genügen, einige grundlegende Überlegungen anzustellen.

Es stellt sich zunächst die Frage, ob die genannten Haftungstatbestände nicht vielleicht *zwingendes Recht* darstellen. In diesem Fall müßte eine Haftungsbeschränkung von vornherein ausscheiden. Die *Tierhalterhaftung nach § 833 S. 1 BGB* gehört jedenfalls nicht zum zwingenden Recht. Folgerichtig hat der *BGH* bereits mehrfach festgestellt, daß sie vertraglich sogar gänzlich *ausgeschlossen* werden kann.[807] Auch der *verschuldensunabhängige nachbarrechtliche Ausgleichsanspruch nach § 906 II 2 BGB* ist dispositiv und kann deshalb beschränkt werden. Gleiches gilt für die Haftung nach § 7 StVG. Sie kann grundsätzlich durch Vereinbarung zwischen Halter und Verletztem ausgeschlossen werden.[808] Auch die Haftung nach § 33 LuftVG stellt kein zwingendes Recht dar und ist deshalb beschränkbar.[809] Die Haftung aus § 1 HaftPflG hingegen ist teilweise unabdingbar. Dies ergibt sich aus § 7 HaftPflG. Nach § 7 S. 1 HaftPflG darf die Ersatzpflicht nach § 1 HaftPflG, soweit es um Personenschäden geht, nicht im voraus ausgeschlossen oder begrenzt werden. Entgegenstehende Bestimmungen und Vereinbarungen sind gemäß § 7 S. 3 HaftPflG nichtig. Aus dem Umkehrschluß zu § 7 S. 1 HaftPflG ergibt sich jedoch, daß die Haftung aus § 1 HaftPflG für andere Schäden als Personenschäden (z. B. Sach- oder Vermögensschäden) grundsätzlich beschränkt werden kann.[810]

---

805 Vgl. oben B. I. 6.

806 Siehe dazu oben Zweiter Teil A. I. 4.

807 Vgl. dazu *BGH* NJW 1977, 2158 = VersR 1977, 864, 866; NJW 1982, 763, 764 = VersR 1982, 366, 367; NJW-RR 88, 655, 657.

808 Vgl. *OLG Koblenz* VersR 1993, 1164, 1165; *Greger* § 7 StVG Rn. 500; siehe auch *Greger* § 16 StVG Rn. 302 ff. zu Haftungsausschlüssen im einzelnen.

809 Vgl. *Hofmann* § 33 LuftVG Rn. 14. Anderes gilt hingegen gemäß § 49 LuftVG für die Haftung aus §§ 44 bis 48 LuftVG.

810 Siehe zu den Einzelheiten einer Beschränkung der Haftung aus § 1 HaftPflG: *Filthaut* § 7 HaftPflG Rn. 1 ff.

Darüber hinaus ist zu beachten, daß sich die Gefährdungshaftung des Vereins nicht über § 31 BGB, sondern bereits aus den jeweiligen Haftungsnormen selbst ergibt.[811] Haftungsbeschränkungen können demnach – soweit ansonsten zulässig – Gegenstand von *Satzungsregelungen* sein, weil § 40 BGB nicht eingreift.[812] Zulässig sind aufgrund der Privatautonomie ferner *individualvertragliche* und *AGB-mäßige* Haftungsbeschränkungen.[813] Diese müssen sich selbstverständlich nicht nur an spezialgesetzliche Normen halten[814], sondern auch die §§ 138, 242 BGB beachten. Demgegenüber scheiden Beschränkungen der Gefährdungshaftung in *Vereinsordnungen* oder durch *Vereinsobservanz* aus, weil sie „das Vereinsleben bestimmende Grundentscheidungen"[815] darstellen und deshalb als Teil der Vereinsverfassung zwingend in die Satzung aufzunehmen sind.

---

811 Vgl. dazu oben Zweiter Teil A. I. 4.

812 So hat etwa das *LG Bielefeld* (NJWE-VHR 1997, 264) – allerdings ohne Begründung – festgestellt, daß ein Verein durch Satzungsbestimmung die Tierhalterhaftung aus § 833 S. 1 BGB gegenüber seinen Mitgliedern beschränken kann.

813 Für individualvertragliche Beschränkungen der Gefährdungshaftung ebenso *Reichert* Rn. 1968.

814 Damit sind im Falle von AGB-Klauseln auch die § 305 ff. BGB gemeint.

815 Siehe zu dieser Formulierung allg. *BGHZ* 47, 172, 177 = NJW 1967, 1268 (ohne Bezug zu Haftungsbeschränkungen).

*Dritter Teil*

# Persönliche Haftung des Vorstands gegenüber Dritten

## A. Darstellung der Haftung

### I. Einleitung

Die persönliche Außenhaftung von Vereinsvorstandsmitgliedern wird in der vereinsrechtlichen Literatur kaum behandelt.[816] Anderes gilt für die Haftung von GmbH-Geschäftführern und Vorstandsmitgliedern von Aktiengesellschaften und Genossenschaften. Dies mag verwundern, denn die Haftungsrisiken des Vereinsvorstandes sind durchaus beachtlich. So ging es etwa in einer Entscheidung des *Bundesfinanzhofs* aus dem Jahre 1998 um einen Fall, bei dem ein Finanzamt das Vorstandsmitglied eines Vereins wegen rückständiger Steuerschulden im Wege eines Haftungsbescheids auf Zahlung von 88.290 DM (ca. 45.000 €) persönlich in Anspruch genommen hatte.[817] Hinzu kam, daß das betroffene Vorstandsmitglied nur über eine monatliche Altersrente von 1.800 DM (ca. 920 €) verfügte. Letzteres dürfte gerade bei ehrenamtlichen Vereinsvorständen kein Ausnahmefall sein. Wie sich im folgenden noch genauer zeigen wird, kann keine Rede davon sein, daß die Übernahme eines Vereinsvorstandsamtes keine nennenswerten (finanziellen) Risiken mit sich bringe. Bei der Untersuchung der persönlichen Außenhaftung soll jedoch die Gefahr einer *strafrechtlichen* Verantwortlichkeit außer Betracht bleiben. Hingewiesen sei nur darauf, daß auch hier ein (nicht nur) finanzielles Risiko besteht. So wurde Anfang August 2003 bekannt, daß das *LG Aachen* einen ehemaligen Präsidenten des Fußball-Zweitligavereins Alemania Aachen e.V. wegen Untreue (§ 266 StGB) zu einer Geldstrafe von 11.700 € verurteilt hat.[818]

Die Haftung des Vereins aus § 31 BGB für ein Fehlverhalten seiner Vorstandsmitglieder schließt eine persönliche Haftung des einzelnen Vorstandsmitglieds ge-

---

816 Siehe z. B. die knappen Ausführungen bei *Reichert* Rn. 1940 ff.; Sauter/Schweyer/*Waldner* Rn. 292 a/b; *Stöber* Rn. 401 f.; *Linnenbrink* SpuRt 2000, 55 ff. Etwas ausführlicher: *Grabau/Hundt* BuW 2003, 26, 28 ff.; *Haas* SpuRt 1999, 1 ff. (zur Haftung wegen Insolvenzverschleppung).

817 Vgl. *BFH* v. 4. 5. 1998, BFH/NV 1998, 1460.

818 Vgl. *F.A.Z.* v. 7. 8. 2003, S. 30.

genüber Dritten weder aus, noch tritt sie an ihre Stelle.[819] Dies hatte bereits das *RG* frühzeitig erkannt.[820] Aus Wortlaut, Systematik, Entstehungsgeschichte und Telos des § 31 BGB ergeben sich keinerlei Anhaltspunkte für eine haftungsbefreiende Wirkung dieser Norm. Die Frage nach der persönlichen Außenhaftung der Vorstandsmitglieder ist vielmehr eigenständig und nach allgemeinen Grundsätzen zu beurteilen.

Nach § 26 II 1 1. HS BGB ist der Vorstand das Vertretungsorgan des Vereins (Außenverhältnis). Darüber hinaus ergibt sich aus § 27 III BGB, daß ihm in der Regel zugleich auch die Geschäftsführung obliegt (Innenverhältnis). Unter Geschäftsführung ist dabei jede Tätigkeit zur Förderung des Vereinszwecks zu verstehen, unabhängig davon, ob sie tatsächlicher oder rechtsgeschäftlicher Natur ist.[821] Gerade wegen des umfangreichen Aufgabenbereichs werden durch den Vorstand verursachte Schädigungen Dritter nicht ausbleiben. Die Frage nach einer persönlichen Außenhaftung der Vorstandsmitglieder drängt sich deshalb geradezu auf. Geschädigte Dritte werden vor allem (aber nicht nur) dann versuchen, Organmitglieder persönlich in Anspruch zu nehmen, wenn der Verein insolvent (geworden) ist.[822] Dieses Risiko ist nicht nur theoretischer Natur, denn gerade in letzter Zeit sind viele Vereine in große finanzielle Schwierigkeiten geraten, wie zahlreiche Beispiele aus der Praxis des Sports zeigen. Dabei geht es sowohl um große Vereine (z. B. 1. FC Kaiserslautern e.V., VfB Stuttgart e.V., SC Fortuna Köln e.V., Stuttgarter Kickers e.V., FC St. Pauli e.V., SV Waldhof Mannheim e.V., Deutscher Handball-Bund e.V.)[823] als auch um mittlere (z. B. HERZOGtel Trier e.V., ASV Köln

---

819 Vgl. *RG* Das Recht 1907, 966 Nr. 2241; JW 1911, 939 Nr. 2; JW 1914, 1155, 1156 f.; *RGZ* 91, 72, 75 f.; *RG* JW 1924, 1155, 1156 f.; *BGH* GRUR 59, 428, 429; *BGHZ* 56, 73, 77 f. = NJW 1971, 1358; *BGH* NJW 1974, 1371, 1372; NJW-RR 1988, 671; *BGHZ* 109, 297, 302 = NJW 1990, 976, 977 (Baustoff-Urteil); *BGH* NJW-RR 1995, 1969, 1370; NJW 1996, 1535, 1536; MüKo/*Reuter* § 31 Rn. 43; RGRK/*Steffen* § 31 Rn. 9; Staudinger/*Weick* § 31 Rn. 49; Soergel/*Hadding* § 31 Rn. 28; Jauernig/*Jauernig* § 31 Rn. 1; *v. Bar* FS Kitagawa S. 279, 281; Sauter/Schweyer/*Waldner* Rn. 292a; *Stöber* Rn. 401. Ebenso bereits vor Inkrafttreten des BGB: *RG* v. 25. 6. 1890, RGZ 28, 238, 242 (für Vorstandsmitglieder einer eG).

820 Siehe die Nachweise in der vorherigen Fußnote.

821 Vgl. Soergel/*Hadding* § 26 Rn. 10.

822 Ähnlich ist es etwa auch bei GmbH-Geschäftsführern, vgl. z. B. *BGHZ* 109, 297 = NJW 1990, 976 („Baustoff-Urteil") und *BGH* NJW 1996, 1535.

823 Siehe zur dramatischen Finanzlage des 1. FC Kaiserslautern e.V. *F.A.Z.* v. 4.120.2002 S. 36. Inzwischen konnte zwar eine Schuldenlast von 27 Mio. € abgebaut werden, vgl. *Zorn* in: *F.A.Z.* v. 5. 8. 2004 S. 30. Die Profiabteilung des Vereins hat im abgelaufenen Geschäftsjahr bis 30. 6. 2004 jedoch bereits wieder einen Verlust von 6,9 Mio. € eingefahren, vgl. *F.A.Z.* v. 4. 11. 2004. Im Jahr 2002 wurde die Lage des damals mit 20 Mio. € verschuldeten VfB Stuttgart e.V. als „prekär" bezeichnet, vgl. *F.A.Z.* v. 2. 8. 2002 S. 30. Bis Ende 2003 konnte die Situation deutlich verbessert und der Schuldenstand auf 8,26 Mio. € reduziert werden, vgl. *Peitsmeier* in: *F.A.Z.* v. 20. 12. 2003 S. 33; siehe auch *F.A.Z.* v. 27. 7. 2004 S. 29. Der SC Fortuna Köln e.V. hat am 15. 1. 2003 Insolvenzantrag gestellt, vgl. *F.A.Z.* v. 16. 1. 2003 S. 32. Bei den Stuttgarter Kickers e.V. steht das finanzielle Überleben trotz Sparmaßnahmen „auf der Kippe", vgl. *F.A.Z.* v. 3. 3. 2003 S. 27. Der finanziell angeschlagene FC St. Pauli e.V. hatte im Mai 2003 eine Liquiditätslücke von 2 Mio. €, vgl.

e.V., TV Gießen-Lützellinden e.V., Tennis Borussia Berlin e.V., SV Babelsberg 03 e.V., KSV Germania Aalen e.V., VfB Leipzig e.V., TuSEM Essen e.V., Leipziger Rennklub e.V., Brandt Hagen e.V.)[824] und kleine, nur örtlich bekannte Vereine.[825] Hinzukommt, daß die finanzielle Krise der Vereine nicht selten auf einer wenig professionellen Geschäftsführung *des Vorstands* beruht. Darauf hat jüngst – bezogen auf die Fußballvereine der Bundesligen und der Regionalligen – *Udo Koberstein* vom Institut der Wirtschaftsprüfer in Deutschland (IDW) hingewiesen.[826] Seiner Kritik sollte Beachtung geschenkt werden, weil er über regelmäßige Einsicht in die internen Unterlagen der Vereine verfügt. In eine ähnliche Richtung geht auch die Äußerung des Insolvenzverwalters des VfB Leipzig e.V.: „Jahrelang hat man kraß über seine Verhältnisse gelebt."[827] Nachdem der Verein im Jahr 2000 eine Insolvenz überstanden hatte, wurden bis April 2004 schon wieder 4,8 Mio. € (!) Schulden angehäuft. Auch beim finanziellen Niedergang des KSV Germania Aalen e.V. liegt die Verantwortung offenbar beim Vorstand. Der Verein mußte im September 2004 Insolvenzantrag stellen wegen Steuerschulden von über 700.000 €, die daraus resultieren, daß jahrelang Sportlergehälter ausgezahlt worden sind, ohne die Einkommensteuer einzubehalten und an das Finanzamt abzuführen.[828] Der inzwischen eingesetzte Insolvenzverwalter stellte dazu fest: „Über Jahre hinweg hat man selbstherrlich Steuerrecht und

---

*F.A.Z.* v. 27. 50. 2003 S. 32 und *F.A.Z.* v. 12. 60. 2003 S. 34. Trotz zwischenzeitlicher Rettungsversuche (vgl. *F.A.Z.* v. 19. 90. 2003 S. 33) besteht Insolvenzgefahr, vgl. *F.A.Z.* v. 8.120.2003 S. 24. Beim SV Waldhof Mannheim e.V. wurde das Insolvenzverfahren mit positivem Ausgang abgeschlossen, vgl. *F.A.Z.* v. 20. 40. 2004 S. 32. Dem Deutschen Handball-Bund e.V. droht zum Ende des Jahres 2004 die Insolvenz, vgl. *F.A.Z.* v. 1. 90. 2004 S. 30.

824 Beim Bundesliga-Basketballverein HERZOGtel Trier e.V. ist das Insolvenzverfahren inzwischen abgeschlossen, vgl. *F.A.Z.* v. 28. 6. 2002 S. 44. Der Leichtathletik-Traditionsklub ASV Köln e.V. konnte offenbar nur dadurch gerettet werden, daß die Gläubigerbanken dem Verein Schulden i.H.v. 1,15 Mio. € erlassen haben, vgl. *F.A.Z.* v. 6. 11. 2002 S. 31. Dem Sportverein TV Gießen-Lützellinden e.V. (Handballbundesliga der Frauen) droht die Insolvenz, vgl. *F.A.Z.* v. 3. 1. 2003 S. 30 und *F.A.Z.* v. 31. 5. 2003 S. 31 („kritische wirtschaftliche Situation"). Gleiches gilt für den Tennis Borussia Berlin e.V., vgl. *F.A.Z.* v. 13. 3. 2003 S. 30. Der SV Babelsberg 03 e.V. hat inzwischen Antrag auf Eröffnung eines Insolvenzverfahrens gestellt, vgl. *F.A.Z.* v. 12. 4. 2003 S. 32. Der Ringer-Bundesligaverein KSV Germania Aalen e.V. mußte wegen Steuerschulden i.H.v. über 700.000 € Insolvenzantrag stellen, vgl. *F.A.Z.* v. 15. 9. 2004 S. 31 und v. 16. 10. 2004 S. 31. Der VfB Leipzig e.V. wird nach Abschluß des Insolvenzverfahrens aus dem Vereinsregister gelöscht werden, vgl. *F.A.Z.* v. 22. 4. 2004 S. 29. Beim TuSEM Essen e.V. droht wegen offener Verbindlichkeiten von mehr als 800.000 € die Insolvenz, vgl. *F.A.Z.* v. 17. 12. 2003 S. 31. Der Leipziger Rennklub e.V. sieht sich nach 141 Jahren Rennbetrieb gezwungen, Insolvenzantrag zu stellen, vgl. *F.A.Z.* v. 19. 6. 2004 S. 32. Die Verantwortlichen des Bundesliga-Basketballklub Brandt Hagen e.V. haben im Dezember 2003 Insolvenzantrag gestellt, vgl. *F.A.Z.* v. 16. 12. 2003 S. 32.

825 Was kleinere Vereine angeht, ist dem Autor z. B. der Fall des Tennisclubs Rot Weiß 1926 e.V. Bayreuth bekannt.

826 Vgl. den Bericht in der *F.A.Z.* v. 4. 1. 2003 S. 28.

827 Zitiert nach *Ewers* in: *F.A.Z.* v. 9. 2. 2004 S. 25.

828 Vgl. zum Fall des KSV Aalen e.V. *G. Schneider* in: *F.A.Z.* v. 12. 10. 2004 S. 34.

Steuerpraxis ignoriert. Bis vor zwei Jahren hatte der Verein nicht mal einen Steuerberater."[829]

## II. Deliktische Eigenhaftung der Vorstandsmitglieder

Begeht ein Vorstandsmitglied persönlich eine unerlaubte Handlung, d. h. verwirklicht es in seiner Person alle Tatbestandsmerkmale einer Deliktsnorm, haftet es dem Geschädigten selbstverständlich unmittelbar.[830] Gleiches gilt wegen § 830 I 1, II BGB, wenn es an einer unerlaubten Handlung als Mittäter, Anstifter oder Gehilfe mitgewirkt hat. Verletzt ein Vorstandsmitglied tatbestandlich, rechtswidrig und schuldhaft etwa den Körper oder das Eigentum eines anderen, ist es dem Geschädigten gemäß § 823 I BGB zum Ersatz des sich daraus ergebenden Schadens verpflichtet.[831] Die Verletzungshandlung kann dabei auch in einem Unterlassen bestehen. Dies ist anerkanntermaßen dann der Fall, wenn ein Vorstandsmitglied Kenntnis davon hat, daß aus dem Vereinsbereich die Rechtsgüter Dritter gefährdet oder verletzt werden, und er trotzdem zumutbare Maßnahmen zum Schutz der Dritten unterläßt.[832] Dementsprechend hat der *BGH* in einer von der vereinsrechtlichen Literatur allerdings nicht weiter beachteten Entscheidung aus dem Jahre 1960[833] den Vorstandsvorsitzenden eines Sportvereins aus § 823 I BGB persönlich haften lassen. Der Vorsitzende hatte gewußt, daß vom Verein aus häufiger auf einem für die Allgemeinheit zugänglichen Sportplatz Diskuswerfen mit einem vereinseigenen Diskus betrieben wurde. Durch das Diskuswerfen wurde ein Dritter verletzt. Der *BGH* stellte fest, daß der Vorstandsvorsitzende die Schädigung des Klägers mitverursacht habe, indem er es unterlassen habe, geeignete Sicherungsmaßnahmen (z. B. Absperrung des Platzes) zu treffen.

Zwar steht der Vorstand nur zum Verein und nicht zu den einzelnen Vereinsmitgliedern in einem Rechtsverhältnis.[834] Nach der Rechtsprechung des *BGH* stellt

---

829 Zitiert nach *G. Schneider* in: *F.A.Z.* v. 12.100.2004 S. 34.

830 Vgl. *BGHZ* 56, 73, 77 f. = NJW 1971, 1358; *BGH* NJW 1974, 1371, 1372; NJW 1988, 1782; *BGHZ* 109, 297, 302 = NJW 1990, 976, 977 (Baustoff-Urteil); *BGHZ* 110, 323 = NJW 1990, 2877; *BGH* NJW-RR 1995, 1369, 1370; NJW 1996, 1535, 1536; Jauernig/*Jauernig* § 31 Rn. 1; *Reichert* Rn. 1906, 1940.

831 Beispiele: Das Vorstandsmitglied A stößt auf der Mitgliederversammlung des X-Vereins aus Nachlässigkeit den Tisch mit dem Overheadprojektor um, wodurch der daneben sitzenden B am Fuß verletzt wird. Vorstandsmitglied B veräußert einen Gegenstand, der im Eigentum eines Dritten steht (siehe dazu *BGH* ZIP 1996, 786).

832 Vgl. für den GmbH-Geschäftsführer *BGH* NJW 1987, 127, 129; *OLG Koblenz* GmbHR 1992, 378; *OLG Hamm* GRUR 1990, 689, 690; *KG* NJW-RR 1987, 489; 490; *Haas* S. 8. Diese Grundsätze gelten gleichermaßen für den Vorstand als Leitungsorgan des Vereins.

833 *BGH* v. 16. 2. 1960, VersR 1960, 421, 423; ebenso *OLG Stuttgart* VersR 1984, 1098 für den Vorstandsvorsitzenden eines Radsportvereins.

834 Vgl. *BGHZ* 110, 323 = NJW 2877, 2879 (Schärenkreuzerfall); *Grunewald* ZIP 1989, 962, 965; Sauter/Schweyer/*Waldner* Rn. 264; *Götz/Götz* JuS 1995, 106, 110.

das Mitgliedschaftsrecht eines jeden Vereinsmitglieds jedoch ein „sonstiges Recht" i. S. d. § 823 I BGB dar.[835] Verletzt ein Vorstandsmitglied ein solches Mitgliedschaftsrecht, etwa indem es einem Mitglied zu Unrecht die Teilnahme an einer satzungsmäßige Zwecke verfolgenden Vereinsveranstaltung untersagt, haftet es diesem persönlich aus § 823 I BGB auf Schadensersatz.[836]

Ein Vorstandsmitglied haftet darüber hinaus aus § 823 II BGB, wenn es ein Schutzgesetz verletzt (z. B. § 263, § 264, § 266 oder § 246 StGB).[837] Ferner macht es sich gemäß § 826 BGB schadensersatzpflichtig, wenn es einen anderen in einer gegen die guten Sitten verstoßenden Weise vorsätzlich schädigt.[838] Dies ist etwa der Fall, wenn das Vorstandsmitglied positive Kenntnis von der unmittelbar bevorstehenden Insolvenz des Vereins hat, dem Geschäftspartner dies verschweigt und seine Schädigung zumindest billigend in Kauf nimmt.[839] Gleiches gilt, wenn es gegenüber einem Dritten wider besseren Wissens behauptet, der Verein sei leistungsfähig, und der Dritte durch den Vertragsschluß mit dem Verein einen Schaden erleidet.[840] Eine Haftung aus § 826 BGB kommt hingegen nicht in Betracht, wenn das Vorstandsmitglied berechtigterweise die Krise des Vereins für überwindbar und die Sanierung für erfolgversprechend hält.[841] Darüber hinaus hat ein Vorstandsmitglied als Fahrer eines Kraftfahrzeugs gemäß § 18 I StVG einen Schaden im Sinne des § 7 I StVG zu ersetzen. Hingegen trifft die Vorstandsmitglieder keine Schadensersatzpflicht, wenn ein Verrichtungsgehilfe des Vereins gegenüber einem Dritten eine tatbestandliche und rechtswidrige unerlaubte Handlung begangen hat und den Vorstand ein Auswahl- oder Überwachungsverschulden trifft. Geschäftsherr des Verrichtungsgehilfen ist nach überwiegender Ansicht in Rechtsprechung und Literatur allein *der Verein* als juristische Person. § 831 II BGB ist auf die Organwalter juristischer Personen nicht anwendbar.[842] Deren Rechtsstellung im

---

835 Vgl. *BGHZ* 110, 323 = NJW 1990, 2877, 2878 f. (Schärenkreuzerfall).

836 Vgl. *BGHZ* 110, 323 = NJW 1990, 2877, 2879 f.; Sauter / Schweyer / *Waldner* Rn. 335a; *Reichert* Rn. 1957; *Götz/Götz* JuS 1995, 106, 110; vgl. ferner die Nachweise bei *Helms* S. 60 Fn. 354. Hingegen wird eine Haftung der Vorstandsmitglieder gegenüber den Mitgliedern von einer abweichenden Ansicht in der Literatur mit dem Argument der *Vorrangigkeit des Vereinsinnenrechts* verneint, weil danach im Innenverhältnis Deliktsrecht gar nicht anwendbar sei, vgl. die Nachweise bei *Helms* S. 60 Fn. 353; ähnlich *Grunewald* ZHR 157 (1993), 451, 457 f.; im Ergebnis ebenso *Hadding* FS Kellermann S. 91, 112 f.

837 Vgl. *RG* v. 18. 10. 1917, *RGZ* 91, 72; *BGH* NJW-RR 1988, 671 f.; NJW-RR 1995, 1369, 1370; *Sandberger* S. 220 ff. (zum GmbH-Geschäftsführer).

838 Vgl. allg. *RG* JW 1911, 939 Nr. 2; JW 1924, 1155, 1156 f.; *BGH* NJW-RR 1986, 1292; *BGHZ* 105, 108 = NJW 1988, 2882. Im Rahmen der Beurteilung der Sittenwidrigkeit ist die „redliche Überzeugung" des Vorstandsmitglieds, die Vereinsinteressen zu wahren, mitzuberücksichtigen, vgl. *BGHZ* 110, 323.

839 Vgl. zur identischen Rechtslage bei der GmbH: *BGHZ* 108, 134; *BGH* NJW-RR 1992, 1061,1062; ausführlich *Meyke* Rn. 451 ff. m. w. N. aus der Rspr.

840 Vgl. *Lutter/Hommelhoff* § 43 GmbHG Rn. 42 (für den GmbH-Geschäftsführer).

841 Vgl. *BGHZ* 108, 134; *BGH* NJW-RR 1991, 1312, 1315 (beide zur GmbH).

842 Vgl. zum ganzen *BGH* NJW 1974, 1371, 1372 (GmbH); *BGHZ* 109, 297 = NJW 1990, 976, 978 (GmbH); 125, 366, 375 = NJW 1994, 1801; MüKo/*Stein* § 831 Rn. 68 m. w. N. in

Haftpflichtrecht wird durch ihre Organstellung geprägt. Aus dieser ergibt sich, daß die Organwalter nur dem Verein (und nicht etwa auch Dritten) die Erfüllung der Geschäftsherrnpflichten aus § 831 I BGB schulden und bei Verletzung dieser Verpflichtung auch nur dem Verein gegenüber haften sollen.[843]

Zu beachten ist, daß ein Vorstandsmitglied nach der Rechtsprechung des *BGH* für ein schädigendes Verhalten dann nicht persönlich haftet, wenn es ausschließlich in Vollzug eines ihn bindenden Beschlusses der Mitgliederversammlung gehandelt hat.[844] Dies läßt sich damit begründen, daß hier die Stellung des Vorstandsmitglieds als *ausführendem Organ der Mitgliederversammlung* seine persönliche Verantwortlichkeit „überlagert".[845] Allerdings gilt dies – entgegen der Ansicht des *BGH* – nur, soweit der Beschluß der Mitgliederversammlung nicht gegen das Gesetz oder die Satzung verstößt. Liegt nämlich ein solcher Verstoß vor, ist der Beschluß nichtig und erzeugt keine Bindungswirkung für den Vorstand.[846] Führt ein Vorstand einen solchen Beschluß dennoch aus, besteht kein Grund, ihn von seiner persönlichen Verantwortlichkeit freizusprechen. Die Regelung des § 93 V 3 3. Var. AktG, wonach den Gläubigern gegenüber die Ersatzpflicht der Vorstandsmitglieder nicht dadurch aufgehoben wird, daß die schädigende Handlung auf einem Beschluß der Hauptversammlung beruht, ist insoweit nicht analog anwendbar. Wie sich aus § 93 V 1 AktG ergibt, behandelt die Vorschrift gar nicht den unmittelbaren Ersatzanspruch eines Dritten. Vielmehr geht es um den Ersatzanspruch der juristischen Person aus dem Innenverhältnis gegenüber dem Vorstandsmitglied[847], den ein Gläubiger der Aktiengesellschaft dann geltend machen kann, wenn er von der Gesellschaft keine Befriedigung zu erlangen vermag.[848]

---

Fn. 175; Palandt/*Thomas* § 831 Rn. 21; *Haas* S. 218 f. m. w. N.; im Ergebnis ebenso Larenz/*Canaris* SR BT II/2 § 79 III 7; a.A. hingegen Soergel/*Zeuner* § 831 Rn. 55 m. weiteren Nachweisen. Siehe ferner zur Haftung des Vereins aus § 831 I BGB oben Zweiter Teil A. I. 3.

843 Vgl. *BGH* NJW 1974, 1371, 1372 (GmbH); *BGHZ* 109, 297, 304; 125, 366, 375 (GmbH); 125, 366, 375 = NJW 1994, 1801 (GmbH). Dieser Gedanke gilt jedoch für alle juristischen Personen.

844 Vgl. *BGHZ* 110, 323 = NJW 1990, 2877, 2880 (Schärenkreuzerfall).

845 *BGHZ* 110, 323 = NJW 1990, 2877, 2880; zustimmend Sauter/Schweyer/*Waldner* Rn. 335a; ebenso mit Einschränkungen *Hadding* FS Kellermann S. 91, 112 f.

846 Vgl. *Götz/Götz* JuS 1995, 106, 110, die zu Recht eine Pflicht der Vorstandsmitglieder zur Rechtmäßigkeitskontrolle der Beschlüsse der Mitgliederversammlung bejahen; ebenso *Linnenbrink* SpuRt 1999, 224, 227. Anstelle der Nichtigkeit kommt die Anfechtbarkeit eines Beschlusses nur dann in Betracht, wenn lediglich gegen Formvorschriften verstoßen wurde. Grundsätzlich gegen eine Prüfungspflicht aber *BGHZ* 110, 323, 335; *Eisele* S. 175 f. unter Hinweis auf die Gefahr einer Pflichtverletzung des Organwalters. Dieser Einwand geht jedoch fehl, weil nicht ersichtlich ist, warum das Vorstandsmitglied im Falle *ordnungsgemäßer* Prüfung eine schuldhafte Pflichtverletzung begangen haben soll.

847 Entsprechendes gilt für § 43 III 3 GmbHG, der deshalb ebenfalls nicht analog anwendbar ist.

848 Die Regelung bezweckt die Verbesserung der Rechtsstellung des Gläubigers im Vergleich zu den allgemeinen Regeln, nach denen er zunächst einen Titel gegen die AG erwir-

Tritt neben die persönliche deliktische Haftung des Vorstandsmitglieds (z. B. aus § 823 I BGB) die Haftung des Vereins aus § 31 BGB, weil das Vorstandsmitglied bei dem schädigenden Verhalten in Ausführung der ihm für den Verein zustehenden Verrichtungen gehandelt hat, haften Vorstandsmitglied und Verein dem geschädigten Dritten als *Gesamtschuldner* (§§ 840 I, 421 ff. BGB).[849] Sind mehrere Vorstandsmitglieder für die Schädigung verantwortlich, haften sie (und der Verein nach § 31 BGB) dem Dritten wiederum gemäß §§ 840 I, 421 ff. BGB als Gesamtschuldner.[850]

## III. Verkehrspflichthaftung der Vorstandsmitglieder

Wie bereits gezeigt werden konnte, ist der Verein als juristische Person Adressat von Verkehrspflichten. Deren tatsächliche Erfüllung sicherzustellen, obliegt als eine Maßnahme der *internen* Vereinsgeschäftsführung gemäß § 27 III BGB den Vorstandsmitgliedern. Kommt es durch ein Fehlverhalten der Vorstandsmitglieder zu einer Verletzung der Verkehrspflicht und dadurch zu einem Schaden eines Dritten, haftet *der Verein* dem Geschädigten aus §§ 823 I, 31 BGB auf Schadensersatz.[851] Der Dritte wird sich jedoch – insbesondere im Fall der Insolvenz des Vereins – die Frage stellen, ob ihm nicht auch die für die Nichterfüllung der Verkehrspflicht verantwortlichen Vorstandsmitglieder persönlich haften. Voraussetzung dafür wäre, daß die Vorstandsmitglieder die Erfüllung der Verkehrspflicht nicht nur dem Verein[852], sondern dem Dritten schulden. Die persönliche Verkehrspflichthaftung von Organwaltern juristischer Personen wird von *BGH* und Literatur nicht einheitlich beurteilt.

### 1. Die Ansicht des *BGH*

Die Rechtsprechung des *BGH* zur Außenhaftung von Organmitgliedern juristischer Personen für die Verletzung von Verkehrspflichten verlief nicht immer einheitlich.[853] Zunächst wurde eine Haftung der Organwalter nur zugelassen, wenn

ken müßte, um sich dann die Ersatzansprüche der Gesellschaft gegenüber den Vorstandsmitgliedern pfänden und zur Einziehung überweisen zu lassen (§§ 829, 835 ZPO), vgl. *Hüffer* § 93 AktG Rn. 31.

849 Vgl. *RGZ* 91, 72; Soergel/*Hadding* § 31 Rn. 28; Jauernig/*Jauernig* § 31 Rn. 1; *Reichert* Rn. 1906, 1940; *Stöber* Rn. 401; *Märkle* S. 83. Siehe zur Frage des Innenausgleichs unter den Gesamtschuldnern unten Vierter Teil A. V.

850 Vgl. *Reichert* Rn. 1940. Siehe zur Frage des Innenausgleichs unter den Gesamtschuldnern unten Vierter Teil A. VII.

851 Vgl. dazu ausführlich oben Zweiter Teil A. I. 2.

852 Das Bestehen einer solchen Pflicht *im Innenverhältnis zum Verein* ist unbestritten.

853 Vgl. *Altmeppen* ZIP 1995, 881, 884 ff. mit zusammenfassender Darstellung der Rechtsprechung des *BGH*.

eine persönliche Beteiligung an dem schadensursächlichen Verhalten festgestellt werden konnte. Im Jahre 1989 bejahte jedoch der VI. Zivilsenat des *BGH* in seiner vielbeachteten „Baustoff"-Entscheidung[854] ausdrücklich die persönliche Verkehrspflichthaftung eines GmbH-Geschäftsführers aus § 823 I BGB. Der *BGH* stellte fest, daß den Beklagten aufgrund seiner *Stellung als Geschäftsführer* der GmbH im Hinblick auf das Eigentum der Klägerin eine *Garantenstellung* treffe.[855] Zwar bestehe die aus der Organstellung herrührende Pflicht zur ordnungsgemäßen Geschäftsführung grundsätzlich nur gegenüber der Gesellschaft. Anderes gelte aber, wenn mit den Pflichten aus der Organstellung solche Pflichten einhergingen, die den Geschäftsführer aus besonderen Gründen persönlich gegenüber Dritten träfen.[856] Dies sei im deliktischen Bereich insbesondere wegen der ihm als Aufgabe zugewiesenen oder von ihm jedenfalls in Anspruch genommenen *Garantenstellung* zum Schutz fremder Schutzgüter i. S. d. § 823 I BGB der Fall.[857] Hier bestehe über die Organstellung hinaus aufgrund der Zuständigkeit für die Organisation und Leitung und der daraus erwachsenden persönlichen Einflußnahme auf die Gefahrenabwehr und -steuerung eine persönliche Verantwortung des Organs gegenüber den betroffenen Außenstehenden.[858] Es sei allgemein anerkannt, daß die Organwalter juristischer Personen unter besonderen Voraussetzungen auch dann persönlich für eine Schädigung verantwortlich seien, wenn sie diese nicht eigenhändig herbeigeführt hätten, die Ursache für die Schädigung jedoch in Versäumnissen bei der ihnen übertragenen Organisation und Kontrolle liege (Organisationsverschulden). Voraussetzung für die persönliche Haftung sei allerdings, daß der Geschäftsführer zur Abwehr der Gefahrenlage gerade in seinem Aufgabenbereich berufen sei.[859]

Zwar ging es in der „Baustoff"-Entscheidung nicht um die persönliche Außenhaftung des Vorstandsmitglieds eines Vereins, sondern um die des Geschäftsführers einer GmbH. Es muß jedoch davon ausgegangen werden, daß der *BGH* seine Ausführungen ganz allgemein für Organwalter juristischer Personen verstanden wissen wollte. Dafür spricht vor allem folgende, über den GmbH-Geschäftsführer hinausgehende Formulierung in den Entscheidungsgründen: „Es ist deshalb in Rechtsprechung und Literatur anerkannt, daß die Verantwortlichkeit

---

854 *BGHZ* 109, 297 = NJW 1990, 976; bestätigt in *BGH* NJW 1996, 1535, 1537 (6. Senat); eher kritisch, aber letztlich offenlassend *BGHZ* 125, 366, 375 f. = ZIP 1994, 867 (2. Senat).

855 Siehe *BGHZ* 109, 297, 302 = NJW 1990, 976 (Hervorhebungen nicht im Original). In den Gründen heißt es an dieser Stelle „Garantiepflicht", was auf einem Übermittlungsfehler beruhen dürfte, denn im übrigen ist nur von einer „Garantenstellung" die Rede, siehe z. B. *BGH* a. a. O., 297, 305, 306.

856 Siehe *BGHZ* 109, 297, 303 = NJW 1990, 976.

857 Siehe *BGHZ* 109, 297, 303 = NJW 1990, 976 (Hervorhebung nicht im Original). Siehe auch *BGH* a. a. O., 304: „... seine Verantwortung aus der mit seinen Geschäftsführeraufgaben verbundenen Garantenstellung zum Schutz Außenstehender ...".

858 Siehe *BGHZ* 109, 297, 303.

859 Siehe *BGHZ* 109, 297, 303 = NJW 1990, 976.

für die einer juristischen Person zuzurechnende Schädigung unter besonderen Voraussetzungen auch die zu ihrem Organ bestellten Personen trifft, selbst wenn diese nicht eigenhändig geschädigt haben, aber die Ursache für die Schädigung in Versäumnissen bei der ihnen übertragenen Organisation und Kontrolle zu suchen ist."[860] Dementsprechend läßt sich folgendes festhalten: Nach der Rechtsprechung des *BGH* obliegt den Vorstandsmitgliedern eines Vereins aufgrund ihrer Zuständigkeit für die Organisation und Leitung und der daraus erwachsenden persönlichen Einflußnahme auf die Gefahrenabwehr und -steuerung eine Garantenstellung und damit eine persönliche Haftung gegenüber Dritten für Schutzgüter i. S. d. § 823 I BGB. Die Vorstandsmitglieder schulden also die Erfüllung der Verkehrspflichten nicht nur dem Verein, sondern auch Dritten. Dazu müssen sie den Verein so organisieren, daß Dritte durch von ihm ausgehende Gefahren nicht geschädigt werden.

## 2. Die unterschiedlichen Standpunkte in der Literatur

Das „Baustoff-Urteil" hat in der Literatur zu einer geradezu unüberschaubar großen Anzahl an Stellungnahmen geführt.[861] Die persönliche Verkehrspflichtaußenhaftung von Organwaltern juristischer Personen wird seitdem kontrovers diskutiert. Der überwiegende Teil der Literaturstimmen lehnt dabei die Sichtweise des *BGH* ab und spricht sich grundsätzlich gegen eine persönliche Verkehrspflichthaftung von Organwaltern aus.[862] Andere Autoren meinen, eine Verkehrspflichthaftung von Organmitgliedern sei nur bei vorsätzlichem Fehlverhalten[863] oder in bezug auf die Schutzgüter Leib und Leben zu bejahen.[864] Davon zu unterscheiden ist wiederum eine Ansicht, nach der die Organmitglieder eine Außenhaftung nur dann trifft, wenn es um eine Verkehrspflicht gegenüber der Allgemeinheit geht, nicht aber bei Verkehrspflichten, die im Zusammenhang mit einer Vertragsdurchführung bestehen.[865] Schließlich sind einige Autoren dem *BGH* – zumindest grundsätzlich – gefolgt und bejahen die persönliche Verkehrspflichthaftung von Organwaltern in deren Zuständigkeitsbereichen.[866]

---

860 *BGHZ* 109, 297, 303 f. = NJW 1990, 976.

861 Vgl. etwa den Überblick bei *Vehreschild* S. 9 ff.

862 Siehe *Dreher* ZGR 1992, 22, 33 ff.; *Kort* DB 1990, 921, 923; *Mertens/Mertens* JZ 1990, 488, 489; *Westermann* DNotZ 1991, 813, 817 f.; *Krebs/Dylla-Krebs* DB 1990, 1271, 1274; *Hirte* NJW 1995, 1203; *Medicus* FS Lorenz S. 155 ff.; *Lutter* DB 1994, 129, 131 ff.; *Sandberger* S. 154 ff., 178 f.; *Grünwald* S. 95, 166; *Götting* GRUR 1994, 6, 11 f.; *Kleindiek* S. 459 ff.; grundsätzlich gegen den *BGH* auch *Lutter/Hommelhoff* § 43 GmbHG Rn. 45 ff.

863 So *Lutter* ZHR 157 (1993), 464, 478 ff., 482; *Westermann/Mutter* DZWir 1995, 184, 188 f.; *Rottkemper* S. 187 f.; ähnlich *Heil/Russenschuck* BB 1998, 1749, 1753 f.

864 So Baumbach/Hueck/*Zöllner* § 43 GmbHG Rn. 59 f.

865 So *Grunewald* ZHR 157 (1993), 451, 454 ff.; *Ransiek* ZGR 1992, 203, 226 ff.; *Nölle* S. 103 f.; ähnlich insoweit auch *Mertens/Mertens* JZ 1990, 488, 489; *Hüffer* § 93 AktG Rn. 20a.

### 3. Stellungnahme

Die Diskussion um die „Baustoff"-Entscheidung soll hier weder in allen Einzelheiten nachgezeichnet noch entschieden oder gar erweitert werden. Das würde den Rahmen der vorliegenden Untersuchung ersichtlich sprengen. Vielmehr sollen einige kurze (kritische) Überlegungen genügen.

Die Sichtweise des *BGH* begegnet schwerwiegenden Bedenken. Eine persönliche Verkehrspflichthaftung *gegenüber Dritten* läßt sich nicht damit begründen, daß jemand *intern* für die Organisation und Leitung einer juristischen Person zuständig ist.[867] Eine solche *interne* Zuständigkeit ist nach den allgemeinen anerkannten Regeln der Verkehrspflichthaftung kein Tatbestand, durch den gerade *gegenüber Außenstehenden* deliktische Verkehrspflichten entstehen können.

Die in der Literatur vorgeschlagene Beschränkung der persönlichen Verkehrspflichthaftung von Leitungsorganen auf vorsätzliches Fehlverhalten widerspricht dem eindeutigen Wortlaut des § 823 I BGB, nach dem der Haftungstatbestand vorsätzlich oder fahrlässig verwirklicht werden kann. Auch die Reduzierung der Haftung auf die Rechtsgüter Leib und Leben geht fehl, weil in § 823 I BGB die dort genannten Rechtsgüter gleichwertig nebeneinander gestellt sind. Bei der Differenzierung nach Verkehrspflichten gegenüber der Allgemeinheit und solchen im Zusammenhang mit einer Vertragsdurchführung bleibt unklar, warum die zunächst gegenüber jedermann bestehende persönliche Verkehrspflichthaftung gegenüber einer bestimmten Person entfallen soll, sobald zwischen dieser und der juristischen Person Vertragsbeziehungen entstehen.

Im Ergebnis überzeugend erscheinen hingegen die Stimmen, die eine persönliche Verkehrspflichthaftung von Leitungsorganen juristischer Personen *grundsätzlich ablehnen*. Eine Eigenhaftung käme danach nur in Frage, wenn der einzelne Organwalter tatsächlich *persönlich* Träger einer nach außen wirkenden Verkehrspflicht ist. Dazu müßten die Tatbestandsvoraussetzungen der Verkehrspflicht gerade (auch) in seiner Person erfüllt sein.[868] Dies wäre etwa der Fall, wenn er selbst die Eröffnung eines Verkehrs auf dem Vereinsgelände veranlaßt.[869]

Zu bedenken ist aber, daß es für die im Rahmen der vorliegenden Untersuchung interessierende Frage nach der *tatsächlichen* Haftung der Vorstandsmitglieder letztlich entscheidend darauf ankommt, welchen Standpunkt der *BGH* und damit die

---

866 So *Brüggemeier* AcP 191 (1991), 33, 58 ff., 63 ff.; *Altmeppen* ZIP 1995, 881, 890; *ders.* NJW 1996, 1017, 1023 f.; *Keßler* GmbHR 1994, 429, 434 ff.; Scholz/*Schneider*, § 43 GmbHG Rn. 229 f.; *v. Bar* FS Kitagawa S. 279, 293 ff.; Larenz/*Canaris* SR BT II/2 § 76 III 5 d (S. 422); *Stapelfeld* S. 116 f.

867 Siehe nur die grundlegende Untersuchung von *Kleindiek* S. 368 ff., 452 ff.

868 Vgl. ausführlich *Kleindiek* S. 457 ff.; ihm folgend *Lutter/Hommelhoff*, § 43 GmbHG Rn. 47 f.; vgl. auch *K. Schmidt* GesR § 14 V 2 (S. 427 f.); *Sandberger* S. 156 ff., 178 f.; *Spindler* S. 866 ff.

869 Siehe zu den Entstehungsgründen der Verkehrspflichten allg. oben Erster Teil A. I. 2. a).

Rechtsprechung einnimmt. Für den weiteren Fortgang der Arbeit wird daher – trotz der berechtigten Kritik der Literatur – die Sichtweise des *BGH* zugrunde gelegt.

## IV. Persönliche Haftung im rechtsgeschäftlichen Bereich

Eine direkte Haftung der Vorstandsmitglieder aus Verträgen, die sie gemäß § 26 II 1, 164 ff. BGB *für den Verein* abgeschlossenen haben, besteht regelmäßig nicht.[870] Es haftet grundsätzlich nur der vertretene Verein auf Erfüllung oder Schadensersatz, denn nur dieser ist Vertragspartner des Dritten. Die Vorstandsmitglieder sind lediglich *gegenüber dem Verein* verpflichtet, für die korrekte Erfüllung und Abwicklung der Verträge zu sorgen.[871] Anderes gilt selbstverständlich, wenn ein Vorstandsmitglied persönlich mit einem Dritten einen Schuldbeitritt oder eine Garantie vereinbart, für den Verein eine Bürgschaft (§ 765 BGB) übernimmt[872] oder die Vertretung nicht offenlegt (§ 164 II BGB).

Überschreitet ein Vorstandsmitglied seine Vertretungsmacht, wird der Verein aus dem Rechtsgeschäft gemäß §§ 164 I 1, 177 I BGB weder berechtigt noch verpflichtet. Verweigert der Verein die Genehmigung, trifft das verantwortliche Vorstandsmitglied eine Eigenhaftung aus § 179 I BGB. Es ist dem Vertragspartner nach dessen Wahl zur Erfüllung oder zum Schadensersatz verpflichtet. Hat das Vorstandsmitglied den Mangel der Vertretungsmacht nicht gekannt, ist es gemäß § 179 II BGB nur zum Ersatz des Vertrauensschadens (begrenzt durch das positive Interesse) verpflichtet. Nach § 179 III 1 BGB ist die Eigenhaftung aus §§ 179 I oder II BGB hingegen ausgeschlossen, wenn der Dritte den Mangel der Vertretungsmacht kannte oder kennen mußte. Letzteres wird regelmäßig der Fall sein, wenn der Umfang der Vertretungsmacht in das Vereinsregister eingetragen war (§§ 64, 68, 70 BGB).[873]

Eine persönliche Außenhaftung der Vorstandsmitglieder aus culpa in contrahendo (nun §§ 311 III, 241 II, 280 BGB) wegen schuldhafter Verletzung vorvertraglicher Pflichten kommt nach Rechtsprechung und Literatur nur unter engen Voraussetzungen in Betracht.[874] Grundsätzlich treffen die vorvertraglichen Pflichten den-

---

870 Vgl. Baumbach / Hueck / *Zöllner* § 43 GmbHG Rn. 52 (für die Geschäftsführer einer GmbH). Im Rahmen des § 164 I 2 BGB lassen sich Grundsätze des „unternehmensbezogenen Handelns" (siehe dazu Soergel / *Leptien* § 164 Rn. 14) als „vereinsbezogenen Handelns" auf den Verein übertragen.

871 Vgl. *Lutter* ZHR 157 (1993), 464, 476 m. w. N. zur GmbH und AG. Dieser Gedanke beruht jedoch ganz allgemein auf der Trennung von juristischer Person und ihrer Organwalter und gilt deshalb auch für die Vorstandsmitglieder eines Vereins.

872 Vgl. Baumbach / Hueck / *Zöllner* § 43 GmbHG Rn. 52 (für die Geschäftsführer einer GmbH).

873 Vgl. Soergel / *Hadding* § 26 Rn. 23.

874 Vgl. *Lutter / Hommelhoff* § 43 GmbHG Rn. 35; ausführlich *Sandberger* S. 47 – 118; *Medicus* FS Steindorff S. 725 ff. (alle zum GmbH-Geschäftsführer).

jenigen, der Vertragspartner werden soll, hier also den Verein. Voraussetzung der persönlichen Haftung eines Vorstandsmitglieds ist deshalb, daß es selbst Träger solcher Pflichten ist.[875] Nach ständiger Rechtsprechung des *BGH* zur Eigenhaftung von Vertretern aus culpa in contrahendo (nun §§ 311 III, 241 II, 280 BGB) ist dies zum einen dann der Fall, wenn das Vorstandsmitglied persönlich in besonderem Maße Vertrauen für sich in Anspruch genommen hat. Dazu muß das Vorstandsmitglied die Rolle des Vertreters deutlich verlassen und eine *zusätzliche* Gewähr für die Richtigkeit und Vollständigkeit seiner Erklärungen geboten haben. Diese Gewähr muß über eine allgemein übliche positive Darstellung des Vereins hinausgehen und für den Willensentschluß des anderen Teils bedeutsam sein.[876] Zum anderen wird ein Vorstandsmitglied persönlich zum Träger vorvertraglicher Pflichten, wenn es ein *unmittelbares wirtschaftliches Eigeninteresse* an dem Geschäftsabschluß hat.[877] Dazu muß ein Vorstandsmitglied wirtschaftlich gleichsam in eigener Sache handeln, was etwa der Fall ist, wenn es bei Abschluß des Vertrages die Absicht hatte, die vom Vertragspartner dem Verein zu erbringende Leistung zum eigenen Nutzen zu verwenden und nicht an den Verein weiterzuleiten.[878] Ein nur mittelbares Interesse (z. B. Provisionsanspruch) reicht hingegen nicht aus.[879] Letztlich wird eine Eigenhaftung der Vorstandsmitglieder aus culpa in contrahendo (nun §§ 311 III, 241 II, 280 BGB) wegen der Restriktivität der genannten Grundsätze die Ausnahme bleiben.

## V. Sonstige Fälle der persönlichen Haftung der Vorstandsmitglieder

### 1. Sozialversicherungsrechtliche Haftung

Beschäftigt der Verein Arbeitnehmer (z. B. Sekretärin, Trainer, Platzwart, Hausmeister, Raumpfleger, Sportler), so haften die Vorstandsmitglieder gemäß § 823 II BGB i.V.m. §§ 266 a I, 14 I Nr. 1 StGB persönlich gegenüber dem Sozialversicherungsträger, wenn und soweit sie diesem Arbeitnehmeranteile zur Sozialversicherung zumindest bedingt vorsätzlich vorenthalten.[880] Für die Arbeitgeberanteile gilt

---

875 Vgl. Baumbach / Hueck / *Zöllner* § 43 GmbHG Rn. 55 (für den Geschäftsführer einer GmbH).

876 Vgl. allg. *BGHZ* 56, 81; 63, 382; 70, 337 = NJW 1978, 1374; 71, 287; 74, 108; 126, 181, 189; *BGH* ZIP 1991, 1140, 1144; GmbHR 1994, 539, 542; siehe auch Scholz / *Schneider* § 43 GmbHG Rn. 223 ff. und Michalski / *Haas* § 43 GmbHG Rn. 312 f. m.w. Nachw. aus der Rspr. zur GmbH.

877 Vgl. *BGHZ* 56, 83; *BGH* NJW 1981, 923; *BGHZ* 126, 181.

878 Vgl. dazu *BGH* NJW 1986, 586, 599; *BGHZ* 126, 181, 183; *BGH* ZIP 1995, 733 f.; Michalski / *Haas* § 43 GmbHG Rn. 310 m. w. N. aus der Rspr.

879 Vgl. *BGH* NJW 1990, 389; GmbHR 1993, 421; GmbHR 1994, 465 (für GmbH-Geschäftsführer).

dies nicht, da es bezüglich ihrer Nichtabführung an einer § 266 a I StGB entsprechenden Vorschrift fehlt.[881] Wie der *BGH* jüngst entschieden hat, ist ein Vorenthalten der Arbeitnehmeranteile auch dann möglich, wenn der Arbeitgeber seinen Arbeitnehmern gar keinen Lohn mehr ausgezahlt hat.[882] Keine Haftung trifft die Vorstandsmitglieder hingegen, wenn dem Verein im Zeitpunkt der Fälligkeit *der Sozialversicherungsbeiträge* die Zahlung wegen Zahlungsunfähigkeit unmöglich war.[883] Die Unmöglichkeit normgemäßen Verhaltens läßt hier die Tatbestandsmäßigkeit des Unterlassungsdelikts entfallen. Verwendet der Vorstand hingegen vor Fälligkeit der Arbeitnehmeranteile noch vorhandene Vereinsmittel anderweitig in dem Wissen, daß deswegen im Fälligkeitszeitpunkt ausreichende Mittel fehlen werden, wird er nach der Rechtsprechung des *BGH* so behandelt, als sei die Zahlung im Fälligkeitszeitpunkt möglich gewesen.[884] Der Vorstand muß also entsprechende Vorsorgemaßnahmen treffen. Diese Rechtsprechung läuft auf einen Vorrang der Sozialversicherungsbeitragsschuld gegenüber sonstigen Verpflichtungen des Vereins hinaus.[885] Reichen die finanziellen Mittel des Vereins schon im Zeitpunkt der Fälligkeit *der Lohnzahlungen* nur noch zur Auszahlung der Nettolöhne, nicht aber auch zur Abführung der Sozialversicherungsanteile, darf der Vereinsvorstand die Nettolöhne nur gekürzt auszahlen und muß die *darauf* entfallenden Arbeitnehmeranteile an der Sozialversicherung abführen. Andernfalls droht ihm eine persönliche Haftung aus § 823 II BGB i.V.m. §§ 266 a I, 14 I Nr. 1 StGB.[886]

Hat ein Vorstandsmitglied einen Versicherungsfall i. S. d. § 7 I SGB VII vorsätzlich oder grob fahrlässig herbeigeführt, haftet es dem Träger der Sozialversicherung nach Maßgabe des § 110 I SGB VII neben dem Verein (§§ 110, 111 SGB VII) gesamtschuldnerisch auf Schadensersatz.[887]

## 2. Steuerrechtliche Haftung

Die Vorstandsmitglieder haften dem Abgabengläubiger persönlich, soweit steuerliche Ansprüche gegen den Verein infolge vorsätzlicher oder grob fahrlässiger

880 Vgl. zur identischen Rechtslage bei den Geschäftsführern einer GmbH *BGH* VersR 1989, 922; GmbHR 1992, 170; *BGHZ* 133, 370, 374 ff.; *OLG Celle* NJW-RR 1996, 481; *Lutter/Hommelhoff* § 43 GmbHG Rn. 51; *Sandberger* S. 246 ff.; *Groß* ZGR 1998, 551, 557 ff.; *Meyke* Rn. 359 ff. Siehe zum Verein die knappe Darstellung bei *Grabau/Hundt* BuW 2003, 26, 28.

881 Vgl. zum ganzen *BGH* GmbHR 1992, 170; ZIP 1996, 1989; ZIP 1997, 412; ZIP 1998, 31; DStR 1998, 538; *Lutter/Hommelhoff* § 43 GmbHG Rn. 51 m. w. N.; *Sandberger* S. 245 f.

882 Vgl. *BGH* GmbHR 2000, 816.

883 Vgl. dazu im einzelnen *BGHZ* 133, 370; *BGH* NJW 1997, 133 (beide zur GmbH).

884 Vgl. *BGHZ* 134, 304; ebenso *KG* NZG 2000, 988 (beide zum GmbH-Geschäftsführer).

885 Vgl. *Meyke* Rn. 378.

886 Vgl. allg. *BGH* NJW 1982, 588; *BGHZ* 134, 304.

887 Vgl. *Reichert* Rn. 1941, 2007.

Verletzung der ihnen auferlegten Pflichten nicht oder nicht rechtzeitig festgesetzt oder erfüllt werden (vgl. §§ 34, 35, 69, 71, 191 AO).[888] Dies ergibt sich daraus, daß den Vorstandsmitgliedern gemäß § 34 AO die Erfüllung der steuerlichen Pflichten des Vereins obliegt. Exemplarisch genannt sei an dieser Stelle die Pflicht zur Abgabe einer Steuererklärung, zur Erteilung von Auskünften und zur Anmeldung und Entrichtung von Steuern (z. B. Lohnsteuer). Der Vorstand darf, wenn infolge eines Liquiditätsengpasses die dem Verein zur Verfügung stehenden Mittel zur Zahlung der vollen Löhne (einschließlich Lohnsteueranteil) nicht ausreichen, die Löhne nur gekürzt als Vorschuß oder Teilbetrag auszahlen, so daß er aus den übrigbleibenden Mitteln die entsprechende Lohnsteuer an das Finanzamt abführen kann.[889] Die steuerrechtliche Haftung gilt in vollem Umfang auch für ehrenamtlich (unentgeltlich) tätige Vorstandsmitglieder und umfaßt die infolge der Pflichtverletzung zu zahlenden Säumniszuschläge.[890] Verfügt der Verein über mehrere Vorstandsmitglieder, so haften sie als Gesamtschuldner.[891] Im Falle einer vorsätzlichen Steuerhinterziehung trifft den Vorstand darüber hinaus eine Haftung aus §§ 370, 374, 71 AO. Wird mit den Steuererklärungen und Steueranmeldungen ein Steuerberater betraut, haften die Vorstandsmitglieder grundsätzlich nicht, es sei denn, es liegt ein Auswahl- oder Kontrollverschulden vor.[892] Schließlich soll nach einer jüngst vom *FG Münster* geäußerten Auffassung der Vorstand eines Hauptvereins grundsätzlich auch für die in einer selbständigen Vereinsuntergliederung entstandenen Steuerschulden haften.[893]

Bei gemeinnützigen Vereinen bestehen für die Vorstandsmitglieder noch weitere steuerliche Haftungsrisiken. Wird dem Verein rückwirkend die Gemeinnützigkeit entzogen, weil der Vorstand im Namen des Vereins (allzu) umsatzträchtige Geschäfte getätigt hat, muß der Verein die entsprechenden Steuern nachzahlen. Über §§ 34, 69 AO trifft insoweit auch den Vorstand eine persönliche Haftung, die schnell mehrere zehntausend Euro ausmachen kann. Außerdem trifft den Vorstand im Zusammenhang mit der Ausstellung von Bestätigungen über Spenden eine besondere persönliche Haftung aus den Vorschriften des Einkommens-, Körperschafts- und Gewerbesteuerrechts (vgl. § 10 b IV 2, 3 EStG, § 9 III 2, 3 KStG, § 9

---

888 Vgl. *BFH* v. 4. 5. 1998, BFH/NV 1998, 1460, 1461 ff.; *BFH* v. 23. 6. 1998, BFHE 186, 132, 136 ff.; *FG Münster* EFG 2002, 1134; *FG Brandenburg* EFG 1999, 874; *Pudell/Ernst* SpuRt 1998, 233 f.; *dies.* SpuRt 1999, 16 ff.; *Grabau/Hundt* BuW 2003, 26, 30. Siehe aber auch *FG Brandenburg* EFG 1998, 1106. Siehe zu den möglichen steuerlichen Pflichtverletzungen von Organwaltern juristischer Personen *Roth/Altmeppen* § 43 GmbHG Rn. 21; ausführlich zum Ganzen *Sandberger* S. 254 ff.

889 Vgl. *BFH* DStRE 1998, 605, 606.

890 Vgl. *BFHE* 186, 132, 136 ff.; *FG Münster* EFG 1998, 702; *FG Brandenburg* EFG 1999, 874; *Plewka/Söffing* NJW 1999, 912, 914; Sauter/Schweyer/*Waldner* Rn. 292a.

891 Vgl. *BFHE* 186, 132, 141. Zur GmbH: *Roth/Altmeppen* § 43 GmbHG Rn. 21. Siehe zur Wirkung einer Ressortverteilung unten Dritter Teil B. I. 2.

892 Vgl. *BFHE* 186, 132 = DStR 1998, 1424, 1425; *Pudell/Ernst* SpuRt 1998, 233, 234.

893 Vgl. *FG Münster* EFG 2002, 1134.

Ziff. 5 S. 5 und 6 GewStG).[894] Danach haftet für die entgangene Steuer, wer vorsätzlich oder grob fahrlässig eine unrichtige Bestätigung ausstellt oder wer veranlaßt, daß Zuwendungen nicht zu den in der Bestätigung angegebenen steuerbegünstigten Zwecken verwendet werden. Die entgangene Steuer ist mit 40% (bzw. 10% gemäß § 9 Ziff. 5 S. 6 GewStG) des zugewendeten Betrages zu ersetzen.

Insgesamt sind die Vorstandsmitglieder im steuerlichen Bereich einer beachtlichen Haftung ausgesetzt, die schnell ruinöse Höhen erreichen kann.[895] Im jüngst bekannt gewordenen Fall des Ringer-Bundesligavereins KSV Germania Aalen e.V.[896] bleibt abzuwarten, ob sich das Finanzamt wegen einer Steuernachforderung i.H.v. 500.000 € auch an die Vorstandsmitglieder persönlich wenden wird.

### 3. Haftung aus § 906 II 2 BGB

Der Eigentümer eines Grundstücks hat einen Entschädigungsanspruch aus § 906 II 2 BGB, wenn sein Grundstück durch von dem Vereinsgrundstück ausgehende wesentliche, ortsübliche und mit anderen wirtschaftlichen Mitteln nicht verhinderbare Immissionen in einem nicht mehr zumutbaren Rahmen belästigt wird. Jedoch ist alleiniger Adressat dieser Haftung *der Verein* als Handlungs- und Zustandsstörer. Die Vorstandsmitglieder haften dementsprechend *nicht* persönlich aus § 906 II 2 BGB.[897]

### 4. Haftung im Falle der Insolvenz des Vereins

Tritt Zahlungsunfähigkeit oder Überschuldung des Vereins ein, ist der Vorstand gemäß § 42 II 1 BGB verpflichtet, die Eröffnung des Insolvenzverfahrens zu beantragen. Schon im Vorfeld trifft ihn deswegen die Pflicht, die wirtschaftliche Lage des Vereins *fortlaufend* zu beobachten, die Solvenz zu prüfen und gegebenenfalls einen Vermögensstatus aufzustellen.[898] Dieser Pflicht muß der Vorstand um so sorgfältiger nachkommen, je schlechter die finanzielle Situation des Vereins ist. Nach der Legaldefinition des § 17 II 1 InsO ist Zahlungsunfähigkeit dann gegeben, wenn der Schuldner (hier der Verein) nicht in der Lage ist, die fälligen Zahlungspflichten zu erfüllen.[899] Der Tatbestand der Überschuldung

---

894 Vgl. *Grabau/Hundt* BuW 2003, 26, 30 f.

895 Vgl. *Pudell/Ernst* SpuRt 1999, 16 ff.; zur GmbH: *Sandberger* S. 265; zur Vollstreckung von steuerlichen Haftungsbescheiden *Meyke* Rn. 484 f.

896 Siehe dazu den Kurzbericht in der *F.A.Z.* v. 21.110.2003 S. 36.

897 Vgl. für die GmbH-Geschäftsführer *Sandberger* S. 268 f.

898 Vgl. für Geschäftsführer einer GmbH: *BGH* GmbHR 1994, 539, 545; *OLG Celle* GmbHR 1997, 127; für den Vereinsvorstand: *Grabau/Hundt* BuW 2003, 26, 30.

899 Vgl. allg. *Lutter/Hommelhoff* § 64 GmbHG Rn. 5 f. m. w. N.; zum Verein: *Haas* SpuRt 1999, 1, 2.

liegt hingegen vor, wenn das Vermögen des Schuldners (hier des Vereins) die bestehenden Verbindlichkeiten nicht mehr deckt (§ 19 II 1 InsO).[900] Die Pflicht zur Antragstellung trifft jedes einzelne Vorstandsmitglied persönlich, ungeachtet einer bestehenden Gesamtvertretung, einer Ressortverteilung, einer Aufgabendelegation oder einer anderslautenden Weisung der Mitgliederversammlung.[901] Wird die Antragstellung verzögert oder unterlassen, so haften diejenigen Vorstandsmitglieder, denen ein Verschulden zur Last fällt, den Gläubigern des Vereins nach § 42 II 2 BGB für den daraus entstandenen Schaden als Gesamtschuldner. Dabei können Altgläubiger – ihre Forderungen sind bereits vor der Insolvenzreife entstanden – den Betrag ersetzt verlangen, um den ihre Insolvenzquote infolge der Verzögerung gemindert ist („Quotenschaden").[902] Neugläubiger hingegen – ihre Forderungen sind erst nach der Insolvenzreife entstanden – sind so zu stellen, als hätten sie nie mit dem zahlungsunfähigen oder überschuldeten Verein kontrahiert (Ersatz des negativen Interesses).[903] § 42 II BGB ist nach herrschender Auffassung zugleich Schutzgesetz im Sinne des § 823 II BGB.[904] Ein Verschulden der Vorstandsmitglieder kann entfallen, wenn sie sich kompetenter Hilfe bedient haben (z. B. Steuer- oder Unternehmensberater) und die Zahlungsfähigkeit oder Überschuldung trotzdem nicht oder infolge einer fehlerhaften Beratung nicht zu erkennen war.[905] In der Literatur ist darauf hingewiesen worden, daß das sich aus § 42 II BGB ergebende Haftungsrisiko angesichts der zunehmenden Kommerzialisierung und Professionalisierung des Vereinswesens insbesondere im Sportbereich für die Vorstandsmitglieder mit existentiellen Risiken verbunden sei.[906] Wie wahr diese Aussage ist, zeigt ein Fall, den das *OLG*

---

900 Vgl. allg. *Lutter/Hommelhoff* § 64 GmbHG Rn. 7 ff. m. w. N.; zum Verein: *Haas* SpuRt 1999, 1, 2.

901 Vgl. *BGH* DB 1994, 1351, 1352 (zur GmbH); *Haas* SpuRt 1999, 1, 2; Sauter/Schweyer/*Waldner* Rn. 280; Soergel/*Hadding* § 42 Rn. 11; zu § 64 GmbHG *Lutter/Hommelhoff* § 64 GmbHG Rn. 34; Baumbach/Hueck/*Schulze-Osterloh* § 64 GmbHG Rn. 20; siehe allg. zur Haftung der Organwalter bei Insolvenzverschleppung *Windel* KTS 1991, 477 ff.

902 Vgl. allg. *BGHZ* 29, 100, 107; *BGH* NJW 1979, 2198; WM 1987, 556, 558; *BGHZ* 126, 181; *Lutter/Hommelhoff* § 64 GmbHG Rn. 39.

903 Vgl. *BGHZ* 126, 181, 190 (zur GmbH) unter Aufgabe der bish. Rspr., nach der auch den Neugläubigern nur der Quotenschaden zu ersetzen war (siehe z. B. *BGHZ* 29, 104); ausführlich *Sandberger* S. 181 ff., 219 f.; *Meyke* Rn. 403 ff.; zum Verein: *OLG Köln* WM 1998, 1043; *OLG Hamm* OLGReport 2001, 265, 266; *AG Bergisch Gladbach* NJW-RR 2001, 400; Soergel/*Hadding* § 42 Rn. 12.

904 Vgl. *OLG Hamm* OLGReport 2001, 265; Soergel/*Hadding* § 42 Rn. 12; MüKo/*Reuter* § 42 Rn. 10; Palandt/*Heinrichs* § 42 Rn. 2; RGRK/*Steffen* § 42 Rn. 4; *Reichert* Rn. 1944; *Haas* SpuRt 1999, 1, 4; a.A. hingegen *Windel* KTS 1991, 477, 498 f., 519; nur auf § 42 II 2 BGB abstellend auch *OLG Köln* WM 1998, 1043 und *AG Bergisch Gladbach* NJW-RR 2001, 400. Inhaltliche Unterschiede ergeben sich aus den verschiedenen Ansichten hingegen nicht, vgl. *Haas* SpuRt 1999, 1, 4.

905 Vgl. zur vergleichbaren Rechtslage bei der GmbH etwa *OLG Stuttgart* NZG 1998, 232 f.; ähnlich *Heermann/Götze* S. 63 unter Hinweis auf *RGZ* 80, 104.

906 Vgl. *Haas* SpuRt 1999, 1, 5; Soergel/*Hadding* § 42 Rn. 1.

*Köln* im Jahre 1997 zu entscheiden hatte:[907] Der Vorstandsvorsitzende eines Fußballvereins unterließ die rechtzeitige Stellung des Insolvenzantrags (§ 42 II 1 BGB). Dadurch kamen verschiedene Gläubiger des Vereins zu Schaden. Das Gericht sprach den Gläubigern Schadensersatzansprüche gegen den Vorstandsvorsitzenden aus § 42 II 2 BGB in Höhe von insgesamt knapp 57.000 DM (ca. 29.000 €) nebst Zinsen zu. Dieses Beispiel ist im übrigen ein weiterer Beleg dafür, daß keine Rede davon sein kann, die Übernahme eines Vereinsvorstandsamtes bringe keine nennenswerten persönlichen Haftungsrisiken mit sich. Dies gilt um so mehr, als – wie bereits erwähnt – zur Zeit viele größere, aber auch mittlere und kleine Vereine in finanziellen Krisensituationen stecken.[908]

### 5. Haftung im Falle der Liquidation des Vereins

Kommt es zur Auflösung des Vereins oder zur Entziehung der Rechtsfähigkeit, hat gemäß § 47 BGB eine Liquidation stattzufinden, wenn das Vereinsvermögen nicht an den Fiskus fällt und sofern ein Insolvenzverfahren nicht eröffnet ist. Die Liquidation erfolgt regelmäßig durch den Vorstand (§ 48 I 1 BGB). Damit trifft ihn die Außenhaftung des § 53 BGB.

## VI. Verantwortlichkeit für die anderen Vorstandsmitglieder

Aus der Sicht der Vorstandsmitglieder stellt sich die Frage, ob sie auch für das Verhalten eines anderen Vorstandsmitglieds verantwortlich sind. Grundsätzlich gilt jedoch, daß jede Person nur für eigene Pflichtverletzungen haftet.[909] Soll ausnahmsweise etwas anderes gelten, bedarf es einer besonderen Zurechnungsnorm. In Betracht kämen insoweit § 278 BGB und § 831 BGB. Jedoch ist folgendes zu beachten: Setzt ein Vorstandsmitglied zur Erfüllung der Pflichten des Vereins einen Gehilfen ein, so ist Geschäftsherr dieses Gehilfen *nur der Verein.* Gleiches gilt im deliktischen Bereich für § 831 BGB, wie der *BGH* bereits entschieden hat.[910] Vorstandsmitglieder können untereinander deswegen weder als Erfüllungs- noch als Verrichtungsgehilfen angesehen werden. Sie müssen sich ein Verschulden ihrer Vorstandskollegen nicht zurechnen lassen, sondern haften vielmehr nur für eigene schuldhafte Pflichtverletzungen.[911]

---

907 Vgl. *OLG Köln* WM 1998, 1043.

908 Vgl. dazu bereits oben Dritter Teil A. I. mit Beispielen aus der Praxis.

909 Vgl. *Larenz* SR AT § 20 I.

910 Vgl. *BGH* NJW 1974, 1371, 1372 (GmbH); *BGHZ* 109, 297 = NJW 1990, 976, 978 (GmbH); 125, 366, 375 = NJW 1994, 1801; MüKo/*Stein* § 831 Rn. 68 m. w. N. in Fn. 175; Palandt/*Thomas* § 831 Rn. 21; im Ergebnis ebenso Larenz/*Canaris* SR BT II/2 § 79 III 7; *Medicus* SR BT Rn. 860. A.A. hingegen etwa Soergel/*Zeuner* § 831 Rn. 55 m. weiteren Nachweisen.

911 Unzutreffend insoweit *Schilling* S. 1.

### VII. Bewertung des Haftungsrisikos

Entgegen anderslautender Meinung besteht für die Vorstandsmitglieder nichtwirtschaftlicher Vereine tatsächlich ein beachtliches persönliches Außenhaftungsrisiko. Der Vereinsvorstand haftet im Schadensfalle mit seinem gesamten Privatvermögen. Zwar stellte die *tatsächliche* Inanspruchnahme von Vereinsvorständen durch Dritte in der Vergangenheit bisher eher die Ausnahme dar. Im Bereich der Kapitalgesellschaften ist jedoch die Bereitschaft, Leitungsorgane in Anspruch zu nehmen, in den letzten Jahren unter anderem infolge von Gesetzesänderungen, neuer Rechtsprechung und einer stärker gewordenen *Anspruchsmentalität* deutlich gestiegen.[912] Es bleibt abzuwarten, ob sich eine ähnliche Entwicklung auch im Vereinsbereich einstellen wird. Führt man potentiell Interessierten die mit einem Vereinsvorstandsamt verbundenen Haftungsrisiken vor Augen, wird sich dies auf die Bereitschaft zur (ehrenamtlichen) Übernahme eines solchen Amtes nicht gerade positiv auswirken. Es macht jedoch ebenso wenig Sinn, bestehende Risiken schlichtweg zu verschweigen. Vielmehr sollte nach Möglichkeiten gesucht werden, das Haftungsrisiko in einem akzeptablen Rahmen zu halten. Hilfreich ist dazu sicherlich, die Vorstandsmitglieder möglichst genau über ihre Verhaltenspflichten aufzuklären. Davon abgesehen sollte aber auch nach rechtlichen Möglichkeiten gesucht werden, das Haftungsrisiko *zu beschränken.* Dieser Gedanke leitet über zum nächsten Abschnitt der vorliegenden Untersuchung, den Möglichkeiten der Beschränkung der persönlichen Außenhaftung.

## B. Möglichkeiten der Haftungsbeschränkung

In Anbetracht der umfangreichen persönlichen Außenhaftung von Vereinsvorstandsmitgliedern dürfte deren Interesse an Haftungsbeschränkungen beachtlich sein.

### I. Haftungsbeschränkung durch Ressortverteilung

In der Vereinspraxis findet häufig eine ressortmäßige Aufteilung der Geschäftsführungsaufgaben unter den Vorstandsmitgliedern statt. So wird der Bereich der Finanzen (z. B. Buchführung, Steuern) einem als „Kassenwart" bezeichneten Vorstandsmitglied übertragen, wohingegen die „sportlichen" Aufgaben einem anderen und die Instandhaltung der vereinseigenen Anlagen wiederum einem anderen Vorstandsmitglied obliegen. Unstreitig dienen Ressortverteilungen einer ordnungsgemäßen und effektiven Aufgabenerfüllung, indem sie die zu erledigende Arbeit bes-

912 Vgl. *Sieg* PHi 2001, 90, 91 ff.; *Kiethe* BB 2003, 537 ff.; *Heitmann* VW 1999, 1076 ff.; *Schilling* VW 1999, 1074; *ders.* VW 2000, 788 ff.; *Schaefer/Missling* NZG 1998, 441 f.; *F.A.Z.* v. 22. 30. 2004 S. 20.

ser organisieren und den einzelnen Vorstandsmitgliedern eine Spezialisierung ermöglichen. Haftungsrechtlich stellt sich jedoch die Frage, ob sie auch dazu führen, daß die persönliche Verantwortlichkeit und Haftung der einzelnen Vorstandsmitglieder auf ihr *eigenes* Ressort beschränkt wird. Interessant wäre dies vor allem dort, wo den Vorstandsmitgliedern ein pflichtwidriges Unterlassen vorgeworfen wird, also etwa bei Verkehrspflichtverletzungen[913] oder bei der Nichterfüllung steuerrechtlicher Pflichten. Aufgrund einer Ressortverteilung würden dann z. B. für den durch eine verkehrspflichtwidrig instandgehaltene Sportvereinsanlage verursachten Schaden nicht alle Vorstandsmitglieder, sondern nur das für die Anlage zuständige Organmitglied haften. In vergleichbarer Weise träfe etwa nur den Kassenwart eine persönliche Haftung für die Erfüllung der steuerrechtlichen Pflichten des Vereins. Die zuständigen Vorstandsmitglieder könnten sich auf die Haftung einstellen und ihr ganzes Augenmerk auf ihren eigenen Aufgabenbereich richten. Ob Ressortverteilungen tatsächlich eine solche haftungsbeschränkende Wirkung haben, ist indes erst noch zu untersuchen. Der *BGH* hat diese Frage für den Verein noch nicht entschieden.[914] Es sei darauf hingewiesen, daß es an dieser Stelle zunächst nur um die persönliche *Außenhaftung* der Vorstandsmitglieder geht. Die Wirkung einer Ressortverteilung auf die *Innenhaftung* des Vorstands gegenüber dem Verein wird später geklärt.[915]

## 1. Ansichten in der vereinsrechtlichen Literatur

In der vereinsrechtlichen Literatur wird die Frage nach den Auswirkungen einer Ressortverteilung nicht einheitlich beurteilt. Vereinzelt wird eine haftungsbeschränkende Wirkung für das Außenverhältnis gänzlich abgelehnt.[916] Der überwiegende Teil des Schrifttums spricht sich jedoch dafür aus, daß die Verantwortlichkeit des einzelnen Vorstandsmitglieds durch die Ressortverteilung grundsätzlich auf sein eigenes Sachgebiet beschränkt wird.[917] Umstritten ist dabei, ob nicht wenigstens eine gegenseitige Überwachungspflicht der Vorstandsmitglieder bestehen bleibt. Die herrschende Meinung *verneint* dies.[918] Dabei wird auch die

---

913 Siehe zu der nach Ansicht des *BGH* gegebenen persönlichen Außenhaftung von Organmitgliedern juristischer Personen für Verkehrspflichtverletzungen oben Dritter Teil A. III. 1.

914 Das *OLG Celle* bejaht eine haftungsbeschränkende Wirkung, vgl. 9 U 182/99 v. 28. 6. 2000 juris Dok.-Nr. KORE 588072000 Rn. 95–97, ohne dies allerdings zu begründen.

915 Siehe dazu unten Vierter Teil B. III. 6.

916 Vgl. *Stöber* Rn. 287a (Ressortverteilung habe nur haftungsbeschränkende Wirkung im Innenverhältnis zum Verein).

917 So etwa Sauter/Schweyer/*Waldner* Rn. 250 (allerdings nur für satzungsmäßige Ressortverteilungen); *Reichert* Rn. 1486 a.E., 1490, 1492 f.; MüKo/*Reuter* § 27 Rn. 40; Soergel/*Hadding* § 27 Rn. 23; im Ergebnis auch Erman/*H.P. Westermann* § 27 Rn. 7.

918 So etwa Sauter/Schweyer/*Waldner* Rn. 250; Erman/*H.P. Westermann* § 27 Rn. 7; Soergel/*Hadding* § 27 Rn. 23; im Ergebnis auch MüKo/*Reuter* § 27 Rn. 40; für eine Überwachungspflicht hingegen *Reichert* Rn. 1493; RGRK/*Steffen* § 27 Rn. 7.

Auffassung vertreten, daß eine solche Überwachungspflicht nicht von vornherein bestehe, sondern erst zum Tragen komme, wenn Anhaltspunkte vorlägen, daß das zuständige Vorstandsmitglied seine Aufgaben nicht ordnungsgemäß erledige.[919] Insgesamt fällt auf, daß die verschiedenen Ansichten in der vereinsrechtlichen Literatur weitgehend ohne Begründung vertretenen werden. Sie vermögen deshalb keinen entscheidenden Beitrag zur Beantwortung der Frage nach den haftungsrechtlichen Auswirkungen von Ressortverteilungen zu leisten. Anderes könnte jedoch für die im folgenden darzustellende Rechtsprechung des *Bundesfinanzhofs (BFH)* gelten.

### 2. Rechtsprechung des *BFH* zur steuerlichen Haftung der Organmitglieder von GmbH und Verein

Der *BFH* stellte bereits im Jahre 1962 zur persönlichen (Außen-)Haftung von GmbH-Geschäftsführern wegen Nichtabführung einbehaltener Lohnsteuer fest, daß zwar grundsätzlich alle von ihnen die steuerlichen Pflichten der juristischen Person zu erfüllen hätten, jedoch regelmäßig nur derjenige persönlich in Anspruch zu nehmen sei, den nach der internen Geschäftsverteilung die Zuständigkeit für die Lohnsteuerbearbeitung treffe.[920] Ein anderer Geschäftsführer könne hingegen nur unter besonderen Umständen in Anspruch genommen werden, etwa wenn er seine Pflichten dadurch grob verletze, daß er trotz Kenntnis von Unregelmäßigkeiten nichts unternommen habe, um Abhilfe zu schaffen.[921] Diese Grundsätze hat der *BFH* in einer Entscheidung aus dem Jahre 1984 präzisiert.[922] Seien bei einer GmbH mehrere Geschäftsführer bestellt, so treffe jeden von ihnen die Pflicht zur Geschäftsführung und grundsätzlich die Verantwortung für die Geschäftsführung *im ganzen*. Dies liege daran, daß die Führung der Geschäfte nicht in erster Linie die „Besorgung eines bestimmten Geschäftsbereichs“, sondern die „verantwortliche Leitung der Geschäfte in ihrer Gesamtheit“ umfasse.[923] Im Falle einer Aufgabenverteilung verlange diese *Gesamtverantwortung* eines jeden Geschäftsführers zumindest „eine gewisse Überwachung der Geschäftsführung im ganzen“.[924] Seien etwa die steuerlichen Pflichten durch Ressortverteilung einem von mehreren Geschäftsführern zugewiesen, träfen diese Pflichten *in erster Linie* diesen Geschäftsführer. Dadurch werde jedoch die Verantwortung der anderen nicht gänzlich aufgehoben. Der Umfang ihrer Geschäftsführungspflichten trete nur insoweit und so lange als Überwachungspflicht zurück, wie kein Anlaß zu der Annahme bestehe, die steuerlichen Pflichten der Gesellschaft würden durch den zuständigen Ge-

919 Vgl. Sauter / Schweyer / *Waldner* Rn. 250.

920 Vgl. *BFH* v. 11. 5. 1962, BFHE 75, 206, 208.

921 Vgl. *BFH* v. 11. 5. 1962, BFHE 75, 206, 208.

922 Siehe *BFH* v. 26. 4. 1984, BFHE 141, 443.

923 *BFHE* 141, 443, 446.

924 *BFHE* 141, 443, 446.

schäftsführer nicht ordnungsgemäß erfüllt.[925] Diese Grundsätze hat der *BFH* seitdem in mehreren Entscheidungen bestätigt[926], so daß von einer ständigen Rechtsprechung gesprochen werden kann. In den Jahren 1998 und 2000 hat er sie sodann ausdrücklich auf die *Vorstandsmitglieder eingetragener Vereine* ausgedehnt.[927] Die Ansicht des *BFH* läßt sich daher wie folgt zusammenfassen: Im Falle einer Ressortverteilung beschränkt sich die Verantwortlichkeit der einzelnen Vorstandsmitglieder *grundsätzlich* auf ihr eigenes Ressort. Wegen des Grundsatzes der Gesamtverantwortung bleiben sie aber in gewissem Umfang für die Geschäftsführung im ganzen und damit auch für die Erfüllung der steuerlichen Pflichten verantwortlich. Die Ressortverteilung *begrenzt* ihre Verantwortung insoweit, als daß sie im Hinblick auf das Steuerressort lediglich eine *Überwachungspflicht* trifft. Zu beachten ist, daß die Begrenzung nur gilt, soweit und solange kein Anlaß zu Zweifeln an der Ordnungsgemäßheit der Geschäftsführung des für die Steuerpflichten zuständigen Vorstandsmitglieds besteht.

### 3. Bewertung und Übertragbarkeit dieser Rechtsprechung auf die gesamte Außenhaftung der Vereinsvorstandsmitglieder

Zunächst stellt sich die Frage, ob der *BFH* seine Rechtsprechung zu Recht auf die Vorstandsmitglieder von Vereinen ausgedehnt hat. Seine Entscheidungen *zur GmbH* beruhen maßgeblich auf dem Argument, jeden einzelnen Geschäftsführer treffe die Pflicht zur Geschäftsführung und grundsätzlich die Verantwortung für die Geschäftsführung „im ganzen“, mithin die „verantwortliche Leitung der Geschäfte in ihrer Gesamtheit“.[928] Dem ist zuzustimmen, denn es ist allgemein anerkannt, daß jeden einzelnen *Geschäftsführer einer GmbH* die Pflicht trifft, „nach besten Kräften für *alle* Zweige der Geschäftsführung zu sorgen“.[929] Ihnen obliegt kraft ihrer Amtsstellung eine Gesamtverantwortlichkeit.[930] Eine derartig ausgestaltete Gesamtverantwortlichkeit kann jedoch durch eine Ressortverteilung nicht völlig beseitigt werden, will man die Amtsstellung eines GmbH-Geschäftsführers nicht an sich in Frage stellen. Deswegen muß die Gesamtverantwortlichkeit auch im Falle einer Aufgabenteilung fortbestehen, und zwar als Überwachungspflicht.

Die Übertragung der Rechtsprechung auf Vorstandsmitglieder eingetragener Vereine ist vor diesem Hintergrund nur dann gerechtfertigt, wenn bei ihnen eine

---

925 Vgl. *BFHE* 141, 443, 447.

926 Siehe *BFH* v. 4. 3. 1986, *BFHE* 146, 23, 24 ff.; *BFH/NV* 1987, 550, 552 f.; *BFH/NV* 1989, 4, 5 f.; *BFH/NV* 1993, 143, 144; zustimmend *FG Saarbrücken* EFG 1993, 493, 494 f.

927 Siehe *BFH* v. 4. 5. 1998, BFH/NV 1998, 1460, 1461 f.; *BFH* v. 23. 6. 1998, *BFHE* 186, 132, 137 ff.; *BFH* v. 21. 8. 2000, BFH/NV 2001, 413 f.

928 Siehe *BFHE* 141, 443, 446.

929 So schon *RG* v. 3. 2. 1920, RGZ 98, 98, 100 (Hervorhebung nicht im Original).

930 Vgl. *BGHZ* 133, 370, 376 ff.; *OLG Koblenz* NZG 1998, 953, 954.

*vergleichbare Gesamtverantwortlichkeit* für die Geschäftsführung gegeben ist. Besteht der Vorstand eines Vereins aus mehreren Personen, trifft jedes Vorstandsmitglied nach § 27 III BGB die organschaftliche Pflicht zur Geschäftsführung.[931] Eine Aufteilung der Verantwortlichkeit nach verschiedenen Ressorts ist im Gesetz nicht vorgesehen. Daraus läßt sich sich nur der Schluß ziehen, daß nach der gesetzlichen Regelung jedes einzelne Vorstandsmitglied des Vereins für die *gesamte Geschäftsführung* zuständig und verantwortlich ist. Auch für den Verein gilt der Grundsatz, daß die „Geschäftsführung" nicht in erster Linie die „Besorgung eines bestimmten Geschäftsbereichs", sondern die „verantwortliche Leitung der Geschäfte in ihrer Gesamtheit" ist.[932] Ebenso wie den Geschäftsführern einer GmbH obliegt den Vorstandsmitgliedern eines Vereins also die Pflicht, nach „besten Kräften für *alle* Zweige der Geschäftsführung zu sorgen".[933] Kraft ihres Amtes trifft sie eine Gesamtverantwortlichkeit für die Geschäftsführung.[934] Die Übertragung der Rechtsprechung des *BFH* ist aber nur dann gerechtfertigt, wenn diese Gesamtverantwortlichkeit mit der von GmbH-Geschäftsführern auch *hinreichend vergleichbar* ist. Dies ist meist nicht der Fall, soweit es um die finanzielle Größenordnung der Verantwortlichkeit geht. Jedoch kommt es darauf nicht an. Entscheidend ist vielmehr der Gedanke, daß jedes Vorstandsmitglied des Vereins nach dem gesetzlichen Grundmodell kraft seines Amtes *sachlich* für die Geschäftsführung *als ganzes* verantwortlich ist, sich also nicht etwa darauf berufen kann, für bestimmte Einzelbereiche (z. B. die Finanzen) nicht zuständig zu sein. Eine derartig ausgestaltete Gesamtverantwortlichkeit läßt sich *durch eine Ressortverteilung* nicht völlig beseitigen, will man nicht die Amtsstellung eines Vereinsvorstandsmitglieds an sich in Frage stellen. Deswegen muß auch für den Verein gelten, daß die Gesamtverantwortlichkeit im Falle einer Ressortverteilung als Überwachungspflicht fortbesteht. Vor diesem Hintergrund ist die Gesamtverantwortlichkeit von Vereinsvorstandsmitgliedern durchaus mit der von GmbH-Geschäftsführern vergleichbar. Damit steht fest, daß der *BFH* seine Rechtsprechung – entgegen anderer vereinsrechtlicher Ansicht[935] – zu Recht auf die Vorstandsmitglieder eingetragener Vereine ausgedehnt hat.

In Anbetracht dieses Ergebnisses stellt sich sogleich die Anschlußfrage, ob die *BFH*-Rechtsprechung zur Ressortverteilung bei steuerlichen Pflichten nicht verallgemeinert, d. h. auf die gesamte Geschäftsführung und damit auf die gesamte persönliche Außenhaftung von Vereinsvorstandsmitgliedern ausgedehnt werden

---

931 Vgl. allg. zur organschaftlichen Geschäftsführungspflicht unten Vierter Teil A. II.

932 Formulierung aus *BFHE* 141, 443, 446 (zur GmbH).

933 Formulierung aus *RGZ* 98, 98, 100 (zur GmbH, Hervorhebung nicht im Original).

934 Insoweit im Ergebnis ebenso *Stöber* Rn. 287a; *Reichert* Rn. 1484 f.

935 Siehe Erman / *H.P. Westermann* § 27 Rn. 7; Sauter / Schweyer / *Waldner* Rn. 250, der ohne weitere Begründung meint: „Diese Rechtsprechung kann aber nicht ohne weiteres auf den Verein übertragen werden." Damit meint *Waldner* zwar unmittelbar nur die Rechtsprechung des *BGH* zur GmbH (*BGHZ* 133, 370). In diesem Urteil wird jedoch ausdrücklich auf die Rechtsprechung des *BFH* Bezug genommen, siehe dazu sogleich weiter unten im Text.

kann. Dazu wäre erforderlich, daß das Prinzip der Gesamtverantwortung letztlich für alle Bereiche der vorstandsmäßigen Vereinsgeschäftsführung gilt. Wie bereits beschrieben, sieht das BGB-Vereinsrecht von Gesetzes wegen eine Ressortverteilung bei der Geschäftsführung nicht vor. Diese Rechtslage bezieht sich jedoch nicht etwa nur auf die steuerlichen Pflichten der Vorstandsmitglieder, sondern auf *sämtliche* zu erledigenden Geschäftsführungsaufgaben. Da demzufolge alle Vorstandsmitglieder eines Vereins für die gesamte Geschäftsführung verantwortlich sind, läßt sich die Rechtsprechung des *BFH* zur Ressortverteilung bei steuerlichen Pflichten auf alle Geschäftsführungsbereiche ausdehnen. Es ist kein Grund ersichtlich, warum für die Ressortverteilung bei steuerlichen Pflichten andere Prinzipien gelten sollten als etwa für den Bereich der persönlichen Verkehrspflichthaftung der Vorstandsmitglieder. Für dieses Ergebnis spricht ferner, daß der *BGH* inzwischen festgestellt hat, daß interne Ressortverteilungen *ganz allgemein* die deliktische Verantwortlichkeit von *GmbH-Geschäftsführern* in dem Sinne beschränken können, als daß grundsätzlich nur eine Überwachungspflicht der anderen Geschäftsführer fortbesteht, die unter Umständen die Pflicht zum Eingreifen begründen kann.[936] Dabei weist der *BGH* in den Entscheidungsgründen ausdrücklich auf die Rechtsprechung des *BFH* zur Wirkung von Ressortverteilungen bei steuerlichen Pflichten hin.[937] Auch der *BGH* hält demzufolge die Rechtsprechung des *BFH* für verallgemeinerungsfähig.

## 4. Zwischenergebnis

Nach den vom *BFH* entwickelten und hier verallgemeinerten Grundsätzen beschränkt sich die Verantwortlichkeit der einzelnen Vorstandsmitglieder durch eine Ressortverteilung *grundsätzlich* auf ihr eigenes Ressort.[938] Wegen des Grundsatzes der Gesamtverantwortung bleiben sie aber in gewissem Umfang für die Geschäftsführung im ganzen verantwortlich. Die Ressortverteilung *begrenzt* die Haftung der Vorstandsmitglieder nach außen insoweit, als daß sie im Hinblick auf das einem anderen Vorstandsmitglied zugewiesene Ressort lediglich eine *Überwachungspflicht* trifft. Die herrschende Meinung im Vereinsrecht, die für eine haftungsbeschränkende Wirkung von Ressortverteilungen *ohne Fortbestehen einer Überwachungspflicht* eintritt[939], verkennt den auch für den Vereinsvorstand fortgeltenden

936 Siehe *BGH* v. 15. 10. 1996, BGHZ 133, 370, 376 ff. Im konkreten Fall ging es um die Haftung von GmbH-Geschäftsführern für die ordnungsgemäße Abführung der Arbeitnehmeranteile zur Sozialversicherung.

937 Siehe *BGHZ* 133, 370, 376 ff., insb. 378 (dort unter Hinweis auf die Entscheidungen *BFH* v. 26. 4. 1984, BFHE 141, 443 und *BFH* v. 4. 3. 1986, BFHE 146, 23).

938 A.A. hingegen *Stöber* Rn. 287a (Ressortverteilung habe nur haftungsbeschränkende Wirkung im Innenverhältnis zum Verein.). Dazu verweist er auf die Entscheidung des *BGH* (BGHZ 133, 370), in der einer internen Ressortverteilung von GmbH-Geschäftsführern haftungsbeschränkende Wirkung aber gerade auch *im Außenverhältnis* zugesprochen wird. Schon wegen dieses Widerspruchs kann seiner Ansicht nicht gefolgt werden.

Grundsatz der Gesamtverantwortlichkeit. Bedenken gegen eine Überwachungspflicht wegen der damit verbundenen zusätzlichen Arbeitsbelastung für die nicht selten ehrenamtlich tätigen Vereinsvorstandsmitglieder erfordern nicht zwingend eine Ablehnung der Überwachungspflicht an sich. Diesen Bedenken kann vielmehr durch den *Umfang* der Überwachungspflicht hinreichend Rechnung getragen werden.[940] Zu beachten ist schließlich, daß die Geschäftsführungspflichten der Vorstandsmitglieder nur insoweit und so lange als Überwachungspflicht zurücktreten, wie für sie kein Anlaß zur Annahme besteht, daß das für ein bestimmtes Ressort zuständige Vorstandsmitglied seine Pflichten nicht ordnungsgemäß erfüllt.[941] Ihre Gesamtverantwortung lebt demzufolge spätestens dann wieder in vollem Umfang auf, wenn die laufende Erfüllung aller Verbindlichkeiten des Vereins nicht mehr gewährleistet ist und deswegen Unregelmäßigkeiten bei der Pflichterfüllung zu erwarten sind. Gleiches gilt, wenn Unregelmäßigkeiten wegen *in der Person* des zuständigen Vorstandsmitglieds liegender Gründe zu befürchten sind.[942] Lebt die Gesamtverantwortung wieder auf, kann dies letztlich dazu führen, daß sich die übrigen Vorstandsmitglieder wieder *persönlich* um das in Frage stehende Ressort kümmern müssen.[943] Der Ansicht von *Waldner*[944], nach der *die Überwachungspflicht* überhaupt erst *einsetze,* wenn solche Zweifel aufkämen, kann nicht gefolgt werden. Denn eine solche (späte) Überwachungspflicht liefe häufig ins Leere, weil ohne *von Anfang an* bestehende Überwachungspflicht Mißstände in anderen Ressorts – wie die Praxis gezeigt hat[945] – überhaupt nicht erst aufgedeckt werden.

Es sei noch darauf hingewiesen, daß einer Ressortverteilung die beschriebene haftungsbeschränkende Wirkung von vornherein *nicht* zukommt, soweit es um Pflichten geht, die nach dem Gesetz *zwingend* jedem einzelnen Vorstandsmitglied persönlich obliegen.[946] Wichtigster Fall einer solchen zwingenden Pflicht ist die Dritten gegenüber bestehende Insolvenzantragspflicht nach § 42 II 1 BGB. Diese trifft die Vorstandsmitglieder in jedem Fall unabhängig von einer Ressortverteilung. Außerdem wird durch eine Ressortverteilung nicht die aus der organschaftlichen Geschäftsführung herrührende Pflicht jedes einzelnen Vorstandsmitglieds

---

939 So etwa Sauter / Schweyer / *Waldner* Rn. 250; Erman / *H.P. Westermann* § 27 Rn. 7; Soergel / *Hadding* § 27 Rn. 23; im Ergebnis auch MüKo / *Reuter* § 27 Rn. 40; für eine Überwachungspflicht hingegen zu Recht *Reichert* Rn. 1493; RGRK / *Steffen* § 27 Rn. 7.

940 Siehe zum Umfang der Überwachungspflicht sogleich unten Dritter Teil B. I. 6.

941 Vgl. bezüglich steuerlicher Pflichten *BFH/NV* 1998, 1460, 1461; *BFHE* 186, 132, 138; *BFH/NV* 2001, 413 f. (alle zum Verein); *BFHE* 141, 443, 447; *BFHE* 146, 23, 25; *BFH/NV* 1987, 550, 552; *BFH/NV* 1989, 4, 5 (alle zur GmbH).

942 Vgl. zu steuerlichen Pflichten *BFHE* 141, 443, 447 (GmbH); *BFHE* 186, 132, 138 f.; *BFH/NV* 2001, 413 (beide zum Verein).

943 Vgl. *BFH/NV* 1989, 4, 6 (zur GmbH); zum Umfang der Überwachungspflicht: Dritter Teil B. I. 6.

944 Vgl. Sauter / Schweyer / *Waldner* Rn. 250.

945 Siehe etwa den der Entscheidung *BFH/NV* 1989, 4 zugrunde liegenden Sachverhalt.

946 Im Ergebnis ebenso zu den zwingenden GmbH-Geschäftsführerpflichten aus § 64 GmbHG *BGH* GmbHR 1994, 460, 461.

beschränkt, bei *Kenntnis* eines dem Verein konkret drohenden Schadens selbst einzuschreiten, auch wenn der Sachverhalt nicht in das eigene Ressort fällt.[947]

## 5. Erforderliche Form der Ressortverteilung

Ganz allgemein stellt sich die Frage, ob eine Ressortverteilung, der die oben beschriebene haftungsbeschränkende Wirkung zukommen soll, nicht einer bestimmten *Form* bedarf. Dabei ist folgendes zu beachten: Fehlt es an der *Schriftlichkeit* der Ressortverteilung (z. B. bei einer mündlichen Absprache unter den Vorstandsmitgliedern), wird es im Haftungsfall immer wieder vorkommen, daß die Vorstandsmitglieder zu ihrer Entlastung auf die Zuständigkeit eines jeweils anderen verweisen.[948] Soll der Ressortverteilung aber tatsächlich eine haftungsbeschränkende Wirkung zukommen, ist dies für die betroffenen Gläubiger ein unhaltbarer Zustand. Es besteht die Gefahr, daß sich die Vorstandsmitglieder im nachhinein auf die Zuständigkeit einer Person „einigen", die nicht über ausreichende finanzielle Mittel zum Ersatz des Schadens verfügt, mit der Folge, daß die Haftung rein tatsächlich ins Leere läuft. Dies wäre ein für die Gläubiger unzumutbarer Zustand. Um ihre schützenswerten Interessen nicht über Gebühr zu beeinträchtigen, muß Voraussetzung der haftungsbeschränkenden Wirkung deshalb die *Schriftlichkeit der Ressortregelung* sein.[949] Für das Schriftlichkeitserfordernis spricht ferner, daß die Vorstandsmitglieder ansonsten ihre gegenseitigen Überwachungspflicht nur schwerlich erfüllen können.[950] Denn bei einer nichtschriftlichen Regelung werden tendenziell häufiger Unklarheiten bezüglich der Aufgabenverteilung und damit auch der Frage, wer in welchem Bereich zu überwachen ist, auftreten.

Die Beachtung der Schriftform stellt auch keine unzumutbare Belastung für den Verein und seine Organe dar. Sie beinhaltet keinen wirklich beachtenswerten zusätzlichen Arbeitsaufwand. In Betracht kommen demzufolge Ressortverteilungen durch schriftliche Vereinbarung oder Geschäftsordnung der Vorstandsmitglieder untereinander[951], durch protokollierten Beschluß der Mitgliederversammlung, durch den Anstellungsvertrag (soweit vorhanden), durch schriftliche Vereinsordnung oder durch Satzungsregelung. Nicht ausreichend sind hingegen mündlich

---

947 So zu Recht Soergel/*Hadding* § 27 Rn. 23; MüKo/*Reuter* § 27 Rn. 40; RGRK/*Steffen* § 27 Rn. 7.

948 Vgl. *BFHE* 141, 443, 447 (zur GmbH).

949 Im Ergebnis ebenso *BFHE* 141, 443, 447, allerdings unter Hinweis auf die für die Vereinsvorstandsmitglieder nicht geltende „Sorgfalt eines ordentlichen Geschäftsmannes" (§ 43 I GmbHG); siehe auch *BFHE* 146, 23, 25; *BFH/NV* 1987, 550, 552; *BFH/NV* 1989, 4, 5 (alle zur GmbH).

950 Ebenso *Heisse* S. 84 für Ressortverteilungen bei der GmbH.

951 Dazu müssen die Vorstandsmitglieder nicht erst durch Satzung (oder Beschluß der Mitgliederversammlung) ermächtigt werden, vgl. allg. *BGHZ* 47, 172, 174; Soergel/*Hadding* § 27 Rn. 8a.

vereinbarte oder rein faktische Aufgabenverteilungen.[952] Selbstverständlich steht es dem Verein und seinen Organen frei, nichtschriftliche Ressortverteilungen zu schaffen und damit *intern* die Arbeit zu organisieren. Diesen kommt dann aber keine haftungsbeschränkende Wirkung *gegenüber Dritten* zu.

Nach in der vereinsrechtlichen Literatur vertretener Ansicht soll eine Ressortverteilung *nur dann* haftungsbeschränkende Wirkung besitzen, wenn sie entweder *in der Satzung selbst* geregelt ist oder jedenfalls auf einer *satzungsmäßigen Ermächtigung* beruht.[953] Dieser Ansicht kann nicht gefolgt werden. Ressortverteilungen stellen keine „das Vereinsleben bestimmenden Grundentscheidungen"[954] und damit auch keinen Teil der Vereinsverfassung dar und bedürfen deshalb nicht zwingend einer Satzungsregelung.[955] Dies ergibt sich daraus, daß sie für das Verhältnis des Vereins zu seinen Mitgliedern und damit für das Vereinsleben nicht von wesentlicher Bedeutung sind. Die Rechtsstellung der Mitglieder wird durch sie nicht unmittelbar verschlechtert. Ressortverteilungen stellen lediglich ein Mittel zur effektiveren Erledigung und Organisation der Geschäftsführungsaufgaben dar. Dabei gehört es sogar zu der aus dem Grundsatz der ordnungsgemäßen Geschäftsführung folgenden Organisationspflicht der Vorstandsmitglieder, selbst auf eine sinnvolle Aufgabenverteilung hinzuwirken. Das Satzungserfordernis läßt sich schließlich auch nicht damit begründen, daß sich die Geschäftsführungspflicht eines *jeden* Vorstandsmitglieds aus § 27 III BGB ergibt, der gemäß § 40 BGB *nur durch Satzungsregelung* abbedungen werden kann. Denn die Ressortverteilung hebt den Grundsatz, daß alle Vorstandsmitglieder für die Geschäftsführung *im ganzen* zuständig und verantwortlich sind, gerade nicht auf, sondern läßt ihn in Form einer Überwachungspflicht fortbestehen und bedingt damit die aus § 27 III BGB resultierende Gesamtgeschäftsführungspflicht nicht ab.

In der Praxis besteht jedoch die Gefahr, daß trotz Beachtung der Schriftform aus der Ressortregelung nicht eindeutig hervorgeht, welches Vorstandsmitglied für den

---

952 Ebenso für den Bereich steuerlicher Pflichten *BFHE* 186, 132, 137 f. (zum Verein); *BFH/NV* 1988, 6, 7; *BFH/NV* 1989, 4, 5 f.; *BFH/NV* 1993, 143, 144; *FG Saarbrücken* EFG 1993, 493, 495 (alle zur GmbH); a.A. insoweit hingegen *BFHE* 141, 443, 447 f.; *BFHE* 146, 23, 26; *BFH/NV* 1987, 550, 552 (alle zur GmbH); *BFH/NV* 1998, 1460, 1461 (zum Verein), wonach unter bestimmten Voraussetzungen für die Geschäfte des laufenden Geschäftsverkehrs auch *faktische oder mündliche Aufgabenverteilungen* ausreichen sollen. Dem kann nicht gefolgt werden, weil dies der bereits genannten Gefahr, daß sich im Haftungsfalle alle Vorstandsmitglieder auf die Zuständigkeit eines anderen berufen, nicht hinreichend begegnet.

953 Für eine Regelung unmittelbar in der Satzung Sauter / Schweyer / *Waldner* Rn. 250 (ohne Begründung); für Satzungsregelung oder Satzungsermächtigung *Reichert* Rn. 1486, 1490.

954 Formulierung aus *BGHZ* 47, 172, 177 (ohne Bezug zu Ressortverteilungen).

955 Wie hier auch MüKo / *Reuter* § 27 Rn. 40; im Ergebnis ebenso Soergel / *Hadding* § 27 Rn. 23 (ohne Begründung); a.A. hingegen *Reichert* Rn. 1486 aufgrund einer Argumentation, mit der letztlich alle Belange, die die Interessen der Mitglieder betreffen, zwingend in die Satzung aufzunehmen wären. Dies widerspräche aber den vom *BGH* in *BGHZ* 47, 172 zu Recht aufgestellten Grundsätzen.

schadensursächlichen Bereich zuständig ist. Der Grund dafür kann etwa in Zuständigkeitsüberschneidungen oder in einem unklaren Wortlaut der Ressortverteilung liegen. Dies könnte die Vorstandsmitglieder im Haftungsfall wiederum dazu verleiten, auf die Zuständigkeit eines anderen zu verweisen. Deshalb ist in Übereinstimmung mit dem *BFH*[956] und *Reichert*[957] zu fordern, daß die Ressortverteilung *klar und eindeutig* festlegen muß, wem welche Aufgabe obliegt. Dazu genügt es nicht in jedem Fall, wenn die Regelung nur einzelne Ämter benennt (z. B. Sport-, Kassen- oder Anlagenwart) und diese Ämter bestimmten Vorstandsmitgliedern zuweist.[958] Es kann nämlich durchaus zweifelhaft sein, ob etwa für die verkehrspflichtgerechte Instandhaltung einer Sportanlage der Sport- oder der Anlagenwart oder sogar sämtliche Vorstandsmitglieder zuständig sein sollen. Der Klarheit wegen ist deshalb zu fordern, daß die Ressortregelung zumindest die wichtigsten Aufgaben der einzelnen Ressorts aufzählt oder beschreibt. Dies erfordert keine bis in alle Details gehende Regelung. Jedoch muß jeder Verein für sich untersuchen, bei welchen Aufgaben Ressortüberschneidungen und Abgrenzungsschwierigkeiten zu befürchten sind. In diesen Bereichen ist eine genauere Beschreibung der betroffenen Ressorts unverzichtbar.

Soweit eine Ressortverteilung dem Gebot der Schriftlichkeit oder der Eindeutigkeit und Klarheit nicht genügt, kommt ihr *keine haftungsbeschränkende Wirkung* zu. Es bleibt *insoweit* bei dem Grundsatz der Gesamtverantwortlichkeit aller Vorstandsmitglieder.

### 6. Umfang der Überwachungspflicht

Der *Umfang* der Überwachungspflicht hängt letztlich vom Einzelfall ab.[959] Trotzdem lassen sich einige allgemeine Grundsätze aufstellen. Die Überwachungspflicht zwingt das einzelne Vorstandsmitglied nicht etwa dazu, sich ständig und umfassend über die Tätigkeit seiner Kollegen zu informieren. Eine derartige Pflicht würde eine Arbeitsteilung im Vorstand faktisch unmöglich machen. Vielmehr besteht eine *abgestufte Überwachungspflicht.* Diese muß zunächst in einer Art und Weise wahrgenommen werden, die zu einer *grundsätzlichen Kenntnis* von der Art und Weise der Geschäftsführung der anderen Vorstandsmitglieder führt.[960] Erforderlich aber auch ausreichend ist, hinsichtlich der anderen Ressorts eine *all-*

---

956 Vgl. für den Bereich der steuerlichen Pflichten *BFH/NV* 1998, 1460, 1461 (für die Vorstandsmitglieder eines Vereins); ebenso zur GmbH *BFHE* 141, 443, 447; *BFHE* 146, 23, 25; *BFH/NV* 1987, 550, 552, allerdings unter Hinweis auf die für die Vereinsvorstandsmitglieder nicht geltende „Sorgfalt eines ordentlichen Geschäftsmannes" (§ 43 I GmbHG).

957 Vgl. *Reichert* Rn. 1490.

958 Ähnlich auch *Reichert* Rn. 1490.

959 Ebenso Rowedder / Schmidt-Leithoff / *Koppensteiner* § 43 GmbHG Rn. 11 (zur GmbH).

960 Vgl. *FG Saarbrücken* EFG 1993, 493, 495 zu einer Ressortverteilung unter GmbH-Geschäftsführern.

*gemeine Aufmerksamkeit* aufzuwenden und in Abständen *Stichproben* – etwa durch Nachfragen oder Einsichtnahme in die Unterlagen – durchzuführen (1. Stufe).[961] Auf diese Weise läßt sich eine ordnungswidrige Geschäftsführung über kurz oder lang aufdecken. Solange kein Anlaß zu Zweifeln an der Pflichterfüllung eines Vorstandskollegen besteht, ist der Überwachungspflicht damit Genüge getan.[962] Ergeben sich hingegen *erste Verdachtsmomente,* daß in einem bestimmten Ressort die Geschäfte nicht ordnungsgemäß geführt werden, verdichtet sich die Überwachungspflicht zu einer intensiveren Kontrollpflicht (2. Stufe).[963] Dies kann bedeuten, daß das eigentlich zuständige Vorstandsmitglied über einen gewissen Zeitraum *fortdauernd* kontrolliert werden muß. Liegen hingegen sogar *konkrete Anhaltspunkte* dafür vor, daß ein bestimmtes Ressort nicht ordnungsgemäß geführt wird, zwingt der Grundsatz der Gesamtverantwortung die eigentlich unzuständigen Vorstandsmitglieder zum *Eingreifen* (3. Stufe).[964] In diesem Fall haben sie durch geeignete Maßnahmen für eine pflichtgemäße Geschäftsführung in dem betreffenden Bereich zu sorgen. Dies kann dazu führen, daß sie *selbst und eigenhändig* die betreffenden Geschäfte erledigen müssen, wenn die ordnungsgemäße Geschäftsführung anders nicht sicherzustellen ist.[965]

### 7. Ergebnis

Schriftliche, klar und eindeutig formulierte Ressortverteilungen beschränken die persönliche Außenhaftung der Vereinsvorstandsmitglieder grundsätzlich auf ihr *eigenes Ressort.* Gleichzeitig bleibt jedoch die Gesamtverantwortung in Form einer gegenseitigen (abgestuften) *Überwachungspflicht* bestehen.[966] Entstehen Zweifel an der Ordnungsgemäßheit der Geschäftsführung in einem bestimmten Ressort, lebt die Gesamtverantwortung *letztlich* in vollem Umfang wieder auf.

---

961 Vgl. *FG Saarbrücken* EFG 1993, 493, 495 zu einer Ressortverteilung unter GmbH-Geschäftsführern.

962 Ähnlich *BFH* ZIP 1986, 1247 f. zur steuerlichen Außenhaftung von GmbH-Geschäftsführern.

963 Für eine Kontrollpflicht im konkreten Fall auch *BFH/NV* 2001, 413 (zum Verein).

964 Vgl. für die GmbH-Geschäftsführer *BGH* WM 1985, 1293, 1294; bestätigt durch *BGH* WM 1986, 789; siehe auch *OLG Köln* NZG 2001, 135, 136 (für die Vorstandsmitglieder eines VVaG).

965 Siehe dazu *BFHE* 186, 132, 138 f. (zu den steuerlichen Pflichten der Vereinsvorstandsmitglieder) und *BGH* WM 1985, 1293, 1294; *BGHZ* 133, 370, 379 (für GmbH-Geschäftsführer).

966 Eine Überwachungspflicht bleibt auch bestehen, wenn der Vorstand Pflichten auf Vereinsangestellte oder einfache Vereinsmitglieder delegiert, vgl. *BGHZ* 133, 370; *BGH* ZIP 2001, 422 (beide zur GmbH).

## II. Haftungsbeschränkung durch Regelung in der Satzung oder in einer Vereinsordnung

Ob die persönliche Außenhaftung der Vorstandsmitglieder durch die Satzung oder eine Vereinsordnung beschränkt werden kann, ist von der Rechtsprechung bisher nicht entschieden worden. Auch die vereinsrechtliche Literatur schweigt sich hierzu weitgehend aus.[967] Jedenfalls gegenüber *außenstehenden Dritten* muß eine solche Regelung ausscheiden, weil es der Vereinssatzung und den Vereinsordnungen insoweit an der erforderlichen Regelungskraft fehlt.[968] Gegenüber Vereinsmitgliedern gilt dieser Einwand nicht. Trotzdem ist eine entsprechende Regelung auch hier unzulässig, wie sich im folgenden zeigen wird.

Bisher konnte nur festgestellt werden, daß die Haftung *des Vereins* aus § 31 BGB wegen § 40 BGB nicht durch die Satzung und erst recht nicht durch eine Vereinsordnung beschränkt werden kann.[969] Um die Beschränkung der *persönlichen Haftung der Vorstandsmitglieder*[970] ging es dabei nicht. Der Zusammenhang beider Haftungsbereiche wird jedoch durch die folgende Überlegung deutlich: § 31 BGB führt in *zwei Fällen* zu einer Haftung des Vereins.[971] Auf der einen Seite steht die ausschließliche, von der Eigenhaftung des Vorstands (oder anderer Organwalter) unabhängige Haftung des Vereins (z. B. bei nur den Verein treffenden Verkehrspflichten), auf der anderen Seite die akzessorische Haftung für eine Schadensersatzverpflichtung der Vorstandsmitglieder. Im letzteren Fall normiert § 31 BGB einen gesetzlichen Schuldbeitritt. Die Haftung des Vereins ist in diesem Bereich zwingend auf die persönliche Haftung eines Vorstandsmitglieds angewiesen. Sowohl die ausschließliche als auch die akzessorische Haftung des Vereins sind wegen § 40 BGB satzungs- und vereinsordnungsfest. Ließe man nun die Beschränkung der persönlichen Außenhaftung *der Vorstandsmitglieder* durch Regelungen in der Satzung oder in einer Vereinsordnung zu, würde dadurch automatisch *die akzessorische Haftung des Vereins* aus § 31 BGB mitbeschränkt. Denn ohne Organwalterhaftung gibt es in diesem Bereich keine (Mit-) Haftung des Vereins. § 40 BGB würde auf diesem Wege umgangen. Dies widerspricht dem Telos der §§ 31, 40 BGB, der unter anderem darin liegt, dem Verein die Möglichkeit zu nehmen, seine Haftung aus § 31 BGB durch die Satzung (und erst recht durch eine Vereinsordnung) als einer einseitigen Regelung abzu-

---

967 Anders lediglich *Reichert* Rn. 1967 c, der die *satzungsmäßige* Beschränkung der Haftung der Organmitglieder jedenfalls *gegenüber den Vereinsmitgliedern* ohne weitere Begründung für alle Fälle von Fahrlässigkeit für zulässig hält. Siehe ferner die sporthaftungsrechtliche Abhandlung von *Heermann/Götze* S. 64, die eine satzungsmäßige Haftungsbeschränkung unter knappem Hinweis auf die Verkehrsschutzinteressen für unwirksam halten.

968 Vgl. zur Regelungskraft bereits oben Zweiter Teil B. I. 2. und II. 1. a) aa).

969 Vgl. oben Zweiter Teil B. I. 1. a), b) dd) (6) und 2.

970 Damit ist hier nur die Haftung gegenüber den Vereinsmitgliedern, nicht aber die Haftung gegenüber dem Verein gemeint.

971 Vgl. hierzu und zum folgenden oben Zweiter Teil A. I. 1. b), 2. c).

bedingen.[972] Um eine Umgehung der §§ 31, 40 BGB zu verhindern, müssen die Normen deshalb wie folgt ausgelegt werden: Nicht nur die Haftung des Vereins aus § 31 BGB an sich kann nicht durch die Satzung (oder eine Vereinordnung) abbedungen werden, sondern wegen der (teilweisen) Akzessorietät des § 31 BGB ist auch die persönliche Außenhaftung der Vorstandsmitglieder satzungs- und erst recht vereinsordnungsfest. Eine solche Auslegung ist vom Wortlaut des § 40 BGB noch gedeckt, denn dieser läßt eine Satzungsfestigkeit der Haftung aus § 31 BGB insgesamt zu. Zu dieser „Gesamtheit" gehört jedoch als zwingende Haftungsvoraussetzung im Akzessorietätsbereich auch die *Eigenhaftung der Vorstandsmitglieder.*

Zusammenfassend läßt sich daher festhalten, daß sowohl außenstehenden Dritten als auch Vereinsmitgliedern gegenüber die persönliche Haftung der Vorstandsmitglieder weder durch die Satzung noch durch eine Vereinsordnung beschränkt werden kann.

## III. Haftungsbeschränkung durch Vereinsobservanz

Eine Beschränkung der persönlichen Haftung der Vorstandsmitglieder durch Vereinsobservanz[973] kommt – wenn überhaupt – nur gegenüber Vereinsmitgliedern, nicht aber gegenüber Außenstehenden in Betracht, denn gegenüber letzteren fehlt es der Vereinsobservanz bereits an der erforderlichen Regelungskraft. Gegenüber Vereinsmitgliedern hängt die Zulässigkeit einer solchen Haftungsbeschränkung davon ab, ob sie inhaltlich zur Vereinsverfassung gehört. Denn die Vereinsverfassung kann beim eingetragenen Verein *nicht* durch Vereinsobservanz geändert oder ergänzt werden.[974] Bereits an früherer Stelle konnte festgestellt werden, daß die Haftung *des Vereins* aus § 31 BGB eine „das Vereinsleben bestimmende Grundentscheidung"[975] und damit eine Frage der Vereinsverfassung ist.[976] Ist aber die persönliche Haftung der Vorstandsmitglieder im gesamten Bereich der akzessorischen Haftung zwingende Voraussetzung für eine Haftung des Vereins aus § 31 BGB, so muß sie selbst notwendigerweise zu den „das Vereinsleben bestimmenden Grundentscheidungen" und damit zur Vereinsverfassung gehören. Würde etwa die persönliche Haftung des Vorstands gegenüber den Vereinsmitgliedern für einfache Fahrlässigkeit ausgeschlossen, verlöre das geschädigte Mitglied insoweit nicht nur das verantwortliche Vorstandsmitglied, sondern auch den Verein als Haftungsschuldner, weil § 31 BGB in seiner Form als gesetzlicher Schuldbeitritt leerliefe. Dieses Beispiel zeigt, daß eine entsprechende Haftungsregelung die Rechtsstellung

---

972 Siehe zum Telos der §§ 31, 40 BGB ausführlich oben Zweiter Teil A. I. 1. a) und B. I. 1. b) dd) (5).

973 Siehe zum Begriff der Vereinsobservanz bereits oben Zweiter Teil B. I. 6.

974 Vgl. dazu bereits oben Zweiter Teil B. I. 6. a) und b).

975 Allg. Formulierung aus *BGHZ* 47, 172, 177 (ohne Bezug zu Haftungsregelungen).

976 Siehe oben Zweiter Teil B. I. 2.

der Mitglieder deutlich verschlechtern und damit eine erhebliche Belastung darstellen würde. Sie würde Rechtsnachteile für die Mitglieder im Verhältnis zum Verein beinhalten, die nicht selbstverständlich wären und mit denen nicht gerechnet werden müßte. Es handelt sich deshalb um eine „das Vereinsleben bestimmende Grundentscheidung" und damit um eine Frage der Vereinsverfassung. Jedenfalls beim eingetragenen Verein kann durch Vereinsobservanz eine Haftungsbeschränkung zugunsten des Vorstands auch gegenüber den Mitgliedern nicht erreicht werden.

## IV. Vertragliche Haftungsbeschränkungen

### 1. Vereinbarungen zwischen Vorstandsmitgliedern und Dritten

Rechtlich zulässig ist die *vertragliche* Vereinbarung einer Haftungsbeschränkung zwischen dem Vorstandsmitglied und einem Dritten, wobei „Dritte" sowohl Außenstehende als auch Vereinsmitglieder sein können. § 40 BGB steht dem nicht entgegen, weil sich dieser nur auf satzungsmäßige (und vereinsordnungsmäßige) Regelungen bezieht. Die Zulässigkeit einer vertraglichen Haftungsbeschränkung ergibt sich für die Haftung aus bestehenden Schuldverhältnissen aus § 276 I 1 BGB, einem Umkehrschluß zu § 276 III BGB und aus dem Grundsatz der Privatautonomie, für die Deliktshaftung hingegen allein aus der Privatautonomie.[977] Der Grundsatz der Privatautonomie gilt im Verhältnis der Vorstandsmitglieder zu Dritten genauso wie zwischen anderen Personen auch. Darüber hinaus können sich Haftungsbeschränkungen nicht nur aufgrund ausdrücklicher Regelung, sondern ebenso aus konkludenter oder – noch seltener – aus ergänzender Vertragsauslegung ergeben.[978]

Mögen Haftungsbeschränkungen zwischen dem Vorstand und Dritten rechtlich gesehen zwar zulässig sein, so ist ihre Vereinbarung praktisch doch sehr unwahrscheinlich. Zunächst ist es im Rechtsverkehr unüblich, daß ein Außenstehender, der in geschäftlichen Kontakt mit *dem Verein* tritt, haftungsbeschränkende Vereinbarungen mit den Vorstandsmitgliedern *persönlich* trifft.[979] Entsprechendes gilt für die Vereinsmitglieder, denn auch sie stehen nur in einem Rechtsverhältnis zum Verein, nicht aber zum Vorstand.[980] Zum anderen ist nicht ersichtlich, welches

---

977 Vgl. allg. zur Zulässigkeit von Haftungsbeschränkungen Protokolle I S. 304 f.; *Meyer* S. 5, 8 f. m. w. N.; Soergel/*Wolf* § 276 Rn. 198; Staudinger/*Löwisch* § 276 Rn. 104; *Blaurock* ZHR 146 (1982), 238, 243 f.; *Deutsch/Ahrens* Deliktsrecht Rn. 172.

978 Hier gelten dieselben Grundsätze wie bei der Beschränkung der Haftung des Vereins. Siehe zu diesen Grundsätzen oben Zweiter Teil B. I. 3. b).

979 Ähnliche Einschätzung bei *Grunewald* ZHR 157 (1993), 451, 457: „Man pflegt im Zuge eines Vertragsabschlusses nicht über die persönliche Einstandspflicht der Organmitglieder [...] zu verhandeln."

980 Vgl. zu letzterem *BGHZ* 110, 323 = NJW 2877, 2879 (Schärenkreuzerfall); *Grunewald* ZIP 1989, 962, 965; Sauter/Schweyer/*Waldner* Rn. 264; *Götz/Götz* JuS 1995, 106, 110.

Interesse der Außenstehende oder das Vereinsmitglied daran haben sollte, sich mit den Vorstandsmitgliedern auf eine Beschränkung ihrer persönlichen Haftung einzulassen. Vielmehr werden sie zum Schutz ihrer Rechte und Rechtsgüter gerade eine unbeschränkte Haftung derjenigen Personen, die nicht Partner des Rechtsverhältnisses sind oder werden, bevorzugen. Schließlich werden die Vorstandsmitglieder im Hinblick auf ihre *deliktische* Haftung vor dem Zeitpunkt der Schädigung – zumindest bei Außenstehenden – meist gar keinen Kontakt zu dem (später) Geschädigten haben. In diesen Fällen scheidet die Vereinbarung eines Haftungsausschlusses bereits aus faktischen Gründen aus.[981] Zahlenmäßig werden rechtsgeschäftliche Haftungsbeschränkungen zwischen Vorstand und Dritten in der Praxis deshalb eine untergeordnete Rolle spielen.

### 2. Vereinbarungen zwischen Verein und Dritten

Eine Beschränkung der persönlichen Außenhaftung der Vorstandsmitglieder kann sich nicht nur aus einer direkt zwischen ihnen und dem Dritten geschlossenen Vereinbarung ergeben, sondern auch aus einer Vereinbarung *des Vereins mit dem Dritten.* In diesem Fall handelt es sich um eine „Haftungsbeschränkung zugunsten eines Dritten", wobei „Dritter" in diesem Sinne die Vorstandsmitglieder sind. Derartige Haftungsbeschränkungen sind aufgrund der Privatautonomie zulässig.[982]

Möglich ist auch, daß sich eine zugunsten des Vorstandsmitglieds wirkende Haftungsbeschränkung erst durch *Auslegung* der zwischen dem Verein und dem Dritten (hier i.S.v. Außenstehender oder Vereinsmitglied) geschlossenen Vereinbarung ermitteln läßt. Es ist anerkannt, daß Haftungsbeschränkungen außer den Vertragsparteien auch noch andere Personen in ihren Schutzbereich einbeziehen können.[983] Wird also zugunsten *des Vereins* eine Haftungsbeschränkung vereinbart, ist diese im Einzelfall im Wege der Auslegung darauf hin zu untersuchen, ob mit ihr zugleich auch eine Beschränkung der persönlichen Außenhaftung *der Vorstandsmitglieder* geregelt werden sollte. Der *BGH* hat dies für die *Arbeitnehmer* eines Schädigers bejaht.[984] Dieses Ergebnis läßt sich jedoch nicht einfach auf die Vorstandsmitglieder eines Vereins übertragen.[985] Zum einen sind sie keine

---

981 Ebenso *Grünwald* S. 207 für die Verkehrspflichthaftung der GmbH-Geschäftsführer.

982 Vgl. allg. *BGHZ* 22, 109, 120; 49, 280; *BGH* MDR 1960, 907, 908; MDR 1962, 207; NJW 1982, 988; VersR 1985, 595, 596; NJW 1989, 3273, 3276; *Blaurock* ZHR 146 (1982), 238 ff.; MüKo/*Hanau* § 276 Rn. 160; Soergel/*Wolf* § 276 Rn. 198; Erman/*Battes* § 276 Rn. 81; siehe zu den verschiedenen dogmatischen Begründungsansätzen *Meyer* S. 36 ff.

983 Vgl. *BGHZ* 130, 223, 228; *OLG Hamm* NJW-RR 2000, 911; Staudinger/*Löwisch* § 276 Rn. 114; Staudinger/*Jagmann* vor § 328 ff. Rn. 43; Palandt/Heinrichs § 276 Rn. 38.

984 Vgl. *BGH* MDR 1960, 907, 908; MDR 1962, 207; WM 1977, 785, 786; VersR 1985, 595, 596; siehe dazu *Meyer* S. 99 ff.; vgl. für einfache Vereinsmitarbeiter *OLG Celle* OLGReport 2002, 244, 245 f.

985 A.A. etwa *Grünwald* S. 216 f. für arbeitnehmerähnliche Tätigkeiten von GmbH-Geschäftsführern.

Arbeitnehmer.[986] Zum anderen besteht bei ihnen keine vergleichbare Interessenlage. Wegen des Grundsatzes des innerbetrieblichen Schadensausgleichs muß *der Arbeitgeber* nämlich befürchten, daß ihm eine allein zu seinen Gunsten vereinbarte Haftungsbeschränkung letztlich nicht viel hilft, wenn ein nicht von der Beschränkung umfaßter *Arbeitnehmer* einem Dritten schadensersatzpflichtig wird. Denn der Arbeitgeber muß den Arbeitnehmer nach arbeitsrechtlichen Grundsätzen unter bestimmten Voraussetzungen von der Außenhaftung freistellen oder ihm einen bereits an den Geschädigten gezahlten Schadensersatz erstatten.[987] Im Verhältnis zwischen Verein und Vorstandsmitgliedern finden jedoch die Grundsätze des innerbetrieblichen Schadensausgleichs – wie sich im einzelnen noch zeigen wird – keine Anwendung.[988] Der Verein läuft deswegen nicht in vergleichbarer Weise Gefahr, den Schaden trotz Beschränkung seiner eigenen Haftung am Ende dennoch selbst tragen zu müssen. Eine Erstreckung der Haftungsbeschränkung auf die Vorstandsmitglieder entspricht deshalb weder automatisch noch regelmäßig seinen Interessen. Vielmehr muß es einer erläuternden oder ergänzenden Auslegung der Haftungsklausel *im Einzelfall* überlassen bleiben, ob eine Einbeziehung der Vorstandsmitglieder in ihren Schutzbereich festgestellt werden kann.[989] Rechtlich zulässig ist eine solche Konstruktion jedenfalls.

## V. Rechtliche Grenzen einer Haftungsbeschränkung

### 1. Allgemeine Grenzen

In jedem Fall unzulässig ist wegen § 276 III BGB die vorherige Beschränkung der Haftung der Vorstandsmitglieder für Vorsatz. Dies gilt auch für die deliktische Haftung, weil § 276 III BGB insoweit einen allgemeinen Rechtsgedanken enthält. Vom Verbot der Haftungsbeschränkungen für Vorsatz umfaßt sind summenmäßige Begrenzungen und eine Beweislastumkehr.[990] Ist die Vorsatzhaftung trotzdem durch eine vertragliche Vereinbarung beschränkt worden, so ist die Haftungsklausel insoweit unwirksam, der übrige Teil des Rechtsgeschäfts aber in aller Regel wirksam (§ 139 BGB).[991] Unklare Klauseln lassen sich meist dahin auslegen, daß die Haftung nur unter Beachtung des § 276 III BGB – also unter Ausnahme der Haftung für Vorsatz – beschränkt werden sollte.[992]

---

986 Vgl. § 5 I 3 ArbGG; *BAG* NJW 1996, 614, 615; *Fleck* FS Hilger / Stumpf S. 197; *Reichert* Rn. 1245; Soergel / *Hadding* § 27 Rn. 13 m. w. N.; *Eisele* S. 124 f.

987 Siehe zum innerbetrieblichen Schadensausgleich eingehend unten Vierter Teil B. I. 1.

988 Vgl. ausführlich unten Vierter Teil B. I. 1. insbesondere c) und d).

989 Im Ergebnis ebenso für die Einbeziehung von Erfüllungsgehilfen *Meyer* S. 103 ff., der darüber hinaus auch das Institut des Vertrags mit Schutzwirkung zugunsten Dritter für anwendbar hält, vgl. a. a. O. S. 108 ff.; ähnlich zuvor schon *Blaurock* ZHR 146 (1982), 238, 251 ff.

990 Vgl. Soergel / *Wolf* § 276 Rn. 200; Staudinger / *Löwisch* § 276 Rn. 105.

991 Vgl. Staudinger / *Löwisch* § 276 Rn. 109.

Abgesehen von § 276 III BGB kann der Vorstand seine Haftung für grobe oder einfache Fahrlässigkeit gegenüber Außenstehenden oder Vereinsmitgliedern grundsätzlich ausschließen oder (z. B. summenmäßig) begrenzen.[993] Zu beachten ist jedoch, daß solche Haftungsklauseln *im Einzelfall* aufgrund einer alle Umstände berücksichtigenden Interessenabwägung gegen das Gebot von Treu und Glauben (§ 242 BGB) oder gegen die guten Sitten (§ 138 I BGB) verstoßen können. Hier gelten dieselben Grundsätze wie bei der individualvertraglichen Beschränkung der Haftung des Vereins. Auf die dortigen Aussagen kann daher verwiesen werden.[994] Sowohl ein Verstoß gegen § 242 BGB als auch gegen § 138 BGB stellt jedoch die *Ausnahme* dar. Im Regelfall sind damit individualvertragliche Beschränkungen der persönlichen Haftung des Vereinsvorstands gegenüber Vereinsmitgliedern und Dritten für den Bereich grober und leichter Fahrlässigkeit zulässig.

In jedem Fall müssen einzelvertragliche Haftungsbeschränkungen klar und eindeutig formuliert sein. Sie sind nach ständiger Rechtsprechung des *BGH* im Zweifel eher eng und gegen den auszulegen, der die Haftung abbedingen will. Sie umfassen (zumindest regelmäßig) auch die deliktische Haftung. Insgesamt kann auch hier auf die Ausführungen zur Beschränkung der Haftung des Vereins verwiesen werden.[995]

### 2. Haftungsbeschränkungen in Allgemeinen Geschäftsbedingungen

Verwendet der Vorstand zur Beschränkung seiner Haftung Allgemeine Geschäftsbedingungen i. S. d. § 305 I BGB, so sind die §§ 305 ff. BGB zu beachten.[996] Dementsprechend ist nach § 309 Nr. 7 a BGB der Ausschluß oder die Begrenzung der Haftung für die Verletzung des Lebens, des Körpers oder der Gesundheit für alle Arten der Fahrlässigkeit unzulässig und damit unwirksam. Für die Vorsatzhaftung ergibt sich diese Rechtsfolge bereits aus § 276 III BGB. Bei sonstigen Schäden (Nichtkörperschäden) ist wegen § 309 Nr. 7 b BGB jedenfalls eine Haftungsbeschränkung für grobe Fahrlässigkeit unwirksam. Im *Einzelfall* kann wegen § 307 I, II BGB auch eine Beschränkung der Haftung für einfache Fahrlässigkeit unwirksam sein. Hier gelten dieselben Grundsätze wie bei der Beschränkung der Haftung des Vereins.[997] Werden AGB gegenüber einem Unternehmer, einer juristischen Person des öffentlichen Rechts oder einem öffentlich-rechtlichen Sondervermögen verwendet, bestimmt sich die Inhaltskontrolle allein nach § 307 I, II

---

992 Vgl. *BGH* NJW 1957, 1760; Staudinger/*Löwisch* § 276 Rn. 109.

993 Ebenso *Grünwald* S. 204 für die Verkehrspflichthaftung eines GmbH-Geschäftsführers.

994 Siehe oben Zweiter Teil B. I. 3. a).

995 Siehe oben Zweiter Teil B. I. 3. a).

996 Siehe zu den § 305 ff. BGB bereits oben Zweiter Teil B. I. 4. im Rahmen der Beschränkung der Haftung des Vereins.

997 Siehe zu § 307 I, II BGB bereits oben Zweiter Teil B. I. 4. c) cc).

BGB, wie sich aus § 310 I BGB ergibt. Die §§ 308, 309 BGB besitzen in diesem Fall jedoch zumindest eine Indizwirkung[998], so daß ähnliche Maßstäbe gelten, wie bei der direkten Anwendung der Vorschriften. Bei AGB ist eine reduzierende Auslegung einer Haftungsklausel auf ein noch zulässiges Maß wegen §§ 305 c, 306 II BGB nicht möglich (Verbot der geltungserhaltenden Reduktion).[999] Der Vertrag bleibt aber gemäß § 306 I BGB im übrigen wirksam.

998 Vgl. zu den alten §§ 10, 11 AGBG *BGHZ* 90, 273, 278; 103, 316, 328; MüKo / *Basedow* § 24 AGBG Rn. 6; Ulmer / Brandner / *Hensen* § 24 Rn. 18 f.; Wolf / Horn / *Lindacher* § 24 Rn. 24 Rn. 13, 16 ff.

999 Vgl. *BGH* NJW 1996, 1407 f.; Staudinger / *Löwisch* § 276 Rn. 109; oben Zweiter Teil B. I. 4. c) dd).

*Vierter Teil*

# Persönliche Haftung des Vorstands gegenüber dem Verein

## A. Darstellung der Haftung

### I. Einleitung

Zutreffend ist, daß das Vereinsrecht des BGB im Unterschied zu §§ 48, 93, 117 AktG, § 43 GmbHG und § 34 GenG keine Norm enthält, die die Haftung der Vorstandsmitglieder gegenüber dem Verein (Innenhaftung) regelt. Der Antrag auf Schaffung einer entsprechenden Vorschrift wurde in den Beratungen der Zweiten Kommission zwar zunächst gestellt, dann jedoch wieder zurückgezogen.[1000] Unzutreffend wäre hingegen, daraus den Schluß ziehen zu wollen, daß es eine persönliche Innenhaftung der Vorstandsmitglieder nicht gibt. Vielmehr kommen allgemeine schuldrechtliche Grundsätze zur Anwendung.[1001]

Zutreffend ist ebenfalls, daß eine persönliche Inanspruchnahme von Organmitgliedern durch die juristische Person in der Praxis im wesentlichen bei der AG, der GmbH oder der eG vorkommt. Wiederum unzutreffend wäre es jedoch, daraus den Schluß ziehen zu wollen, beim Verein gäbe es so etwas schlichtweg nicht. So wurde im September 2002 bekannt, daß die Mitglieder des Zweite-Fußballbundesliga-Vereins Karlsruher SC e.V. ihrem ausgeschiedenen Präsidenten auf der Hauptversammlung die Entlastung verweigert haben und daß der Verein prüfen will, ob der ehemalige Präsident nicht für die schlechte Finanzlage des Vereins (4,5 Mio. € Schulden) haftbar gemacht werden kann.[1002] Kurze Zeit später hat der Verein tatsächlich Klage auf Zahlung von Schadensersatz in Höhe von 4,5 Mio. € erhoben.[1003] Auch die Mitglieder des 1. FC Kaiserslautern e.V. haben im November 2002 dem Vorstand des Vereins die Entlastung verweigert.[1004] Inzwischen ist bekannt geworden, daß die Stadt Kaiserslautern eventuelle Schadensersatzansprüche des Vereins gegen den Vorstand „übernehmen“[1005], d. h. sich offenbar abtreten

---

1000 Vgl. Protokolle bei *Mugdan* I S. 610.

1001 Vgl. *Reichert* Rn. 1923. Siehe zu (letztlich) nicht realisierten Regelungsabsichten im Gesetzgebungsverfahren *Eisele* S. 19 mit Nachweisen.

1002 Siehe die Kurzmeldung in der *F.A.Z.* v. 28. 90. 2002 S. 28.

1003 Vgl. *F.A.Z.* v. 3. 12. 2002 S. 32.

1004 Vgl. *F.A.Z.* v. 7. 11 .2002 S. 31.

lassen und verfolgen will. Ferner erwägen die derzeitigen Vorstandsmitglieder, ihre Vorgänger wegen einer Steuernachforderung des Finanzamtes in Höhe von 9 Mio. € persönlich in Anspruch zu nehmen.[1006] Anfang August 2003 hat der Verein Klage beim *LG Kaiserslautern* gegen den ehemaligen Vorstandsvorsitzenden, ein weiteres früheres Vorstandsmitglied und den früheren Aufsichtsratsvorsitzenden erhoben. Begehrt wird der Ersatz eines Schadens von insgesamt 521.239 €, der sich unter anderem daraus ergibt, daß der Verein eine Verbandsgeldbuße von 125.000 € für Regelverstöße zahlen mußte, die der ehemaligen Vereinsführung angelastet werden.[1007] Weiter wurde bekannt, daß der 1. FC Kaiserslautern e.V. seinen früheren Vizepräsidenten und den ehemaligen sportlichen Leiter des Vereins auf Zahlung von 544.817 € wegen eines Steuerschadens verklagt haben.[1008] Diese Beispiele zeigen, daß sich Vorstandsmitglieder nicht in falscher Sicherheit wägen sollten, was die Inanspruchnahme durch „ihren" Verein angeht.

## II. Organschaftliches Rechtsverhältnis und Anstellungsverhältnis

Was das Innenverhältnis zwischen Vorstandsmitglied und Verein angeht, sind zunächst das *organschaftliche Rechtsverhältnis* und das *Anstellungsverhältnis* (Anstellungsvertrag) zu unterscheiden.[1009] Durch die Bestellung des Vorstands seitens des zuständigen Organs (regelmäßig der Mitgliederversammlung, vgl. §§ 27 I, 40 BGB) wird die Organstellung und damit auch das *organschaftliche Rechtsverhältnis* zum Verein begründet.[1010] Die Organbestellung muß vorliegen, weil die betreffende Person dadurch erst zum Vorstandsmitglied i. S. d. § 26 BGB wird.[1011] Wie sich aus § 27 III BGB ergibt, ist mit der Organstellung unter anderem die

---

1005 *F.A.Z.* v. 5. 3. 2003 S. 31.

1006 Vgl. *F.A.Z.* v. 8. 7. 2003 S. 31.

1007 Vgl. *F.A.Z.* v. 7. 8. 2003 S. 29 und v. 14. 10. 2004 S. 30. Das Urteil wird für Ende 2004 / Anfang 2005 erwartet.

1008 Vgl. *F.A.Z.* v. 15. 10. 2004 S. 33.

1009 Sog. „Trennungstheorie" (ganz h.M.), vgl. nur *BGHZ* 113, 237, 240, 242 = NJW 1991, 1727; *BAG* NJW 1996, 614, 615 und *Soergel/Hadding* § 27 Rn. 12 m. w. N. in Fn. 40; a.A. („Einheitstheorie") etwa *Baums* S. 551 f. (zusammenfassend).

1010 Vgl. Soergel / *Hadding* § 27 Rn. 2; Staudinger / *Weick* § 27 Rn. 9 („Personenrechtsverhältnis"). Genau genommen wird die Bestellung erst durch Annahme der Bestellungserklärung seitens der einzelnen Vorstandsmitglieder wirksam, vgl. *BGH* NJW 1975, 2101; *BayObLGZ* 1981, 270, 277; Staudinger / *Weick* § 27 Rn. 10; RGRK / *Steffen* § 27 Rn. 3; Soergel / *Hadding* § 27 Rn. 9; MüKo / *Reuter* § 27 Rn. 14; Sauter / Schweyer / *Waldner* Rn. 251. Die Registereintragung (§§ 59 II Nr. 2, 67 BGB) hat hingegen keine konstitutive Wirkung, vgl. Soergel / *Hadding* § 27 Rn. 11.

1011 Auch durch eine fehlerhafte Bestellung wird eine Organstellung begründet. Die Nichtigkeits- bzw. Anfechtungsgründe wirken – wie im Gesellschaftsrecht – nur „ex nunc", beseitigen also die Organstellung nicht rückwirkend, vgl. Staudinger / *Weick* § 27 Rn. 21; MüKo / *Reuter* § 27 Rn. 24.

Pflicht zur (ordnungsgemäßen) Führung der Vereinsgeschäfte verbunden.[1012] Zur Geschäftsführung gehören sowohl rein tatsächliche Tätigkeiten (z. B. Buch- und Kassenführung, Kontrollmaßnahmen) als auch Maßnahmen rechtsgeschäftlicher Art (Einstellung von Personal, Ein- und Verkäufe für den Verein, Geltendmachung von Forderungen des Vereins).[1013] Rechtsgrundlage der Geschäftsführung ist das organschaftliche Rechtsverhältnis.[1014] Damit bestimmen sich die Rechte und Pflichten der organschaftlichen Geschäftsführung grundsätzlich unabhängig von einem etwa bestehenden Anstellungsverhältnis gemäß § 27 III BGB nach Auftragsrecht. Die danach geltenden §§ 664 ff. BGB können jedoch – wie sich aus § 40 BGB ergibt – durch Satzungsregelung abgeändert werden.[1015] Auch ist es möglich, daß die Satzung nur die Möglichkeit der Abänderung bestimmter Vorschriften vorsieht, hingegen die Regelung von Details dem Anstellungsverhältnis (Anstellungsvertrag) überläßt.[1016]

Im Gegensatz zum organschaftlichen Rechtsverhältnis muß ein *Anstellungsverhältnis* (Anstellungsvertrag) nur begründet werden, wenn das rechtliche Verhältnis zwischen Vorstand und Verein abweichend vom Auftragsrecht gestaltet werden soll.[1017] Dies wird insbesondere dann der Fall sein, wenn der Vorstand für seine Tätigkeit eine Vergütung erhalten soll, denn die §§ 664 ff. BGB sehen einen Vergütungsanspruch gerade nicht vor.[1018] Zuständig für den Abschluß des Anstellungsvertrags ist nach Ansicht des *BGH* und der herrschenden Lehre das auch für die Bestellung des Vorstands zuständige Organ.[1019] Dies ist gemäß § 27 I BGB die

---

1012 Vgl. *BGH* NJW-RR 1986, 572, 574; *BGHZ* 119, 379, 381; RGRK/*Steffen* § 27 Rn. 3; MüKo/*Reuter* § 27 Rn. 1, 20; Soergel/*Hadding* § 27 Rn. 9, 21; *Flume* JurP § 10 I 2 (S. 345); wohl auch Staudinger/*Weick* § 27 Rn. 22.

1013 Vgl. Soergel/*Hadding* § 26 Rn. 10; Sauter/Schweyer/*Waldner* Rn. 277.

1014 Vgl. Soergel/*Hadding* § 27 Rn. 21; MüKo/*Reuter* § 27 Rn. 37.

1015 Vgl. Sauter/Schweyer/*Waldner* Rn. 262, 277; Soergel/*Hadding* § 27 Rn. 23; MüKo/*Reuter* § 27 Rn. 39. § 666 und § 667 BGB können hingegen nicht vollständig abbedungen werden, vgl. Staudinger/*Weick* § 27 Rn. 23 ff.; *Linnenbrink* SpuRt 1999, 224, 226.

1016 Im Ergebnis ähnlich Staudinger/*Weick* § 27 Rn. 25 („Die Unanwendbarkeit der Auftragsnormen braucht in der Satzung nicht direkt ausgesprochen zu sein, [...]."); ebenso *Linnenbrink* SpuRt 1999, 224, 226; a.A. MüKo/*Reuter* § 27 Rn. 39 („Davon kann zwar die Satzung (arg. e § 40), nicht aber der Anstellungsvertrag [...] abweichen.").

1017 Für Streitigkeiten zwischen Verein und Vorstand aus dem Anstellungsverhältnis bietet sich für den Vorstand unter Umständen der Abschluß einer Anstellungsvertrags-Rechtsschutzversicherung an, da die normale Familien-Rechtsschutzversicherung nicht greift, vgl. allg. *Schilling* S. 38 ff.; *Dahnz* S. 282 ff.; *Hendricks* VW 1994, 1548, 1550 ff.

1018 Vgl. Soergel/*Hadding* § 27 Rn. 12; MüKo/*Reuter* § 27 Rn. 1; Palandt/*Heinrichs* § 27 Rn. 1. Damit mit dem Vorstandsmitglied ein Anstellungsvertrag abgeschlossen werden kann, der von den §§ 664–670 BGB abweicht (z. B. einen Vergütungsanspruch vorsieht), muß die Satzung die Abweichung zulassen (siehe §§ 27 III, 40 BGB), vgl. *BGH* NJW-RR 1988, 743, 745 f.; *OLG Celle* NdsRPfl 1993, 245; Sauter/Schweyer/*Waldner* Rn. 262.

1019 Vgl. *BGHZ* 113, 237, 241 ff. = NJW 1991, 1727; Palandt/*Heinrichs* § 26 Rn. 5 („analog 27 I BGB"); Staudinger/*Weick* § 26 Rn. 3, § 27 Rn. 12; Soergel/*Hadding* § 27 Rn. 13; a.A. MüKo/*Reuter* § 27 Rn. 1, der sich gegen eine zwingende Einheit von Bestellungs- und Anstellungskompetenz wendet.

Mitgliederversammlung, soweit nicht die Satzung etwa anderes bestimmt (§ 40 BGB). Wird in dem Anstellungsvertrag eine Vergütung vereinbart, so handelt es dabei um einen auf Geschäftsbesorgung gerichteten Dienstvertrag i. S. d. §§ 675 I, 611 ff. BGB. Ansonsten liegt ein Auftrag i. S. d. §§ 662 ff. BGB vor, der lediglich in einzelnen Punkten modifiziert ist.[1020] Gemäß § 27 II 1 BGB ist die Vorstandsbestellung jederzeit widerruflich, unbeschadet des Anspruchs auf die vertragsmäßige Vergütung. Diese Vorschrift zeigt, daß Bestellungs- und Anstellungsverhältnis rechtlich gesehen grundsätzlich *unabhängig* voneinander sind.[1021]

## III. Haftung

Die Vorstandsmitglieder haften dem Verein für eine schuldhafte, pflichtwidrige Führung der Vereinsgeschäfte aus positiver Forderungsverletzung (nun §§ 280 I, III, 281 – 283 BGB) des *organschaftlichen Rechtsverhältnisses.*[1022] Diese Haftung trifft die Organwalter auch dann, wenn ein Anstellungsverhältnis nicht vorliegt. Besteht hingegen ein Anstellungsverhältnis (Anstellungsvertrag), so kann der Verein den Schaden auch aus positiver Forderungsverletzung (nun §§ 280 I, III, 281 – 283 BGB) dieses Schuldverhältnisses ersetzt verlangen.[1023] Geht es um ein und dieselbe Pflichtverletzung, liegt insoweit Anspruchskonkurrenz vor.[1024] Der Anspruch aus dem Anstellungsvertrag erlangt vor allem dann Bedeutung, wenn sich die Pflicht, die verletzt wurde, nur aus dem Anstellungsverhältnis und nicht bereits aus dem organschaftlichen Rechtsverhältnis ergibt. Schließlich haftet der Vorstand dem Verein auch aus Delikt und nach sonstigen allgemeinen Haftungsregeln.[1025] Die Darlegungs- und Beweislast für das Vorliegen einer *Pflichtverletzung* und einen dazu *kausalen Schaden* trifft den Verein. Die in §§ 93 II 2 AktG, 34 II 2 GenG normierte Beweislastumkehr findet mangels Vergleichbarkeit der Interessenlagen keine analoge Anwendung zu Lasten der Vorstandsmitglieder von Vereinen. Hat

---

1020 Vgl. Soergel / *Hadding* § 27 Rn. 13.

1021 Im Ergebnis ebenso *BGHZ* 79, 38, 41 f. = NJW 1981, 757 (Vorstand einer rechtsfähigen Anstalt des öffentlichen Rechts); *BGHZ* 89, 48, 52 = NJW 1984, 733 (mitbestimmte GmbH); *BGH* WM 1989, 1246, 1247 (AG); *BGH* ZIP 1999, 1669 (GmbH); Soergel / *Hadding* § 27 Rn. 13 (Verein). Im Detail ist das Verhältnis von Bestellung und Anstellung freilich noch nicht abschließend geklärt, vgl. ausführlich MüKo / *Reuter* § 27 Rn. 1 ff. m. w. N., der selbst für eine Akzessorietät der Anstellung plädiert.

1022 Vgl. *BGHZ* 119, 379; etwas unklar *BGH* NJW-RR 1988, 745, 746 („. . .nach vertraglichen Grundsätzen. . ."); Soergel / *Hadding* § 27 Rn. 23; Staudinger / *Weick* § 26 Rn. 25; *Reichert* Rn. 1923; ebenso für die Vorstandsmitglieder der AG Großkomm / *Hopt* § 93 AktG Rn. 20. Siehe zur Durchsetzung der Ansprüche des Vereins gegen den Vorstand *Linnenbrink* SpuRt 2000, 55, 57.

1023 Vgl. Soergel / *Hadding* § 27 Rn. 23; Staudinger / *Weick* § 26 Rn. 25; *Reichert* Rn. 1923.

1024 Ebenso *Eisele* S. 78 f. Das bei eG, GmbH und AG bestehende, sich aus der ausdrücklichen gesetzlichen Normierung der Innenhaftung (§§ 34 GenG, 43 GmbHG, 93 AktG) ergebende Konkurrenzproblem gibt es beim Verein nicht, vgl. *Eisele* S. 78 f.

1025 Vgl. Staudinger / *Weick* § 26 Rn. 25.

ein Vorstandsmitglied eine Pflicht aus dem organschaftlichen Rechtsverhältnis oder aus dem Anstellungsverhältnis verletzt, ist zu beachten, daß seit der Schuldrechtsreform gemäß § 280 I 2 BGB widerleglich vermutet wird, daß die Pflichtverletzung schuldhaft erfolgte. Es ist also Sache des betroffenen Vorstandsmitglieds, darzulegen und zu beweisen, daß ein Verschulden nicht vorlag.

Liegt ein sogenannter „efficient breach"[1026] vor, d. h. hat das Vorstandsmitglied zwar eine Pflicht gegenüber dem Verein verletzt, war dies aber für den Verein ökonomisch günstiger als ein rechtmäßiges Verhalten des Vorstandsmitglieds[1027], muß sich der Verein die wirtschaftlich positiven Folgen auf seinen Schadensersatzanspruch nach den für das allgemeine Schadensersatzrecht (§ 249 ff. BGB) geltenden Regeln über die Vorteilsausgleichung anrechnen lassen.[1028]

Das Vorstandsmitglied haftet gegenüber dem Verein jedoch nicht, wenn die schädigende Maßnahme auf einem gesetzmäßigen Beschluß der Mitgliederversammlung (z. B. in Form einer Weisung oder Zustimmung) beruht. Dies ergibt sich aus einer analogen Anwendung der §§ 93 IV 1 AktG, 34 IV 1 GenG, in denen ein allgemeiner Grundsatz der Haftung von Organmitgliedern gegenüber der juristischen Person zum Ausdruck kommt.[1029] Voraussetzung für das Entfallen der Ersatzpflicht ist aber, daß der Beschluß der Mitgliederversammlung gesetzmäßig ist, d. h. weder gegen das Gesetz noch die Satzung verstößt.[1030] Selbst wenn ein Beschluß gesetzmäßig ist, entfällt die Ersatzpflicht nicht, wenn das Vorstandsmitglied die Mitgliederversammlung vor der Beschlußfassung falsch oder unvollständig über die Sachlage informiert oder auf ihm bekannte mögliche Schädigungen nicht hingewiesen hat.[1031] Bei schadensträchtigen Maßnahmen kann es für den Vorstand demzufolge unter Beachtung der genannten Grundsätze ratsam sein, sich seine Entscheidung zuvor von der Mitgliederversammlung „absegnen" zu lassen.

---

1026 Siehe dazu etwa *Habetha* S. 87 ff.

1027 Beispiel für einen „effecient breach" (nach *Haas* S. 299): Das Vorstandsmitglied A unterläßt Vorkehrungen zur Schadensverhütung, die teurer gewesen wären, als die nun zu erstattenden Reperaturkosten.

1028 So für die GmbH *Habetha* DZWir 1995, 272, 274 ff.; *Haas* S. 301 ff., allerdings nur, soweit eine persönliche Außenhaftung des Geschäftsführers ausscheidet. Diese Konstruktion läßt sich wegen ihrer Allgemeingültigkeit für juristische Personen auf den Verein übertragen.

1029 Vgl. *OLG Hamburg* OLGRspr. 6, 190; 9, 260; Sauter / Schweyer / *Waldner* Rn. 278; *Reichert* Rn. 1907, 1935; im Ergebnis ebenso *Grunewald* ZHR 1993, 451, 462 (ohne Hinweis auf die genannten Vorschriften); *Konzen* NJW 1989, 2977 (zur GmbH). Bei der GmbH läßt sich dieses Ergebnis bereits aus einem Umkehrschluß zu § 43 III 3 GmbHG erreichen.

1030 Vgl. *Henn* Rn. 599; *Hüffer* § 93 AktG Rn. 25; *Heisse* S. 70. Den Vorstands trifft insofern eine Pflicht zur Prüfung der Weisung auf ihre Gesetzmäßigkeit, vgl. *Götz / Götz* JuS 1995, 106, 110; *Linnenbrink* SpuRt 1999, 224, 227; gegen eine Prüfungspflicht hingegen *BGHZ* 110, 323, 335; *Eisele* S. 175 f. unter Hinweis auf die Gefahr einer möglichen Pflichtverletzung bei Nichtbeachtung der Weisung. Dieser Einwand geht jedoch fehl, weil nicht ersichtlich ist, warum das Vorstandsmitglied im Falle *ordnungsgemäßer* Prüfung eine schuldhafte Pflichtverletzung begangen haben soll.

1031 Vgl. *Reichert* Rn. 1935 m. w. N.; Sauter / Schweyer / *Waldner* Rn. 278; ebenso zur Rechtslage bei der AG: *Henn* Rn. 599; *Hüffer* § 93 AktG Rn. 26.

## IV. Mögliche Pflichtverletzungen der Vorstandsmitglieder

### 1. Amtsniederlegung oder Kündigung zur Unzeit

Selbstverständlich steht einem Vorstandsmitglied das Recht zu, seine Organstellung und damit das organschaftliche Rechtsverhältnis im Wege der Amtsniederlegung zu beenden. Daneben kann er das Anstellungsverhältnis als Dauerschuldverhältnis durch Kündigung zum Erlöschen bringen.[1032] Im Zweifel enthält die Erklärung, die Vorstandstätigkeit beenden zu wollen, sowohl die Amtsniederlegung als auch eine Kündigung des Anstellungsverhältnisses.[1033]

Liegt ein Anstellungsvertrag nicht vor oder ist die Vorstandstätigkeit *unentgeltlich* ausgestaltet, kann das Vorstandsmitglied zwar analog § 671 I BGB jederzeit seine Amtsniederlegung erklären oder sein Anstellungsverhältnis kündigen.[1034] Jedoch darf dies nach § 671 II 1 BGB analog nicht „zur Unzeit" erfolgen, es sei denn, es gibt einen wichtigen Grund gerade für die unzeitige Beendigung.[1035] Fehlt hingegen ein wichtiger Grund, ist die Beendigung zwar wirksam, das betreffende Vorstandsmitglied hat dem Verein jedoch analog § 671 II 2 BGB den aufgrund der unzeitigen Beendigung entstandenen Schaden zu ersetzen.[1036]

Ist das Anstellungsverhältnis hingegen als auf eine *entgeltliche Geschäftsbesorgung gerichteter Dienstvertrag* ausgestaltet (§§ 675 I, 611 ff. BGB), gilt für die ordentliche Kündigung § 621 BGB und für die außerordentliche §§ 626, 627 BGB (für den Fall der Amtsniederlegung jeweils analog).[1037] Will das Vorstandsmitglied sein organschaftliches Rechtsverhältnis und/oder das Anstellungsverhältnis außerordentlich beenden, bedarf es nach § 626 I BGB eines wichtigen Grundes. § 627 I BGB ist nicht anwendbar, weil das entgeltlich beschäftigte Vorstandsmitglied zum Verein in einem „dauernden Dienstverhältnis mit festen Bezügen"

---

1032 Vgl. dazu Soergel/*Hadding* § 27 Rn. 16 m. w. N.; nach Ansicht von MüKo/*Reuter* § 27 Rn. 33 müsse das Vorstandsmitglied jedoch vor der Amtsniederlegung das Anstellungsverhältnis kündigen, weil das Anstellungsverhältnis der Rechtsgrund für die Organbestellung sei. Dem kann nicht gefolgt werden, weil die Organbestellung auch völlig ohne Abschluß eines Anstellungsvertrages möglich ist. Auch der *BGH* (NJW 1978, 1435) hat einem GmbH-Geschäftsführer unter besonderen Voraussetzungen die Möglichkeit zugestanden, sein Amt ohne gleichzeitige Kündigung des Anstellungsverhältnisses niederzulegen.

1033 Ebenso Soergel/*Hadding* § 27 Rn. 16; MüKo/*Reuter* § 27 Rn. 33.

1034 Vgl. *KGJ* 29, 98, 100; *OLG* Frankfurt RPfleger 1978, 134, 135 (zum Vorstandsamt); Staudinger/*Weick* § 27 Rn. 19.

1035 Vgl. Soergel/*Hadding* § 27 Rn. 16; im Ergebnis ebenso Sauter/Schweyer/*Waldner* Rn. 274.

1036 Vgl. Soergel/*Hadding* § 27 Rn. 16; im Ergebnis ebenso Sauter/Schweyer/*Waldner* Rn. 274; für eine Schadensersatzpflicht im Falle eines GmbH-Geschäftsführers auch *OLG Koblenz* NJW-RR 1995, 556.

1037 Vgl. Staudinger/*Weick* § 27 Rn. 19. Hingegen findet gemäß § 675 I 2. HS BGB § 671 II BGB entsprechende Anwendung, wenn dem Dienstverpflichteten (hier dem Vorstandsmitglied) das Recht zusteht, ohne Einhaltung einer Frist zu kündigen.

steht.[1038] Fehlt es an einem wichtigen Grund, so ist die Amtsniederlegung oder Kündigung trotzdem wirksam. Der Verein kann jedoch von dem Vorstandsmitglied einen durch die unberechtigte Beendigung entstandenen Schaden wegen Verletzung der organschaftlichen oder anstellungsvertraglichen Pflichten gemäß §§ 280 I, III, 281 – 283 BGB ersetzt verlangen.[1039]

### 2. Überschreitung der Geschäftsführungsbefugnisse

Soweit die Satzung nicht etwas anderes bestimmt, entspricht der Umfang der Geschäftsführungsbefugnis grundsätzlich dem Umfang der Vertretungsmacht und umgekehrt.[1040] Jedoch können Zuständigkeit und Umfang der Geschäftsführungsbefugnis im Innenverhältnis zum Verein abweichend von der Vertretungsmacht im Außenverhältnis geregelt werden.[1041] So kann ein Vorstandsmitglied zwar über unbeschränkte Einzelvertretungsmacht verfügen, *intern* aber aufgrund der Satzung oder einer Vereinsordnung verpflichtet sein, bei Geschäftsabschlüssen über 10.000 € die Zustimmung der Mehrheit der Vorstandsmitglieder einzuholen. Fehlt ein solcher Beschluß, ist das Rechtsgeschäft nach außen wirksam. Im Innenverhältnis zum Verein hat das handelnde Vorstandsmitglied jedoch seine Pflicht zur ordnungsgemäßen Geschäftsführung verletzt. Es haftet dem Verein gemäß §§ 280 I, III, 281 – 283 BGB auf Schadensersatz. Hinzuweisen ist darauf, daß ein Vorstandsmitglied – wie der *BGH* im Jahre 1992 ausdrücklich entschieden hat – nicht *allein* schon deshalb pflichtwidrig handelt und schadensersatzpflichtig ist, weil es gegen einen internen, in der Satzung nicht vorgesehenen *Vorstandsbeschluß* verstoßen hat, nach dem die Zustimmung weiterer Vorstandsmitglieder für bestimmte Geschäfte erforderlich war.[1042]

### 3. Sonstiges pflichtwidriges Verhalten

#### *a) Sorgfaltsmaßstab*

Für den Sorgfaltsmaßstab der Vorstandsmitglieder gilt die Wertung des § 276 II BGB. Sie müssen bei der Geschäftsführung die Sorgfalt anwenden, die eine ordentliche, gewissenhafte und ihrer Aufgabe gewachsene Person anzuwenden pflegt.[1043] Der *BGH* spricht insoweit von der Sorgfalt eines „ordentlichen Beauf-

---

1038 Vgl. dazu allg. Soergel / *Kraft* § 627 Rn. 5 f.

1039 Vgl. *BGHZ* 121, 257; 78, 82, 92; *OLG Köln* GmbHR 1997, 30 (alle zum GmbH-Geschäftsführer); Soergel / *Hadding* § 27 Rn. 16 m. w. N. (für das Anstellungsverhältnis).

1040 Vgl. *BGHZ* 119, 379, 381.

1041 Vgl. *BGHZ* 69, 250, 252 ff. = NJW 1977, 2310; *BayObLGZ* 1977, 13; MüKo / *Reuter* § 26 Rn. 3 f.; *Danckelmann* NJW 1973, 738; Soergel / *Hadding* § 27 Rn. 21.

1042 Vgl. *BGH* v. 12. 10. 1992, BGHZ 119, 379, 382 f.

tragten".[1044] Damit kann jedoch nicht analog § 43 I GmbHG die „Sorgfalt eines ordentlichen Geschäftsmannes" oder analog § 93 I 1 AktG, § 34 I 1 GenG die „Sorgfalt eines ordentlichen und gewissenhaften Geschäftsleiters" gemeint sein. Die strengeren spezialgesetzlichen Maßstäbe beruhen erkennbar auf den erhöhten Anforderungen an die Organmitglieder von GmbH, AG und eG, die sich aus der *wirtschaftlichen Geschäftstätigkeit* dieser Körperschaften ergeben. Mangels vergleichbarer Interessenlage lassen sie sich nicht im Wege einer Analogie auf die Vorstandsmitglieder des Vereins übertragen.

Was das Maß an Sorgfalt angeht, spielen die Umstände des Einzelfalls, insbesondere die Art und Größe des Vereins, der Umfang der Vereinstätigkeit und der Vereinszweck eine entscheidende Rolle.[1045] Das einzelne Vorstandsmitglied kann sich zu seinen Gunsten aber in keinem Fall auf einen Mangel an Fähigkeiten, Gewandtheit oder Erfahrung berufen.[1046] Vielmehr gilt bei der Sorgfalt ein *objektiver Maßstab*.[1047] Das Vorstandsmitglied kann auch nicht einwenden, daß die Mitgliederversammlung ihn schlecht ausgewählt oder nicht genügend überwacht habe.[1048]

Schließlich wird – im Gegensatz zur Rechtslage in Österreich[1049] – in Deutschland bei der Festlegung des Sorgfalts*maßstabs* nicht zwischen ehrenamtlichen und entgeltlich tätigen Vorstandsmitgliedern unterschieden. Wie die Verweisung in § 27 III BGB auf das Recht des unentgeltlichen Auftrags zeigt, geht das Gesetz selbst davon aus, daß die Vereinsgeschäftsführung durch den Vorstand *in der Regel* unentgeltlich erfolgt. Eine Milderung des Sorgfaltsmaßstabs gilt im Auftragsrecht aber nicht. Der Gesetzgeber hat auch keine Sonderregelungen für den Vereinsvorstand geschaffen. Insoweit von einer unbewußten, ausfüllungsbedürftigen Regelungslücke zu sprechen, ist angesichts der ausdrücklichen Verweisung in § 27 III BGB auf das ebenfalls unentgeltlich ausgestaltete Auftragsrecht nicht möglich. Daß die Unentgeltlichkeit für die Frage des *Sorgfaltsmaßstabs* keine Rolle spielen kann, zeigt ferner noch eine weitere Überlegung: Würde man den Sorgfaltsmaßstab *wegen der Unentgeltlichkeit* mildern, müßte man dies konsequenterweise

---

1043 Vgl. Sauter / Schweyer / *Waldner* Rn. 278. Ebenso nun ausdrücklich § 24 I des neuen, seit 1. 7. 2002 geltenden österreichischen Vereinsgesetzes, vgl. dazu *Lachmair* SpuRt 2002, 181, 184.

1044 *BGH* NJW-RR 1986, 572, 574.

1045 Vgl. *BGH* WM 1975, 467 (für eG); Sauter / Schweyer / *Waldner* Rn. 278; Palandt / *Heinrichs* § 27 Rn. 4b; *Henn* Rn. 595 (für das Vorstandsmitglied einer AG).

1046 Dies ist ein etwa bei der GmbH-Geschäftsführung allg. anerkannter Grundsatz (vgl. Rowedder / Schmidt-Leithoff / *Koppensteiner* § 43 GmbHG Rn. 8 mit umfangr. Nachw. aus der Rspr. in Fn. 23), der sich auf den Vereinsvorstand übertragen läßt; im Ergebnis ebenso für den Verein *Reichert* Rn. 1930; Sauter / Schweyer / *Waldner* Rn. 278; *Eisele* S. 161; für die eG *RGZ* 163, 200, 208.

1047 Vgl. für die Vorstandsmitglieder einer AG: *RGZ* 128, 44; 138, 325; 163, 208; *BGH* WM 1971, 1548 f.; NJW 1983, 1856; *Henn* Rn. 595.

1048 Vgl. *BGH* NJW 1983, 1865 (Geschäftsführer einer GmbH).

1049 Siehe § 24 I des neuen, seit 1. 7. 2002 geltenden österreichischen Vereinsgesetzes (BGBl. I 66 / 2002).

auch dann tun, wenn etwa ein Rechtsanwalt oder Steuerberater, der sich mit den Vorstandspflichten bestens auskennt, ein Vorstandsamt bekleidet. Das Beispiel zeigt, daß *die Unentgeltlichkeit* für die Frage des Sorgfaltsmaßstabs kein sachgerechtes Kriterium ist. Mit alledem ist aber noch nichts darüber gesagt, ob *ehrenamtliche* Vorstandsmitglieder in jedem Fall auch für alle Arten der Fahrlässigkeit *haften* oder ob sich ihre Haftung nicht vielleicht auf Vorsatz und grobe Fahrlässigkeit beschränkt.[1050] Denn die Frage des Sorgfalts*maßstabs* entscheidet nur darüber, ob ein bestimmtes Verhalten etwa grob oder leicht fahrlässig ist, nicht aber auch darüber, ob die betreffende Person für den entsprechenden Grad der Fahrlässigkeit einstehen, d. h. haften muß.

### *b) Geschäftsführungspflichten*

Wie bereits erwähnt, bestimmen sich die Pflichten aus der organschaftlichen Geschäftsführung unabhängig von einem etwa bestehenden Anstellungsverhältnis gemäß § 27 III BGB grundsätzlich nach Auftragsrecht. Aus dem danach entsprechend anwendbaren § 665 BGB ergibt sich, daß die Vorstandsmitglieder an die Weisungen der Mitgliederversammlung gebunden sind.[1051] Darüber hinaus sind sie verpflichtet, allgemein die Satzung und die Vereinsordnungen zu beachten und die Beschlüsse der Mitgliederversammlung auszuführen, wobei sie letztere zuvor auf ihre formelle und materielle Wirksamkeit zu prüfen haben.[1052]

Die entsprechende Anwendung des § 666 BGB führt dazu, daß die Vorstandsmitglieder dem Verein (vertreten durch die Mitgliederversammlung) Auskunft und Rechenschaft schulden.[1053] Der Umfang der Rechenschaftspflicht ergibt sich dabei aus § 259 I BGB. Die herrschende Lehre bejaht danach die Pflicht des Vorstands zur Buchführung und zur periodischen Rechnungslegung im Sinne einer Ein- und Ausgabenrechnung.[1054] *In Österreich* ist in § 22 des neuen, seit 1. 7. 2002 geltenden Vereinsgesetzes für die Vorstände von *großen Vereinen* eine umfangreichere Pflicht zur Erstellung eines Jahresabschlusses (Bilanz, Gewinn und Verlust) nach HGB vorgesehen.[1055] Ein „großer Verein“ liegt dabei vor, wenn seine gewöhnlichen Einnahmen oder Ausgaben in zwei aufeinander folgenden Rechnungsjahren größer als 1 Mio. € waren. Wird dabei sogar der Betrag von 3 Mio. € überschritten oder war das jährliche Spendenaufkommen des Vereins größer als 1 Mio. €, muß

---

1050 Siehe dazu unten Vierter Teil B. I. 3.

1051 Vgl. *BGHZ* 119, 379, 385.

1052 Vgl. Staudinger / *Weick* § 27 Rn. 25; Soergel / *Hadding* § 27 Rn. 22a; Sauter / Schweyer / *Waldner* Rn. 281.

1053 Vgl. *BGH* NJW 1957, 832 f.; NJW 1960, 1151; NJW 1962, 104; *KG* NJW-RR 1999, 1486; Soergel / *Hadding* § 27 Rn. 22a; eingehend zur Auskunftspflicht *Grunewald* ZIP 1989, 963; *Linnenbrink* SpuRt 1999, 224, 227; siehe auch *Lepke* NJW 1966, 2099 ff.

1054 Vgl. *Lutter* BB 1988, 489; *Linnenbrink* SpuRt 1999, 224, 227.

1055 Vgl. zur Rechtslage in Österreich *Lachmair* SpuRt 2002, 181, 183 f.

dem Jahresabschluß gemäß § 22 II des österreichischen Vereinsgesetzes zusätzlich noch ein Anhang hinzugefügt werden. Da es eine vergleichbare gesetzliche Regelung in Deutschland nicht gibt, sie aber zur (Selbst-)Kontrolle des Vorstands sehr sinnvoll erscheint, sollten sich hierzulande zumindest große Vereine mit umfangreichen Finanztransaktionen (z. B. große Sportvereine) überlegen, ob sie nicht durch Satzungsregelung eine der österreichischen vergleichbare Rechtslage schaffen.

Schließlich trifft die Vorstandsmitglieder entsprechend § 667 BGB die Pflicht zur Herausgabe von Gegenständen, die sie vom Verein oder von Dritten für den Verein erhalten haben. Verletzt ein Vorstandsmitglied eine der vorgenannten Geschäftsführungspflichten, so haftet es dem Verein für den daraus entstandenen Schaden gemäß §§ 280 I, III, 281 – 283 BGB.[1056]

Ein Entgelt für die geleistete Arbeit steht den Vorstandsmitgliedern wegen §§ 27 III, 40 BGB nur bei einer entsprechenden satzungsmäßigen Grundlage zu.[1057] Nimmt ein Vorstandsmitglied dennoch eine satzungsmäßig nicht vorgesehene und/oder überhöht bemessene Vergütung an, so stellt dies – wie der *BGH* ausdrücklich entschieden hat – eine Pflichtverletzung dar, die, sofern das Vorstandsmitglied das Fehlen der Satzungsgrundlage oder die Unangemessenheit kannte oder fahrlässig nicht kannte, zu einer Schadensersatzverpflichtung gegenüber dem Verein aus positiver Forderungsverletzung (nun §§ 280 I, III, 281 – 283 BGB) des organschaftlichen Rechtsverhältnisses oder des Anstellungsverhältnisses führt.[1058]

Welche weiteren Pflichten den Vorstandsmitgliedern obliegen, d. h. was im einzelnen zu einer ordnungsgemäßen organschaftlichen Geschäftsführung gehört, hängt wesentlich von den Besonderheiten des Einzelfalls ab. Dabei spielen insbesondere Zweck und Größe des Vereins, aber auch etwaige Regelungen im Gesetz, in der Satzung, in Vereinsordnungen oder in Weisungen der Mitgliederversammlung eine entscheidende Rolle. Mangels abweichender Bestimmungen trifft die Vorstandsmitglieder jedenfalls die Pflicht, den Verein unter Berücksichtigung des Vereinszwecks zu leiten, sein Vermögen zu verwalten und zu erhalten und im Vorstand kollegial zusammen zu arbeiten. Sie müssen den Verein vor vermeidbaren Schäden bewahren.[1059] Für den Vorstand eines Reitsportvereins besteht – wie der *BGH* entschieden hat – regelmäßig die Pflicht, auf den Abschluß einer Haftpflichtversicherung oder zumindest auf die Vereinbarung eines Haftungsausschlusses gegenüber den Reitern hinzuwirken.[1060] Dieser Gedanke muß darüber hinaus für alle Vereine gelten, in denen mit Schäden bei Dritten oder dem Verein selbst gerechnet

1056 Siehe zur Rechtsfolge bei pflichtwidriger Geschäftsführung bereits oben Vierter Teil A. III.

1057 Vgl. *BGH* NJW-RR 1988, 745, 746; *OLG Celle* NdsRPfl 1993, 245; Palandt/*Heinrichs* § 27 Rn. 4.

1058 Vgl. *BGH* NJW-RR 1988, 745, 746 („... nach vertraglichen Grundsätzen schadensersatzpflichtig ..."); Sauter/Schweyer/*Waldner* Rn. 288; Palandt/*Heinrichs* § 27 Rn. 4a.

1059 Vgl. *BGH* NJW-RR 1988, 745, 748.

1060 Vgl. *BGH* NJW-RR 1986, 572, 574; ebenso etwa Palandt/*Heinrichs* § 27 Rn. 4.

werden muß. Allgemein haben die Vorstandsmitglieder drohende Gefahren aufzuklären und den Verein rechtzeitig zu warnen[1061], eine ausreichende vereinsinterne Arbeitsorganisation zu schaffen und die Vereinsmitarbeiter hinreichend zu überwachen und zu kontrollieren. Die Vorstandsmitglieder müssen die Vereinsverwaltung sorgfältig organisieren, um eine Schädigung des Vereins und Dritter möglichst ausschließen zu können.[1062] Auch die Nichtverfolgung von Ansprüchen des Vereins kann eine Pflichtverletzung darstellen.[1063] Schließlich haben sie fortlaufend die finanzielle Lage des Vereins, d. h. insbesondere dessen Liquidität und Verschuldung zu beobachten.

Zusammenfassend läßt sich folgendes feststellen: Die Vorstandsmitglieder haben letztlich wie ein Treuhänder stets die Interessen und das Wohl des Vereins zu wahren, ihre eigenen Interessen insoweit zurückzustellen und alles zu unterlassen, was dem Verein schaden könnte.[1064] Dies umfaßt vor allem die *Pflicht zur ordnungsgemäßen Geschäftsführung.* Darüber hinaus trifft die Vorstandsmitglieder gegenüber dem Verein aber auch eine *Treuepflicht,* die sich vor allem in Loyalität, Schutz und Fürsorge äußert.

### *c) Pflicht zur Sorge für ein rechtmäßiges Verhalten des Vereins*

Auf das Bestehen einer Pflicht der Vorstandsmitglieder, allgemein ein rechtmäßiges Verhalten des Vereins sicherzustellen, wird in der vereinsrechtlichen Rechtsprechung und Literatur kaum oder gar nicht eingegangen.[1065] Demgegenüber ist etwa bei der GmbH anerkannt, daß die Geschäftsführer im Innenverhältnis die Pflicht trifft, für ein rechtmäßiges Verhalten der Gesellschaft zu sorgen.[1066] Auch bei der GmbH ist diese Pflicht jedoch nicht ausdrücklich im Gesetz geregelt. Sie folgt letztlich aus der Organstellung und der damit verbundenen Pflicht zur ordnungsgemäßen Geschäftsführung. Die Pflicht beruht also nicht auf Besonderheiten des GmbH-Rechts. Da die Vorstandsmitglieder eines Vereins, wie § 27 III BGB zeigt, aufgrund ihrer Organstellung ebenfalls eine Pflicht zur ordnungsgemäßen Geschäftsführung trifft, sind auch sie im Innenverhältnis verpflichtet, ein rechtmäßiges Verhalten des Vereins sicherzustellen. Dazu müssen sie vor allem Gesetze, Verordnungen, Richtlinien, behördliche und gerichtliche Anordnungen und Verpflichtungen des Vereins aus bestehenden Rechtsverhältnissen beachten und aus-

---

1061 Vgl. *BGH* NJW-RR 1986, 572, 574 („... vor allem bei besonderer Sachkunde ...“).

1062 Vgl. *Bastuck* S. 68 (für Leitungspersonen in AG und GmbH).

1063 Vgl. *BGH* NJW 1957, 832, 833.

1064 Vgl. *BGHZ* 119, 379, 386; *Thümmel* Rn. 137 (für die Leiter von AG und GmbH).

1065 Wird diese Thematik hingegen angesprochen, findet sich nur die knappe Feststellung, daß eine solche Pflicht bestehe, siehe z. B. *Eisele* S. 107 f.; *Reichert* Rn. 1928.

1066 Vgl. *BGHZ* 133, 370, 375 = NJW 1997, 130; *BGH* GmbHR 1994, 390; *KG* NZG 1999, 400, 401; Rowedder / Schmidt-Leithoff / *Koppensteiner* § 43 GmbHG Rn. 10 m. w. N.; Scholz / *Schneider* § 43 GmbHG Rn. 50 ff.

führen. Kommt der Vorstand dieser Pflicht nicht nach, macht er sich gegenüber dem Verein aus §§ 280 I, III, 281–283 BGB schadensersatzpflichtig. Sieht sich der Verein etwa einer Steuernachzahlungsforderung des Finanzamts ausgesetzt, weil ihm wegen umsatzträchtiger Geschäfte, die der Vorstand zu verantworten hat, rückwirkend die Gemeinnützigkeit entzogen worden ist, kann der Verein beim Vorstand Regreß nehmen. Haftungsrechtliche Auswirkungen der Pflicht, für ein rechtmäßiges Verhalten des Vereins zu sorgen, bestehen darüber hinaus in solchen Bereichen, in denen bestimmte Pflichten zunächst nur den Verein und nicht schon die Vorstandsmitglieder persönlich treffen. Zu denken ist dabei an öffentlich-rechtliche, aber auch an vertragliche Pflichten des Vereins. Zur Verdeutlichung sei folgendes Beispiel gebildet: Der Verein ist Vertragspartner eines Dritten geworden, weshalb (nur) ihn bestimmte Vertragspflichten treffen.[1067] Erfüllt er seine Vertragspflichten nicht ordnungsgemäß, d. h. verhält er sich insoweit nicht „rechtmäßig", und entsteht dem Dritten daraus ein Schaden, haftet der Verein aus vertraglichen Grundsätzen. Beruht die Pflichtverletzung des Vereins nun darauf, daß die Vorstandsmitglieder schuldhaft ihre Innenpflicht verletzt haben, für ein rechtmäßiges Verhalten des Vereins im Außenverhältnis zu sorgen, haften sie dem Verein auf Schadensersatz gemäß §§ 280 I, III, 281–283 BGB. Der Verein kann bei ihnen *Regreß* nehmen.[1068] Auf diese Weise sind sie einer (Innen-)Haftung ausgesetzt, obwohl sie unmittelbar gegenüber dem Dritten keine Haftung trifft.

Abgesehen von diesen Fällen ergeben sich aufgrund der genannten Grundsätze noch weitere Haftungsrisiken. Nach der gesetzlichen Regelung des § 42 II BGB sind die Vorstandsmitglieder zwar nur *gegenüber den Vereinsgläubigern* verpflichtet, bei Zahlungsunfähigkeit oder Überschuldung des Vereins die Eröffnung des Insolvenzverfahren zu beantragen.[1069] *Gegenüber dem Verein* ergibt sich diese Pflicht jedoch aufgrund der dem organschaftlichen Rechtsverhältnis bzw. dem Anstellungsverhältnis entspringenden Pflicht zur ordnungsgemäßen Geschäftsführung.[1070] Wird die Antragstellung unterlassen oder verzögert, so haften die verantwortlichen Vorstandsmitglieder dem Verein aus §§ 280 I, III, 281–283 BGB auf Schadensersatz.

§ 29 BGB regelt den Fall der Notbestellung des Vorstands durch das Amtsgericht in dringenden Fällen, falls die erforderlichen Vorstandsmitglieder fehlen.[1071] Zwar normiert die Vorschrift keine Pflicht der noch amtierenden Vorstandsmitglieder, eine eventuell erforderliche Ergänzung des Vorstands gerichtlich zu beantragen. Eine solche Pflicht ergibt sich jedoch *gegenüber dem Verein* aus der Pflicht

---

1067 Die Vorstandsmitglieder können jedoch unter bestimmten Voraussetzungen ausnahmsweise dem Dritten auch aus vertraglichen Grundsätzen haften, siehe dazu bereits oben Dritter Teil A. IV.

1068 Siehe zum Regreß des Vereins genauer unten Vierter Teil A. V.

1069 Vgl. dazu oben Dritter Teil A. V. 4.

1070 Vgl. MüKo/*Reuter* § 42 Rn. 9, 12; Soergel/*Hadding* § 42 Rn. 11; Staudinger/*Weick* § 42 Rn. 10.

1071 Siehe dazu eingehend etwa Sauter/Schweyer/*Waldner* Rn. 293 ff. m. N. aus der Rspr.

zur ordnungsgemäßen Geschäftsführung.[1072] Entsteht dem Verein aufgrund der Verletzung dieser Pflicht ein Schaden, haften die verantwortlichen Vorstandsmitglieder ihm gegenüber aus §§ 280 I, III, 281 – 283 BGB.

### *d) Ermessensspielraum*

Zu einem möglichen Ermessensspielraum der Vereinsvorstandsmitglieder bei ihren Entscheidungen finden sich – soweit ersichtlich – in der vereinsrechtlichen Rechtsprechung und Literatur keine Ausführungen. Dies bedeutet jedoch nicht, daß den Vorstandsmitgliedern kein Ermessensspielraum zustünde. Für die Leitungsorgane von Kapitalgesellschaften ist ein solcher allgemein anerkannt.[1073] Er folgt dort aus der Eigenart wirtschaftlicher Leitungstätigkeit, die darin besteht, daß sich der Erfolg oder Mißerfolg einer Maßnahme nicht mit Sicherheit vorhersehen läßt.[1074] Zwar geht es bei einem nichtwirtschaftlichen Verein nicht *primär* um wirtschaftliche Entscheidungen. Trotzdem gilt auch hier, daß sich der Erfolg oder Mißerfolg einer Leitungsmaßnahme nicht sicher vorhersehen läßt. Den Vorstandsmitgliedern muß deshalb bei ihren Entscheidungen ebenfalls ein gewisser Ermessensspielraum zustehen. Dieser ist jedoch nicht grenzenlos. Rechtliche Schranken ergeben sich zunächst aus dem Gesetz, der Satzung, der Geschäftsordnung, den Beschlüssen der Mitgliederversammlung, dem Anstellungsvertrag und dem Vereinszweck.[1075] Ganz allgemein müssen die Vorstandsmitglieder die Risiken und Chancen ihres Verhaltens sachgerecht abwägen. Die Entscheidung ist um so gründlicher vorzubereiten, je bedeutender sie für den Verein und je größer das Risiko ist.[1076] Fehlt ihnen die erforderliche Sachkunde, sind sie aufgrund ihrer Pflicht zur ordnungsgemäßen Geschäftsführung verpflichtet, entsprechenden Rat von fachlich kompetenter Seite einzuholen. Nur wenn das Ermessen *fehlerhaft* ausgeübt worden ist, wenn eine Entscheidung also aus der ex-ante-Sicht nicht mehr vertretbar erscheint, liegt eine Verletzung der Pflicht zur ordnungsgemäßen Geschäftsführung vor, die eine Schadensersatzverpflichtung auslöst.[1077] Die Beurteilung, ob eine Überschreitung der Ermessensgrenzen gegeben ist, richtet sich nach den Umständen des Einzelfalls. Zu berücksichtigen sind dabei insbesondere Größe, Zweck und finanzielle Situation des Vereins. Aufgrund des Ermessensspielraums ist also *nicht* jedes Eingehen eines Risikos sorgfaltspflichtwidrig. Im Kapitalgesellschaftsrecht liegt eine pflichtwidrige Ermessensausübung anerkanntermaßen jedenfalls dann

---

1072 Vgl. Sauter / Schweyer / *Waldner* Rn. 294 a.E.

1073 Vgl. z. B. *BGHZ* 135, 244 (ARAG); *Heermann* ZIP 1998, 761, 762; *Bastuck* S. 69 f.; Hachenburg / *Mertens* § 43 GmbHG Rn. 20; *Lutter* GmbHR 2000, 301, 305 ff.; sehr ausführlich jüngst *Roth* S. 8 ff.

1074 Vgl. *Bastuck* S. 69 (für AG und GmbH).

1075 Vgl. *Heermann* ZIP 1998, 761, 762 f. für die Leitungsorgane von Kapitalgesellschaften.

1076 Vgl. für den GmbH-Geschäftsführer *Lutter* GmbHR 2000, 301, 305 ff.

1077 Vgl. *Bastuck* S. 69 (für AG und GmbH); *Heisse* S. 28 ff. (zur GmbH).

vor, wenn ein Risiko eingegangen wurde, daß – falls es sich verwirklicht – den Untergang der Gesellschaft bedeuten würde.[1078] Dies gilt ohne Einschränkung auch für den Verein.

## V. Gesamtschuldnerausgleich zwischen Verein und Vorstand

Hat ein Vorstandsmitglied in Ausführung der ihm zustehenden Verrichtungen eine *unerlaubte Handlung* gegenüber einem Dritten begangen, haften der Verein (über § 31 BGB) und das Vorstandsmitglied dem Geschädigten aus § 823 ff. BGB wegen § 840 I BGB als *Gesamtschuldner.*[1079] Es stellt sich die Frage, ob das Vorstandsmitglied gegenüber dem Verein im Innenverhältnis ausgleichspflichtig ist, den Schaden also letztlich allein zu tragen hat. Dies wird überwiegend mit einem Hinweis auf eine analoge Anwendung des § 840 II BGB bejaht.[1080] Dieser Auffassung kann im Ergebnis jedoch nur insoweit gefolgt werden, als es um ein *schuldhaftes* Verhalten eines *entgeltlich* tätigen Vorstandsmitglieds geht.[1081] Bei *Zufallsschäden* richtet sich der Innenausgleich hingegen allein nach §§ 27 III, 670 BGB, weshalb der Verein den Schaden letztlich allein zu tragen hat. Insoweit ist sowohl für *entgeltlich* als auch für *unentgeltlich* Tätige *durch das Auftragsrecht* „ein anderes bestimmt" (§ 426 I 1 BGB).[1082] Bei einem *schuldhaft* handelnden *unentgeltlich* (ehrenamtlich) tätigen Vorstandsmitglied steht dem Verein zwar ein Regreßanspruch zu, jedoch nur insoweit, als das Vorstandsmitglied auch ein Verschulden an dem Schaden trifft (§ 254 BGB analog). Hier ist ebenfalls i.S.v. § 426 I 1 BGB „ein anderes bestimmt". Dies folgt letztlich aus dem Freistellungs- oder Ersatzanspruch, den das Vorstandsmitglied seinerseits aus §§ 27 III, 670 BGB i.V.m. § 254 BGB analog gegenüber dem Verein hat.[1083]

Einer Ansicht zufolge soll der Verein, wenn das (drittschädigende) Verhalten des Vorstandsmitglieds zugleich eine *ordnungswidrige Geschäftsführung* darstellt, auch aus §§ 280 I, III, 281 – 283 BGB Regreß bei dem Vorstandsmitglied nehmen können.[1084] Dem ist – mit den gerade genannten Einschränkungen – zuzustimmen.

---

1078 Vgl. *BGHZ* 135, 244 (ARAG); Hachenburg/*Mertens* § 43 GmbHG Rn. 27.

1079 Vgl. bereits oben Dritter Teil A. II.

1080 Vgl. Soergel/*Hadding* § 31 Rn. 28; *Grunewald* ZHR 157 (1993), 451, 462; MüKo/*Reuter* § 31 Rn. 43; vgl. auch Sauter/Schweyer/*Waldner* Rn. 292a und *Stöber* Rn. 401, die allerdings § 840 II BGB direkt anwenden wollen, was schon der Wortlaut der Vorschrift nicht zuläßt.

1081 Das Verhalten des Vorstandsmitglieds muß jedoch (auch) *im Verhältnis zum Verein* ein Verschulden darstellen. Ansonsten gilt § 426 I 1 BGB (Haftung zu gleichen Teilen). Es kann im übrigen dahinstehen, ob man den Anspruch des Vereins aus § 840 II BGB analog oder aus §§ 280 I, III, 281 – 283 BGB (organschaftliches Rechtsverhältnis/Anstellungsverhältnis) herleitet.

1082 Vgl. dazu eingehend unten Vierter Teil B. I. 4.

1083 Vgl. dazu eingehend unten Vierter Teil B. I. 4.

1084 Vgl. Soergel/*Hadding* § 31 Rn. 28; *Grunewald* ZHR 157 (1993), 451, 459 ff. m. w. N.

Kommt es durch ein *nichtdeliktisches Verhalten* eines Vorstandsmitgliedes zu einer gesamtschuldnerischen Außenhaftung von Verein (über § 31 BGB) und Vorstandsmitglied, z. B. bei einer Vertreterhaftung des Vorstands aus culpa in contrahendo (nun § 311 III, 241 II, 280 BGB), scheidet eine analoge Anwendung der *deliktsrechtlichen* Vorschrift des § 840 II BGB von vornherein aus. In der Literatur wird vorgeschlagen, daß das Vorstandsmitglied dem Verein im Innenverhältnis aus positiver Forderungsverletzung (nun §§ 280 I, III, 281 – 283 BGB) ausgleichspflichtig ist, wenn eine nicht ordnungsgemäße Geschäftsführung vorliegt.[1085] Dieser Ansicht ist wiederum unter Beachtung der oben genannten Einschränkungen zuzustimmen.

## VI. Verantwortlichkeit für die anderen Vorstandsmitglieder

Die Vorstandsmitglieder eines Vereins haften diesem gegenüber nur für *eigenes Verschulden.* Bei der GmbH ist allgemein anerkannt, daß sich deren Geschäftsführer weder ein Fehlverhalten ihrer Geschäftsführungskollegen noch das der sonstigen Angestellten nach § 278 BGB oder § 831 BGB zurechnen lassen müssen.[1086] Die beiden Normen sind nicht anwendbar, weil Geschäftsherr *allein die juristische Person* und nicht die Mitglieder ihres Leitungsorgans ist. Dieser Gedanke gilt aber ebenso *für den Verein.* Denn auch hier ist nur er selbst als juristische Person der Geschäftsherr, nicht aber seine Organwalter.[1087] Demzufolge müssen sich die Vereinsvorstandsmitglieder das Verschulden ihrer Vorstandskollegen nicht zurechnen lassen. Sie haften vielmehr nur für *eigene (schuldhafte) Pflichtverletzungen.*

## VII. Innenausgleich unter mehreren Vorstandsmitgliedern

Sind mehrere Vorstandsmitglieder dem Verein gegenüber schadensersatzpflichtig, so haften sie gemäß § 421 BGB als Gesamtschuldner. Untereinander erfolgt der Ausgleich nach § 426 I 1 BGB, so daß sie im Zweifel zu gleichen Teilen verpflichtet sind, wobei § 254 BGB zu berücksichtigen ist. Zu beachten ist auch ein eventueller Forderungsübergang nach § 426 II BGB.

---

1085 Vgl. Sauter / Schweyer / *Waldner* Rn. 292a unter Hinweis auf Soergel / *Hadding* § 31 Rn. 28.

1086 Vgl. *RGZ* 91, 73, 74 f.; *OLG Köln* BB 1993, 747, 748; Hachenburg / *Mertens* § 43 GmbHG Rn. 12; Baumbach / Hueck / *Zöllner* § 43 GmbHG Rn. 24 m. w. N.; Scholz / *Schneider* § 43 GmbHG Rn. 30 m. w. N.; Rowedder / Schmidt-Leithoff / *Koppensteiner* § 43 GmbHG Rn. 9; *Haas* S. 286 m. w. N.

1087 Siehe dazu bereits oben Zweiter Teil A. I. 3. und Dritter Teil A. II.

### VIII. Bewertung des Haftungsrisikos

Entgegen anderslautender Meinung besteht für die Vorstandsmitglieder nichtwirtschaftlicher Vereine tatsächlich auch ein beachtliches persönliches *Innenhaftungsrisiko.* Selbst dort, wo sie keine unmittelbare Außenhaftung trifft, müssen sie unter Umständen einen *dem Verein* entstandenen Schaden (z. B. dessen Schadensersatzverpflichtung gegenüber einem Dritten) ersetzen. Die Vorstandsmitglieder haften im Falle einer schuldhaften Pflichtverletzung grundsätzlich mit ihrem gesamten Privatvermögen. Zwar stellte die *tatsächliche* Inanspruchnahme von Vereinsvorständen durch die Vereine in der Vergangenheit bisher die Ausnahme dar. Im Bereich der Kapitalgesellschaften ist jedoch die Bereitschaft, Leitungsorgane in Anspruch zu nehmen, in den letzten Jahren unter anderem infolge von Gesetzesänderungen, neuer Rechtsprechung und einer stärker gewordenen *Anspruchsmentalität* deutlich gestiegen.[1088] Es bleibt abzuwarten, ob eine vergleichbare Entwicklung auch im Vereinsbereich stattfinden wird. Führt man Interessenten die mit dem Vereinsvorstandsamt verbundenen Haftungsrisiken vor Augen, wird sich dies auf ihre Bereitschaft zur (ehrenamtlichen) Übernahme eines solchen Amtes nicht gerade förderlich auswirken. Ebenso wenig Sinn macht es jedoch, bestehende Risiken einfach zu verschweigen. Es muß vielmehr nach Möglichkeiten gesucht werden, das Haftungsrisiko in einem akzeptablen Rahmen zu halten. Dazu ist es sicherlich notwendig, die Vorstandsmitglieder möglichst genau über ihre Verhaltenspflichten aufzuklären. Darüber hinaus sind aber auch die rechtlichen Möglichkeiten zu untersuchen, das Innenhaftungsrisiko *zu beschränken.* Dieser Gedanke führt zugleich zum nächsten Abschnitt der vorliegenden Untersuchung, den Möglichkeiten der Beschränkung der Innenhaftung der Vorstandsmitglieder.

## B. Möglichkeiten der Haftungsbeschränkung

Führt man Vorstandsmitgliedern ihr persönliches Innenhaftungsrisiko vor Augen, werden sie schnell ein Interesse an entsprechenden Haftungsbeschränkungen entwickeln. Bevor darauf eingegangen wird, ob und in welchem Umfang Haftungsbeschränkungen etwa in der Satzung oder im Anstellungsvertrag geregelt werden können, stellt sich vorab die Frage, ob für den Vorstand im Verhältnis zum Verein nicht „automatisch" bestimmte Haftungsmilderungen greifen.

---

1088 Vgl. *Sieg* PHi 2001, 90, 91 ff.; *Kiethe* BB 2003, 537 ff.; *Heitmann* VW 1999, 1076 ff.; *Schilling* VW 1999, 1074; *ders.* VW 2000, 788 ff.; *Schaefer/Missling* NZG 1998, 441 ff.; *F.A.Z.* v. 22. 30. 2004 S. 20.

## I. Automatische Beschränkung der Haftung der Vorstandsmitglieder gegenüber dem Verein

### 1. Anwendbarkeit der Grundsätze über die Beschränkung der Arbeitnehmerhaftung

Verschiedentlich ist vorgeschlagen worden, die Grundsätze über die Beschränkung der Arbeitnehmerhaftung zumindest entsprechend auf die Vorstandsmitglieder von Vereinen anzuwenden.[1089] Bejahte man die Anwendbarkeit, *ergäbe* sich daraus folgende Rechtslage:[1090] Hat ein Vorstandsmitglied den Schaden vorsätzlich verursacht, haftet es in jedem Fall unbeschränkt. Bei grober Fahrlässigkeit muß es *in aller Regel* den gesamten Schaden tragen. Liegt hingegen nur leichte oder mittlere Fahrlässigkeit vor, wird der Schaden zwischen Verein und Vorstandsmitglied aufgeteilt. Bei leichtester Fahrlässigkeit haftet das Vorstandsmitglied gar nicht. Ob und in welchem Umfang das Vorstandsmitglied die Schadensfolgen zu tragen hat, bestimmt sich letztlich nach einer von Billigkeits- und Zumutbarkeitsgesichtspunkten getragenen Abwägung der Gesamtumstände (§ 254 BGB entsprechend). Dabei sind insbesondere Schadensanlaß und Schadensfolgen zu berücksichtigen. All dies gilt jedoch nur, wenn die Tätigkeit des Vorstandsmitglieds, die den Schaden verursacht hat, durch den Verein veranlaßt war und aufgrund des Rechtsverhältnisses zum Verein erfolgte.[1091] Hat ein Vorstandsmitglied nicht den Verein, sondern einen außenstehenden Dritten oder ein Vereinsmitglied geschädigt, so steht ihm unter denselben Voraussetzungen, unter denen es bei Schädigung des Vereins „innerbetrieblichen Schadensausgleich" verlangen könnte, *gegenüber dem Verein* ein Anspruch auf völlige oder teilweise Freistellung von der Außenhaftung oder Erstattung des bereits an den Dritten geleisteten Ersatzes zu (Freistellungs- oder Erstattungsanspruch).[1092] Hat *der Verein* bereits Schadensersatz an den Dritten geleistet, steht ihm (dem Verein) ein Regreß gegen das Vorstandsmitglied entsprechend den arbeitsrechtlichen Grundsätzen nur teilweise oder gar nicht zu.[1093] Die *persönliche Außenhaftung* der Vorstandsmitglieder bliebe allerdings von den Grundsätzen über die Beschränkung der Arbeitnehmerhaftung unberührt.[1094]

---

1089 Vgl. – freilich mit Unterschieden im Detail – Soergel/*Hadding* § 27 Rn. 23 a.E.; § 31 Rn. 28 a.E.; Staudinger/*Weick* § 26 Rn. 25; *K. Schmidt* GesR § 14 V 1 (S. 426), § 24 III 2 d (S. 691 f.); Sauter/Schweyer/*Waldner* Rn. 278; Palandt/*Heinrichs* § 27 Rn. 4c; *Reichert* Rn. 1965; *Friedrich* DStR 1994, 100.

1090 Die Darstellung folgt der für das Arbeitsverhältnis geltenden Übersicht von *Peifer* AR-Blattei SD 870 Rn. 14 ff., 32 ff. mit Nachweisen aus der Rspr. des *BAG;* siehe ferner *BAG* GS NZA 1994, 1083, 1084 ff.

1091 Siehe zur Abkehr der Rechtsprechung von dem Merkmal der „Gefahrgeneigtheit" der Arbeit als Voraussetzung der Haftungsbeschränkung *BAG* GS NZA 1994, 1083, 1084, 1086; *Richardi* NZA 1994, 241 ff.

1092 Vgl. für das Arbeitsverhältnis *Peifer* AR-Blattei SD 870 Rn. 53, 64 ff., 92.

1093 Vgl. für das Arbeitsverhältnis *Peifer* AR-Blattei SD 870 Rn. 53. Siehe zum Regreßanspruch des Vereins oben Vierter Teil A. V.

### *a) Ansicht des* BGH

Im Jahre 1983 billigte der II. Zivilsenat des *BGH* in der sogenannten „Pfadfinderentscheidung" einem *Vereinsmitglied,* welches einem anderen schadensersatzpflichtig geworden war, gegenüber dem Verein einen Freistellungs- und Erstattungsanspruch zu.[1095] Als Anspruchsgrundlage wendeten die Richter dabei § 670 BGB entsprechend an und griffen im übrigen auf die Gedanken zur Beschränkung der Arbeitnehmerhaftung zurück.[1096] Entgegen anderer Ansicht[1097] bezieht sich die Entscheidung aber nur auf ehrenamtlich tätige *einfache Vereinsmitglieder* und nicht auch auf Vorstandsmitglieder.[1098] Für letztere sollten die arbeitsrechtlichen Grundsätze gerade nicht gelten. Dies ergibt sich in dieser Eindeutigkeit jedoch nicht schon aus dem Leitsatz[1099], sondern erst aus den Entscheidungsgründen des Urteils. Dort weisen die Richter ausdrücklich darauf hin, daß ihre Entscheidung nicht in Widerspruch zu einem früheren Urteil desselben Senats aus dem Jahre 1975 stehe, wonach die arbeitsrechtlichen Grundsätze auf das Vertretungsorgan einer juristischen Person, welches wegen Verletzung seiner „normalen" Vorstandspflichten in Anspruch genommen wird, nicht anwendbar seien.[1100] Ferner heißt es, Sinn der Anstellung und Bestellung eines Vorstandsmitglieds sei gerade, die Schwierigkeiten und Risiken der Leitung des Vereins in die Hände einer Person zu legen, die diese auch beherrsche. Eine Haftungsbeschränkung sei insoweit deshalb weder gerechtfertigt noch geboten.[1101] Auch der VI. Zivilsenat des *BGH* scheint diese Sicht der Dinge zu teilen. Er hat – ohne eine eventuelle Haftungsmilderung oder die arbeitsrechtlichen Grundsätze auch nur im Ansatz zu erwähnen – festgestellt, daß ein Vorstandsmitglied dem Verein *für jede fahrlässige Pflichtverletzung* hafte.[1102] Der *BGH* lehnt also eine Haftungsbe-

---

1094 Vgl. *BGHZ* 108, 305 ff. = NJW 1989, 3273 ff.; *BGH* AP BGB § 611 Nr. 104 (Haftung des Arbeitnehmers); *Richardi* NZA 1994, 241, 244.

1095 Vgl. *BGH* v. 5. 12. 1983, BGHZ 89, 153 (II. Senat) = NJW 1984, 789; ihm folgend *AG Bochum* NJW-RR 1989, 96, 97; *OLG Saarbrücken* VersR 1995, 832.

1096 Vgl. *BGHZ* 89, 153, 157 f.

1097 So etwa *Reichert* Rn. 1965; *K. Schmidt* GesR § 14 V (S. 424 ff.), § 24 III 2 d (S. 690 ff.), § 36 II 4 b (S. 1079 f.); *Soergel/Hadding* § 27 Rn. 23, § 31 Rn. 28; *Habersack* S. 365 Fn. 88; *Haas* SpuRt 1999, 1, 3.

1098 Wie hier auch *Eisele* S. 21 Fn. 16 und der überwiegende Teil der Stimmen in der Literatur, vgl. die Nachw. bei *Eisele* Fn. 16.

1099 So aber *Eisele* S. 21 Fn. 16. Im Leitsatz ist nur die Rede von einem als Jugendführer eingesetzten ehrenamtlichen Vereinsmitglied. Daraus ergibt sich noch keine Aussage dazu, ob die Entscheidung nicht auch für Vorstandsmitglieder – die ja auch Vereinsmitglieder sein können – gelten soll.

1100 Vgl. *BGHZ* 89, 153, 159 unter Hinweis auf *BGH* WM 1975, 467. Es sei angemerkt, daß sich in der zuletzt genannten Entscheidung keinerlei Begründung für die Nichtanwendbarkeit der Grundsätze finden läßt. Auf den Begriff der „normalen" Vorstandspflichten wird noch einzugehen sein, siehe dazu sogleich unter Vierter Teil B. I. 1. c).

1101 Vgl. *BGHZ* 89, 153, 159.

1102 Siehe *BGH* v. 26. 11. 1985, NJW-RR 1986, 572, 574 (Hervorhebung nicht im Original).

schränkung entsprechend den Grundsätzen zur Beschränkung der Arbeitnehmerhaftung jedenfalls bei „normalen“ Pflichten der Vereinsvorstandsmitglieder ab.[1103] Dabei differenziert er nicht danach, ob das Amt entgeltlich oder unentgeltlich (ehrenamtlich) wahrgenommen wird.

### *b) Ansichten in der vereinsrechtlichen Literatur*

Nach Ansicht von *Hadding, Weick* und *K. Schmidt* sollen die arbeitsrechtlichen Grundsätze jedenfalls dann entsprechend auf Vereinsvorstandsmitglieder anwendbar sein, wenn diese unentgeltlich (ehrenamtlich) tätig sind.[1104] *Waldner, Heinrichs* und *Reichert* hingegen wollen – insoweit im Einklang mit dem *BGH* – die Grundsätze nicht anwenden, wenn der Vereinsvorstand wegen Verletzung seiner „normalen“ Vorstandspflichten in Anspruch genommen wird.[1105] Außerhalb dieser „typischen“ Pflichten und dann, wenn ein Vorstandsmitglied aufgrund eines Dienstvertrages tätig werde und eine arbeitnehmerähnliche Stellung einnehme, seien die Grundsätze jedoch anwendbar.[1106] Demgegenüber haben sich einige Stimmen in der Literatur gänzlich gegen die Übertragung der arbeitsrechtlichen Grundsätze auf den Vereinsvorstand ausgesprochen.[1107] An den verschiedenen Meinun-

---

1103 Vgl. auch *BGH* NJW 1963, 1100, 1102 f. (arbeitsrechtliche Grundsätze nicht auf selbständig Tätige übertragbar); *BGH* VersR 1969, 474, 477 (arbeitsrechtliche Grundsätze nicht auf leitende Angestellte anwendbar); bestätigt durch *BGH* NJW 1970, 34 f. und *BGH* VersR 1985, 693, 696; eine Anwendbarkeit der Grundsätze bei leitenden Angestellten durchaus für möglich haltend hingegen *BAG* AP BGB § 611 Nr. 80 (Haftung des Arbeitnehmers); ebenso *LG Bonn* NJW-RR 1995, 1435 (für geschäftsführendes Vorstandsmitglied mit arbeitnehmerähnlicher Stellung). Die Entscheidung des *LG Bonn* ist mit der Rspr. des *BGH* jedoch nicht vereinbar. Zum einen läßt sie die Ausführungen in *BGHZ* 89, 153, 159 unberücksichtigt, zum anderen geht sie fälschlicherweise davon aus, daß *BGH* WM 1975, 467 wegen der Aufgabe des Merkmals der „gefahrgeneigten Arbeit“ durch *BAG* GS NZA 1994, 1083 überholt sei. In *BGH* WM 1975, 467 kam es hingegen auf die „Gefahrgeneigtheit“ der Arbeit gar nicht entscheidend an. Siehe ferner *BAG* NJW 1999, 3731 (für die Anwendbarkeit von arbeitsrechtlichen Schutznormen auf umfassend weisungsgebundene GmbH-Geschäftsführer).

1104 Vgl. Soergel/*Hadding* § 27 Rn. 23 a.E.; § 31 Rn. 28 a.E.; Staudinger/*Weick* § 26 Rn. 25 (beide Autoren berufen sich dabei unrichtigerweise auf *BGHZ* 89, 153, 157 ff.); *K. Schmidt* GesR § 14 V 1 (S. 426), § 24 III 2 d (S. 691 f.); weitergehend: *Brüggemeier* AcP 191 (1991), 33, 66, der sich ohne genauere Prüfung generell für die Anwendung der Grundsätze auf die Organwalter juristischer Personen ausspricht; ebenso *Friedrich* DStR 1994, 100.

1105 Vgl. Sauter/Schweyer/*Waldner* Rn. 278; Palandt/*Heinrichs* § 27 Rn. 4c; *Reichert* Rn. 1965.

1106 Vgl. Sauter/Schweyer/*Waldner* Rn. 278; Palandt/*Heinrichs* § 27 Rn. 4c; *Grabau/Hundt* BuW 2003, 26, 28 (alle unter Hinweis auf *LG Bonn* NJW-RR 1995, 1435; siehe zu dieser Entscheidung bereits oben Fn. 1317); *Reichert* Rn. 1965 (offenbar immer noch unter Anwendung des Merkmals der „Gefahrgeneigtheit“ der Tätigkeit); ähnlich *Linnenbrink* SpuRt 2000, 55, 56; wiederum anders hingegen *Heermann/Götze* S. 66, die die arbeitsrechtlichen Grundsätze in solchen Fällen anwenden wollen, in denen Verein und Vorstand Aufgaben übernehmen, die ansonsten von Unternehmern und deren bezahlten Angestellten ausgeübt werden.

gen fällt insgesamt auf, daß es – mit wenigen Ausnahmen[1108] – an einer Begründung der jeweils vertretenen Ansicht fehlt.

### c) *Stellungnahme*

Die Grundsätze zur Beschränkung der Arbeitnehmerhaftung sind auf Vereinsvorstandsmitglieder – egal ob entgeltlich oder unentgeltlich tätig – unstreitig nicht *unmittelbar* anwendbar, weil die Vorstandsmitglieder keine Arbeitnehmer im Sinne des Arbeitsrechts sind.[1109] Damit ist jedoch noch nicht gesagt, daß die Grundsätze nicht wenigstens „entsprechend" herangezogen werden können. Voraussetzungen dafür wäre allerdings, daß bei den Vereinsvorstandsmitgliedern eine mit den Arbeitnehmern *vergleichbare Interessenlage* besteht.

Die Beschränkung der Arbeitnehmerhaftung wird mit einem ganzen Bündel von Überlegungen gerechtfertigt. Der Arbeitnehmer sei, um seinen Lebensunterhalt zu bestreiten, auf das Arbeitsverhältnis angewiesen. Er könne dem damit verbundenen Risiko, Schäden zu verursachen und dafür haften zu müssen, faktisch nicht ausweichen. Eine (volle) Haftung sei deswegen unbillig.[1110]

Den Arbeitgeber hingegen treffe das Betriebsrisiko. Er habe die Befugnis zur Organisation des Betriebs und zur Gestaltung der Arbeitsbedingungen und des Arbeitsprozesses.[1111] Dazu könne er etwa von seinem Weisungsrecht Gebrauch machen. Der Arbeitnehmer befinde sich demgegenüber in einer fremdbestimmten Arbeitsorganisation, auf deren Gefahrsteuerung er keinen Einfluß habe.[1112] Vielmehr steuere der Arbeitgeber den Arbeitsprozeß und sei in der Lage, das Risiko durch organisatorische Maßnahmen (Überwachung / Sicherheitsvorkehrungen), durch den Abschluß einer Versicherung oder über die Preisgestaltung wenigstens teilweise zu begrenzen oder auf Dritte abzuwälzen.[1113] Da es beim Arbeitnehmer an der Äquivalenz von Arbeitsentgelt und Haftungsrisiko fehle, könne die Haftung leicht zu einer Existenzgefährdung führen.[1114] Wegen der persönlichen Abhängigkeit vom Arbeitgeber bei der Erbringung der Arbeit seien außerdem die Grundrechte des Arbeitnehmers aus Art. 2 I, 12 I GG betroffen, wenn das Arbeitseinkom-

---

1107 Vgl. MüKo/*Reuter* § 27 Rn. 39, § 31 Rn. 43; Erman/*H.P.Westermann* § 27 Rn. 7; *Löwisch/Arnold* JZ 1984, 622; *Eisele* S. 116 ff., 124 ff.; im Ergebnis auch *Brox/Walker* DB 1985, 1469, 1477.

1108 Eine Ausnahme stellt die Untersuchung von *Eisele* S. 116 ff., 124 ff. dar.

1109 Vgl. zu letzterem § 5 I 3 ArbGG; *BAG* NJW 1996, 614, 615; *Fleck* FS Hilger/Stumpf S. 197; *Reichert* Rn. 1245; Soergel/*Hadding* § 27 Rn. 13 m. w. N.; *Eisele* S. 124 f.

1110 Vgl. *Peifer* AR-Blattei SD 870 Rn. 8; *Richardi* NZA 1994, 241, 242.

1111 Vgl. *BAG* AP BGB § 611 Nr. 58 (Haftung des Arbeitnehmers); AP BGB § 611 Nr. 61 (Haftung des Arbeitnehmers); *BAGE* 57, 55; *BAG* GS NZA 1994, 1083, 1084 f.

1112 Vgl. *BAG* GS NZA 1994, 1083, 1085; *Richardi* NZA 1994, 241, 242.

1113 Vgl. *BAG* GS NZA 1994, 1083, 1085.

1114 Vgl. *Peifer* AR-Blattei SD 870 Rn. 9 ff.

men in einem erheblichen Mißverhältnis zur Höhe des zu ersetzenden Schadens stehe oder wenn es zu einer Existenzgefährdung komme. Der Arbeitgeber müsse seinerseits Einschränkungen der Art. 2 I, 12 I GG hinnehmen, weil er die Arbeits- und Betriebsbedingungen selbst festlege und dadurch die Schadensrisiken mit zu verantworten habe.[1115]

Es stellt sich die Frage, ob vor dem Hintergrund dieser Überlegungen bei den Vorstandsmitgliedern von Vereinen wirklich von einer *vergleichbaren Interessenlage* gesprochen werden kann. Zutreffend ist, daß auch Vorstandsmitglieder Weisungen unterliegen. Gemäß §§ 27 III, 665 BGB ist die Mitgliederversammlung gegenüber dem Vorstand weisungsbefugt. Dies läßt sich jedoch nicht mit dem Weisungs- und Direktionsrecht des Arbeitgebers gegenüber einem Arbeitnehmer vergleichen. Zum einen umfaßt das Weisungsrecht im Arbeitsrecht die Bestimmung hinsichtlich des Ortes, der Zeit und der Art der Arbeitsleistung.[1116] Im Vergleich dazu ist das Weisungsrecht der Mitgliederversammlung *weniger umfangreich und detailliert.*[1117] Der Vorstand nimmt als Geschäftsführungsorgan (§ 27 III BGB) seine Aufgaben grundsätzlich *selbständig* und *eigenverantwortlich* wahr und übt im übrigen selbst Arbeitgeberbefugnisse aus, wenn er für den Verein dessen Weisungsrecht gegenüber den Vereinsangestellten wahrnimmt. Die Vorstandsmitglieder verfügen bei ihrer Geschäftsführung außerdem über einen weitgehenden Ermessensspielraum.[1118] Zum anderen tritt die Mitgliederversammlung nur periodisch zusammen[1119] und ist von Mehrheitsentscheidungen einer größeren Anzahl von Personen abhängig (§ 32 I 3 BGB). Auch hier besteht ein gravierender Unterschied zum Weisungsrecht des Arbeitgebers. Gerade das weit(er)gehende arbeitsrechtliche Weisungsrecht bildet jedoch den notwendigen Ausgleich zur Tragung des Betriebsrisikos für den Arbeitgeber.[1120] Das Fehlen eines vergleichbaren Weisungsrechts auf Seiten des Vereins spricht deshalb *gegen* die Übertragbarkeit der arbeitsrechtlichen Grundsätze.

Zumindest für entgeltlich tätige Vorstandsmitglieder gilt zwar, daß auch sie, um ihren Lebensunterhalt zu bestreiten, letztlich auf das Dienstverhältnis zum Verein angewiesen sind. Unzutreffend wäre es hingegen zu glauben, daß sie in einer mit Arbeitnehmern vergleichbaren Weise dem beruflichen Haftungsrisiko nicht ausweichen könnten. Die Konditionen des Rechtsverhältnisses eines Vorstandsmitglieds zum Verein werden in aller Regel *einzeln ausgehandelt.* Potentielle Vorstandsmitglieder verfügen damit gegenüber dem Verein über eine ungleich stärkere

---

1115 Vgl. *BAG* GS NZA 1994, 1083, 1085; kritisch zur Heranziehung der Grundrechte hingegen *BGH* NZA 1994, 270 (VI. Senat); *Richardi* NZA 1994, 241, 243 f.

1116 Vgl. etwa *Gitter/Michalski* S. 30 ff.

1117 Im Ergebnis ähnlich *Eisele* S. 125: „Dieses Weisungsrecht ist nämlich im Vergleich zur Direktionsbefugnis des Arbeitgebers von geringerer Intensität."; vgl. auch *Hueck* FS Hilger/Stumpf S. 365, 376 f.

1118 Vgl. dazu bereits oben Vierter Teil A. IV. 3. d).

1119 Darauf hat in diesem Zusammenhang bereits *Eisele* S. 125 hingewiesen.

1120 Vgl. *BGH* NJW 1963, 1100, 1103.

Verhandlungsposition als ein Arbeitnehmer gegenüber seinem (künftigen) Arbeitgeber, der sich wegen seiner Stellung am Arbeitsmarkt faktisch mit vorformulierten Vertragsbedingungen abfinden muß.[1121] Vorstandsmitglieder besitzen regelmäßig die Möglichkeit, anstellungsvertragliche Haftungserleichterungen durchzusetzen oder den Verein zur Übernahme der Beiträge für eine Versicherung zu ihren Gunsten zu überzeugen und sind deshalb insoweit weniger schutzbedürftig als Arbeitnehmer. Dies ist ein weiterer Grund, der *gegen* eine entsprechende Anwendung der arbeitsrechtlichen Grundsätze spricht.

Zutreffend wiederum ist, daß letztlich auch den Verein ein „Betriebsrisiko" trifft. Jedoch kann bei Vereinsvorstandsmitgliedern keine Rede davon sein, daß sie in eine „fremdbestimmte Arbeitsorganisation" eingegliedert wären, auf die sie keinen Einfluß hätten. Sie selbst sind es nämlich, die die Arbeitsorganisation, den Arbeitsprozeß und die Arbeitsbedingungen im Verein gestalten und auf diese Weise Einfluß (auch) auf ihr eigenes Haftungsrisiko nehmen können. Auch dies spricht *gegen* eine Übertragbarkeit der arbeitsrechtlichen Grundsätze.

Der Arbeitnehmer ist in erster Linie verpflichtet, eine bestimmte Tätigkeit zu verrichten. Daß ihn dabei auch ein Haftungsrisiko trifft, ist eine „zwangsläufige Nebenfolge".[1122] Im Gegensatz dazu wird einem Vorstandsmitglied des Vereins das risikobehaftete Vorstandsamt gerade deshalb übertragen, damit er – wie der *BGH* zu Recht festgestellt hat – die „Schwierigkeiten und Risiken der Leitung des Vereins" beherrscht.[1123] Auch dies spricht *gegen* die Vergleichbarkeit der Interessenlagen.

Jedenfalls beim entgeltlich tätigen Vereinsvorstandsmitglied kann ferner keine Rede davon sein, daß es generell an einer Äquivalenz zwischen Vergütung und Haftungsrisiko fehle.[1124] Gerade Vorstandsmitglieder größerer Vereine (vor allem großer Sportvereine), bei denen es durch den (finanziellen) Verantwortungsbereich zu einem gesteigerten Haftungsrisiko kommt, erhalten häufig eine Vergütung, die wesentlich höher ausfällt als die der „einfachen" Vereinsangestellten. Dies läßt sich durch Zahlen aus der Praxis belegen.[1125] Der Vergütungsunterschied erklärt

---

1121 Dies gilt für entgeltlich und unentgeltlich tätige Vorstandsmitglieder gleichermaßen. Vgl. zur Verhandlungsposition des Arbeitnehmers hingegen etwa *Richardi* NZA 1994, 241, 242.

1122 *Heisse* S. 59.

1123 *BGHZ* 89, 153, 159; zustimmen etwa *Heisse* S. 59 (zur GmbH).

1124 A.A. hingegen für die Leitungsorgane von AG und GmbH *Bastuck* S. 82, der mit den enormen Schadensrisiken argumentiert. Dies läßt sich so pauschal nicht auf nichtwirtschaftliche Verein übertragen.

1125 Der ehemalige Vorstandsvorsitzende des 1. FC Kaiserslautern e.V. erhielt nach Beendigung seines Vertrags eine „Abfindung" in Höhe von 100.000 €, vgl. *F.A.Z.* v. 7.110.2002 S. 31. Das *LG Kaiserslautern* sprach ihm später für 9 noch nicht vergütete Arbeitstage rund 7.700 € zu, vgl. *F.A.Z.* v. 20.120.2003 S. 33. Beide Zahlen lassen vermuten, in welcher Größenordnung sein reguläres Jahresgehalt lag. Wie sich aus einer Entscheidung des *BAG* (ZIP 1997, 690) entnehmen läßt, bezog ein Vorstandsmitglied des TÜV Rheinland e.V. im Jahr 1992 ein monatliches Gehalt von 43.100 DM (ca. 22.000 €) brutto. Das Jahresgehalt des Vorstandsvorsitzenden des Hamburger SV e.V. wird auf mindestens 500.000 € geschätzt, vgl. *F.A.Z.* v. 4. 12. 2002 S. 35.

sich jedoch nicht etwa nur aus einer größeren Arbeitsbelastung oder einer vielleicht erforderlichen höheren Qualifikation, sondern auch daraus, daß durch die Vergütung zumindest teilweise ein Ausgleich für das erhöhte Haftungsrisiko geschaffen werden soll. Auch dieser Aspekt spricht *gegen* die Übertragung der arbeitsrechtlichen Grundsätze auf den Vereinsvorstand.

*Reichert* plädiert für eine entsprechende Anwendung der arbeitsrechtlichen Grundsätze, wenn es um Tätigkeiten geht, bei denen bereits gering verschuldete Fehler zu erheblichen Schäden führen können, und nennt als Beispiele die in Vereinsform betriebenen Rettungsdienste.[1126] Damit hält er offenbar das aus dem Arbeitsrecht stammende Merkmal der „Gefahrgeneigtheit der Tätigkeit" für weiterhin relevant. Dem kann schon deshalb nicht gefolgt werden, weil auf diesem Weg die gesamten Unsicherheiten, weswegen sich die arbeitsgerichtliche Rechtsprechung gerade von dem Merkmal der Gefahrgeneigtheit getrennt hat[1127], in die Innenhaftung der Vereinsvorstandsmitglieder hineingetragen würden. Außerdem liegt in der Gefahrgeneigtheit einer Tätigkeit kein sachlicher Grund für eine Haftungsbeschränkung, weil nach allgemeinen Grundsätzen das Vorliegen einer erhöhten Gefahr nicht zu einer Milderung, sondern eher zu einer Steigerung der Sorgfaltsanforderungen führt.[1128] Auch dies spricht *gegen* die entsprechende Anwendbarkeit der arbeitsrechtlichen Grundsätze.

Mangels Vergleichbarkeit der Interessenlagen muß deshalb eine entsprechende Anwendung der Grundsätze zur Beschränkung der Arbeitnehmerhaftung sowohl auf entgeltlich als auch auf unentgeltlich tätige Vorstandsmitglieder von Vereinen ausscheiden.[1129] Da die Situation eines Vorstandsmitglieds *insgesamt* nicht mit der eines Arbeitnehmers vergleichbar ist, lassen sich die Grundsätze auch nicht wenigstens – wie der *BGH* offenbar meint[1130] – außerhalb der „normalen" Vorstandspflichten anwenden. Zu Recht hat der *BGH* denn auch in anderem Zusammenhang darauf hingewiesen, daß sich die arbeitsrechtlichen Grundsätze allein aus den Besonderheiten des Arbeitsverhältnisses rechtfertigen und deshalb auf dieses beschränkt bleiben müssen.[1131] Dieser Aussage kann für das Verhältnis zwischen Verein und Vorstand nur zugestimmt werden. Im übrigen wird auch im Bereich der Kapitalgesellschaften eine entsprechende Anwendung der arbeitsrechtlichen Grundsätze auf die Leitungsorgane ganz überwiegend abgelehnt.[1132]

---

1126 Vgl. *Reichert* Rn. 1965; zustimmend *Linnenbrink* SpuRt 2000, 55, 56.

1127 Siehe dazu *Peifer* AR-Blattei SD 870 Rn. 20 ff.; *Richardi* NZA 1994, 241 ff.

1128 Siehe dazu *Richardi* NZA 1994, 241, 242 mit weiterem Hinweis.

1129 Gegen die Übertragbarkeit der Grundsätze ins „unentgeltliche" Auftragsrecht auch *BGHZ* 30, 40, 49.

1130 Vgl. *BGH* WM 1975, 467; *BGHZ* 89, 153, 159 (beide Entscheidungen insoweit allerdings ohne Begründung); im Ergebnis wie der *BGH* auch *BAG* AP BGB § 611 Nr. 80 (Haftung des Arbeitnehmers) für leitende Angestellte sowie *Bastuck* S. 85 und *Schneider* FS Werner, S. 795, 812 f. für die Leitungspersonen von AG und GmbH.

1131 Vgl. *BGH* NJW 1963, 1100, 1102.

### *d) Ergebnis*

Die Grundsätze zur Beschränkung der Arbeitnehmerhaftung können weder direkt noch entsprechend auf die Vorstandsmitglieder von Vereinen angewandt werden. Dies gilt unabhängig davon, ob der Vorstand entgeltlich oder unentgeltlich (ehrenamtlich), im Rahmen seiner „normalen" Pflichten oder außerhalb dieser tätig ist. Auch die Gefahrgeneigtheit seiner Tätigkeit spielt insoweit keine Rolle. Eine Haftungsbeschränkung ergibt sich für den Vereinsvorstand dementsprechend auf diesem Weg nicht.

## 2. Haftungsmaßstab der eigenüblichen Sorgfalt (§ 277 BGB)

Würde für die Vorstandsmitglieder gegenüber dem Verein der Haftungsmaßstab der eigenüblichen Sorgfalt gelten, hätten sie nur für diejenige Sorgfalt einzustehen, welche sie in eigenen Angelegenheiten anzuwenden pflegen. Wie *Eisele* jüngst überzeugend nachgewiesen hat, läßt sich eine solche Haftungsmilderung jedoch weder im Wege einer Gesamtanalogie zu §§ 690, 708, 1359, 1664, 2131 BGB noch durch eine Einzelanalogie zu § 708 BGB rechtfertigen.[1133] Dabei muß die Gesamtanalogie bereits deshalb ausscheiden, weil die genannten Vorschriften nach dem eindeutigen Willen des Gesetzgebers ausdrücklich geregelte *Ausnahmefälle* darstellen, die eine Gesamtanalogiebildung nicht erlauben.[1134] Demgegenüber scheitert der Versuch einer Einzelanalogie zu § 708 BGB an dem Fehlen einer selbstgewählten persönlichen Verbundenheit bei den Vereinsvorstandsmitgliedern und damit an einer vergleichbaren Interessenlage.[1135] Der Maßstab der eigenüblichen Sorgfalt gilt dementsprechend nicht für die Vorstandsmitglieder von Vereinen. Gestützt wird dieses Ergebnis schließlich dadurch, daß ein zunächst eingebrachter Antrag, nach welchem die Vorstandsmitglieder gegenüber der Körperschaft nur zu eigenüblicher Sorgfalt verpflichtet sein sollten, in den Beratungen der Zweiten Kommission wieder zurückgezogen wurde.[1136]

---

1132 Generell gegen die Anwendbarkeit Baumbach / Hueck / *Zöllner* § 43 GmbHG Rn. 6; KölnerKomm / *Mertens* § 93 AktG Rn. 4; *Schaub* DStR 1992, 985, 987; *Jula* GmbHR 2001, 806, 807; *Lohr* NZG 2000, 1204, 1205 f.; gegen die Anwendbarkeit bei „normalen" Organpflichten *BGH* WM 1975, 467 (eG); *KG* NZG 1999, 400, 402; *Bastuck* S. 82 ff., 85; *Heisse* S. 59 ff.; *Haas* S. 293 ff.; *Schneider* FS Werner S. 795, 804 ff., 815; *Fleck* FS Hilger / Stumpf S. 197, 215 f.; Michalski / *Haas* § 43 GmbHG Rn. 194 f.; Rowedder / Schmidt-Leihoff / *Koppensteiner* § 43 GmbHG Rn. 8 m. w. N.; *Pullen* BB 1984, 989 ff.; für die Anwendbarkeit hingegen *Frisch* S. 253 ff.; *Wehrmeyer* S. 190 ff.; offenlassend *OLG Koblenz* GmbHR 1999, 344, 345.

1133 Siehe *Eisele* S. 127 ff.

1134 Vgl. *Eisele* S. 132 mit Nachweisen in Fn. 133; im Ergebnis ebenso Palandt / *Heinrichs* § 276 Rn. 41.

1135 Vgl. *Eisele* S. 133 ff.

1136 Siehe hierzu Protokolle bei *Mugdan* I S. 610.

### 3. Haftungsbeschränkung auf Vorsatz und grobe Fahrlässigkeit analog §§ 300 I, 521, 599, 680, 968 BGB

#### *a) Entgeltlich tätige Vorstandsmitglieder*

Von einigen Stimmen in der Literatur ist vorgeschlagen worden, den unentgeltlichen Geschäftsbesorger im Wege einer Gesamtanalogie zu §§ 300 I, 521, 599, 680, 968 BGB nur für Vorsatz und grobe Fahrlässigkeit haften zu lassen.[1137] Um diese Idee für den Vereinsvorstand fruchtbar machen zu können, müßte den genannten Vorschriften ein gemeinsamer Rechtsgedanke zugrunde liegen, der die Übertragung der Haftungsbeschränkung auf die Geschäftsführung durch Vereinsvorstandsmitglieder aus teleologischen Gründen geboten erscheinen ließe. Gemeinsam ist den §§ 300 I, 521, 599, 680, 968 BGB jedenfalls die *Fremdnützigkeit* der jeweiligen Tätigkeit, wobei sich die Fremdnützigkeit vor allem durch die *Unentgeltlichkeit* ausdrückt.[1138] Für *entgeltlich tätige Vorstandsmitglieder* muß eine Gesamtanalogie deshalb von vornherein ausscheiden, weil die Zahlung einer Vergütung ihr Handeln im *Eigeninteresse* zum Ausdruck bringt.[1139] Entgeltlichkeit in diesem Sinne liegt nicht etwa nur dann vor, wenn dem Vorstand eine besondere Risikoprämie gezahlt wird. Es genügt die Zahlung einer Tätigkeitsvergütung. Die Gehälter von Vereinsvorstandsmitgliedern enthalten regelmäßig eine „Risikoprämie“, ohne daß diese gesondert bezeichnet oder ausgewiesen ist.[1140]

#### *b) Unentgeltlich (ehrenamtlich) tätige Vorstandsmitglieder*

Aber auch bei den unentgeltlich (ehrenamtlich) tätigen Vorstandsmitgliedern kann die Gesamtanalogie zumindest für die „typischen“ oder „normalen“[1141] Vorstandspflichten nicht greifen. Der Gesetzgeber hat sich im Auftragsrecht, das auf die Vorstandsmitglieder gemäß § 27 III BGB entsprechende Anwendung findet, bewußt für den allgemeinen Verschuldensmaßstab des § 276 I 1 BGB entschieden.[1142] Begründet wurde dies damit, daß aus der Sicht des Auftraggebers ein besonderes Vertrauen gegenüber dem Geschäftsführer bestehe und der Geschäfts-

1137 Vgl. etwa MüKo/*Kramer* vor § 241 Rn. 36; *Medicus* BR Rn. 369; siehe ferner die umfangreichen Nachweise bei *Eisele* S. 137 Fn. 159.

1138 Vgl. *Eisele* S. 137 ff.

1139 Vgl. allg. etwa RGRK/*Denecke* vor § 662 Anm. 4 und speziell für die Vereinsvorstandmitglieder *Eisele* S. 163 f.; im Ergebnis ebenso Erman/*H.P. Westermann* § 27 Rn. 7; RGRK/*Steffen* § 27 Rn. 7.

1140 Vgl. dazu bereits oben Vierter Teil B. I. 1. c).

1141 Formulierung aus *BGH* WM 1975, 467; *BGHZ* 89, 153, 159. In beiden Entscheidungen geht es jedoch um die entsprechende Anwendbarkeit der Grundsätze zur Arbeitnehmerhaftung, die nach der hier vertretenen Auffassung jedoch insgesamt (also auch für „normalen“ Pflichten) abzulehnen ist, vgl. oben Vierter Teil B. I. 1. c) und d).

1142 Vgl. Motive II S. 530 f.; MüKo/*Seiler* § 662 Rn. 57.

führer fremde Interessen wahrnehme.[1143] Zu Recht ist allerdings darauf hingewiesen worden, daß diese unbeschränkte Haftung nur dann wirklich gerechtfertigt ist, wenn dem Geschäftsführer die selbständige Wahrnehmung fremder *Vermögensinteressen* obliegt.[1144] Zu den „typischen" oder „normalen" Pflichten der ehrenamtlichen (ebenso wie der entgeltlich tätigen) Vorstandsmitglieder gehört jedoch gerade die Betreuung des für sie fremden Vereinsvermögens. Insoweit treffen die für die strenge Haftung angeführten Gründe bei ihnen in vollem Umfang zu.[1145] Von einer Regelungslücke kann insoweit keine Rede sein. Eine Gesamtanalogie zu §§ 300 I, 521, 599, 680, 968 BGB scheidet deshalb bezüglich der „normalen" Pflichten auch für die unentgeltlich tätigen Vereinsvorstandsmitglieder aus.

Anderes muß hingegen gelten bezüglich der „atypischen" oder „nichtnormalen" Pflichten ehrenamtlicher Vorstandsmitglieder. Damit ist die Erfüllung von Aufgaben gemeint, die *keine unmittelbare Wahrnehmung fremder Vermögensinteressen* darstellen. Da hier der für die strenge Haftung sprechende Grund fehlt, steht der Gesamtanalogie zu §§ 300 I, 521, 599, 680, 968 BGB nichts im Wege. Demzufolge haften ehrenamtliche Vorstandsmitglieder dem Verein im Rahmen derartiger Pflichten nur für Vorsatz und grobe Fahrlässigkeit.[1146] Beispiele für solche „atypische" oder „nichtnormale" Vorstandspflichten sind etwa das Führen eines Vereins-Kfz[1147] oder das Mithelfen beim Frühjahrsputz auf der Vereinsanlage. Zu den „typischen" oder „normalen" Vorstandspflichten gehört demgegenüber die unmittelbare Erfüllung von Organaufgaben, wie etwa Leitungs-, Organisations- und Überwachungstätigkeiten.[1148]

### c) *Fazit*

Für *entgeltlich* tätige Vereinsvorstandsmitglieder greift eine automatische Haftungsbeschränkung in keinem Fall ein. Aber auch für *ehrenamtliche* (unentgeltliche) Vorstandsmitglieder gilt zumindest in bezug auf die „normalen" Pflichten, d. h. solche, die unmittelbar die Erfüllung von Organaufgaben betreffen, der allgemeine Verschuldensmaßstab des § 276 I BGB. Lediglich außerhalb dieser „normalen" Pflichten kommt ihnen analog §§ 300 I, 521, 599, 680, 968 BGB eine Haftungserleichterung zugute. In diesem Bereich haften sie demgemäß nur für Vorsatz und grobe Fahrlässigkeit.

---

1143 Vgl. Motive II S. 530 f.

1144 Vgl. *Larenz* SR BT II / 1 § 56 II (S. 414); *Medicus* BR Rn. 368 f.; MüKo / *Kramer* vor § 241 Rn. 36; *Eisele* S. 142 ff., 146 f.; im Ergebnis ebenso *BGHZ* 21, 102, 110.

1145 Ebenso *Eisele* S. 146 f., 157 ff., 164.

1146 Ebenso *Eisele* S. 161 ff., der diese Haftungsbeschränkung allerdings auch entgeltlich tätigen Vorstandsmitgliedern zukommen lassen will; a. A. *Heisse* S. 42 (für den ehrenamtlichen GmbH-Geschäftsführer).

1147 Vgl. *Bastuck* S. 85; *Schneider* FS Werner S. 795, 812 f. (beide zu den Leitungspersonen von AG und GmbH).

1148 Vgl. *K. Schmidt* GesR § 14 V 1 (S. 424 ff.), § 24 III 2 d (S. 690 ff.).

### 4. Freistellungs- und Erstattungsanspruch aus § 670 BGB

Da – abgesehen von der Situation der „atypischen" Pflichten bei ehrenamtlichen Vorstandsmitgliedern – von Gesetzes wegen keine Haftungsbeschränkung zugunsten des Vereinsvorstands eingreift, stellt sich die Frage, ob der Verein die Vorstandsmitglieder nicht wenigstens von bestimmten Schäden freistellen oder ihnen diese Schäden erstatten muß.[1149] Als Anspruchsgrundlage bietet sich § 670 BGB an, der gemäß § 27 III BGB auf den Vereinsvorstand entsprechende Anwendung findet.[1150] § 670 BGB ist dabei sowohl bei unentgeltlich (ehrenamtlich) als auch bei entgeltlich tätigen Vorstandsmitgliedern anwendbar.[1151] Zwar spricht § 670 BGB seinem Wortlaut nach nur davon, daß unter bestimmten Voraussetzungen der Ersatz von „Aufwendungen" verlangt werden kann. Es ist jedoch letztlich unbestritten, daß die Vorschrift nicht nur einen Regreßanspruch in Form eines *Erstattungsanspruchs* bereithält, sondern in Verbindung mit § 257 BGB auch einen Anspruch auf *Freistellung* von solchen Verpflichtungen gibt, die im Sinne einer Aufwendung eingegangen wurden.[1152]

#### *a) Ersatz von Zufallsschäden über § 670 BGB*

Gemäß §§ 27 III, 670 BGB kann ein Vorstandsmitglied vom Verein den Ersatz solcher Aufwendungen verlangen, die es zum Zwecke der Geschäftsführung gemacht hat und nach den Umständen für erforderlich halten durfte. Aufwendungen sind dabei alle freiwilligen Vermögensopfer (z. B. Geldauslagen, Reisekosten, Porto).[1153] Schäden hingegen sind unfreiwillig erlittene Vermögensminderungen und stellen deshalb eigentlich keine Aufwendungen dar. Trotzdem werden nach ganz überwiegender Meinung über § 670 BGB auch sogenannte „Zufallsschäden" ersetzt.[1154] Dies sind Schäden, bei denen weder das Vorstandsmitglied noch den Verein ein Verschulden trifft. Streitig ist lediglich, ob sich dieses Ergebnis dogmatisch über eine Ausdehnung des Aufwendungsbegriffs, eine analoge Anwendung des § 670 BGB oder durch eine teleologische Extension der Vorschrift begründen

---

1149 Mit „Schäden" sind hier vor allem Schadensersatzverpflichtungen der Vorstandsmitglieder gegenüber Dritten (Außenstehenden und Vereinsmitgliedern) gemeint.

1150 Ebenso etwa Staudinger / *Weick* § 27 Rn. 25; Soergel / *Hadding* § 27 Rn. 23; MüKo / *Reuter* § 27 Rn. 21.

1151 Die Anwendung von § 670 BGB ergibt sich bei Vorliegen eines entgeltlichen Anstellungsvertrags auch aus § 675 BGB, vgl. *Eisele* S. 77 f.

1152 Siehe Motive II S. 542; MüKo / *Seiler* § 670 Rn. 13; Staudinger / *Wittmann* § 670 Rn. 23.

1153 Vgl. allg. *RGZ* 122, 298, 303; *BGH* NJW 1989, 1284, 1285; RGRK / *Steffen* § 670 Rn. 1; Soergel / *Mühl* § 670 Rn. 1; Staudinger / *Wittmann* § 670 Rn. 5.

1154 Vgl. z. B. *RGZ* 167, 85, 89; *BGHZ* 33, 251, 257; 38, 270, 277; 89, 153, 157; 92, 270, 271; *BGH* NJW 1993, 2234, 2235; *Otto* JuS 1984, 684, 687; Staudinger / *Wittmann* § 670 Rn. 15; *Eisele* S. 97 ff., 105.

läßt.[1155] Dieser Streit kann vorliegend – weil ohne Einfluß auf das Ergebnis – dahinstehen. Entscheidend für die Einbeziehung von Zufallsschäden spricht letztlich der sich aus den §§ 667, 669, 670 BGB für das Auftragsrecht allgemein ergebende Gedanke, daß der Geschäftsführer (hier das Vorstandsmitglied) durch die Geschäftsführung im Interesse des Geschäftsherrn (hier des Vereins) weder Vorteile erlangen noch Nachteile erleiden soll.[1156] Was die Nachteile betrifft, gilt dies jedenfalls für solche, die weder das Vorstandsmitglied noch der Verein verschuldet hat, also für Zufallsschäden. Nicht zu vergessen ist nämlich, daß der Geschäftsherr diese auch dann hätte tragen müssen, wenn er die Geschäfte selbst geführt hätte. Sowohl das entgeltlich als auch das unentgeltlich tätige Vorstandsmitglied kann demzufolge über §§ 27 III, 670 BGB den Ersatz – d. h. sowohl die Erstattung als auch die Freistellung – von *Zufallsschäden* verlangen.[1157]

### *b) Ersatz der durch das Vorstandsmitglied (mit-)verschuldeten Schäden*

Im Anschluß an das zuvor Gesagte stellt sich die Frage, was gilt, wenn es nicht um Zufallsschäden geht, sondern um Schäden, die das betreffende Vorstandsmitglied zumindest mitverschuldet hat. Einer Auffassung zufolge schließt ein schuldhaftes Verhalten des Geschäftsführers den Freistellungs- und Erstattungsanspruch aus § 670 BGB nicht zwingend aus. Das Verschulden sei vielmehr in entsprechender Anwendung des § 254 BGB zu berücksichtigen und könne auf diesem Wege zu einer Anspruchskürzung oder einem Anspruchsverlust führen.[1158] Ob diese Ansicht zutreffend ist, erscheint fraglich.

Dadurch, daß § 27 III BGB bestimmt, daß die §§ 664 bis 670 BGB nur „entsprechend“ anzuwenden sind, ist es möglich, bei der Anwendung des § 670 BGB im Falle der Vereinsgeschäftsführung durch Vorstandsmitglieder Besonderheiten zu berücksichtigen, die bei der direkten Anwendung der Vorschrift auf den unentgeltlichen Auftragsgeschäftsführer im Sinne des § 662 BGB nicht gegeben sind. Solche Besonderheiten bestehen zumindest beim *entgeltlich* tätigen Vereinsvorstandsmitglied. Denn das Entgelt stellt – wie bereits erwähnt – nicht nur eine reine Tätigkeitsvergütung dar, sondern beinhaltet ebenso einen gewissen Ausgleich für die mit dem Vorstandsamt verbundenen Haftungsrisiken. Wenn der Verein den Vorstandsmitgliedern eine Vergütung zahlt, wird diese auch wegen des gesteigerten Risikos regelmäßig höher bemessen sein als die eines „einfachen“ Vereinsangestellten.[1159] Ferner ist zu bedenken, daß das entgeltlich tätige Vorstandsmitglied die Vergütung (teilweise) dazu nutzen kann, sein Haftungsrisiko zu versichern. Der

1155 Vgl. dazu *Eisele* S. 80 ff., der selbst für eine teleologische Extension plädiert.

1156 Vgl. dazu detailliert *Eisele* S. 97 ff.

1157 Ebenso *Eisele* S. 76 f., 80 ff., 105.

1158 So etwa *Eisele* S. 104 f., 165.

1159 Vgl. bereits oben Vierter Teil B. I. 1. c) mit Beispielen in Fn. 1125.

gemäß § 662 BGB unentgeltlich arbeitende Auftragsgeschäftsführer verfügt hingegen über solche Möglichkeiten nicht. Diese grundlegend verschiedene Interessenlage muß bei der entsprechenden Anwendung des § 670 BGB auf den Vereinsvorstand berücksichtigt werden. Es erscheint nicht gerechtfertigt, Vorstandsmitgliedern, die ihre Vergütung zumindest auch als „Risikoprämie" beziehen, zusätzlich noch einen Ersatzanspruch gegenüber dem Verein für solche Schäden zuzugestehen, die sie selbst (mit-)verschuldet haben. Beim entgeltlich tätigen Vorstandsmitglied ist § 670 BGB deshalb über § 27 III BGB mit der Maßgabe „entsprechend" anzuwenden, daß ihm kein Freistellungs- und Erstattungsanspruch für Schäden zukommt, bei denen ihn ein (Mit-)Verschulden trifft.[1160] Er kann vielmehr nur Zufallsschäden ersetzt verlangen. Bei *ehrenamtlichen* Vorstandsmitgliedern hingegen gilt diese Einschränkung wegen der mit dem unentgeltlich tätigen Auftragsgeschäftsführer i. S. d. § 662 BGB vergleichbaren Interessenlage nicht. Sie haben über §§ 27 III, 670 BGB auch Anspruch auf Ersatz solcher Schäden, an denen sie ein (Mit-)Verschulden trifft, wobei sie sich ihren Anspruch entsprechend § 254 BGB kürzen lassen müssen.

Ganz allgemein ist beim Freistellungs- und Erstattungsanspruch aus §§ 27 III, 670 BGB noch zu beachten, daß nur solche Verluste ersatzfähig sind, die spezifisch auf der Geschäftsführung beruhen, nicht hingegen solche, bei denen sich lediglich das allgemeine Lebensrisiko verwirklicht hat.[1161] Außerdem muß die Eingehung eines Risikos durch das Vorstandsmitglied in einem angemessenen Verhältnis zum verfolgten Zweck gestanden haben.[1162]

### *c) Relativität des Verschuldens*

Im Rahmen eines möglichen Freistellungs- und Erstattungsanspruchs stellt sich abschließend die Frage, wann vom einem Verschulden der Vorstandsmitglieder gesprochen werden kann, das den Anspruch entweder ausschließt (so bei entgeltlich Tätigen) oder zumindest entsprechend § 254 BGB zu berücksichtigen ist (so bei unentgeltlich Tätigen). Möglich wäre, daß es entscheidend auf ein Verschulden gegenüber dem geschädigten Dritten ankommt. Ebenso denkbar wäre aber auch, daß nur dann ein relevantes Verschulden vorliegt, wenn das Verhalten des betroffenen Vorstandsmitglieds auch im Verhältnis zum Verein ein Verschulden darstellt.

---

1160 Im Ergebnis wie hier, allerdings mit anderer Begründung *Bastuck* S. 116 f. (für die Leitungsorgane von AG und GmbH); a.A. *Eisele* S. 76 f., 80 ff., 105, 106 ff., 165, der den Freistellungs- und Erstattungsanspruch der Vorstandsmitglieder bei Verschulden lediglich über § 254 BGB kürzen will. Dies berücksichtigt jedoch die Vergütung und damit die Unterschiedlichkeit der Interessenlagen bei unentgeltlichen / entgeltlichen Vorstandsmitgliedern nicht hinreichend.

1161 Vgl. allg. *RGZ* 167, 85, 89; *BGH* NJW 1993, 2234, 2235; MüKo / *Seiler* § 670 Rn. 14; Soergel / *Mühl* § 670 Rn. 21; Staudinger / *Wittmann* § 670 Rn. 16.

1162 Vgl. allgemein zu § 670 BGB Erman / *Ehman* § 670 Rn. 15; Staudinger / *Wittmann* § 670 Rn. 17; *Eisele* S. 171.

Diese Frage ist deshalb von Bedeutung, weil die Haftungsmaßstäbe im Innen- und Außenverhältnis durchaus unterschiedlich sein können. So kann im Innenverhältnis etwa eine anstellungsvertragliche oder satzungsmäßige Haftungserleichterung greifen, die für das Außenverhältnis keine Wirkung entfaltet.[1163] Allein maßgeblich muß deshalb sein, ob das Verhalten des Vorstandsmitglieds im *Innenverhältnis* ein Verschulden darstellt.[1164] Dies folgt bereits daraus, daß der Freistellungs- und Erstattungsanspruch dem Rechtsverhältnis des Vorstands zum Verein, also dem *Innenverhältnis* entspringt. Geht es darum, ob dieser Anspruch wegen eines Verschuldens entfällt oder zu kürzen ist, kann dafür auch nur der in diesem Rechtsverhältnis geltende Verschuldensmaßstab entscheidend sein. Eine andere Sicht der Dinge hätte die merkwürdig anmutende Folge, daß dem Vorstandsmitglied eine im Innenverhältnis zum Verein geltende Haftungsbeschränkung (z. B. auf Vorsatz und grobe Fahrlässigkeit) nicht zugute käme, weil in einem anderen Rechtsverhältnis (nämlich im Außenverhältnis) ein Verschulden vorliegt. Von einem Verschulden kann demzufolge in dem hier vorliegenden Zusammenhang nur dann die Rede sein, wenn das schadensursächliche Verhalten des Vorstandsmitglieds (auch) im Innenverhältnis ein Verschulden darstellt.

Besteht im konkreten Fall tatsächlich ein Freistellungs- und Erstattungsanspruch, so muß dieser für das Vorstandsmitglied jedoch nicht immer werthaltig sein. Hingewiesen sei nochmals darauf, daß sich nicht wenige Vereine zur Zeit in gefährlicher Nähe zur Insolvenz befinden.[1165]

## II. Abdingbarkeit der Innenhaftung der Vorstandsmitglieder

Je deutlicher man den Vorstandsmitgliedern von Vereinen ihr Innenhaftungsrisiko vor Augen führt, desto größer wird ihr Interesse an der Vereinbarung oder Regelung von Haftungsbeschränkungen sein. Dabei stellt sich die grundsätzliche Vorfrage, ob ihre persönliche Haftung gegenüber dem Verein überhaupt abdingbar ist. Zur Beantwortung dieser Frage ist der Blick zunächst auf die Rechtslage bei der Aktiengesellschaft (AG), der eingetragenen Genossenschaft (eG) und der Gesellschaft mit beschränkter Haftung (GmbH) zu richten.

---

1163 Auf anstellungsvertragliche und satzungsmäßige Haftungsbeschränkungen wird später noch einzugehen sein, siehe unten Vierter Teil B. III. 1. und 3.

1164 Ebenso *Bastuck* S. 113 ff., 120 (für Leitungspersonen von AG und GmbH); Baumbach / Hueck / *Zöllner* § 43 GmbHG Rn. 32; *Eisele* S. 106 ff.

1165 Siehe dazu oben Dritter Teil A. I.

### 1. Rechtslage bei der AG

Die persönliche Haftung der Vorstandsmitglieder gegenüber der AG aus § 93 AktG ist nach unbestrittener Auffassung *zwingender Natur.* Dieses Ergebnis läßt sich bereits aus § 93 IV 3 AktG herleiten. Die Haftung kann also weder durch den Anstellungsvertrag noch durch die Satzung beschränkt werden.[1166] Darüber hinaus ist auch eine Abänderung der für die Vorstandsmitglieder geltenden Sorgfaltsanforderungen (§ 93 I AktG) nicht möglich. Abweichende Regelungen wären gemäß §§ 241 Nr. 3, 179 I 1 AktG und § 134 BGB nichtig.[1167]

### 2. Rechtslage bei der eG

Ebenso wie bei der AG ist auch die Rechtslage bei der eG unstreitig. Die Vorstandsmitglieder haften der Genossenschaft für eine pflichtwidrige Geschäftsführung aus § 34 GenG. Diese Vorschrift, die in Absatz 1 die vom Vorstand zu beachtenden Sorgfaltsanforderungen festlegt, stellt zwingendes Recht dar.[1168] Die Haftung aus § 34 GenG kann demzufolge weder durch die Satzung (vgl. § 18 S. 2 GenG) noch durch den Anstellungsvertrag ausgeschlossen oder begrenzt werden.[1169]

### 3. Rechtslage bei der GmbH

Im Gegensatz zur AG und eG wird die Frage nach der Abdingbarkeit der Pflichten und der Haftung der Geschäftsführer gegenüber der GmbH aus § 43 GmbHG uneinheitlich beurteilt.[1170] Teils wird die Norm als insgesamt zwingend angesehen.[1171] Nach anderer Ansicht stellt § 43 GmbHG nur insoweit unabdingbares Recht dar, als es um die vorrangig dem Gläubigerschutz dienenden Organpflichten, vor allem diejenigen zur Kapitalaufbringung und -erhaltung geht. Grundsätzlich dispositiv seien hingegen die primär auf den Schutz der Gesellschaft oder der

---

1166 Vgl. statt aller nur Großkomm / *Hopt* § 93 AktG Rn. 23.

1167 Vgl. Großkomm / *Hopt* § 93 AktG Rn. 24 ff. m. w. N. in Fn. 47, 54 und 56.

1168 Vgl. *RGZ* 46, 60, 62; *Müller* § 34 GenG Rn. 2; *Beuthien* § 34 GenG Rn. 20; Lang / Weidmüller / *Metz* § 34 GenG Rn. 132; anders noch *RG* v. 28. 4. 1885, RGZ 13, 43, 46 (obiter dictum).

1169 Vgl. *RGZ* 46, 60, 62; *Beuthien* § 34 GenG Rn. 20; Lang / Weidmüller / *Metz* § 34 GenG Rn. 132; *Müller* § 34 GenG Rn. 8 f. m. w. N.

1170 Vgl. Hachenburg / *Mertens* § 43 GmbHG Rn. 5; *Lutter / Hommelhoff* § 43 GmbHG Rn. 2; Rowedder / Schmidt-Leithoff / *Koppensteiner* § 43 GmbHG Rn. 4; *Grünwald* S. 200 ff.; *Meyke* Rn. 133 ff.

1171 So etwa *OLG Hamburg* OLGE 9, 266; *Lutter / Hommelhoff* § 43 GmbHG Rn. 2; Rowedder / Schmidt-Leithoff / *Koppensteiner* § 43 GmbHG Rn. 4; *Bastuck* S. 90 ff.; *Heisse* S. 109, 122 f.; *Haas* S. 295 ff., 298.

Gesellschafter abzielenden Pflichten.[1172] Der *BGH* hat sich insoweit bisher noch nicht geäußert.

Dieser zu § 43 GmbHG bestehende Streit muß hier nicht entschieden werden. Denn weder dem Verein noch dem Vereinsvorstand obliegen mit dem GmbH-Recht vergleichbare gläubigerschützende Kapitalaufbringungs- oder -erhaltungspflichten. Die zu § 43 GmbHG vertretene Differenzierung läßt sich deshalb für den Verein sowieso nicht fruchtbar machen.

### 4. Rechtslage beim Verein

Der BGB-Gesetzgeber hat aus rechtspolitischen Gründen den Regelungsschwerpunkt im Vereinsrecht auf die Grundprobleme des Verhältnisses zwischen Verein und Staat gelegt.[1173] Demgegenüber wurden die Rechte und Pflichten des Vorstands gegenüber dem Verein nur durch den Verweis des § 27 III BGB auf das Auftragsrecht normiert, wobei von den dort genannten §§ 664 bis 670 BGB sogar noch (durch Satzungsregelung, § 40 BGB) abgewichen werden kann.[1174] Eine ausdrückliche Regelung der Innenhaftung der Vorstandsmitglieder wie bei der AG, der eG und der GmbH fehlt im Vereinsrecht des BGB völlig. Trotzdem haften die Vorstandsmitglieder dem Verein für eine schuldhafte Verletzung ihrer Geschäftsführungspflichten, und zwar – wie bereits festgestellt – aus positiver Forderungsverletzung (nun §§ 280 I, III, 281 – 283 BGB) des organschaftlichen Rechtsverhältnisses oder des Anstellungsverhältnisses.[1175] Hat aber bereits die Haftung selbst keine ausdrückliche Regelung erfahren, so fehlt es natürlich auch an einer Norm, die die zwingende Rechtsnatur dieser Haftung vorschreiben könnte. Es stellt sich aber die Frage, ob nicht wenigstens der im Aktien- und Genossenschaftsrecht unstreitig geltende Gedanke der zwingenden Innenhaftung der Vorstandsmitglieder auf das Vereinsrecht zu übertragen ist. Das dogmatische Rüstzeug dafür könnte eine Analogiebildung liefern. Soweit ersichtlich ist diese Problematik bisher weder in Rechtsprechung noch Literatur erörtert worden.

#### *a) Die Regelungszwecke der §§ 93 AktG, 34 GenG*

Hinter der Organhaftung des § 93 AktG stehen gleich mehrere Regelungszwekke, die zu einem zwingenden Charakter der Vorschrift führen. Unmittelbarer Normzweck ist es, der Gesellschaft einen Ausgleich für den durch das Verhalten

1172 So etwa Baumbach / Hueck / *Zöllner* § 43 GmbHG Rn. 1d; Scholz / *Schneider* § 43 GmbHG Rn. 184 f.; Hachenburg / *Mertens* § 43 GmbHG Rn. 5 m. w. N. in Fn. 6; *Roth / Altmeppen* § 43 GmbHG Rn. 50; siehe auch *BGH* GmbHR 2000, 187.

1173 Vgl. *Ballerstedt* FS Knur S. 1, 14; MüKo / *Reuter* § 27 Rn. 38.

1174 Vgl. dazu bereits oben Vierter Teil A. IV. 3. b).

1175 Vgl. dazu bereits oben Vierter Teil A. III.

eines Vorstandsmitglieds verursachten Schaden zu geben.[1176] Darüber hinaus beabsichtigt § 93 AktG, mit dem sich aus der Vorschrift ergebenden persönlichen Haftungsrisiko eine Einwirkung auf das Verhalten der Vorstandsmitglieder zu erreichen. Sie sollen auf diese Weise zur ordnungsgemäßen Erfüllung ihrer Geschäftsführungspflichten angehalten werden, bevor es zu Schädigungen kommt.[1177] Da die Vorstandsmitglieder das Vermögen der Gesellschafter treuhänderisch verwalten, hat die Haftung des § 93 AktG ferner den Zweck, (mittelbare) Vermögenseinbußen der Gesellschafter zu vermeiden oder wenigstens auszugleichen.[1178] Schließlich dient § 93 AktG auch den Gläubigern der Gesellschaft, indem er die Vorstandsmitglieder dazu animiert, das Gesellschaftsvermögen und damit die den Gläubigern zur Verfügung stehende Haftungsmasse nicht durch ordnungswidriges Verhalten zu schmälern.[1179] Zu guter Letzt steht hinter der durch § 93 AktG geschaffenen persönlichen Haftung mittelbar der Schutz des Rechtsverkehrs. Denn die Tatsache, daß bei der AG die Person des unmittelbar Handelnden (Vorstandsmitglied) eine andere ist als die des Haftenden (AG als juristische Person), birgt die Gefahr in sich, daß der Handelnde unsorgfältiger agiert, als wenn er für sich selbst tätig wäre und persönlich haften würde.[1180]

Durch das Reformgesetz vom 9. 10. 1973 wurde § 34 GenG weitgehend der Regelung des § 93 AktG angepaßt.[1181] Was den Normzweck des § 34 GenG angeht, gilt daher das zu § 93 AktG Gesagte entsprechend.

### *b) Übertragbarkeit der Regelungszwecke auf das Vereinsrecht*

Die ersten beiden Regelungszwecke der §§ 93 AktG, 34 GenG passen auch auf die Situation des Vereins. Zunächst ist ein zwingender Schadensausgleich aufgrund einer persönlichen Haftung der Vorstandsmitglieder aus der Sicht des Vereins wirtschaftlich durchaus sinnvoll. Darüber hinaus wäre es sicherlich wünschenswert, durch eine zwingende persönliche Haftung auf das Verhalten des Vereinsvorstands einwirken zu können. Doch schon die weiteren Regelungszwekke zeigen, daß sich die zwingende Haftung der §§ 93 AktG, 34 GenG nicht auf den Vereinsvorstand übertragen läßt. Zwar obliegt auch dem Vereinsvorstand mit der Verwaltung des *Vereinsvermögens* eine treuhänderische Aufgabe. Diese ist jedoch nicht mit der eines AG- oder eG-Vorstands vergleichbar. Zum einen verwaltet der Vereinsvorstand nur das Vereins- und nicht etwa mittelbar auch das Mitgliedervermögen, denn die Vereinsmitglieder sind – anders als die Aktionäre einer AG oder die Genossen einer eG – grundsätzlich nicht am Vereinsvermögen

1176 Vgl. Großkomm / *Hopt* § 93 AktG Rn. 11 m. w. N. in Fn. 15.

1177 Vgl. Großkomm / *Hopt* § 93 AktG Rn. 11 m. w. N. in Fn. 16.

1178 Vgl. Großkomm / *Hopt* § 93 AktG Rn. 12.

1179 Vgl. Großkomm / *Hopt* § 93 Rn. 12 m. w. N. in Fn. 20.

1180 Vgl. Großkomm / *Hopt* § 93 Rn. 13 f. m. w. N. in Fn. 21.

1181 Vgl. *Müller* § 34 GenG Rn. 1 unter Hinweis auf BT-Drucks. 7 / 97 S. 23.

beteiligt.[1182] Selbst wenn die Vereinssatzung ausnahmsweise etwas anderes regelt[1183], besteht immer noch der entscheidende Unterschied, daß es bei der AG und der eG typischerweise um Kapitalbeteiligungen mit der Absicht der Gewinnerzielung geht, wovon bei den Beteiligungen von Vereinsmitgliedern keine Rede sein kann.

Darüber hinaus paßt auf den Verein auch nicht der mit den § 93 AktG, 34 GenG verfolgte Zweck, die Vorstandsmitglieder durch die zwingende persönliche Haftung dazu anzuhalten, das Gesellschaftsvermögen und damit die Haftungsmasse der Gläubiger nicht durch eine ordnungswidrige Geschäftsführung zu schmälern. Eines solchen Gläubigerschutzes bedarf es beim Verein überhaupt nicht, weil dieser nicht in einer mit der AG oder der eG vergleichbaren Weise am Wirtschafts- und Geschäftsleben teilnimmt. Dies gilt sowohl für die Häufigkeit als auch den Umfang der Geschäftsabschlüsse. Nicht die unternehmerische Zielsetzung dominiert, sondern der verfolgte nichtwirtschaftliche Zweck im Sinne des § 21 BGB. Sollte dies bei einigen Vereinen in der Praxis anders sein (z. B. in den Fußball-Bundesligen), liegt insoweit eine Rechtsformverfehlung vor.[1184] Ihnen müßte eigentlich nach § 43 II BGB die Rechtsfähigkeit entzogen werden.[1185] Das dies tatsächlich nicht geschieht, hat offenbar politische Gründe. Gegen die Erforderlichkeit eines vergleichbaren Gläubigerschutzes beim Verein spricht schließlich, daß das Schädigungspotential eines AG- oder eG-Vorstands um ein vielfaches höher als das eines Vereinsvorstands ist.

Zwar fällt beim Verein ebenso wie bei der AG und der eG die Person des unmittelbar Handelnden (Vorstandsmitglied) und die des Haftenden (Verein als juristische Person) auseinander. Die daraus resultierenden Gefahren und das Schädigungspotential sind jedoch praktisch viel geringer als bei der AG und der eG. Denn der Verein nimmt – wie bereits gesagt – nicht in vergleichbarer Weise am Wirtschafts- und Geschäftsleben teil. Der Schutz des Rechtsverkehrs erfordert bei ihm keine zwingende Innenhaftung der Vorstandsmitglieder, weil die Verkehrsinteressen in wesentlich geringerem Maße betroffen sind.

Gegen eine Übertragbarkeit des zwingenden Charakters der Haftung spricht letztlich, daß der historische BGB-Gesetzgeber die persönliche Innenhaftung der Vereinsvorstandsmitglieder nicht explizit und damit auch nicht zwingend normiert hat. Eine derartige Vorschrift wurde beim Verein offenbar nicht für notwendig gehalten. Es kann dem Gesetzgeber nicht unterstellt werden, daß er das Problem der

---

1182 Vgl. zu letzterem Soergel / *Hadding* § 38 Rn. 16 m. w. N.; *Ballerstedt* FS Knur S. 1, 4.

1183 Als Vermögensrechte der Mitglieder kommen letztlich nur Anfallbeteiligungen (§ 45 III BGB), Erträgnisbeteiligungen, Anwartschaften oder Rückgewährrechte in Betracht, vgl. Soergel / *Hadding* § 38 Rn. 18a.

1184 Siehe dazu Soergel / *Hadding* §§ 21, 22 Rn. 37 m. Nachw. in Fn. 176. Zum Fall des ADAC e.V. siehe *BGHZ* 85, 84 und Palandt / Heinrichs § 21 Rn. 3 m. w. N.

1185 Vgl. zu § 43 II BGB allg. Soergel / *Hadding* § 43 Rn. 4, 6. Siehe zur Pflicht eines e.V., nach § 14 GewO den Betrieb eines Gewerbes anzuzeigen: *BVerwG* NVwZ 1999, 766 (Scientology).

persönlichen Innenhaftung von Organwaltern juristischer Personen nicht erkannt hätte. Zum einen wurde der Antrag auf Normierung einer ausdrücklichen Innenhaftung des Vereinsvorstands während der Beratungen der Zweiten Kommission zunächst gestellt, dann aber wieder zurückgezogen.[1186] Zum anderen existierte für die Vorstandsmitglieder einer AG mit § 241 ADHGB bereits seit dem 18. 7. 1884 eine Norm, die ihre Haftung *gegenüber der Gesellschaft* explizit regelte.[1187] An dieser Regelung hielt das im Zuge der Entstehung des BGB neu bearbeite Handelsgesetzbuch vom 10. 5. 1897 in § 241 HGB fest. Dies zeigt, daß die Problematik der Innenhaftung von Organmitgliedern schon zur Zeit der Entstehung des BGB durchaus bekannt war.

Obwohl also einige Regelungszwecke der §§ 93 AktG, 34 GenG durchaus auf die Situation des Vereins zutreffen, fehlt es letztlich doch an einer hinreichenden Vergleichbarkeit der Interessenlagen. Der im Aktien- und Genossenschaftsrecht geltende *zwingende* Charakter der Innenhaftung von Vorstandsmitgliedern läßt sich deshalb nicht auf den Verein übertragen.

#### c) Ergebnis

Die persönliche Haftung der Vorstandsmitglieder gegenüber dem Verein kann mangels entgegenstehender gesetzlicher Regelung grundsätzlich abbedungen werden. Damit ist jedoch noch nichts darüber gesagt, auf welchen Wegen und in welchem Umfang die Haftung beschränkt werden kann.

## III. Wege und Grenzen von Haftungsbeschränkungen

Der *BGH* und die übrige Rechtsprechung haben sich – soweit ersichtlich – zu der Frage, ob und wie die persönliche Haftung der Vorstandsmitglieder gegenüber dem Verein beschränkt werden kann, noch nicht geäußert. Im vereinsrechtlichen Schrifttum wird die Möglichkeit einer Haftungsbeschränkung zwar gelegentlich erwähnt und bejaht, jedoch nicht begründet.[1188] Es soll deshalb im folgenden etwas genauer auf die Wege und Grenzen der Beschränkung der Innenhaftung eingegangen werden.

---

1186 Vgl. Protokolle bei *Mugdan* I S. 610.

1187 Sogar schon vor 1884 gab es mit § 241 II ADHGB vom 5. 6. 1869 eine allgemeine Regelung der persönlichen Haftung von AG-Vorstandsmitgliedern. Jedoch besagte die Vorschrift nicht, wem gegenüber die Haftung bestehen sollte. Nach der damaligen Praxis und Literatur war dies jedoch sowohl gegenüber der Gesellschaft als auch gegenüber den Gesellschaftsgläubigern der Fall, vgl. dazu *Hefermehl* FS Schilling, S. 159, 160 ff. m.Nachw. aus Rspr. und Lit.

1188 Siehe z. B. *Reichert* Rn. 1907, 1924; Sauter / Schweyer / *Waldner* Rn. 278; Staudinger / *Weick* § 26 Rn. 25; *Linnenbrink* SpuRt 2000, 55, 56; etwas ausführlicher MüKo / *Reuter* § 27 Rn. 38.

### 1. Haftungsbeschränkung durch Satzungsregelung

Zunächst bietet sich eine Beschränkung der Haftung des Vorstands gegenüber dem Verein durch *Satzungsregelung* an. Jedoch könnte sich aus § 40 BGB, genauer gesagt aus einem Umkehrschluß zu dieser Vorschrift ergeben, daß die Innenhaftung der Vorstandsmitglieder satzungsfest ist, d. h. nicht durch die Satzung abbedungen werden kann. Dagegen spricht aber, daß sich § 40 BGB – was Haftungsfragen angeht – nur auf § 31 BGB bezieht. § 31 BGB regelt die Haftung des Vereins für ein schädigendes Verhalten seiner Organwalter. Die persönliche Haftung des Vorstands gegenüber dem Verein hat hiermit nichts zu tun, sie ist – im Gegensatz zur Außenhaftung des Vorstands - nicht einmal Voraussetzung für die Haftung des Vereins aus § 31 BGB. § 40 BGB steht demnach nicht entgegen. Vielmehr ist eine Beschränkung der persönlichen Innenhaftung der Vorstandsmitglieder durch Satzungsregelung aufgrund der Vereinsautonomie zulässig.[1189] Diese gibt dem Verein das Recht, die Vereinsangelegenheiten im Rahmen des zwingenden Rechts eigenverantwortlich zu regeln.[1190] Dazu gehört auch die Befugnis, das Rechtsverhältnis des Vereins zum Vorstand *durch die Satzung* zu gestalten. Die Vereinsautonomie stellt letztlich nur eine besondere Ausprägung der allgemeinen Privatautonomie dar, welche wiederum die Normierung von Haftungsbeschränkungen erlaubt.[1191]

### 2. Haftungsbeschränkung durch Regelung in einer Vereinsordnung

Eine Beschränkung der persönlichen Haftung der Vorstandsmitglieder gegenüber dem Verein durch Regelung in einer Vereinsordnung wäre nur dann zulässig, wenn eine solche Haftungsbestimmung keine „das Vereinsleben bestimmende Grundentscheidung“[1192] und damit keinen Teil der Vereinsverfassung darstellte. Denn Belange der Vereinsverfassung sind nach der Rechtsprechung des *BGH* wegen §§ 25, 71 I 1 BGB zwingend *der Satzung* vorbehalten.[1193] Eine „das Vereinsleben bestimmende Grundentscheidung“ liegt vor, wenn die betreffende Regelung

---

1189 Im Ergebnis ebenso, allerdings ohne Begründung: *Reichert* Rn. 1907, 1924; Sauter/Schweyer/*Waldner* Rn. 278; *Eisele* S. 178; Staudinger/*Weick* § 26 Rn. 25; *Linnenbrink* SpuRt 2000, 55, 56. Die Satzung kann Bestimmungen zugunsten „Dritter“ (d. h. Nichtmitgliedern) enthalten, so daß auch Vorstandsmitglieder, die nicht zugleich Vereinsmitglieder sind, von einer solchen Regelung profitieren können, vgl. allg. für Gesellschaftsverträge *BGH* WM 1977, 1323, 1324.

1190 Vgl. statt aller etwa Soergel/*Hadding* vor § 21 Rn. 79.

1191 Siehe allg. dazu, daß sich die Möglichkeit von Haftungsbeschränkungen aus § 276 I 1 BGB, einem Umkehrschluß zu § 276 III BGB und aus der Privatautonomie ergibt oben Zweiter Teil B. I. 3. vor a) mit Nachweisen.

1192 *BGHZ* 47, 172, 177 (ohne Bezug zu Haftungsbeschränkungen). Siehe dazu oben Zweiter Teil B. I. 2.

1193 Vgl. *BGHZ* 47, 172, 177; 88, 314.

für die Vereinsmitglieder eine erhebliche Belastung darstellt, mit der sie nicht rechnen müssen.[1194] Die Beschränkung der Haftung des Vorstands *gegenüber dem Verein* hat jedoch auf die Rechtsstellung der Mitglieder überhaupt keinen Einfluß. Die Haftung des Vereins (und des Vorstands) ihnen gegenüber bleibt davon unberührt. Vielmehr geht es allein um das Rechtsverhältnis zwischen Verein und Vorstand. Da das „Vereinsleben", d. h. die Beziehung zwischen Verein und Mitgliedern, gar nicht betroffen ist, stellt die Beschränkung der Innenhaftung des Vorstands auch keine „das Vereinsleben bestimmende Grundentscheidung" dar. Eine Beschränkung der Haftung des Vorstands gegenüber dem Verein kann daher zulässigerweise in einer Vereinsordnungen geregelt werden.

### 3. Haftungsbeschränkung im Anstellungsvertrag

Rechtlich zulässig ist aufgrund der Privatautonomie ferner die Vereinbarung einer Haftungsbeschränkung zugunsten des Vorstands im *Anstellungsvertrag.*[1195] Die Zuständigkeit für den Abschluß eines Anstellungsvertrags liegt auf Seiten des Vereins nach Ansicht des *BGH* und des ganz überwiegenden Teils der Literatur grundsätzlich bei dem Organ, das auch für die *Bestellung* der Vorstandsmitglieder (organschaftliches Rechtsverhältnis) zuständig ist.[1196] Gemäß § 27 I BGB ist dies die *Mitgliederversammlung,* wenn nicht die Satzung etwas anderes bestimmt (§ 40 BGB).[1197]

Schon bei näherer Betrachtung stellt sich jedoch die Frage, ob dem einzelnen Vorstandsmitglied mit einer Haftungsbeschränkung *allein* im Anstellungsvertrag wirklich gedient ist.[1198] Sicherlich wird dadurch seine Haftung *aus diesem Vertragsverhältnis* beschränkt.[1199] Daneben steht jedoch noch die (unbeschränkte) Haftung aus dem *organschaftlichen Rechtsverhältnis.* Unproblematisch liegt der

1194 Vgl. *BGHZ* 47, 172, 177 ff.

1195 Im Ergebnis ebenso, allerdings ohne Begründung: Sauter / Schweyer / *Waldner* Rn. 278; *Reichert* Rn. 1907, 1924; *Eisele* S. 178; *Linnenbrink* SpuRt 2000, 55, 56. Vgl. allg. dazu, daß sich die Möglichkeit von Haftungsbeschränkungen aus § 276 I 1 BGB, einem Umkehrschluß zu § 276 III BGB und aus der Privatautonomie ergibt oben Zweiter Teil B. I. 3. vor a).

1196 Vgl. *BGHZ* 113, 237, 241 ff., 246 = NJW 1991, 1727; Palandt / *Heinrichs* § 26 Rn. 5 („analog § 27 I BGB"); Staudinger / *Weick* § 26 Rn. 3, § 27 Rn. 12; Soergel / *Hadding* § 27 Rn. 13; *Flume* JurP § 10 I 2; a.A. aber MüKo / *Reuter* § 27 Rn. 1, der sich gegen eine Einheit von Bestellungs- und Anstellungskompetenz ausspricht.

1197 Die Satzung kann die Bestellungs- und Anstellungskompetenz z. B. auf einen Ausschuß oder Aufsichtsrat übertragen.

1198 Dieselbe Frage stellt sich übrigens auch im umgekehrten Fall, wenn also die Haftungsbeschränkung nur im organschaftlichen Rechtsverhältnis unmittelbar geregelt ist, nicht aber im Anstellungsverhältnis.

1199 Siehe zur Frage, ob eine Haftungsbeschränkung auch die deliktische Haftung erfaßt, oben Zweiter Teil B. I. 3. vor a).

Fall, wenn im organschaftlichen Rechtsverhältnis – etwa durch Satzungsbestimmung – eine inhaltsgleiche Haftungsbeschränkung geregelt ist. Problematisch ist hingegen der Fall, wenn die Haftungsbeschränkung unmittelbar *nur* im Anstellungsvertrag vereinbart wird. Hier stellt sich die Frage, ob die Haftungsbeschränkung dann automatisch auch im organschaftlichen Rechtsverhältnis wirkt, oder ob die organschaftliche Haftung unberührt bleibt. Soweit ersichtlich ist dieses Problem bisher weder in Rechtsprechung noch Literatur näher behandelt worden.[1200] Auf der Suche nach einer befriedigenden Antwort muß sich der Blick zunächst auf das Verhältnis von Anstellungsvertrag und organschaftlichem Rechtsverhältnis richten.

### *a) Verhältnis von Anstellungsvertrag und organschaftlichem Rechtsverhältnis*

Mit der *Bestellung* eines Vorstandsmitglieds im Sinne des § 27 I BGB ist seine Berufung in das Vorstandsamt gemeint.[1201] Dadurch entsteht das *organschaftliches Rechtsverhältnis* zwischen Organmitglied und Verein. Schließt der Verein (regelmäßig durch die Mitgliederversammlung) mit dem Vorstandsmitglied zusätzlich einen Anstellungsvertrag ab, so entsteht ein *Anstellungsverhältnis*. Dieses beseitigt jedoch nicht etwa das organschaftliche Rechtsverhältnis, sondern besteht neben diesem. Obwohl das Verhältnis von Bestellung und Anstellung noch nicht abschließend geklärt ist[1202], ist mit dem *BGH* und der ganz herrschende Meinung in der vereinsrechtlichen Literatur davon auszugehen, daß *zwei rechtlich verschiedene Rechtsverhältnisse* begründet werden, die grundsätzlich voneinander zu trennen sind (Trennungstheorie).[1203] Dies ergibt sich für den Verein im Sinne des § 21 BGB schon daraus, daß der Abschluß eines Anstellungsvertrags weder von Gesetzes wegen erfolgen muß noch in der Mehrzahl der Fälle aus tatsächlichen Gründen geboten ist. Auch ohne Anstellungsvertrag existieren Regelungen für das Rechtsverhältnis zwischen Verein und Vorstand. Gemäß § 27 III BGB finden auf die Geschäftsführung des Vorstandes die Regeln der §§ 664 bis 670 BGB und damit das Auftragsrecht entsprechende Anwendung. Lediglich bei größeren Vereinen, die eine umfangreiche Geschäftsführung erfordern, wird man um den Abschluß von entgeltlichen Anstellungsverträgen nicht umhinkommen, wenn man überhaupt jemanden zur Übernahme eines Vor-

---

1200 Lediglich *Eisele* S. 79 stellt (in einem einzigen Satz) fest, daß sich eine Haftungsbeschränkung zugunsten des Vereinsorgans auf beide Rechtsbeziehungen „erstrecke". Eine Begründung für diese Sicht der Dinge liefert er hingegen nicht.

1201 Vgl. MüKo/*Reuter* § 27 Rn. 1.

1202 Vgl. zum Verein MüKo/*Reuter* § 27 Rn. 1 m. w. N.

1203 Vgl. *BGHZ* 113, 237, 242; Staudinger/*Weick* § 27 Rn. 12; *Flume* JurP § 10 I 2 (S. 345 ff.); *Reichert* Rn. 1236, 756 ff.; Sauter/Schweyer/*Waldner* Rn. 262; Soergel/*Hadding* § 27 Rn. 12 m. w. N.; siehe hingegen *Reuter* FS Zöllner S. 487 ff., der in dem Anstellungsvertrag die causa für die Bestellung sieht; gänzlich a.A. (sog. Einheitstheorie): *Baums* S. 451 f. (zusammenfassend).

standsamtes bewegen will. Dies ist jedoch ein rein *faktischer* und kein rechtlicher Zwang. Ferner spricht für die rechtliche Trennung von Anstellung und Bestellung auch § 27 II 1 BGB, wonach die Bestellung *unbeschadet* des Anspruchs auf vertragsmäßige Vergütung jederzeit widerruflich ist.

Entsprechend diesem Trennungsgrundsatz hat der *BGH* zu Recht darauf hingewiesen, daß die beiden Rechtsverhältnisse, wenn sie nicht durch Bedingungen miteinander verbunden werden, durchaus ein unterschiedliches Schicksal haben können.[1204] Primär bedeutet dies, daß das *Bestehen* des organschaftlichen Rechtsverhältnisses keine rechtliche Bedingung (§ 158 BGB) für den Bestand des Anstellungsverhältnisses ist und umgekehrt. Darüber hinaus lassen sich aus dem Trennungsgrundsatz aber auch für den *Inhalt* beider Rechtsverhältnisse Erkenntnisse gewinnen. Die Wirksamkeit eines bestimmten Inhalts im Anstellungsvertrag ist nicht dadurch bedingt, daß dieser Inhalt auch im Bestellungsverhältnis gilt.[1205] Gleiches gilt umgekehrt. Außerdem wird der Inhalt des einen Rechtsverhältnisses von Gesetzes wegen nicht automatisch zum Inhalt des anderen Rechtsverhältnisses.

Für die Vereinbarung einer Haftungsbeschränkung unmittelbar nur im Anstellungsvertrag folgt daraus, daß diese nicht dadurch rechtlich bedingt ist, daß eine gleichlautende Bestimmung auch im organschaftlichen Rechtsverhältnis vorhanden ist. Darüber hinaus wird die Haftungsbeschränkung im Anstellungsverhältnis von Gesetzes wegen nicht automatisch zum Inhalt des Bestellungsverhältnisses. Eine nur anstellungsvertraglich vereinbarte Haftungsbeschränkung scheint dem einzelnen Vorstandsmitglied demzufolge tatsächlich nicht viel zu nützen, weil es weiterhin unbeschränkt aus dem organschaftlichen Rechtsverhältnis haftet. Bei diesem Ergebnis ist bisher jedoch ein wichtiger Aspekt außer Acht geblieben: Die genaue *Auslegung* der anstellungsvertraglichen Vereinbarung.

#### *b) Auslegung der anstellungsvertraglichen Haftungsbeschränkung*

Vereinbaren die Parteien im Anstellungsvertrag eine Haftungsbeschränkung, gilt diese auf jeden Fall für die Haftung des Vorstandsmitglieds *aus diesem Vertrag*. Es ist jedoch durchaus zweifelhaft, ob sich der Regelungsgehalt der Vereinbarung darin erschöpft. Um ihre genaue Tragweite erfassen zu können, bedarf es deshalb der *Auslegung* des Anstellungsvertrags, insbesondere der darin enthaltenen Haftungsbeschränkung.

---

1204 Vgl. *BGHZ* 113, 237, 242; ebenso etwa Soergel/*Hadding* § 27 Rn. 13; siehe zur möglichen Koppelung des Dienstvertrags an das Bestehen der Organstellung *BGH* WM 1989, 1246 (zur AG).

1205 Anderes gilt nur, soweit von den nach § 27 III BGB geltenden §§ 664–670 BGB abgewichen werden soll. Eine solche Abweichung muß die Satzung wegen § 40 BGB selbst regeln oder zumindest zulassen, vgl. oben Vierter Teil A. II.

Die Vertragsauslegung beginnt immer mit der Auslegung der einzelnen Erklärungen der Parteien.[1206] Da es sich hier um empfangsbedürftige Willenserklärungen handelt, ist der objektive Empfängerhorizont maßgeblich. Danach wird den übereinstimmenden Erklärungen beider Parteien regelmäßig zu entnehmen sein, daß das Vorstandsmitglied etwa nur für Vorsatz und grobe Fahrlässigkeit oder nur bis zu einer bestimmten betragsmäßigen Höchstgrenze haften soll. Viel interessanter ist aber die Frage, ob die Erklärungen so zu verstehen sind, daß sie sich nur auf die Haftung aus dem Anstellungsvertrag beziehen, oder ob sie nicht vielmehr auch die Haftung aus dem organschaftlichen Rechtsverhältnis umfassen. Letztere Verständnisvariante kann jedenfalls nicht schon mit dem Argument verworfen werden, die organschaftliche Haftung lasse sich gar nicht durch Vertrag, sondern nur durch *die Satzung* beschränken. Da sich die organschaftliche Haftung aus allgemeinen Grundsätzen und nicht aus den §§ 664 bis 670 BGB ergibt[1207], finden §§ 27 III, 40 BGB und damit der Satzungsvorbehalt keine Anwendung. Eine vertragliche Beschränkung der organschaftlichen Haftung ist demzufolge durchaus möglich.

Vertragsauslegung bedeutet auch *erläuternde Auslegung,* und zwar in dem Sinne, daß versucht wird, den übereinstimmenden *wirklichen Willen* der Parteien zu ermitteln, soweit er sich aus der Sicht eines objektiven Empfängers irgendwie noch im Wortlaut der Erklärungen manifestiert hat (vgl. § 133, 157 BGB).[1208] Dabei können als Anhaltspunkte und Hilfsmittel der Auslegung die gesamten Umstände der Erklärungen herangezogen werden.[1209] Einigen sich Vorstandsmitglied und Verein im Rahmen eines Anstellungsvertrages auf die Beschränkung der persönlichen Haftung, ist folgendes zu beachten: Es wäre aus der Sicht beider Parteien sinnwidrig, nur die Haftung aus dem Anstellungsvertrag zu beschränken. Denn damit wäre die Vereinbarung für das Vorstandsmitglied weitgehend nutzlos. *Wenn* sich Verein und Vorstand aber schon anläßlich des Abschlusses des Anstellungsvertrages auf eine Haftungsbeschränkung einigen, muß davon ausgegangen werden, daß sie dies in einem das gesamte Rechtsverhältnis der beiden Parteien umfassenden Sinn tun wollen. Dafür spricht ferner, daß die Parteien das Rechtsverhältnis zwischen Vorstand und Verein in der Praxis regelmäßig als ein *einheitliches Rechtsverhältnis* betrachten. Mag es sich *rechtlich* gesehen zwar um zwei verschiedene Rechtsverhältnisse handeln, so steht doch fest, daß zwischen ihnen ein „enger sachlicher Zusammenhang" besteht, sie mithin „als innerlich zusammengehörig erscheinen".[1210] Die Summe aller Rechte und Pflichten ergibt sich erst aus beiden

---

1206 Vgl. Larenz / *Wolf* BGB AT § 33 Rn. 6 (S. 630).

1207 Vgl. dazu oben Vierter Teil A. III.

1208 Vgl. Larenz / *Wolf* BGB AT § 33 Rn. 8 (S. 631), § 28 Rn 16 ff. (S. 536 ff.).

1209 Vgl. Larenz / *Wolf* BGB AT § 28 Rn. 35 (S. 543 f.) mit dem Hinweis, daß *Gegenstand* der Auslegung jedoch weiterhin die Willenserklärungen bleiben.

1210 *BGHZ* 113, 237, 242, u. a. mit dem Hinweis darauf, daß eine als entgeltliches Vorstandsmitglied vorgesehene Person regelmäßig das Amt nicht annehmen wird, solange nicht auch das Anstellungsverhältnis geregelt ist.

Rechtsverhältnissen zusammen. Sowohl für den Verein als auch für das Vorstandsmitglied haben die zwei Rechtsverhältnisse also zu Recht eine *einheitliche Bedeutung*. Vereinbaren die Parteien im Anstellungsvertrag eine Haftungsbeschränkung, wollen sie damit die *gesamte* Rechtsstellung des Vorstandsmitglieds erfassen, also sowohl die aus dem Anstellungsverhältnis als auch die aus dem organschaftliche Rechtsverhältnis. Dieser Sinngehalt mag sich zwar nicht auf den ersten Blick aus einer Vertragsformulierung, die nur allgemein von „Haftung" spricht, ergeben, ist aber von einem solchen Wortlaut noch gedeckt und entspricht ganz regelmäßig dem Willen der Parteien.

Eine im Anstellungsvertrag vereinbarte Haftungsbeschränkung erstreckt sich daher aufgrund ihrer Auslegung auch auf das organschaftliche Rechtsverhältnis.[1211] Etwas anderes kann nur bei Vorliegen besonderer Umstände gelten, etwa wenn der Parteivereinbarung ein Hinweis zu entnehmen ist, daß nur die Haftung aus dem Anstellungsvertrag geregelt werden sollte.

### c) Auseinanderfallen von Anstellungs- und Bestellungskompetenz

Ein Problem ergibt sich jedoch, wenn aufgrund einer Satzungsregelung unterschiedliche Organe für Bestellung und Anstellung zuständig sind. Nach Ansicht des *BGH* und der überwiegenden vereinsrechtlichen Literatur ist dies durchaus möglich.[1212] In diesem Fall läuft die Auslegung einer Haftungsbeschränkung mit dem Ziel ihrer Erstreckung auf das jeweils andere Rechtsverhältnis ins Leere, weil dem handelnden Organ die *Kompetenz* zur Regelung der Bedingungen in dem anderen Rechtsverhältnis fehlt.[1213] Dementsprechend gilt die Haftungsbeschränkung nur in dem Rechtsverhältnis, in dem sie von dem *zuständigen Organ* unmittelbar geregelt oder vereinbart wurde.

Die Inanspruchnahme eines Vorstandsmitglieds aus dem „haftungsbeschränkungsfreien" Rechtsverhältnis könnte jedoch auf Seiten des Vereins eine *unzulässige Rechtsausübung* im Sinne des § 242 BGB darstellen. Es ließe sich argumentieren, der Verein verhalte sich *rechtsmißbräuchlich,* wenn er ein Vorstandsmitglied aus dem einen Rechtsverhältnis in Anspruch nehme, obwohl in dem anderen Rechtsverhältnis eine die Haftung beschränkende Regelung gelte. Die Anwendung des § 242 BGB würde dann dazu führen, daß der Verein den Anspruch (auch) in dem „haftungsbeschränkungsfreien" Rechtsverhältnis nicht oder nur entsprechend

---

[1211] Umgekehrt wird die Auslegung einer nur im organschaftlichen Rechtsverhältnis geregelten Haftungsbeschränkung ergeben, daß sich diese auch auf die Haftung aus dem Anstellungsverhältnis bezieht.

[1212] Siehe *BGHZ* 113, 237, 241, 245, 246; *Reichert* Rn. 1239; Staudinger/*Weick* § 27 Rn. 12; Soergel/*Hadding* § 27 Rn. 6 f., 13; Sauter/Schweyer/*Waldner* Rn. 263.

[1213] Die rechtsgeschäftlichen Vereinbarungen, die ein unzuständiges Organ mit einem Dritten trifft, sind unwirksam, wenn nicht die Zustimmung des zuständigen Organs vorliegt, vgl. allg. *BGHZ* 113, 237, 239, 246 ff. (zum Verein).

der Haftungsbeschränkung geltend machen könnte.[1214] Zu beachten ist jedoch, daß der Verein einen Anspruch verfolgt, der gerade deshalb keiner Haftungsbeschränkung unterliegt, weil das *zuständige* Organ nicht gehandelt und das *unzuständige* zwar gehandelt hat, wegen seiner Unzuständigkeit aber keine Haftungsbeschränkung in dem betreffenden Rechtsverhältnis herbeiführen konnte. Das Verhalten des Vereins entspricht also exakt seiner (rechtlich zulässigen) internen Kompetenzverteilung. Von einem rechtsmißbräuchlichen Verhalten kann daher weder im engeren noch im weiteren Sinne die Rede sein.[1215] Wollte man den Verein über § 242 BGB an der Geltendmachung des eigentlich „haftungsbeschränkungsfreien" Anspruchs hindern, hieße dies *im Ergebnis,* seine rechtlich zulässige Kompetenzordnung wieder aufzuheben und ihm ohne Vorliegen besonderer Gründe (z. B. Rechtsscheinsgrundsätze) das Verhalten des unzuständigen Organs voll zuzurechnen. Für ein solches Vorgehen besteht jedoch keine Veranlassung.

Bei Auseinanderfallen von Anstellungs- und Bestellungskompetenz ist die nur in einem von beiden Rechtsverhältnissen geregelte Haftungsbeschränkung für das betroffene Vorstandsmitglied tatsächlich weitgehend nutzlos, weil die Haftung aus dem jeweils anderen Rechtsverhältnis unbeschränkt bleibt. Auch wenn diese Rechtslage für die Vorstandsmitglieder im Ergebnis unbefriedigend sein mag, ist sie doch gerechtfertigt. Sind unterschiedliche Organe für Bestellung und Anstellung zuständig, muß den betroffenen Parteien von vornherein klar sein, daß das jeweilige Organ nur Regelungen mit Wirkung für das „eigene" Rechtsverhältnis treffen kann. Ein anderes Ergebnis können die Beteiligten nur erzielen, wenn sie in beiden Rechtsverhältnissen *ausdrückliche* Regelungen herbeiführen, die sich (idealerweise) inhaltlich entsprechen.

### *d) Haftungsverlagerungsklauseln im Anstellungsvertrag*

Wie bereits dargelegt, finden die arbeitsrechtlichen Grundsätze zur Haftungsmilderung bei betrieblich veranlaßter Arbeit auf die Vorstandsmitglieder von Vereinen keine Anwendung.[1216] Es ist jedoch aufgrund der Privatautonomie möglich, ihre Geltung *durch Rechtsgeschäft* zwischen dem Verein und dem Vorstand zu vereinbaren. Bezüglich der Auswirkungen der Grundsätze darf hier auf die bereits an früherer Stelle gemachten Ausführungen verwiesen werden.[1217] Eine solche Ver-

1214 Siehe allg. zur Rechtsfolge der unzulässigen Rechtsausübung statt aller MüKo/*Roth* § 242 Rn. 359 ff.

1215 Rechtsmißbräuchliches Verhalten *im engeren Sinne* liegt vor, wenn die Rechtsausübung als solche nach ihrer Art und Weise ungehörig ist, Pflichten verletzt oder überhaupt kein schutzwürdiges Interesse in sich trägt, vgl. etwa Müko/*Roth* § 242 Rn. 380 ff. Rechtsmißbräuchliches Verhalten *im weiteren Sinne* umfaßt auch mißbilligtes früheres Verhalten, Widerspruch zu früherem Verhalten, Mangel an korrespondierendem Verhalten und wenn die Abwägung der objektiven Interessen den Mißbrauchsgedanken trägt, vgl. MüKo/*Roth* § 242 Rn. 386 ff., 423 ff., 521 ff., 537 ff. mit zahlreichen Nachw. aus der Rspr.

1216 Siehe oben Vierter Teil B. I. 1. c) und d).

einbarung wäre aus der Sicht des Vorstands sogar nicht nur für die Fälle der Innen-, sondern auch für die der *Außenhaftung* interessant. Denn nach den arbeitsrechtlichen Grundsätzen kann der Arbeitnehmer unter bestimmten Voraussetzungen vom Arbeitgeber verlangen, von der Außenhaftung freigestellt zu werden oder einen bereits geleisteten Schadensersatz erstattet zu bekommen.[1218] Dies würde im Falle einer vertraglichen Vereinbarung auch für die Vorstandsmitglieder gelten. Ein solcher „arbeitsrechtlicher" Anspruch wäre interessant, weil der schon von Gesetzes wegen bestehende, sich aus §§ 27 III, 670 BGB ergebende Freistellungs- und Erstattungsanspruch bei *entgeltlich* tätigen Vorstandsmitgliedern lediglich für unverschuldete Zufallsschäden und nur beim unentgeltlich tätigen Vorstand auch für (mit-)verschuldete Schäden gilt.[1219] Wollen die Parteien nicht die gesamten Innenwirkungen der arbeitsrechtlichen Grundsätze zur Geltung bringen, so können sie aufgrund der Privatautonomie selbstverständlich auch nur einen über §§ 27 III, 670 BGB hinausgehenden Freistellungs- und Erstattungsanspruch vereinbaren.

### 4. Haftungsbeschränkung durch Vereinsobservanz

Nachdem die Zulässigkeit einer Haftungsbeschränkung in Satzung, Vereinsordnung und Anstellungsvertrag bejaht werden konnte, bleibt zu untersuchen, ob sich eine Haftungsbeschränkung nicht auch aus einer von entsprechender Akzeptanz getragenen ständigen Übung des zuständigen Organs ergeben kann (Vereinsobservanz).[1220]

Wie bereits festgestellt werden konnte, gehört Vereinsobservanz nicht zu den Rechtsquellen der Verfassung des eingetragenen Vereins.[1221] Die Beschränkung der persönlichen Haftung des Vorstands gegenüber dem Verein stellt jedoch gar keine Frage der Vereinsverfassung dar. Deshalb können sich dahingehende Haftungsbeschränkungen auch aus Vereinsobservanz ergeben.[1222]

### 5. Allgemeine Grenzen der Beschränkung der Innenhaftung des Vorstands

Nachdem zuvor auf die verschiedenen *Wege* der Haftungsbeschränkung eingegangen wurde, sollen nun noch die *rechtlichen Grenzen* möglicher Regelungen untersucht werden. In jedem Fall müssen die Haftungsbeschränkungen klar und

---

1217 Siehe oben Vierter Teil B. I. 1. vor a).

1218 Vgl. oben Vierter Teil B. I. 1. vor a).

1219 Siehe dazu oben Vierter Teil B. I. 4.

1220 Siehe allg. zum Gewohnheitsrecht Larenz / *Wolf* BGB AT § 3 Rn. 23 ff. und zur Vereinsobservanz oben Zweiter Teil B. I. 6.

1221 Vgl. oben Zweiter Teil B. I. 6. a).

1222 So auch *Eisele* S. 179 f.; *Reichert* Rn. 1907, 1924 (ohne Begründung).

eindeutig formuliert sein.[1223] Darüber hinaus sind Haftungsbeschränkungen nach ständiger Rechtsprechung im Zweifel eher eng und gegen den auszulegen, der die Haftung abbedingen will.[1224] Die Regelungen müssen deshalb klar und unmißverständlich formuliert sein. Bezüglich konkludenter Haftungsbeschränkungen und solcher aufgrund ergänzender Auslegung gelten die Ausführungen zur Beschränkung der Haftung des Vereins entsprechend.[1225] Zwar umfassen Haftungsbeschränkungen *regelmäßig* nicht nur die vertragliche, sondern auch die deliktsrechtliche Haftung.[1226] Nach Ansicht des *BGH* und Teilen der Literatur muß dies jedoch nicht immer so sein.[1227] Vielmehr soll nach allgemeinen Auslegungsgrundsätzen (§§ 133, 157 BGB) zu entscheiden sein, was im Einzelfall Inhalt der Regelung ist. Jedenfalls dann, wenn die Klausel so allgemein gehalten ist, daß sie jeden Schaden umfaßt, schließt sie nach Ansicht des *BGH im Zweifel* sowohl vertragliche als auch deliktische Ansprüche aus.[1228] Eine ausdrückliche Erstreckung auf die Deliktshaftung ist somit regelmäßig entbehrlich. Gänzliche Sicherheit bietet jedoch nur eine explizite Regelung.

### *a) Objektiver Pflichtenumfang*

Grundsätzlich zulässig ist es, den objektiven Pflichtenumfang eines Vorstandsmitglieds im Verhältnis zum Verein zu begrenzen.[1229] Für die sich aus §§ 27 III, 664 bis 670 BGB ergebenden Pflichten folgt dies aus § 40 BGB.[1230] Nach dieser

---

1223 Vgl. allg. *BGH* VersR 1956, 301; NJW 1977, 2158, 2159; NJW 1992, 907, 908 (st. Rspr.); siehe dazu oben Zweiter Teil B. I. 3. a).

1224 Vgl. allg. *RGZ* 142, 353, 355 f.; *BGHZ* 22, 90, 96; 40, 65, 69; 47, 312, 318; 54, 299, 305; 63, 333; 67, 359, 366; 88, 228, 231; *BGH* NJW 1978, 261; NJW 1986, 2727, 2758; NJW 1992, 907, 908 (st. Rspr.); ebenso die ganz h.M. in der Lit., vgl. etwa Soergel/*Wolf* § 157 Rn. 97; Palandt/*Heinrichs* § 276 Rn. 36; MüKo/*Grundmann* § 276 Rn. 173; *Meyer* S. 9 f.

1225 Siehe Zweiter Teil B. I. 3. b).

1226 Vgl. allg. Soergel/*Zeuner* vor § 823 Rn. 43; MüKo/*Kramer* § 241 Rn. 35; a.A. Staudinger/*Löwisch* § 276 Rn. 115, der bei der Frage der „Erstreckung" auf die Auslegung der Haftungsbeschränkung im Einzelfall abstellt. Siehe allg. dazu, daß Haftungsbeschränkungen auch für deliktische Ansprüche zulässig sind: *RGZ* 88, 433, 436; *BGHZ* 9, 295, 306; RGRK/*Steffen* vor § 823 Rn. 56 f.; Erman/*Battes* § 276 Rn. 81; a.A. *Deutsch* VersR 1974, 301, 305 f.

1227 Vgl. *BGHZ* 67, 359, 366 f. (Hersteller); *BGH* VersR 1971, 617 (Lagerhalter); WM 1975, 579 (Architekt); Palandt/*Heinrichs* § 276 Rn. 36; MüKo/*Kramer* § 241 Rn. 35 („einzelfallbezogene Interpretation"); Staudinger/*Löwisch* § 276 Rn. 115; ähnlich MüKo/*Grundmann* § 276 Rn. 37 m. umfangr. Nachw. aus der Rspr. in Fn. 69.

1228 Vgl. *BGHZ* 64, 355, 359 f.; *BGH* NJW 1962, 388, 389; NJW 1979, 2148, 2149.

1229 Vgl. MüKo/*Reuter* § 27 Rn. 38. Ebenso für den GmbH-Geschäftsführer *Heisse* S. 105.

1230 Vgl. *Windel* KTS 1991, 477, 495; Sauter/Schweyer/*Waldner* Rn. 262, 277; Soergel/*Hadding* § 27 Rn. 23; MüKo/*Reuter* § 27 Rn. 39. § 666 und § 667 BGB können hingegen *nicht vollständig* abbedungen werden, vgl. Staudinger/*Weick* § 27 Rn. 23 ff.; *Linnenbrink* SpuRt 1999, 224, 226.

Vorschrift kann die Satzung eine abweichende Regelung treffen. Dies schließt die Abbedingung und Abänderung von Pflichten mit ein. Die Satzung kann aber auch nur die Abbedingung zulassen und die eigentliche Entscheidung einer Vereinsordnung oder dem Anstellungsvertrag überlassen.[1231] Was die übrigen Pflichten angeht, ergibt sich die Möglichkeit einer Abbedingung allgemein aus der Privatautonomie. Etwas anderes gilt nur, wenn eine Pflicht den Vorstandsmitgliedern nach dem Gesetz zwingend obliegt, wie etwa die Insolvenzantragspflicht nach § 42 II 1 BGB, die den Vorstand auch gegenüber dem Verein trifft. Insoweit kann der Pflichtenumfang und -inhalt nicht eingeschränkt werden. Festzuhalten bleibt, daß ein Vorstandsmitglied, welches nicht (mehr) Adressat einer bestimmten Pflicht ist, insoweit auch nicht pflichtwidrig handeln und sich schadensersatzpflichtig machen kann. Dies gilt jedoch nur für die Haftung gegenüber dem Verein, weil eine diesem gegenüber geltende Haftungsbeschränkung nicht auch gegenüber Dritten (Vereinsmitgliedern und Außenstehenden) wirkt.

#### *b) Beschränkung des Haftungsmaßstabs*

##### aa) Sorgfalt in eigenen Angelegenheiten (§ 277 BGB)

Theoretisch möglich und rechtlich zulässig wäre eine Regelung, nach der die Vorstandsmitglieder gegenüber dem Verein nur für diejenige Sorgfalt einzustehen haben, die sie in eigenen Angelegenheiten anzuwenden pflegen (§ 277 BGB).[1232] Praktisch gesehen wird eine derartige Regelung jedoch so gut wie nie anzutreffen sein. Die Mitgliederversammlung bestellt die Vorstandsmitglieder gerade deshalb, weil sie von ihnen die sorgfältige Leitung des Vereins erwartet. Dabei wird regelmäßig die Anwendung eines allgemeinen Sorgfaltsmaßstabs und nicht der diligentia quam in suis erwartet. Vorstandsmitglieder werden es also in der Praxis schwer haben, eine solche Regelung durchzusetzen.

##### bb) Ausschluß der Haftung für Vorsatz und Fahrlässigkeit

Im Gegensatz zur Rechtslage bei AG, GmbH und eG ist die Innenhaftung der Vorstandsmitglieder eines Vereins weitgehend dispositiv.[1233] Was die rechtlichen Grenzen angeht, sind die allgemeinen bürgerlich-rechtlichen Vorschriften, insbesondere § 276 BGB zu beachten. Nach dessen Absatz 1 Satz 1 haftet – übertragen auf die hier zu untersuchende Situation – der Vorstand dem Verein für Vorsatz und Fahrlässigkeit, wenn eine mildere Haftung nicht „bestimmt" ist. Beim anderweiti-

---

1231 Vgl. dazu bereits oben Vierter Teil A. II.

1232 Vgl. allg. zur Zulässigkeit der Vereinbarung dieses Haftungsmaßstabs *BGH* BB 1954, 702; Staudinger / *Löwisch* § 277 Rn. 4.

1233 Siehe zur Innenhaftung der Leitungsorgane in AG, GmbH und eG bereits oben Vierter Teil B. II.

gen „Bestimmen“ ist in jedem Fall § 276 III BGB zu beachten. Demnach kann dem Vorstand seine Haftung für ein vorsätzliches Verhalten nicht im voraus erlassen werden, was sowohl einen Haftungsausschluß als auch eine Haftungsbegrenzung umfaßt.[1234] Dies gilt für die Haftung aus bestehenden Schuldverhältnissen (z. B. Vertrag) ebenso wie für die deliktische Haftung.[1235] Hingegen ist eine Beschränkung der Haftung für einfache und grobe Fahrlässigkeit jedenfalls mit § 276 BGB vereinbar und grundsätzlich zulässig.

Nach einer zum Recht der GmbH vertretenen Auffassung soll dort die Innenhaftung für *grobe Fahrlässigkeit* nicht beschränkt werden können. Begründet wird dies damit, daß das Vermögen der GmbH ein gebundenes Sondervermögen darstelle, das als Haftungsgrundlage für Dritte zu dienen bestimmt sei. Der Umgang mit diesem Vermögen könne deshalb nicht beliebig freigestellt werden.[1236] Diese Argumentation läßt sich nicht auf den Verein übertragen, weil das Gesetz bei ihm schon kein gebundenes Sondervermögen zum Schutze der Gläubiger vorsieht. Der Gläubigerschutz ist beim eingetragenen nichtwirtschaftlichen Verein kein geeigneter Ansatzpunkt für die Grenzen von Haftungsbeschränkungen.[1237] Haftungsbeschränkungen für grobe Fahrlässigkeit sind daher beim Vereinsvorstand grundsätzlich zulässig. In der Praxis dürfte es für die Vorstandsmitglieder jedoch schwierig sein, den Verein zu solchen Beschränkungen zu bewegen.

Zu beachten ist allerdings, daß einer *grundsätzlich* zulässigen Haftungsbeschränkung für einfache oder grobe Fahrlässigkeit *im Einzelfall* aufgrund einer alle Umstände berücksichtigenden umfassenden Interessenabwägung das Gebot von Treu und Glauben (§ 242 BGB) entgegenstehen kann.[1238] Hier gelten die Ausführungen zur Beschränkung der Haftung des Vereins entsprechend.[1239] Ein solcher Verstoß gegen § 242 BGB stellt jedoch die Ausnahme dar. Nach der Rechtsprechung sind Haftungsbeschränkungen jedenfalls *grundsätzlich* auch nicht sittenwidrig.[1240] Anderes kann jedoch wiederum in Ausnahmefällen aufgrund einer alle Umstände berücksichtigenden umfassenden Interessenabwägung gelten.[1241] Wird die Haftungs-

---

1234 Vgl. Soergel / *Wolf* § 276 Rn. 200; Staudinger / *Löwisch* § 276 Rn. 105; Palandt / *Heinrichs* § 276 Rn. 35.

1235 § 276 III BGB gilt unmittelbar nur für die Haftung aus bestehenden Schuldverhältnissen, als allgemeiner Rechtsgedanke jedoch auch für die deliktische Haftung.

1236 So etwa Baumbach / Hueck / *Zöllner* § 43 GmbHG Rn. 1d.

1237 Vgl. *Eisele* S. 149 ff.

1238 Vgl. allg. *RGZ* 168, 321, 329; *BGHZ* 20, 164; 71, 228; *OLG Karlsruhe* VersR 1969, 287, 288; Soergel / *Zeuner* vor § 823 Rn. 66; Erman / *Werner* § 242 Rn. 125; Staudinger / *Löwisch* § 276 Rn. 112.

1239 Siehe oben Zweiter Teil B. I. 3. a).

1240 Siehe allg. etwa *RG* JW 1934, 473; *BGH* WuW 1963, 813; auch Soergel / *Wolf* § 276 Rn. 201.

1241 Vgl. allg. Soergel / *Wolf* § 276 Rn. 201; Soergel / *Zeuner* vor § 823 Rn. 66; RGRK / *Steffen* vor § 823 Rn. 57; Erman / *Battes* § 276 Rn. 83; Staudinger / *Löwisch* § 276 Rn. 112. Siehe auch *OLG Karlsruhe* VersR 1969, 287, 288 (Sittenwidrigkeit allerdings verneint).

beschränkung durch Allgemeine Geschäftsbedingungen vereinbart, sind die §§ 305 ff. BGB zu beachten. Hier ist insbesondere die Inhaltskontrolle nach §§ 307 ff. BGB wichtig. Insoweit kann ebenfalls auf die Ausführungen zur Beschränkung der Haftung des Vereins verwiesen werden.[1242]

#### c) *Summenmäßige Haftungsbegrenzung*

Ist der *Ausschluß* der Innenhaftung für einfache und grobe Fahrlässigkeit rechtlich möglich, so ist auch die summenmäßige *Begrenzung* der Haftung in diesem Bereich zulässig. Denn wenn es schon möglich ist, die Haftung völlig abzubedingen, dann muß die summenmäßige Beschränkung als ein „Minus" zum Totalausschluß erst recht zulässig sein.[1243] Hingegen bleibt es bei vorsätzlichem Verhalten bei § 276 III BGB, so daß hier auch eine summenmäßige Begrenzung nicht vereinbart werden kann.

### 6. Haftungsbeschränkung durch Ressortverteilung

Abschließend soll noch auf die Möglichkeit der Haftungsbeschränkung durch Schaffung einer *Ressortverteilung* eingegangen werden. In der Vereinspraxis ist die ressortmäßige Aufteilung der Geschäftsführungsaufgaben auf mehrere Vorstandsmitglieder durchaus üblich. Unstreitig dient dieses Vorgehen einer ordnungsgemäßen und effektiven Aufgabenerfüllung, indem es die zu erledigende Arbeit besser organisiert und den Vorstandsmitgliedern eine Spezialisierung erlaubt. Haftungsrechtlich stellt sich jedoch die Frage, ob die Ressortverteilung dazu führt, daß das einzelne Vorstandsmitglied *gegenüber dem Verein (Innenverhältnis)* nur noch für die ordnungsgemäße Führung der Geschäfte *in seinem eigenen Ressort* haftet. Der *BGH* hat diese Frage für den Verein noch nicht entschieden. In der vereinsrechtlichen Literatur spricht man sich ganz überwiegend für eine grundsätzlich haftungsbeschränkende Wirkung aus.[1244] Umstritten ist dabei lediglich, ob nicht wenigstens eine gegenseitige Überwachungspflicht der Vorstandsmitglieder bestehen bleibt. Die herrschende Meinung *verneint* dies.[1245] Dabei fällt auf, daß die

---

1242 Siehe zur Inhaltskontrolle nach §§ 307 ff. BGB oben Zweiter Teil B. I. 4. c).

1243 Vgl. allg. zu einem argumentum a maiore ad minus von der Zulässigkeit eines Haftungsausschlusses auf die Zulässigkeit einer Haftungsbegrenzung Staudinger / *Löwisch* § 276 Rn. 22.

1244 Vgl. *Stöber* Rn. 287a; Sauter / Schweyer / *Waldner* Rn. 250; *Reichert* Rn. 1486, 1490, 1492 f.; Müko / *Reuter* § 27 Rn. 40; Soergel / *Hadding* § 27 Rn. 23; *Linnenbrink* SpuRt 2000, 55, 57; im Ergebnis auch Erman / *H.P. Westermann* § 27 Rn. 7.

1245 Vgl. Sauter / Schweyer / *Waldner* Rn. 250 (aber für eine später einsetzende Überwachungspflicht); Erman / *H.P. Westermann* § 27 Rn. 7; Soergel / *Hadding* § 27 Rn. 23; im Ergebnis auch MüKo / *Reuter* § 27 Rn. 40; für eine Überwachungspflicht hingegen *Reichert* Rn. 1493; RGRK / *Steffen* § 27 Rn. 7.

Ansichten in der Literatur weitgehend ohne Argumentation und ohne Begründung vertreten werden. Die vorhandenen Stimmen können deshalb keinen entscheidenden Beitrag zur Beantwortung der Frage nach der haftungsbeschränkenden Wirkung von Ressortverteilungen leisten.

Für die persönliche *Außenhaftung* der Vorstandsmitglieder konnte eine haftungsbeschränkende Wirkung von Ressortverteilungen nach der hier vertretenen Ansicht mit gewissen Einschränkungen bejaht werden.[1246] Es stellt sich die Frage, ob sich dieses Ergebnis nicht auf die *Innenhaftung* übertragen läßt.

### *a) Übertragbarkeit der Grundsätze zur Außenwirkung von Ressortverteilungen auf die Innenhaftung der Vorstandsmitglieder*

Nach der hier vertretenen Auffassung führen Ressortverteilungen dazu, daß sich die persönliche *Außenhaftung* der einzelnen Vorstandsmitglieder jedenfalls grundsätzlich auf ihr eigenes Ressort beschränkt.[1247] In gewissem Umfang bleiben sie aber für die Geschäftsführung im ganzen verantwortlich. Die Ressortverteilung beschränkt ihre Außenhaftung insoweit, als daß sie im Hinblick auf die ihnen nicht zugewiesenen Ressorts lediglich noch eine Überwachungspflicht trifft. Zu beachten ist, daß diese Beschränkung nur so lange und so weit gilt, wie kein Anlaß zur Annahme besteht, daß in einem Ressort die Geschäfte nicht mehr ordnungsgemäß geführt werden.

Die Wirkung von Ressortverteilungen auf die persönliche *Außenhaftung* beruht dabei maßgeblich auf dem *Grundsatz der Gesamtverantwortung* aller Vorstandsmitglieder für die Geschäftsführung.[1248] Um nun einer Ressortverteilung *im Innenverhältnis* dieselbe haftungsbeschränkende Wirkung zusprechen zu können, müßte für die Haftung im Innenverhältnis, d. h. gegenüber dem Verein, ebenfalls das Prinzip der Gesamtverantwortung gelten. Nur dann wäre eine Übertragung der für die Außenhaftung entwickelten Grundsätze gerechtfertigt. Was die Innenpflichten des Vorstands und die damit verbundene Innenhaftung angeht, ist dabei folgendes zu beachten: Die organschaftliche Pflicht zur Geschäftsführung trifft die Vorstandsmitglieder gerade *gegenüber dem Verein* und nicht gegenüber Dritten.[1249] Daß die Geschäftsführungspflicht Auswirkungen auch auf die Außenhaftung hat, liegt nur daran, daß es bei letzterer unter anderem darauf ankommt, wem *intern* die Geschäftsführungspflichten zugewiesen sind. Die Regelungen des BGB-Vereinsrechts sehen eine Aufteilung der *internen* Geschäftsführungspflichten nach Ressorts nicht vor. Daraus läßt sich nur der Schluß ziehen, daß nach dem gesetzlichen

1246 Vgl. dazu ausführlich oben Dritter Teil B. I. 4. und 7.

1247 Vgl. dazu und zum folgenden oben Dritter Teil B. I. 4. und 7.

1248 Vgl. oben Dritter Teil B. I. 2. und 3.

1249 Vgl. Soergel/*Hadding* § 27 Rn. 21, 23; vgl. auch *RG* v. 4. 10. 1904, RGZ 59, 49 f. (zum Vorstand einer eG) und *OLG Düsseldorf* MDR 1983, 488 (zum e.V.).

Grundmodell jedes einzelne Vorstandsmitglied wegen § 27 III BGB die organschaftliche Pflicht *gegenüber dem Verein* trifft, dessen Geschäfte *im ganzen* zu führen. Wie der *BFH* zutreffend formuliert hat, umfaßt die „Geschäftsführung" aber nicht in erster Linie die „Besorgung eines bestimmten Geschäftsbereichs", sondern die „verantwortliche Leitung der Geschäfte in ihrer Gesamtheit".[1250] Deshalb obliegt jedem Vorstandsmitglied *gegenüber dem Verein* die organschaftliche Pflicht, nach „besten Kräften für *alle* Zweige der Geschäftsführung zu sorgen".[1251] Der kraft ihres Amtes geltende Grundsatz der Gesamtverantwortung aller Vorstandsmitglieder „entstammt" also originär dem *Innenverhältnis* zum Verein. Deswegen ist es nur konsequent, die für die Außenhaftung geltenden Grundsätze der haftungsbeschränkenden Wirkung von Ressortverteilungen gerade auch auf die Innenhaftung der Vorstandsmitglieder gegenüber dem Verein anzuwenden. Was für die Außenhaftung gilt, muß in diesem Fall *erst recht* für die Innenhaftung gelten.

Für die Innenhaftung gilt darüber hinaus, daß jedenfalls solche Ressortverteilungen, die durch die Satzung, eine Vereinsordnung, den Anstellungsvertrag oder einen Beschluß der Mitgliederversammlung erfolgen, bereits den Pflichtenkreis der Vorstandsmitglieder begrenzen und auf diesem Wege zu einer Haftungsbeschränkung führen.[1252] Dieses Argument geht jedoch fehl bei Ressortverteilungen durch vorstandseigene Geschäftsordnungen, sonstige Vereinbarungen der Vorstandsmitglieder untereinander und bei rein faktischen Aufgabenteilungen. Denn der Vorstand kann nicht selbst und einseitig seine Pflichten gegenüber dem Verein verkürzen. Dazu fehlt im schlichtweg die Kompetenz.

### *b) Fazit*

Ressortverteilungen beschränken die Verantwortlichkeit und Haftung der Vorstandsmitglieder nicht nur im Außenverhältnis, sondern auch *gegenüber dem Verein* grundsätzlich auf ihr eigenes Ressort. Wegen des Prinzips der Gesamtverantwortung bleiben sie aber in gewissem Umfang für die Geschäftsführung im ganzen verantwortlich. Dabei begrenzt die Ressortverteilung die Haftung der Vorstandsmitglieder gegenüber dem Verein insoweit, als daß sie im Hinblick auf die den anderen Vorstandsmitgliedern zugewiesenen Ressorts lediglich noch eine Überwachungspflicht trifft. Die herrschende Meinung im Vereinsrecht, die für eine haftungsbeschränkende Wirkung von Ressortverteilungen *ohne Fortbestehen einer*

---

1250 *BFHE* 141, 443, 446 (allerdings zur GmbH); gleiches gilt jedoch auch für die Vorstandsmitglieder eines Vereins, denn auch diese trifft wegen § 27 III BGB gegenüber einer juristischen Person die Pflicht zur *Geschäftsführung.* Der *BFH* hat seine Rechtsprechung denn auch in mehreren Entscheidungen zur persönlichen Außenhaftung von Vereinsvorstandsmitgliedern bestätigt, ohne allerdings die oben genannte Formel *ausdrücklich* zu wiederholen, siehe *BFHE* 186, 132, 137 f.; *BFH/NV* 1998, 1460, 1461; *BFH/NV* 2001, 413 f.

1251 Formulierung aus *RGZ* 98, 98, 100 (zur Innenhaftung der GmbH-Geschäftsführer; Hervorhebung nicht im Original.).

1252 Ebenso *Medicus* GmbHR 1998, 9 für die GmbH-Geschäftsführer.

*Überwachungspflicht* eintritt[1253], verkennt den auch für den Vereinsvorstand (fort-) geltenden Grundsatz der Gesamtverantwortlichkeit.[1254]

Dieses Ergebnis wird auch durch die Rechtsprechung des *RG* und des *BGH* zur Wirkung von Ressortverteilungen auf die Haftung von *Geschäftsführern gegenüber der GmbH* gestützt. Bereits das *RG* hatte nämlich festgestellt, daß die Pflicht eines jeden Geschäftsführers gegenüber der GmbH, nach besten Kräften für alle Zweige der Geschäftsführung zu sorgen, bei einer ressortmäßigen Arbeitsteilung unberührt bleibe. Soweit es um die einem anderen Geschäftsführer zugewiesenen Bereiche gehe, gestalte sich diese Pflicht jedoch als Überwachungspflicht.[1255] In Übereinstimmung mit dieser Sichtweise hat der *BGH* in mehreren Entscheidungen davon gesprochen, daß selbst dann, wenn einem Geschäftsführer ein eigenes Arbeitsgebiet zugewiesen sei, die übrigen Geschäftsführer eine Überwachungspflicht treffe.[1256] Jedem Geschäftsführer obliegt also kraft seiner Amtsstellung *gegenüber der GmbH* eine *Gesamtverantwortlichkeit,* die bei einer Ressortverteilung als Überwachungspflicht fortbesteht.[1257] Wie bereits festgestellt, trifft die Vereinsvorstandsmitglieder aber eine mit der von GmbH-Geschäftsführern durchaus vergleichbare Gesamtverantwortlichkeit für die Geschäftsführung.[1258] Die Rechtsprechung des *BGH* zu Ressortverteilungen bei der GmbH bestätigt daher die hier zum Verein vertretene Ansicht.

Es sei nochmals darauf hingewiesen, daß der Umfang der Geschäftsführungspflichten nur insoweit und so lange als Überwachungspflicht zurücktritt, wie für die Vorstandsmitglieder kein Anlaß zur Annahme besteht, daß das für ein bestimmtes Ressort zuständige Vorstandsmitglied seine Pflichten nicht mehr ordnungsgemäß erfüllt. Es gilt eine abgestufte Überwachungspflicht.[1259] Außerdem wird durch eine Ressortverteilung nicht die aus der organschaftlichen Geschäftsführung herrührende Pflicht jedes einzelnen Vorstandsmitglieds beschränkt, bei Kenntnis eines dem Verein konkret drohenden Schadens selbst einzuschreiten, auch wenn der Sachverhalt nicht in das eigene Ressort fällt.[1260]

---

1253 So etwa Sauter / Schweyer / *Waldner* Rn. 250; Erman / *H.P. Westermann* § 27 Rn. 7; Soergel / *Hadding* § 27 Rn. 23; im Ergebnis auch MüKo / *Reuter* § 27 Rn. 40; für eine Überwachungspflicht hingegen zu Recht *Reichert* Rn. 1493; RGRK / *Steffen* § 27 Rn. 7.

1254 Vgl. zu dieser Kritik bereits oben Dritter Teil B. I. 4.

1255 Vgl. *RG* v. 3. 2. 1920, RGZ 98, 98, 100.

1256 Vgl. *BGH* WM 1985, 1293, 1294; bestätigt durch *BGH* WM 1986, 789; ZIP 1995, 1334, 1336; *BGHZ* 133, 370, 376 ff. (allerdings zur Außenhaftung); zust. *OLG Düsseldorf* GmbHR 1994, 403; vgl. auch *BGH* WM 1992, 2142, 2144; *OLG Koblenz* NZG 1998, 953, 954; *OLG Köln* NZG 2001, 135, 136 (Aufsichtspflicht der Vorstandsmitglieder eines VVaG).

1257 Vgl. *OLG Koblenz* NZG 1998, 953, 954; *KG* NZG 1999, 400, 401 f.

1258 Vgl. oben Dritter Teil B. I. 3.

1259 Insoweit gelten die Aussagen zur Außenhaftung entsprechend, siehe oben Dritter Teil B. I. 6.

1260 So zu Recht Soergel / *Hadding* § 27 Rn. 23; MüKo / *Reuter* § 27 Rn. 40; RGRK / *Steffen* § 27 Rn. 7.

### *c) Schriftform, Klarheit und Eindeutigkeit*

Um der Gefahr zu begegnen, daß sich die Vorstandsmitglieder im Haftungsfall auf die Zuständigkeit eines jeweils anderen berufen, kommt einer Ressortverteilung *im Außenverhältnis* nur dann eine haftungsbeschränkende Wirkung zu, wenn sie schriftlich und hinreichend klar und eindeutig formuliert ist. Andernfalls bleibt es bei der vollen Gesamtverantwortung aller Vorstandsmitglieder.[1261] Es stellt sich die Frage, ob diese Grundsätze auch für die Innenhaftung gelten. Dafür spricht, daß im Haftungsfall dieselbe Gefahr auch im Verhältnis zum Verein besteht. Dagegen spricht jedoch entscheidend, daß der Verein kein beliebiger Drittgläubiger, sondern ein Gläubiger ist, der zu den Vorstandsmitgliedern in einem besonderen Schuldverhältnis steht, nämlich dem organschaftlichen Rechtsverhältnis und dem Anstellungsverhältnis. Er ist weniger schutzbedürftig, weil er über die Mitgliederversammlung Einsicht in und Einfluß auf die Ressortverteilung innerhalb des Vorstands nehmen kann. Die Mitgliederversammlung als höchstes Vereinsorgan kann sogar selbst durch Satzungsregelung, Vereinsordnung oder einfachen Beschluß die Ressortverteilung des Vorstands regeln, woran sich der Vorstand dann zu halten hat. Aus diesen Gründen bedarf der Verein keines mit den Drittgläubigern vergleichbaren Schutzes. Im Gegensatz zur Außenhaftung kommt Ressortverteilungen für die Innenhaftung demzufolge auch dann haftungsbeschränkende Wirkung zu, wenn sie nicht schriftlich, eindeutig und klar geregelt sind. Die Innenhaftung beschränkende Ressortverteilungen sind demnach möglich durch Satzungsregelung, Vereinsordnung, Beschluß der Mitgliederversammlung, Anstellungsvertrag, Vorstandsgeschäftsordnung und Vereinbarung oder rein faktische Aufgabenteilung[1262] der Vorstandsmitglieder untereinander. Daß Ressortregelungen nicht zwingend in die Satzung aufgenommen werden müssen und auch keine satzungsmäßige Ermächtigung benötigen, konnte bereits im Rahmen der Außenhaftung festgestellt werden.[1263]

Obwohl Schriftlichkeit, Klarheit und Eindeutigkeit nicht *Voraussetzungen* für die haftungsbeschränkende Wirkung einer Ressortverteilung im Innenverhältnis sind, sollten diese Prinzipien aus *Gründen der Zweckmäßigkeit* beachtet werden. Fehlt es nämlich an der Schriftlichkeit, Klarheit und Eindeutigkeit der Regelung, wird es zu erheblichen Beweisschwierigkeiten bezüglich des Bestehens und des Inhalts der Ressortverteilung kommen. Man denke etwa nur an widersprüchliche Aussagen von Vorstandsmitgliedern zu einer angeblich vorliegenden mündlichen oder faktischen Aufgabenteilung. Läßt sich aber nicht darlegen und beweisen, daß durch eine Ressortverteilung von dem gesetzlichen Grundmodell abgewichen werden sollte, so bleibt es bei der Gesamtverantwortung aller Vorstandsmitglieder. Schon in ihrem eigenen wohlverstandenen Interesse sollten Ressortverteilungen

---

1261 Vgl. zum ganzen oben Dritter Teil B. I. 5.

1262 A.A. insoweit zur GmbH: *RGZ* 98, 98, 100; zustimmend *OLG Koblenz* NZG 1998, 953, 954 (beide Entscheidungen allerdings ohne Begründung).

1263 Vgl. dazu oben Dritter Teil B. I. 5.

daher in der äußeren Form schriftlich und vom Inhalt her klar und eindeutig abgefaßt sein. Außerdem wäre es wenig praktikabel, eine Ressortverteilung zu schaffen, die letztlich nur die Innenhaftung beschränkt und die Außenhaftung unberührt läßt. In diesem Fall würde das einzelne Vorstandsmitglied unter Umständen trotz ordnungsgemäßer Erfüllung seiner Überwachungspflicht nach außen haften, was für ihn eine sehr unbefriedigende Situation sein dürfte.

### *d) Ergebnis*

Was die haftungsrechtlichen Auswirkungen von Ressortverteilungen auf die persönliche Haftung der Vorstandsmitglieder gegenüber dem Verein angeht, gelten im wesentlichen dieselben Grundsätze wie bei der Außenhaftung. Demzufolge beschränken Ressortverteilungen die persönliche Innenhaftung der Vorstandsmitglieder grundsätzlich auf ihr jeweils eigenes Ressort. Gleichzeitig bleibt jedoch ihre Gesamtverantwortung in Form einer gegenseitigen Überwachungspflicht bestehen.[1264] Was den Umfang der Überwachungspflicht angeht, kann an dieser Stelle auf die Aussagen zur Außenhaftung verwiesen werden.[1265] Zu beachten ist schließlich, daß die Gesamtverantwortung in vollem Umfang wieder auflebt, soweit und sobald Zweifel an der Ordnungsgemäßheit der Geschäftsführung in einem Ressort auftauchen.

---

1264 Eine Überwachungspflicht bleibt auch bestehen, wenn der Vorstand Pflichten auf Vereinsangestellte oder einfache Vereinsmitglieder delegiert, vgl. *BGHZ* 133, 370; *BGH* ZIP 2001, 422 (beide zur GmbH).

1265 Siehe oben Dritter Teil B. I. 6.

*Fünfter Teil*

# Versicherbarkeit des persönlichen Haftungsrisikos des Vereinsvorstands

Im dritten und vierten Teil der vorliegenden Untersuchung konnte gezeigt werden, daß die Vorstandsmitglieder sowohl gegenüber Dritten als auch gegenüber dem Verein einem nicht unerheblichen persönlichen Haftungsrisiko ausgesetzt sind. Dies läßt sich teilweise durch haftungsbeschränkende Maßnahmen abmildern, nicht jedoch völlig ausschalten. Auch ein eventuell bestehender Freistellungs- und Erstattungsanspruch gegenüber dem Verein hilft einem Vorstandsmitglied wenig, wenn der Verein insolvent ist. Nicht jedem Vorstand wird es zudem gelingen, gegenüber dem Verein oder Dritten Haftungsbeschränkungen oder Freistellungsvereinbarungen durchzusetzen. In vielen Bereichen bleibt daher die Gefahr bestehen, persönlich in Anspruch genommen zu werden und mit dem gesamten Privatvermögen haften zu müssen. Vor diesem Hintergrund stellt sich die Frage nach der *Versicherbarkeit des Haftungsrisikos.* Dabei ist zwischen *Personen- und Sachschäden* auf der einen und *Vermögensschäden* auf der anderen Seite zu differenzieren.

## A. Versicherungsschutz für Personen- und Sachschäden

Verursacht ein Vorstandsmitglied bei seiner Tätigkeit für den Verein einen Personen- oder Sachschaden, greift seine *private* Haftpflichtversicherung regelmäßig *nicht* ein. Diese enthält üblicherweise eine Klausel, nach der die Haftpflicht aus den Gefahren eines Betriebes, Berufes, Dienstes, Amtes (auch Ehrenamtes) oder einer verantwortlichen Betätigung in Vereinigungen aller Art nicht mitversichert ist.[1266] Deckungsschutz bietet hingegen auf Grundlage der Allgemeinen Versicherungsbedingungen für die Haftpflichtversicherung (AHB) in Verbindung mit ergänzenden Sonderbedingungen die *Haftpflichtversicherung des Vereins,* soweit eine solche besteht. Diese Vereinshaftpflichtversicherung stellt das Pendant zur Betriebshaftpflichtversicherung von Wirtschaftsunternehmen dar. Ihr Versicherungsschutz gilt nicht nur für die Haftung des Versicherungsnehmers (hier des Ver-

---

1266 Vgl. z. B. die Besonderen Bedingungen zur Privat-Haftpflichtversicherung der VICTORIA Versicherung.

eins), sondern auch für die persönliche Haftpflicht der Mitglieder des Vorstands, wenn sie in dieser Eigenschaft tätig geworden sind.[1267] Zu beachten ist, daß der Deckungsschutz *nur gegenüber Dritten,* nicht aber gegenüber dem Verein gilt.[1268] Versichert ist demzufolge nur der Fall, daß der Vorstand Vereinsmitgliedern oder Außenstehenden einen Personen- oder Sachschaden zufügt. Beschädigt er eine Sache, die im Eigentum des Vereins steht, greift die Versicherung nicht.

Der Versicherungsschutz umfaßt gemäß § 1 Nr. 1 AHB alle Schadensersatzansprüche, die auf einer gesetzlichen Haftpflichtbestimmung privatrechtlichen Inhalts beruhen. Versichert ist die Prüfung der Haftpflichtfrage, die Abwehr unberechtigter sowie die Befriedigung berechtigter Ansprüche.[1269] Es gilt ein umfangreicher Ausschlußkatalog. Vom Versicherungsschutz ausgenommen sind gemäß § 4 AHB etwa Haftpflichtansprüche, soweit sie über den Umfang der gesetzlichen Haftpflicht hinausgehen und solche Haftpflichtansprüche, die auf einer vorsätzlichen Herbeiführung des Schadens beruhen.

In Anbetracht der Haftungsrisiken erscheint für die meisten Vereine – und zwar unabhängig von ihrer Größe – der Abschluß einer Haftpflichtversicherung dringend geboten. Dies gilt um so mehr für solche Vereine, die über Anlagen und Einrichtungen verfügen (z. B. Sportvereine), bei denen es leicht zu Personen- oder Sachschäden kommen kann (Verkehrspflichthaftung).[1270] In der Vereinspraxis sind Vereins-Haftpflichtversicherungen denn auch weit verbreitet.[1271] Nochmals hinzuweisen ist allerdings darauf, daß sie das *Innenhaftungsrisiko* des Vorstands nicht abdecken.

## B. Versicherungsschutz für Vermögensschäden

Durch die allgemeine Haftpflichtversicherung des Vereins wird das Risiko der Vorstandsmitglieder, wegen der Verursachung eines *Vermögensschadens* persönlich in Anspruch genommen zu werden, nicht oder nicht ausreichend abgedeckt. Zwar sehen einige Policen in Ergänzung des § 1 Ziff. 3 AHB die Erstreckung des Versicherungsschutzes auf die gesetzliche Haftpflicht für reine Vermögensschäden

---

1267 Vgl. z. B. Ziff. 1 und Ziff. 2.1 der Besonderen Bedingungen für die Vereins-Haftpflichtversicherung HS 2000 der VICTORIA Versicherung.

1268 Vgl. § 7 Ziff. 2 AHB.

1269 Vgl. § 3 II Nr. 1 AHB.

1270 Die „Baustoff"-Entscheidung des *BGH* (BGHZ 109, 297), in der die persönliche Verkehrspflichtaußenhaftung von Leitungsorganen juristischer Personen bejaht wird, hat zu Rekordabschlüssen von Berufshaftpflichtversicherungen geführt, vgl. *Heil/Russenschuck* BB 1998, 1749, 1754 in Fn. 49 unter Hinweis auf *F.A.Z.* v. 25. 7. 1991 S. 13.

1271 Gleiche Einschätzung bei *Stöber* Rn. 403. Auch in dem vom *LG Freiburg* VersR 1981, 1138 zu entscheidenden Fall verfügte der beklagte Eishockeyverein über eine Haftpflichtversicherung.

vor.[1272] Dies gilt jedoch zum einen nur für während der Wirksamkeit des Versicherungsvertrags eingetretene Schadensereignisse (Schadensereignisprinzip). Zum anderen besteht ein umfangreicher Ausschlußkatalog. Nicht versichert sind demnach etwa Ansprüche aus Schäden, die durch vom Vorstand geleistete Arbeiten entstehen, Ansprüche aus Tätigkeiten im Zusammenhang mit Geld-, Kredit-, Versicherungs-, Grundstücks-, Leasing- oder ähnlichen wirtschaftlichen Geschäften, aus Zahlungsvorgängen aller Art sowie aus der Kassenführung und schließlich Ansprüche aus der Nichteinhaltung von Fristen und Terminen.[1273] Darüber hinaus deckt die allgemeine Vereinshaftpflichtversicherung die *Innenhaftung* des Vorstands gegenüber dem Verein nicht ab und bezieht sich im übrigen nur auf die privatrechtliche und nicht auch auf die öffentlich-rechtliche Haftung (z. B. aus §§ 34, 69 AO). Außerdem sind die in der allgemeinen Vereinshaftpflichtversicherung vereinbarten Deckungssummen für Vermögensschäden regelmäßig nicht ausreichend.[1274] Von einem adäquaten Vermögensschadenversicherungsschutz für die Vorstandsmitglieder kann insoweit deshalb keine Rede sein. Gerade der Bereich der Vermögensschäden birgt jedoch enorme finanzielle Risiken in sich. Dies gilt sowohl für die Haftung des Vorstands *gegenüber Dritten,* etwa im Bereich des Steuerrechts, der Eigenhaftung aus 179 BGB oder aus culpa in contrahendo (nun §§ 311 III, 241 II, 280 BGB) und der Haftung wegen Verletzung der Insolvenzantragspflicht (§§ 42 II, 823 II BGB)[1275], als auch für die Haftung *gegenüber dem Verein.* Bei nicht ordnungsgemäßer Geschäftsführung kann es schnell zu Vermögensschäden auf Seiten des Vereins kommen, für die der Vorstand wegen Verletzung seiner Pflichten aus positiver Forderungsverletzung (nun §§ 280 I, III, 281 – 283 BGB) des organschaftlichen Rechtsverhältnisses oder des Anstellungsverhältnisses einzustehen hat. So kann es durch eine pflichtwidrige Geschäftsführung etwa zu einem Forderungsausfall, einem Verzugsschaden, einer Fehlinvestition, einem Kassenfehlbestand, einer schadensverursachenden Nichtbeachtung von Kündigungsfristen, einer fehlerhaften schädigenden Mitarbeiterüberwachung oder einer verspäteten Gewährung von öffentlichen Zuschüssen kommen. In Anbetracht dieser Haftungsrisiken stellt sich die Frage, ob es für die Vorstandsmitglieder von Vereinen nicht eine adäquate Versicherungsmöglichkeit für das *Vermögensschadensrisiko* gibt.

## I. Die Directors' and Officers' Liability Insurance für Vereinsvorstandsmitglieder

In § 4 Nr. 7 der Allgemeinen Versicherungsbedingungen zur Haftpflichtversicherung für Vermögensschäden (AVB-VH) sind Haftpflichtansprüche aus der

1272 So z. B. Ziff. 3.1 HS 2000 VICTORIA.

1273 Vgl. z. B. Ziff. 3 HS 2000 VICTORIA.

1274 Vgl. *Klinkhammer* VP 1993, 77, 78 (zur Betriebshaftpflicht-Versicherung).

1275 Siehe zur Außenhaftung der Vorstandsmitglieder ausführlich oben Dritter Teil A.

Tätigkeit des Versicherungsnehmers als Leiter, Vorstands- oder Aufsichtsratsmitglied privater Unternehmungen, Vereine, Verbände und als Syndikus vom Versicherungsschutz ausgenommen. Für die Leitungsorgane juristischer Personen gab es demzufolge in Deutschland lange Zeit keine Möglichkeit, sich gegen Vermögensschäden zu versichern. Dies hat sich inzwischen durch die sogenannte „Directors' and Officers' Liability Insurance" (kurz: D&O-Versicherung) geändert.

### 1. Entwicklung der D&O-Versicherung

Das Versicherungskonzept der D&O-Versicherung wurde von Lloyd's of London entwickelt. Es gewann seine eigentliche Bedeutung jedoch zunächst nicht in Europa, sondern in den USA, und zwar für die Organmitglieder von Wirtschaftsunternehmen.[1276] Hierzulande wurde diese Versicherungsform erstmals 1986 von einer deutschen Tochter der amerikanischen CHUBB Insurance Company angeboten. Die Verbreitung in der Unternehmenspraxis gestaltete sich zunächst schleppend, weil das Bundesaufsichtsamt für das Versicherungswesen einen Ausschluß von Ansprüchen im Zusammenhang mit unternehmerischen Fehlentscheidungen forderte. Außerdem standen sowohl die deutsche Versicherungswirtschaft als auch die Unternehmen D&O-Versicherungen eher skeptisch bis ablehnend gegenüber.[1277] Seitdem das aufsichtsrechtliche Genehmigungserfordernis zum 1. 7. 1994 weggefallen ist, erfreuen sich D&O-Versicherungen auch in Deutschland wachsender Beliebtheit. Um auf eine Vereinheitlichung der angebotenen Versicherungen hinzuwirken, stellte der Haftpflicht-Fachausschuß des Gesamtverbandes der deutschen Versicherungswirtschaft e.V. (GDV) am 26. 6. 1997 – allerdings unverbindliche – Musterbedingungen vor (AVB-AVG[1278]). Mitte des Jahres 2001 ging man davon aus, daß unter den 500 größten GmbH bereits etwa 70% über D&O-Versicherungen verfügten.[1279] Die D&O-Police wird inzwischen bei Aktiengesellschaften, Gesellschaften mbH und Genossenschaften als „Standardprodukt" bezeichnet.[1280] Das Beitragsvolumen, d. h. die Summe aller gezahlten Versicherungsprämien, wird für das Jahr 2004 in der D&O-Sparte insgesamt auf 150 bis 250 Mio. € geschätzt.[1281] Aktuell zeichnet sich allerdings eine Tendenz ab, daß es Organmitglieder von Kapitalgesellschaften bei Vorliegen bestimmter Risikofaktoren (z. B. Neuer Markt, Geschäftsbeziehungen in die USA, insolvenzgefährdete Branche)

1276 Vgl. ausführlich *Ihlas* S. 35 ff.

1277 Vgl. zu den Hintergründen *Hendricks* VW 1994, 1548, 1550, 1152 f.

1278 „Allgemeine Versicherungsbedingungen für die Vermögensschaden-Haftpflichtversicherung von Aufsichtsräten, Vorständen und Geschäftsführern", abgedruckt etwa bei *Thümmel* Rn. 353 ff.; *Plück/Lattwein* S. 229 ff.

1279 Vgl. *Unbekannter Autor* ZfV 2001, 435, 436.

1280 So etwa *Krüger* NVersZ 2001, 8.

1281 Vgl. *F.A.Z.* v. 22. 3. 2004 S. 20; für 2003: 200 bis 250 Mio. €, vgl. *F.A.Z.* v. 26. 2. 2003 S. 11.

schwerer als früher haben, einen entsprechenden D&O-Versicherungsschutz am Markt zu erhalten.[1282] Außerdem versuchen die Versicherer, besonders versicherungsfallträchtige Bereiche (z. B. Jahresabschlüsse und Ad-Hoc-Meldungen) auszuschließen.[1283]

D&O-Versicherungen werden inzwischen nicht mehr nur für die Leitungsorgane von Kapitalgesellschaften, sondern auch für die Vorstandsmitglieder nichtwirtschaftlicher Vereine angeboten.[1284] In der vereinsrechtlichen Literatur finden sich jedoch – soweit ersichtlich – keinerlei Hinweise auf die Möglichkeit eines derartigen Versicherungsschutzes. Dies mag daran liegen, daß die persönlichen Haftungsrisiken der Vorstandsmitglieder häufig immer noch unterschätzt oder als rein theoretisch abgetan werden. Die Unhaltbarkeit dieser Einschätzung konnte bereits dargelegt werden.[1285] Außerdem zeigt die Praxis, daß zumindest einige größere Vereine bereits D&O-Versicherungen abgeschlossen haben.[1286] Anders sieht es bei mittleren und kleineren Vereinen aus. Ihnen ist diese Art der Versicherung bisher offenbar weitgehend unbekannt geblieben.

Im folgenden wird die D&O-Versicherung speziell im Hinblick auf die Vorstandsmitglieder von Vereinen näher beleuchtet. Dabei finden zum einen die Musterbedingungen AVB-AVG des Gesamtverbandes der deutschen Versicherungswirtschaft e.V. (GDV) Beachtung. Zum anderen werden aber auch die Bedingungen der größten in Deutschland tätigen Versicherer berücksichtigt. Dieses Vorgehen ist erforderlich, weil in der Praxis häufig von den Musterbedingungen abgewichen wird und sich die Policen der einzelnen Versicherer dabei zum Teil erheblich unterscheiden.[1287] Die angebotenen Regelwerke müssen in jedem Fall genau studiert und darauf geprüft werden, ob sie das konkret bestehende Haftungsrisiko hinreichend abdecken. Im übrigen unterliegen die Bedingungen der Versicherer

---

1282 Vgl. *F.A.Z.* v. 26. 2. 2003 S. 11.

1283 Vgl. *F.A.Z.* v. 22. 3. 2004 S. 20.

1284 Entsprechende Anbieter sind z. B. CHUBB Insurance Company of Europe S.A.; AIG Europe S.A.; ACE Insurance S.A.-N.V., VICTORIA Versicherung AG, HISCOX managerline AG, AXA Versicherung AG; R+V Versicherung AG; HDI Rechtsschutz Versicherung AG; GERLING Allgemeine Versicherungs-AG und VOV GmbH (gemeinsame Verwaltungs- und Zeichnungsstelle der Aachener und Münchener Versicherung AG, Condor Allgemeine Versicherungs-AG, Continentale Sachversicherung AG, Generali Lloyd Versicherung AG, Gothaer Allgemeine Versicherung AG, Nassau Verzekering Maatschappij N.V. und der Nürnberger Allgemeine Versicherungs-AG). Die ALLIANZ Versicherung AG bietet für Vereine *regelmäßig* keine D&O-Versicherung, sondern eine (für große und kleine Vereine unterschiedlich ausgestaltete) besondere, prämienmäßig günstigere Vermögensschadenhaftpflichtversicherung (Auskunft v. 19. 2. 03). Andere Versicherer bieten für Vereine hingegen sowohl derartige Policen als auch D&O-Schutz an.

1285 Vgl. zur Außenhaftung oben Dritter Teil A. VII., zur Innenhaftung Vierter Teil A. VIII.

1286 So offenbar der Fußballbundesliga-Verein Karlsruher SC e.V., vgl. *F.A.Z.* v. 3. 12. 2002 S. 32.

1287 Vgl. zu letzterem *Schilling* S. 13; *ders.* VW 2000, 788 ff.; *Dahnz* S. 268; *Ihlas* S. 56 f.; *Thümmel* Rn. 354 ff., 361 ff., 365 ff., 369 ff. *Henssler* in: Henze / Hoffmann-Becking (Hrsg.) S. 131, 132 hält die AVB-AVG sogar für inzwischen „schon wieder völlig überholt".

einem ständigen Wandel, weil sie neue rechtliche Gegebenheiten und den Versicherungsmarkt zu berücksichtigen haben. Im Einzelfall mag es darüber hinaus möglich sein, im Verhandlungswege von den Standardbedingungen eines Versicherers abzuweichen, um die konkreten Umstände besser zu berücksichtigen.

## 2. Versicherter Personenkreis

Versicherungsnehmer, Vertragspartner und Prämienschuldner ist regelmäßig der Verein.[1288] Versicherte Personen sind bei der D&O-Versicherung die Organmitglieder der juristischen Person, beim Verein also die Vorstandsmitglieder.[1289] Je nach Police können auch die leitenden Angestellten mitversichert werden.[1290] Der Verein schließt als Versicherungsnehmer die D&O-Police im eigenen Namen für die versicherten Personen ab. Damit finden die §§ 74 ff. VVG Anwendung.[1291] Die versicherten Personen erwerben gemäß § 75 I VVG eigene Rechte gegen den Versicherer.

## 3. Umfang des Versicherungsschutzes

Durch die D&O-Versicherung wird Versicherungsschutz für den Fall gewährt, daß die Vorstandsmitglieder aufgrund gesetzlicher Haftpflichtbestimmungen auf Ersatz eines Vermögensschadens in Anspruch genommen werden, den sie durch Verletzung einer Pflicht in Ausübung ihrer Tätigkeit für den Verein verursacht haben.[1292] Dies gilt sowohl für die Haftung gegenüber dem Verein (Innenhaftung) als auch für die gegenüber Dritten (Außenhaftung).[1293] Zu den „gesetzlichen Haftpflichtbestimmungen" zählen deliktische und quasideliktische Ansprü-

---

1288 Vgl. Ziff. 1.1 AVB-AVG. Allein *Habetha* S. 173 ff., 183 ff. hält (bei der AG) eine gesellschaftsfinanzierte D&O-Versicherung analog § 93 IV 3 AktG für unzulässig. Diese Argumentation läßt sich jedoch nicht auf den Verein übertragen, weil es im Vereinsrecht bereits an einer mit § 93 AktG vergleichbaren *zwingenden* Innenhaftung des Vorstands fehlt, vgl. zu letzterem oben Vierter Teil B. II. 4. b) und c). Eine vereinsfinanzierte D&O-Versicherung für den Vorstand ist also zulässig. Wie hier auch die ganz h.M. zur GmbH und AG, vgl. *Ihlas* S. 59 f.; Michalski/*Haas* § 43 GmbHG Rn. 260 m. w. N. in Fn. 1190; *Vetter* AG 2000, 453, 454 ff.

1289 Vgl. z. B. Ziff. 11.1 AVB-VHO 99 HDI; § 1 Nr. 1, 3, § 6 Nr. 1 AVB-VMO 04/99 VOV. Da es sich bei den vom Verein gezahlten Versicherungsprämien um Betriebsausgaben handelt, müssen sie von den Vorstandsmitgliedern nicht als geldwerter Vorteil versteuert werden, vgl. das Schreiben vom *BMF* v. 24. 1. 2002 (AZ: IV C 5 – S 2332 – 8/02).

1290 Vgl. *Schneider/Ihlas* DB 1994, 1123, 1126.

1291 Vgl. *Ihlas* S. 191 ff.; *Dreher* ZHR 165 (2001), 293, 320 f.

1292 Vgl. Ziff. 1.1 AVB-AVG; *Schilling* S. 14; *Dahnz* S. 268.

1293 Vgl. Ziff. 1.1 AVB-AVG; AVB ACE Insurance (Stand 2/02); Ziff. 1.1 AVB-DO 2000 VICTORIA; AVB HISCOX managerline 02; AVB AXA (Stand 2/02); Ziff. 1 AVB-ULLA 7/02 R+V.

che, Schadensersatz aus Vertrag und solche aus positiver Forderungsverletzung (nun §§ 280 I, III, 281–283 BGB) und culpa in contrahendo (nun §§ 311 III, 241 II, 280 BGB).[1294] Damit ist grundsätzlich die gesamte zivilrechtliche und öffentlich-rechtliche Haftung aus der Organtätigkeit abgedeckt. Einige Versicherungsbedingungen sahen insoweit zunächst Einschränkungen vor. So war teilweise die Innenhaftung nicht mitversichert oder es wurden nur privatrechtliche Vermögensschäden erfaßt (so auch in 1.1 AVB-AVG), was etwa die steuer- und sozialversicherungsrechtliche Haftung ausnahm.[1295] Inzwischen werden Konzepte mit derartigen Einschränkungen – soweit ersichtlich – nicht mehr angeboten. Dies ist zu begrüßen, denn die Versagung des Deckungsschutzes für die Innenhaftung erscheint angesichts des gerade in diesem Bereich bestehenden Haftungsrisikos wenig sinnvoll. Derartige D&O-Policen dürften für Vereinsvorstände weitgehend uninteressant sein.

Versichert ist die gerichtliche und außergerichtliche Abwehr von unberechtigten Haftpflichtansprüchen (Rechtsschutzfunktion) und deren Befriedigung im Falle ihrer Begründetheit (Haftpflichtfunktion).[1296] Die Höhe der Deckungssumme ist eine Frage der Vereinbarung im Einzelfall und hängt im wesentlichen von den Haftungsrisiken, der wirtschaftlichen Lage des Vereins und seiner Eigenkapitalausstattung ab.[1297] Die D&O-Versicherung erfaßt nur sogenannte *reine Vermögensschäden,* also weder Sach- oder Personenschäden noch solche Schäden, die sich aus Sach- oder Personenschäden herleiten.[1298] Die Musterbedingungen und die meisten Policen in der Praxis sehen darüber hinaus eine Selbstbeteiligung (Selbstbehalt) vor, wobei sowohl feste als auch prozentuale Beträge zulässig sind.[1299] Die Höhe der Selbstbeteiligung wird vor allem durch die Größe des Vereins und die Höhe der vereinbarten Versicherungssumme bestimmt.[1300] Hinter der Vereinbarung von Selbstbeteiligungen stehen mehrere Gründe.[1301] Zum einen soll die Inanspruchnahme des Versicherers für Bagatellschäden vermieden werden. Darüber hinaus soll der Anreiz der Versicherungsnehmerin und der versicherten Personen zur Schadensvermeidung und zur Anspruchsabwehr gestärkt werden. Schließlich

---

1294 Vgl. *Ihlas* S. 69.

1295 Vgl. *Schilling* S. 14; ausführlich *Ihlas* S. 242 ff.

1296 Vgl. Ziff. 4.1 AVB-AVG; *Dahnz* S. 268; *Schilling* S. 14.

1297 Vgl. allg. *Schilling* S. 28 f.

1298 Vgl. Ziff. 1.1 AVB-AVG; *Ihlas* S. 70 f.; *Dahnz* S. 268.

1299 Vgl. Ziff. 4.3 AVB-AVG; Ziff. 4.3 AVB-DO 2000 VICTORIA (2500 € pro Versicherungsfall); Ziff. 4.3 AVB-VHO 99 HDI; Ziff. 2.4 Business Guard 2000 MM AIG; *Jula* S. 144; *Ihlas* S. 218. Auch der Deutsche Corporate Governance Kodex empfiehlt die Vereinbarung eines angemessenen Selbstbehalts, vgl. Ziff. 3.8 Abs. 2 (abgedr. in ZIP 2002, 452). Selbstbehalte werden in der Praxis inzwischen immer häufiger vereinbart, vgl. *Grauke/Sandmann* in: *F.A.Z.* v. 5. 2. 2003 S. 21; siehe auch *F.A.Z.* v. 22. 3. 2004 S. 20. Ohne Selbstbehalt offenbar die AVB HISCOX managerline 02.

1300 Vgl. *Lattwein* VP 1998, 86, 89 für AG, GmbH und eG.

1301 Vgl. *Lohr* NZG 2000, 1204, 1211; *Ihlas* S. 220; *Lattwein/Krüger* VW 1997, 1366, 1371.

dient der Selbstbehalt der Reduzierung des Risikos einer mißbräuchlichen Inanspruchnahme des Versicherers.

Besteht eine Freistellungs- oder Erstattungsverpflichtung des Vereins gegenüber den Vorstandsmitgliedern für den Fall, daß diese von Dritten haftpflichtig gemacht werden, geht nach den meisten Policen der Anspruch des Vorstands auf die Versicherungsleistung in dem Umfang auf den Verein über, in welchem dieser die Freistellungs- oder Erstattungsverpflichtung erfüllt (company reimbursement-Klausel). Voraussetzung dafür ist aber, daß die Freistellungs- und Erstattungsverpflichtung nach Art und Umfang zulässig ist.[1302]

Nach den Musterbedingungen und den Policen in der Praxis sind bestimmte Tatbestände vom Versicherungsschutz ausgenommen (Ausschlußtatbestände).[1303] Demnach werden etwa Schäden, die auf einer vorsätzlichen oder wissentlichen Pflichtverletzung beruhen, nicht ersetzt.[1304] Dasselbe gilt für Ansprüche aufgrund der Verwirkung von Vertragsstrafen, In-sich-Prozesse von versicherten Personen untereinander, Ansprüche wegen unzureichender Sorge um anderweitigen Versicherungsschutz und Ansprüche nach Eröffnung des Insolvenzverfahrens.[1305] Häufig werden auch Subsidiaritätsklauseln vereinbart, so daß der Schaden zunächst über einen anderen bestehenden Versicherungsvertrag (z. B. Kredit-, Berufshaftpflicht, allgemeine Vermögensschadenhaftpflichtversicherung) reguliert werden muß, wenn dessen Versicherungsschutz greift.[1306]

Schließlich enthalten die Musterbedingungen und die D&O-Policen in der Praxis einen Katalog von Obliegenheiten und Verhaltensanforderungen, die sich an die Versicherungsnehmerin und die versicherten Personen richten.[1307] Dazu gehören etwa Schadensminderungs- oder Schadensabwendungspflichten und bestimmte Anzeigepflichten, die sich auf die Zeit vor Vertragsschluß und während der Dauer des Vertrags beziehen.[1308]

---

1302 Vgl. z. B. Ziff. 1.3 AVB-VHO 99 HDI; § 3 Nr. 7 AVB-VMO 04/99 VOV.

1303 Siehe zu den typischen Ausschlußtatbeständen Ziff. 5 AVB-AVG; *Schilling* S. 22 ff.; *Küpper-Dirks* S. 66 ff.; ausführlich *Ihlas* S. 233 ff.

1304 Vgl. zum Begriff der „wissentlichen Pflichtverletzung" *Lattwein* NVersZ 1999, 49, 50; *Lattwein/Krüger* VW 1997, 1366, 1371 f.; *dies.* NVersZ 2000, 365, 366 f. In der Praxis üblich ist aber, daß zunächst Versicherungsschutz unter der auflösenden Bedingung besteht, daß nicht rechtskräftig festgestellt wird, daß eine vorsätzliche oder wissentliche Pflichtverletzung vorliegt (vorläufiger Versicherungsschutz), vgl. Ziff. 5.1 AVB-DO 2000 VICTORIA; AVB ACE Insurance (Stand 2/02); AVB HISCOX managerline 02; Ziff. 5.1 AVB-VHO 99 HDI; Ziff. 6.1 AVB-ULLA 7/02 R+V; Ziff. 3.2. Business Guard 2000 MM AIG.

1305 Siehe dazu auch Ziff. 3.4 AVB-AVG; *Schneider/Ihlas* DB 1994, 1123, 1128.

1306 Vgl. Ziff. 6 AVB-AVG; Ziff. 6 AVB-DO 2000 VICTORIA; Ziff. 6.1 AVB-VHO HDI; § 3 Nr. 10 AVB-VMO 04/99 VOV; Ziff. 7 AVB-ULLA 7/02 R+V; Ziff. 4 Business Guard 2000 MM AIG.

1307 Vgl. Ziff. 7 AVB-AVG; AVB HISCOX managerline 02; Ziff. 7 AVB-DO 2000 VICTORIA; Ziff. 7 AVB-VHO 99 HDI; § 5 und 8 AVB-VMO 04/99 VOV; Ziff. 8 und 9 AVB-ULLA 7/02 R+V.

Aufgrund der bisherigen Erfahrungen mit dem angebotenen Deckungsumfang und der Höhe und der Anzahl der gemeldeten Schäden versuchen die D&O-Versicherer derzeit – jedenfalls bei Wirtschaftsunternehmen – restriktivere Vertragsbedingungen durchzusetzen.[1309] Um „freundliche" (mißbräuchliche) Inanspruchnahmen des Versicherungsschutzes zu verhindern, die auf Absprachen zwischen dem verantwortlichen Organwalter und dem Unternehmen (Vesicherungsnehmer) beruhen, drängen die Versicherer auf sogenannte „Gerichtsklauseln". Danach greift der Versicherungsschutz nur, wenn die juristische Person ihre Ansprüche vor Gericht geltend macht. Außerdem verlangen die Versicherer von den Unternehmen, das für den Schadensfall verantwortliche Organmitglied zu entlassen („Trennungsklausel").[1310] Es bleibt abzuwarten, ob sich im Vereinsbereich ähnliche Entwicklungen einstellen werden.

### 4. Das „Claims-made-Prinzip"

Bei der D&O-Versicherung bestimmt sich der zeitliche Umfang des Versicherungsschutzes grundsätzlich nach dem sogenannten „claims-made-Prinzip" (Anspruchserhebungsprinzip).[1311] Dies stellt einen wesentlichen Unterschied zum „Verstoßprinzip" des sonstigen deutschen Vermögensschaden-Haftpflichtversicherungsrechts dar. Beim claims-made-Prinzip ist nicht der Zeitpunkt der Pflichtverletzung, sondern der der Erhebung des Ersatzanspruchs entscheidend. Damit sind alle Schadensersatzansprüche versichert, die *während des versicherten Zeitraums* gegenüber einem Vorstandsmitglieder *geltend gemacht werden.* Der Grund für die Wahl des Claims-made-Prinzips ist, daß zwischen dem Pflichtverstoß, dem Eintritt oder der Aufdeckung des Schadens und schließlich der Anspruchserhebung ein beachtlicher Zeitraum liegen kann.[1312] Das Verstoßprinzip würde zu einer zeitlich weitreichenden Nachhaftung führen, weil auch Schäden erfaßt wären, die erst Jahre nach Ablauf der Police gemeldet werden. Die Folge wäre ein für den Versicherer kaum kalkulierbares Spätschadensrisiko.[1313] Das claims-made-Prinzip hingegen ist vorteilhaft, weil der Versicherer nach Ablauf des Versicherungszeitraums alle Ansprüche kennt (nämlich nur die bisher erhobenen), für die er eventuell Leistungen erbringen und deshalb Rücklagen bilden muß.[1314] In den meisten Versicherungsbedingungen wird das Anspruchserhebungsprinzip zusätzlich mit dem

---

1308 Vgl. z. B. Ziff. 8 AVB-AVG; AVB HISCOX managerline 02; Ziff. 7, 8 AVB-VHO 99 HDI; Ziff. 8 und 9 AVB-ULLA 7/02 R+V.

1309 Vgl. *F.A.Z.* v. 22. 3. 2004 S. 20; dies vorhersagend bereits: *Unbekannter Autor* ZfV 2001, 435 f.

1310 Vgl. zum ganzen: *F.A.Z.* v. 22. 3. 2004 S. 20.

1311 Vgl. Ziff. 2, 3 AVB-AVG; *Plück/Lattwein* S. 178 ff.; *Dahnz* S. 269 f.

1312 Vgl. *Plück/Lattwein* S. 178; *Lohr* NZG 2000, 1204, 1211.

1313 Vgl. *Küpper* VP 1986, 196, 198; *Ihlas* S. 205; *Lattwein* VP 1998, 86, 88.

1314 Vgl. *Küpper-Dirks* S. 65.

Verstoßprinzip kombiniert.[1315] Versicherungsschutz besteht dann nur, wenn sowohl Anspruchserhebung als auch Pflichtverletzung in den versicherten Zeitraum fallen. Um Lücken im Versicherungsschutz zu schließen, wird in den meisten Fällen eine *Rückwärtsdeckung* vereinbart, die dazu führt, daß solche Ansprüche mitversichert sind, die auf einer vor dem Versicherungszeitraum begangenen Pflichtverletzung beruhen. Dementsprechend deckt die D&O-Versicherung auch solche Ansprüche ab, die auf einer vor Beginn des Versicherungsvertrages liegenden Pflichtverletzung beruhen, aber erst nach diesem Zeitpunkt geltend gemacht werden.[1316] Sie stellt insoweit eine *Rückwärtsversicherung* dar. Dabei gilt die Einschränkung, daß der Versicherungsschutz nur dann greift, wenn die versicherten Personen zum Zeitpunkt des Versicherungsbeginns keine Kenntnis von der vorherigen Pflichtverletzung hatten oder hätten haben müssen.[1317]

Wegen des claims-made-Prinzips sollte außerdem eine *Nachhaftungsbestimmung* für die versicherten Personen getroffen werden, weil für die Vorstandsmitglieder die Gefahr einer Inanspruchnahme nicht mit der Beendigung der Organstellung oder mit Ablauf des Versicherungsvertrages endet.[1318] Das Fortbestehen des Haftungsrisikos ergibt sich daraus, daß zwischen Pflichtverletzung und Anspruchserhebung oft viele Jahre liegen können. Dies führt aus der Sicht der versicherten Personen zu einem Spätschadensrisiko. Nachhaftungsregelungen sind in der Praxis denn auch vielfach üblich, wobei im Detail enorme Unterschiede bestehen.[1319] Regelmäßig vorhanden ist die Einschränkung, daß die in einem bestimmten Zeitraum nach dem Versicherungsende geltend gemachten Schadensersatzansprüche nur dann mitversichert sind, wenn die Pflichtverletzung in die ursprünglich vereinbarte Vertragsdauer oder in die Zeit der Rückwärtsdeckung fällt.[1320]

---

1315 So z. B. in Ziff. 3.1 AVB-AVG; AVB HISCOX managerline 02; Ziff. 3.1 AVB-DO 2000 VICTORIA; Ziff. 3.1 AVB-VHO 99 HDI; Ziff. 1.1 Business Guard 2000 MM AIG; letztlich auch Ziff. 2 i.V.m. 3.1 AVB-ULLA 7/02 R+V. Dies übersieht *Kiethe* BB 2003, 537, 539.

1316 Optionale Rückwärtsdeckung: Ziff. 3.2 AVB-AVG; AVB ACE Insurance (Stand 2/02); Ziff. 3.2 AVB-VHO 99 HDI. Automatische Rückwärtsdeckung: Ziff. 3.2 AVB-DO 2000 VICTORIA (5 Jahre); AVB HISCOX managerline 02; AVB AXA (Stand 2/02); § 2 Nr. 2 AVB-VMO 04/99 VOV (unbegrenzt); Ziff. 3.1 AVB-ULLA 7/02 R+V (unbegrenzt). Kritisch zur Rückwärtsdeckung: *Lattwein* NVersZ 1999, 49, 51 f.

1317 Vgl. Ziff. 3.2 AVB-AVG; AVB ACE Insurance (Stand 2/02); AVB HISCOX managerline 02; Ziff. 3.2. AVB-VHO 99 HDI. Ausschluß nur bei *positiver Kenntnis:* Ziff. 3.2 AVB-DO 2000 VICTORIA; § 2 Nr. 2 AVB-VMO 04/99; Ziff. 3.1 AVB-ULLA 7/02 R+V; Ziff. 1.1 Business Guard 2000 MM AIG. Kritisch zu derartigen Klauseln *Lattwein/Krüger* NVersZ 2000, 365, 366.

1318 Vgl. *Lattwein* VP 1998, 86, 89; *Dahnz* S. 270 f. Siehe z. B. Ziff. 3.3 AVB-AVG; Ziff. 3.3 AVB-VHO 99 HDI; § 2 Nr. 3 AVB-VMO 04/99 VOV; Ziff. 3.2 AVB-ULLA 7/02 R+V.

1319 Vgl. *Schilling* S. 16.

1320 Vgl. Ziff. 3.3 AVB-AVG; Ziff. 3.3 AVB-DO 2000 VICTORIA; AVB ACE Insurance (Stand 2/02); AVB HISCOX managerline 02; Ziff. 3.3 AVB-VHO 99 HDI; § 2 Nr. 3 AVB-VMO 04/99 VOV; Ziff. 3.2 AVB-ULLA 7/02 R+V; Ziff. 6.3 Business Guard 2000 MM AIG.

## 5. Erfordernis eines Beschlusses der Mitgliederversammlung

Rechtlich möglich ist, daß die Organmitglieder unmittelbar für sich eine D&O-Versicherung abschließen, also selbst Versicherungsnehmer werden (D&O-Einzelpolice).[1321] Der Vereinsvorstand wird jedoch selten Interesse an einer solchen Regelung haben, weil sie ihn unmittelbar mit der Zahlung der nicht unerheblichen Prämien belastet. Dies gilt um so mehr, wenn er ehrenamtlich tätig ist. Auf Seiten der Versicherer besteht ebenfalls wenig bis gar kein Interesse, D&O-Einzelpolicen anzubieten. Dies dürfte unter anderem an der erschwerten Kalkulierbarkeit angemessener Prämien für Einzelpersonen liegen. Vorstandsmitglieder werden sich deshalb fragen, ob sie die D&O-Versicherung nicht *im Namen des Vereins* abschließen können. Dies hätte aus ihrer Sicht den entscheidenden Vorteil, daß Vertragspartner, Versicherungsnehmer und Prämienschuldner *der Verein* wird, wohingegen sie selbst „nur" versicherte Personen sind. Was das rechtliche *Können* angeht, ist die Möglichkeit des Abschlusses eines solchen Versicherungsvertrages aufgrund der dem Vorstand gemäß §§ 26 II 1, 164 I 1 BGB zustehenden umfassenden Vertretungsmacht zu bejahen.[1322] Unklarheiten bestehen jedoch im Bereich des rechtlichen *Dürfens* gegenüber dem Verein (Innenverhältnis).[1323] Es stellt sich die Frage, ob der Vorstand im Namen des Vereins eine D&O-Versicherung abschließen *darf,* ohne zuvor einen entsprechenden Beschluß *der Mitgliederversammlung* herbeizuführen. Die Notwendigkeit eines solchen Beschlusses unterstellt, wäre ein Handeln ohne Beschluß eine Pflichtverletzung des Vorstands, die einen Schadensersatzanspruch des Vereins auslöst. Soweit ersichtlich wird dieser Fragenkomplex – ebenso wie die D&O-Versicherung insgesamt – im Vereinsrecht nicht diskutiert. Anderes gilt hingegen für die Rechtslage bei der GmbH und der AG. Es ist deshalb zunächst zu untersuchen, ob die dort geführte Diskussion nicht für den Verein fruchtbar gemacht werden kann.

### *a) Rechtslage bei der GmbH*

#### aa) Beschlußerfordernis analog § 46 Nr. 5 GmbHG

Einer (umstrittenen) Auffassung zufolge stellen die von der Gesellschaft gezahlten D&O-Versicherungsprämien für das Leitungsorgan einen geldwerten Vorteil und damit einen Teil der Geschäftsführervergütung dar.[1324] Für die Frage nach der

---

1321 Vgl. *Ihlas* S. 194; *Klinkhammer* VP 1993, 77, 78 f.

1322 Siehe zur grundsätzlich umfassenden und unbeschränkten Vertretungsmacht des Vorstands bereits oben Zweiter Teil B. I. 5. vor a), b) dd), ee) und gg).

1323 Selbst wenn die Mitgliederversammlung vereinsintern zuständig sein sollte, müßte der Abschluß der D&O-Versicherung als *ausführende Vertretungsmaßnahme* aber durch den Vorstand erfolgen, vgl. zu letzterem allg. Soergel / *Hadding* § 32 Rn. 6.

1324 So etwa *Henssler* in: Henze / Hoffmann-Becking (Hrsg.) S. 131, 144 ff., 152 ff.; ebenso für die Organe der AG *Kästner* AG 2000, 113, 115 ff.; *dies.* DStR 2001, 195 ff.; *Krü-*

Notwendigkeit eines Beschlusses der Gesellschafterversammlung ergäbe sich daraus folgende Konsequenz: Anerkanntermaßen ist die Gesellschafterversammlung nicht nur für die Bestellung und Abberufung der Geschäftsführer, sondern aufgrund einer Annexkompetenz zu § 46 Nr. 5 GmbHG für alle damit im Zusammenhang stehenden Rechtsgeschäfte, also auch für den Abschluß und die Kündigung des *Anstellungsvertrages* zuständig.[1325] Da die Regelung der Geschäftsführervergütung zum Inhalt des Anstellungsvertrages gehört und die gesellschaftsfinanzierten Prämien für die D&O-Versicherung Teil der Vergütung sein sollen, müßten die GmbH-Geschäftsführer analog § 46 Nr. 5 GmbHG einen entsprechenden Beschluß der Gesellschafterversammlung herbeiführen, wenn sie eine D&O-Versicherung im Namen der GmbH abschließen wollen.

#### bb) Beschlußerfordernis analog § 46 Nr. 8 GmbHG

Darüber hinaus wird in der GmbH-rechtlichen Literatur die Erforderlichkeit eines Beschlusses der Gesellschafterversammlung bei einer gesellschaftsfinanzierten D&O-Versicherung teils noch mit einer anderen Begründung bejaht.[1326] Auch wenn § 46 Nr. 8 GmbHG unmittelbar nur die *Geltendmachung* von Ersatzansprüchen gegenüber den Geschäftsführern betreffe, sei doch allgemein anerkannt, daß die GmbH analog § 46 Nr. 8 GmbHG ebenso nur *durch Beschluß der Gesellschafterversammlung* auf Schadensersatzansprüche gegen ihre Geschäftsführer wirksam *verzichten* könne.[1327] Da man bei der D&O-Versicherung von einem „vorweggenommen Verzicht" oder einer „zeitlich gestreckten Freistellung von der Organhaftung" sprechen könne, sei für den Abschluß einer gesellschaftsfinanzierten D&O-Versicherung deshalb analog § 46 Nr. 8 GmbHG ein Beschluß der Gesellschafterversammlung erforderlich.[1328]

#### cc) Stellungnahme

*(1) Beschlußerfordernis analog § 46 Nr. 5 GmbHG*

Die Ansicht, die das Beschlußerfordernis aus § 46 Nr. 5 GmbHG ableitet, geht als Grundprämisse davon aus, daß die Prämien einer gesellschaftsfinanzierten

---

*ger* NVersZ 2001, 8; a.A. z. B. *Vetter* AG 2000, 453, 456 f. *Dreher* DB 2001, 996 ff.; *Ihlas* S. 306 ff.; *Mertens* AG 2000, 447, 451; *Lange* ZIP 2001, 1524, 1526 f.

1325 So die ganz h.M. in Rspr. und Lit., vgl. *BGH* GmbHR 1991, 363; Michalski / *Römermann* § 43 GmbHG Rn. 246 m. w. N. in Fn. 234.

1326 So etwa *Habetha* DZWiR 1995, 272, 280; *Lohr* NZG 2000, 1204, 1212.

1327 Vgl. *Habetha* DZWir 1995, 272, 280 unter Hinweis auf Hachenburg / *Hüffer*[8] § 46 GmbHG Rn. 95; Baumbach / Hueck / *Zöllner*[15] § 43 GmbHG Rn. 26; Rowedder / *Koppensteiner*[2] § 43 GmbHG Rn. 34; vgl. aktuell dazu z. B. Rowedder / Schmidt-Leithoff / *Koppensteiner* § 46 GmbHG Rn. 42 m. w. N. in Fn. 159.

1328 Vgl. *Habetha* DZWir 1995, 272, 279, 280.

D&O-Versicherung einen Teil der *Geschäftsführervergütung* darstellen. Diese Auffassung wurde in Deutschland zunächst auch von der *Finanzverwaltung* vertreten, die die Prämien folgerichtig als Einnahmen (geldwerter Vorteil) der Organmitglieder einstufte und von diesen persönlich versteuern ließen. Begründet wurde diese Auffassung damit, daß die D&O-Versicherung in erster Linie nicht das Betriebsvermögen, sondern das Privatvermögen der versicherten Organmitglieder schütze und daher diesen zugute komme.[1329]

Von dieser Auffassung hat sich das *Bundesministerium der Finanzen* (BMF) jedoch durch Schreiben vom 24. 1. 2002 getrennt.[1330] Die Finanzverwaltung stuft die D&O-Versicherung nunmehr als Versicherung ein, die zu allererst dem Schutz des *Unternehmens* diene. Allerdings gelte dies nur unter den folgenden *Voraussetzungen:* Die Versicherung müsse in erster Linie die Gefahr des Unternehmens absichern, von Dritten wegen eines (Fehl-)Verhaltens der Leitungsorgane in Anspruch genommen zu werden.[1331] Erfaßt seien desweiteren nur Policen, bei denen der juristischen Person als Versicherungsnehmerin selbst Ansprüche aus dem Versicherungsvertrag zustünden. Darüber hinaus müsse durch die Versicherung das Organ *als Ganzes* versichert sein und nicht nur die einzelnen Organmitglieder. Schließlich dürfe die Kalkulation der Prämien nicht auf individuellen Merkmalen der versicherten Personen beruhen, sondern müsse sich an den Betriebsdaten der juristischen Person orientieren. Nur wenn diese Voraussetzungen gegeben seien, überwiege das betriebliche Interesse den persönlichen Schutz der Organmitglieder. Nur dann seien die Prämien nicht den persönlichen Einnahmen, sondern den Betriebsausgaben zuzurechnen.

Mit diesem „Kurswechsel" der Finanzverwaltung hat sich die Auffassung, die D&O-Prämien seien als Vergütung und damit als Einnahmen der Organmitglieder der juristischen Person anzusehen, faktisch erledigt. Eine gesellschafts- und steuerrechtlich unterschiedliche Einordnung der Prämien würde dem Grundsatz der Einheit der Rechtsordnung widersprechen. Sie ist daher abzulehnen.[1332]

Dafür, daß die D&O-Versicherung überwiegend den Interessen der juristischen Person dient und deshalb ihre Prämien nicht als Organvergütung einzustufen sind, sprechen zudem noch weitere Überlegungen. Die Deckungssumme der D&O-Police verschafft *der juristischen Person* ein Regreßpotential, welches die finanziellen Möglichkeiten der einzelnen versicherten Personen bei weitem übertrifft und regelmäßig schneller zur Verfügung steht als ein gerichtlich erwirkter Titel gegen die

---

1329 Siehe zur Auffassung der Finanzverwaltung *Kästner* DStR 2001, 195, 200; *Schüppen/Sanna* ZIP 2002, 550 f.; *Küppers/Dettmeier/Koch* DStR 2002, 199.

1330 Vgl. *BMF*-Schreiben vom 24. 1. 2002 IV C 5 – S 2332–8/02 (auszugsweise abgedruckt in AG 2002, 287). In DB 2002, 399 findet sich ein entsprechender Erlaß des niedersächsischen Finanzministeriums, der im Einvernehmen mit dem *BMF* ergangenen ist.

1331 Vgl. hierzu und zum folgenden den Erlaß in DB 2002, 399 f.

1332 Für eine „Wertungsgleichlauf" plädiert auch *Dreher* DB 2001, 996, 999.

verantwortlichen Organmitglieder.[1333] Dies gilt zunächst für Innenhaftungs-, letztlich aber auch für Außenhaftungsfälle. Geschädigte Dritte werden sich mit ihren Schadensersatzforderungen über § 31 BGB zunächst und in erster Linie an die (vermeintlich zahlungsfähigere) juristische Person halten. Will diese daraufhin Regreß bei den verantwortlichen Organmitgliedern nehmen, kommt ihr die D&O-Versicherung zugute. Besteht eine Freistellungs- oder Erstattungsverpflichtung des Vereins gegenüber den Vorstandsmitgliedern für den Fall, daß diese von Dritten persönlich in Anspruch genommen werden, geht darüber hinaus nach den meisten Policen der Anspruch des Vorstands auf die Versicherungsleistung in dem Umfang auf *die juristische Person* über, in welchem diese die Freistellungs- oder Erstattungsverpflichtung erfüllt (company reimbursement-Klausel).[1334] Ferner bieten viele D&O-Versicherer inzwischen (auf Wunsch) eine sogenannte „entity-Dekkung" an.[1335] Diese gibt der juristischen Person als Versicherungsnehmerin einen eigenen Anspruch auf Deckungsschutz, wenn sie von Dritten wegen eines von ihren Leitungsorganen verursachten Vermögensschadens unmittelbar in Anspruch genommen wird. Außerdem liegt die Entscheidungsgewalt über Bestand und Durchführung der D&O-Versicherung letztlich beim Versicherungsnehmer (also der juristischen Person) und nicht bei den einzelnen versicherten Personen.[1336] Bei der D&O-Police als Versicherung für fremde Rechnung im Sinne der §§ 74 ff. VVG stehen den Organmitgliedern als versicherten Personen gemäß § 75 I 1 VVG zwar eigene Rechte aus dem Versicherungsvertrag zu. Sie können jedoch wegen § 75 II VVG bei Fehlen einer Zustimmung der Versicherungsnehmerin (hier der Gesellschaft) über diese Rechte nur verfügen oder sie gerichtlich geltend machen, wenn sie im Besitz des Versicherungsscheins sind.[1337] Besitzer des Versicherungsscheins ist jedoch die juristische Person selbst.[1338] Nur sie kann gemäß § 74 I 2 VVG als *Versicherungsnehmerin* die Aushändigung des Scheins verlangen. All dies zeigt, daß die D&O-Police *dem Interesse der juristischen Person* dient.

Darüber hinaus erfolgt die Prämienkalkulation bei der D&O-Versicherung weitestgehend nach Kriterien *der juristischen Person* (z. B. Bilanzsumme, Branche, etc.) und nicht nach solchen der Organmitglieder. Eine Bezifferung des auf das einzelne Organmitglied entfallenden Vorteils, wie sie bei einem Vergütungsbestandteil erforderlich wäre, ist deshalb nicht möglich.[1339] Außerdem führt die

---

1333 Vgl. *Lattwein/Krüger* NVersZ 2000, 365, 367; *Schüppen/Sanna* ZIP 2002, 550, 551; *Streck/Mack/Schwedhelm* AG 2002, 287; *Kiethe* BB 2003, 537, 539; *Lange* ZIP 2003, 466.

1334 Voraussetzung dafür ist jedoch meist, daß die Freistellungsverpflichtung nach Art und Umfang zulässig ist, vgl. z. B. Ziff. 1.3 AVB-VHO 99 HDI; § 3 Nr. 7 AVB-VMO 04/99 VOV; dies nicht ausdrücklich voraussetzend hingegen Ziff. 12.1 AVB-ULLA 7/02 R+V.

1335 Vgl. *Dreher* ZHR 165 (2001), 293, 298 f.

1336 Vgl. *Dreher* ZHR 165 (2001), 293, 319.

1337 Das Organmitglied kann sich wegen § 181 BGB nicht im Namen der Gesellschaft selbst eine Zustimmung erteilen.

1338 Daran ändert auch die vom betreffenden Organmitglied u.U. ausgeübte Sachherrschaft nichts, vgl. zum Besitz juristischer Personen allg. Palandt/*Bassenge* § 854 Rn. 13.

D&O-Deckung zu der für die Gesellschaft günstigen Folge, daß die Organmitglieder ihr Verhalten angesichts einer drohenden Haftung nicht derart defensiv ausgestalten, daß von einer unternehmerischen Tätigkeit keine Rede mehr sein kann (Problem der „Verhaltenslähmung" durch drohende Haftung).[1340] Zusätzlich hilft der Versicherungsschutz der juristischen Person, auch in Zukunft Personen zur Übernahme eines Organamtes bewegen zu können. Gegen eine Einordnung als Vergütung spricht ferner, daß die gesellschaftsfinanzierten D&O-Prämien *keine Gegenleistung* für die Dienste des Organmitglieds darstellen. Dies zeigt sich vor allem daran, daß die D&O-Versicherung für das Organ insgesamt abgeschlossen wird und in Umfang und Prämiengestaltung unverändert bleibt, wenn ein Organmitglied ersatzlos wegfällt, weil sie sich an betrieblichen Faktoren (etwa der Bilanzsumme) orientiert.[1341] Schließlich bestimmt allein die Gesellschaft den Personenkreis, dem die Deckung zugute kommen soll, den Umfang der Deckung und die weiteren Einzelheiten der Versicherung.[1342] Einzelne Organmitglieder erhalten den Deckungsschutz dabei unabhängig davon, ob sie ihn tatsächlich wollen.[1343] Zu guter Letzt hilft die D&O-Versicherung, Rechtsstreitigkeiten zwischen juristischer Person und Organmitglieder zu vermeiden, was wiederum dem Betriebsfrieden und damit der juristischen Person zugute kommt.[1344]

Alles in allem ist es deshalb gerechtfertigt, die D&O-Versicherung als *mehrheitlich* im Interesse der juristischen Person stehend einzustufen. Damit soll nicht bestritten werden, daß der Deckungsschutz *auch* den Organmitgliedern persönlich zugute kommt, indem er ihr Privatvermögen schützt. Jedoch *überwiegt* bei der gesellschaftsfinanzierten D&O-Versicherung der Anteil des betrieblichen Interesses.[1345] Die Vorteile auf Seiten der Organmitglieder stellen lediglich einen Reflex der Verfolgung dieses Interesses dar.[1346] Die D&O-Prämien stellen dementsprechend keine Vergütung der Organmitglieder, sondern Betriebsausgaben dar.[1347] Sie schaffen als unmittelbar gesellschaftsfinanzierter Aufwand lediglich die Grundlage und die Arbeitsbedingungen für die Organtätigkeit.[1348] Mangels Vergütungscha-

---

1339 Vgl. allg. *Küppers/Dettmeier/Koch* DStR 2002, 199, 202; zur AG *Mertens* AG 2000, 447, 452; *Dreher* ZHR 165 (2001), 293, 318.

1340 Vgl. *Dreher* ZHR 165 (2001), 293, 310 (zur AG).

1341 Vgl. *Dreher* DB 2001, 996, 997.

1342 Vgl. *Dreher* DB 2001, 996, 997.

1343 Vgl. *Küppers/Dettmeier/Koch* DStR 2002, 199, 203.

1344 Vgl. zu diesem Argument *Küppers/Dettmeier/Koch* DStR 2002, 199, 204.

1345 Ebenso zur AG *Dreher* ZHR 165 (2001), 293, 310 ff., 315 ff.; *Küppers/Dettmeier/Koch* DStR 2002, 199, 202 ff. (den Schutz der Gläubiger der jur. Person betonend); a.A. *Kästner* DStR 2001, 195, 198.

1346 Vgl. *Dreher* DB 2001, 996, 998.

1347 Ebenso *Ihlas* S. 306 ff.; *Kiethe* BB 2003, 537, 539; zur AG: *Mertens* AG 2000, 447, 451; *Vetter* AG 2000, 453, 457; *Lange* ZIP 2001, 1524, 1526 f.; *Dreher* DB 2001, 996 ff.

1348 Vgl. *Dreher* ZHR 165 (2001), 293, 306 ff. (zur AG). In eine ähnliche Richtung gehen *Mertens* AG 2000, 447, 452 und *Lange* ZIP 2001, 1524, 1526, die die Prämien als „dienstliche Fürsorgeaufwendung" in den Bereich des § 618 I BGB einordnen.

rakter kann sich daher – entgegen anderer Ansicht – aus § 46 Nr. 5 GmbHG kein Beschlußerfordernis der Gesellschafterversammlung ergeben.

*(2) Beschlußerfordernis analog § 46 Nr. 8 GmbHG*

Gegen die Auffassung, die das Beschlußerfordernis der Gesellschafterversammlung aus einer analogen Anwendung des § 46 Nr. 8 GmbHG herleitet, sprechen gleich mehrere Gründe. Zunächst stellt der Abschluß einer D&O-Versicherung weder einen vorweggenommenen Verzicht noch eine zeitlich gestreckte Freistellung von der Organhaftung dar. Das Bestehen einer D&O-Versicherung hat weder Einfluß auf das Entstehen noch auf den Bestand von Ersatzansprüchen der juristischen Person gegenüber ihren Organwaltern. Die Versicherung führt – anders als ein Verzicht oder eine Freistellung – nicht etwa dazu, daß eventuelle Ersatzansprüche erlöschen oder gar nicht erst entstehen. Die juristische Person verliert durch die D&O-Versicherung nicht die Organmitglieder als Haftungsschuldner, sondern erhält aufgrund des Deckungsschutzes mit dem Versicherer einen zusätzlichen, in den meisten Fällen solventeren Schuldner hinzu. Von einem (umfassenden) Verzicht oder einer Freistellung kann zudem nicht gesprochen werden, weil die D&O-Versicherung gar nicht in allen Fällen der Innenhaftung greift. Kein Deckungsschutz besteht etwa in Höhe des vereinbarten Selbstbehalts, oberhalb der Versicherungssumme und in den Fällen der zahlreichen Ausschlußtatbestände (z. B. bei vorsätzlichem Fehlverhalten).

Selbst wenn man jedoch der genannten Ansicht für das GmbH-Recht folgte, spräche gegen eine *Übertragbarkeit* dieser Konstruktion auf den Verein, daß man § 46 Nr. 8 GmbHG in diesem Fall dreifach (!) analog anwenden müßte. Dies ergäbe sich daraus, daß § 46 Nr. 8 GmbHG unmittelbar nur für die GmbH gilt, in seiner direkten Anwendung den Verzicht nicht erfaßt und dann schließlich im Falle der D&O-Versicherung noch eine Analogie zum Verzicht gebildet werden muß. Eine solche Konstruktion erschiene allzuweit hergeholt. Aus § 46 Nr. 8 GmbHG kann demzufolge ein Beschlußerfordernis nicht hergeleitet werden.

### dd) Zwischenergebnis

Im GmbH-Recht gibt es für Geschäftsführer, die im Namen der GmbH eine gesellschaftsfinanzierte D&O-Versicherung abschließen wollen, nach dem Gesetz keine Pflicht zur Herbeiführung eines entsprechenden Beschlusses der Gesellschafterversammlung. Demzufolge lassen hieraus auch keine Erkenntnisse *für* eine entsprechende Pflicht des Vereinsvorstands gewinnen.

### *b) Rechtslage bei der AG*

#### aa) Beschlußerfordernis analog § 93 IV 3 AktG

Ähnlich wie bei der GmbH wird auch im Aktienrecht die Auffassung vertreten, der Vorstand habe vor dem Abschluß einer gesellschaftsfinanzierten D&O-Versicherung analog § 93 IV 3 AktG die Zustimmung der Hauptversammlung einzuholen, weil in dem Abschluß einer D&O-Versicherung ein Verzicht auf bzw. ein Vergleich über Ersatzansprüche der AG gegenüber dem Vorstand liege.[1349]

Es konnte jedoch bereits festgestellt werden, daß der Abschluß einer D&O-Versicherung weder eine Haftungsfreistellung noch einen Verzicht auf Schadensersatzansprüche seitens der juristischen Person darstellt.[1350] Aus denselben Gründen liegt auch kein Vergleich vor. Das Erfordernis eines entsprechenden Beschlusses der Hauptversammlung kann demzufolge nicht aus § 93 IV 3 AktG (analog) hergeleitet werden.[1351]

#### bb) Zuständigkeit des Aufsichtsrats gemäß §§ 84 I 1, 87 I 1 AktG

Gemäß §§ 84 I 1, 87 I 1 AktG ist es der Aufsichtsrat, der die Vorstandsmitglieder bestellt und über ihre Bezüge entscheidet. Da es sich jedoch bei den Prämien der D&O-Versicherung nicht um einen Teil der Bezüge der Organmitglieder handelt, ist der Zuständigkeitsbereich des Aufsichtsrats für die Festsetzung der Vorstandsbezüge nicht berührt.[1352]

#### cc) Zuständigkeit des Aufsichtsrats gemäß § 112 AktG

Die AG wird gemäß § 78 AktG gegenüber Dritten *durch ihren Vorstand* vertreten. Dies gilt grundsätzlich auch für den Abschluß von Versicherungsverträgen.[1353] Demgegenüber ist es, wie sich aus § 112 AktG ergibt, *der Aufsichtsrat,* der die AG gegenüber dem Vorstand vertritt. Hinter dem zwingenden § 112 AktG steht der Gedanke, eine Gefährdung der Interessen der AG zu verhindern, die sich ergeben würde, wenn der Vorstand die Gesellschaft in solchen Angelegenheiten vertreten könnte, die seine *eigenen Belange* betreffen.[1354] Ginge man nun davon aus, daß

---

1349 Vgl. allg. zur Klassifizierung der D&O-Versicherung als Verzicht *Habetha* DZWir 1995, 272, 280.

1350 Siehe dazu oben Fünfter Teil B. I. 5. a) cc) (2).

1351 Ebenso *Kästner* AG 2000, 113, 118 ff.; *Vetter* AG 2000, 453, 454, 457 f.; *Henssler* in: Henze / Hoffmann-Becking (Hrsg.) S. 131, 142 ff., 152.

1352 Wie hier: *Dreher* ZHR 165 (2001), 293, 321 (zur AG); a.A. hingegen *Henssler* in: Henze / Hoffmann-Becking (Hrsg.) S. 131, 152 f.; *Krüger* NVersZ 2001, 8.

1353 Vgl. *Kästner* AG 2000, 113, 121.

1354 Vgl. *Hüffer* § 112 AktG Rn. 1 m. w. N.; KölnerKomm / *Mertens* § 112 AktG Rn. 2.

die Prämien einer gesellschaftsfinanzierten D&O-Versicherung eine Vergütung des Vorstands darstellten, würden sie in den Bereich des Anstellungsvertrages und damit in die Rechtsbeziehung zwischen Vorstand und AG fallen. Dementsprechend wäre gemäß § 112 AktG die Zuständigkeit des Aufsichtsrats berührt.[1355] Dieser Argumentation kann jedoch schon deshalb nicht gefolgt werden, weil die Prämien einer gesellschaftsfinanzierten D&O-Versicherung keine von der juristischen Person an ihre Organmitglieder gewährte Vergütung darstellen.[1356] Bei der Aktiengesellschaft besitzt dementsprechend nicht der Aufsichtsrat, sondern der Vorstand die Zuständigkeit und gemäß § 78 AktG die Vertretungsmacht zum Abschluß einer gesellschaftsfinanzierten D&O-Versicherung.[1357]

#### dd) Zwischenergebnis

Ebenso wie im GmbH-Recht gibt es auch im Aktienrecht für den Vorstand, der im Namen der AG eine gesellschaftsfinanzierte D&O-Versicherung abschließen will, von Gesetzes wegen keine Pflicht zur Herbeiführung eines entsprechenden Beschlusses des Aufsichtsrates oder der Hauptversammlung. Rückschlüsse *für* eine entsprechende Pflicht des Vereinsvorstands lassen sich deshalb aus dem Aktienrecht nicht gewinnen.

### *c) Vereinsrechtliche Bewertung*

Da sich aus dem Kapitalgesellschaftsrecht keine entsprechenden Erkenntnisse für die Frage des Beschlußerfordernisses gewinnen lassen, bleibt nur eine Lösung des Problems auf Grundlage *vereinsrechtlicher* Vorschriften und Wertungen.

#### aa) Vereinsrechtliche Zuständigkeitsordnung

##### *(1) Vergütungsregelungen und Verzicht*

Handelte es sich bei der Prämienzahlung durch den Verein um eine Vorstandsvergütung, müßte tatsächlich ein Beschluß der Mitgliederversammlung herbeigeführt werden. Mangels anderweitiger Satzungsregelung (vgl. § 40 BGB) ist es nämlich – wie der *BGH* ausdrücklich entschieden hat – die Mitgliederversammlung, die nicht nur über die Bestellung (vgl. § 27 I BGB), sondern auch über den Anstellungsvertrag des Vorstands entscheidet.[1358] Da die Frage der Vergütung des

---

1355 So etwa *Hüffer* § 84 AktG Rn. 16, § 113 AktG Rn. 2.

1356 Vgl. oben Fünfter Teil B. I. 5. a) cc) (1).

1357 Wie hier auch *Vetter* AG 2000, 453, 457; *Dreher* ZHR 165 (2001), 293, 321.

1358 Vgl. *BGHZ* 133, 237, 241 ff. = NJW 1991, 1727; ebenso Palandt / *Heinrichs* § 26 Rn. 5 („analog § 27 I BGB"); Staudinger / *Weick* § 26 Rn. 3, § 27 Rn. 12; Soergel / *Hadding* § 27 Rn. 13.

Vorstands zum Inhalt des Anstellungsvertrages gehört, müßte die Mitgliederversammlung einen entsprechenden Beschluß fassen. Es konnte jedoch bereits bei den Kapitalgesellschaften festgestellt werden, daß gesellschaftsfinanzierte D&O-Prämien keine Vergütung der versicherten Organmitglieder darstellen.[1359] Nichts anderes gilt für den Verein. Zum einen ist dieser ebenso wie die AG und die GmbH eine juristische Person. Zum anderen liegt eine vereinsfinanzierte D&O-Versicherung aus denselben Gründen wie bei den Kapitalgesellschaften *überwiegend* in seinem Interesse und nur zu einem untergeordneten Teil im persönlichen Interesse der Vorstandsmitglieder. Ein Beschlußerfordernis läßt sich dementsprechend aus der Zuständigkeit der Mitgliederversammlung für Vergütungsregelungen nicht herleiten.

Gleiches gilt letztlich für die Einstufung der D&O-Prämien als Verzicht oder Freistellung. Wäre dieser rechtlichen Einordnung der Prämien zu folgen, müßte ein Beschluß der Mitgliederversammlung herbeigeführt werden, weil diese den Verein gegenüber dem Vorstand vertritt[1360] und deshalb nur sie über den Verzicht oder die Freistellung in bezug auf Ansprüche gegenüber dem Vorstand entscheiden könnte. Da jedoch bereits an früherer Stelle festgestellt werden konnte, daß weder ein Verzicht noch eine Freistellung vorliegt[1361], kann sich auch aus diesen Überlegungen kein Beschlußerfordernis ergeben.

#### *(2) Allgemeine Zuständigkeitsordnung im Verein*

Die vom Vereinsrecht des BGB vorgesehene Zuständigkeitsverteilung zwischen Vorstand und Mitgliederversammlung gestaltet sich wie folgt: Aus § 27 III BGB ergibt sich, daß der Vorstand das *Geschäftsführungsorgan* des Vereins ist, soweit nicht die Satzung etwas anderes bestimmt (vgl. § 40 BGB). Zum Bereich der Geschäftsführung gehört anerkanntermaßen jede Tätigkeit zur Förderung des Vereinszwecks.[1362] Die dazu erforderlichen Maßnahmen können zum einen tatsächlicher Art (z. B. Buch- und Kassenführung, Bilanzaufstellung, Kontrolle der Vorstandskollegen und Mitarbeiter), zum anderen rechtsgeschäftlicher Art sein (z. B. Einstellung von Mitarbeitern, Einkäufe für den Verein, Abschluß einer Haftpflichtversicherung für den Verein, Geltendmachung von Rechten des Vereins gegenüber Dritten).[1363] Die Führung der Vereinsgeschäfte obliegt also dem Vorstand.

§ 32 I 1 BGB bestimmt, daß die Angelegenheiten des Vereins, soweit sie nicht dem Vorstand oder einem anderen Organ zugewiesen sind, durch *Beschluß der Mitgliederversammlung* „geordnet" werden. Vor dem Hintergrund dieser Kompe-

---

1359 Siehe oben Fünfter Teil B. I. 5. a) cc) (1) und b) cc).

1360 Dies ergibt sich aus § 32 I 1 BGB. Vgl. für die Entlastung, die wie ein Verzicht wirkt Soergel / *Hadding* § 27 Rn. 24 f.

1361 Vgl. oben Fünfter Teil B. I. 5. a) cc) (1).

1362 Vgl. statt vieler nur Soergel / *Hadding* § 26 Rn. 10.

1363 Vgl. Soergel / *Hadding* § 26 Rn. 10.

tenzverteilung sind von der Geschäftsführung durch den Vorstand die sogenannten „Grundlagengeschäfte" zu unterscheiden. Unter diesen Begriff fallen all diejenigen Maßnahmen, durch die die Organisation des Vereins oder das Verhältnis zwischen Mitgliedern und Verein geändert wird.[1364] Hierher gehören zum einen solche Belange, die der Mitgliederversammlung ausdrücklich zugewiesen sind, zum anderen solche, die inhaltlich im Bereich der Vereinsverfassung liegen, also – um mit den Worten des *BGH* zu sprechen – alle „das Vereinsleben bestimmenden Grundentscheidungen".[1365] Beispiele für Grundlagengeschäfte sind Satzungsänderungen (vgl. § 33 BGB, z. B. Änderung des Vereinsnamens- oder zwecks), die Bestellung und Abberufung des Vorstands (vgl. § 27 BGB), die Vereinsauflösung (vgl. § 41 BGB) und die Bestimmung des Anfallberechtigten (vgl. § 45 II 2 BGB). Für die Grundlagengeschäfte ist im Gegensatz zu den Geschäftsführungsmaßnahmen nicht der Vorstand, sondern gemäß § 32 I 1 BGB die Mitgliederversammlung zuständig.[1366] Die entscheidende Frage ist deshalb, ob der Abschluß einer vereinsfinanzierten D&O-Versicherung zur Geschäftsführung oder zu den Grundlagengeschäften gehört. Im ersteren Fall wäre der Vorstand zuständig, im letzteren Fall die Mitgliederversammlung, was gleichzeitig dazu führen würde, daß von ihr ein entsprechender Beschluß einzuholen wäre, bevor der Vorstand den Versicherungsvertrag abschließen darf.

Eine ausdrückliche Zuweisung enthält das BGB hinsichtlich vereinsfinanzierter D&O-Versicherungen selbstverständlich nicht. Der Bereich der Vereinsverfassung und damit die Zuständigkeit der Mitgliederversammlung wäre tangiert, wenn es sich um eine „das Vereinsleben bestimmende Grundentscheidung"[1367] handelte. Sicherlich hat eine D&O-Versicherung für die Sicherung sowohl des Vereinsvermögens als auch des Privatvermögens des Vorstands eine beachtliche Bedeutung. Auswirkungen auf das „Vereinsleben", also das Verhältnis zwischen Mitgliedern und Verein, hat sie jedoch nicht. Sie beinhaltet keine Änderung der Rechtsstellung der Vereinsmitglieder. Vielmehr gehört ganz allgemein die Sorge für einen ausreichenden Versicherungsschutz des Vereins und seiner Organe in den *Bereich der Geschäftsführung des Vorstands,* sie ist sogar Teil der Pflicht zur *ordnungsgemäßen* Geschäftsführung. Dies hat der *BGH* für den Vorstand eines Reitvereins bereits ausdrücklich bejaht.[1368] Für die D&O-Versicherung aber kann nichts anderes gelten als etwa für die allgemeine Haftpflichtversicherung des Vereins für Personen- und Sachschäden. Niemand käme dort auf die Idee, eine Zuständigkeit der Mitgliederversammlung zu bejahen, obwohl auch dort die Vorstandsmitglieder mitversichert sind.[1369] Beim Abschluß einer vereinsfinanzierten D&O-Versiche-

---

1364 Vgl. Soergel/*Hadding* § 26 Rn. 10.

1365 *BGHZ* 47, 172, 177 = NJW 1967, 1268; 128, 93, 106 (st. Rspr.).

1366 Einer Ansicht zufolge wirkt die *zwingende gesetzliche Zuständigkeitsordnung* sogar nicht nur vereinsintern, sondern beschränkt gleichzeitig die Vertretungsmacht des Vorstands im Außenverhältnis, vgl. statt vieler Soergel/*Hadding* § 26 Rn. 20.

1367 *BGHZ* 47, 172, 177 = NJW 1967, 1268; 128, 93, 106 (st. Rspr.).

1368 Vgl. *BGH* NJW-RR 1986, 572, 574; zustimmend Palandt/*Heinrichs* § 27 Rn. 4.

rung geht es – ebenso wie bei einer Personen- und Sachschaden-Haftpflichtversicherung – um eine Entscheidung, die in den Bereich der dem Vorstand obliegenden Sorge um das Vereinsvermögen fällt und damit zur ordnungsgemäßen Geschäftsführung im Sinne des § 27 III BGB gehört.

Da es sich bei dem Abschluß einer vereinsfinanzierten D&O-Versicherung nicht um ein Grundlagengeschäft, sondern um eine Maßnahme ordnungsgemäßer Geschäftsführung handelt, ist nach der vom Gesetz vorgesehenen vereinsinternen Zuständigkeitsordnung gemäß § 27 III BGB der Vorstand zuständig. Eines Beschlusses der Mitgliederversammlung bedarf es insoweit nicht.

#### bb) Anderslautende Satzungsregelung

Selbstverständlich kann die Mitgliederversammlung die vereinsrechtliche Zuständigkeitsordnung im Rahmen der zwingenden Gesetzesvorschriften durch Satzungsregelung ändern. Diese Kompetenz ergibt sich aus §§ 25, 40 BGB i.V.m. §§ 27 III, 32 I 1 BGB. Durch Satzungsbestimmung kann sie deshalb dem Vorstand die (interne) Zuständigkeit zum Abschluß einer vereinsfinanzierten D&O-Versicherung oder von Versicherungen allgemein nehmen und etwa sich selbst oder einem anderen Organ zuweisen. Als milderes Mittel könnte auch bestimmt werden, daß der Vorstand für den Fall des Abschlusses eines Versicherungsvertrages einen angemessenen Selbstbehalt vereinbaren muß. Dies wäre für den Verein günstig, weil ein Selbstbehalt den Vorstand zusätzlich zu ordnungsgemäßem Verhalten anspornt. Soll hingegen verhindert werden, daß der Vorstand *überhaupt* eine D&O-Versicherung im Namen des Vereins abschließt, steht es der Mitgliederversammlung gemäß §§ 26 II 2, 68, 70 BGB frei, *die Vertretungsmacht* des Vorstands insoweit durch eine Satzungsregelung und eine entsprechende Registereintragung *mit Wirkung gegenüber Dritten* zu beschränken (Außenverhältnis).

### *d) Ergebnis*

Von Gesetzes wegen ist zum Abschluß einer vereinsfinanzierten D&O-Versicherung kein Beschluß der Mitgliederversammlung erforderlich. Vielmehr handelt es sich um eine Maßnahme der Vereinsgeschäftsführung, die gemäß § 27 III BGB dem Vorstand obliegt. Sollte den Vereinsmitgliedern diese Rechtslage mißfallen, steht es ihnen frei, dem Vorstand durch Satzungsregelung sowohl die interne Zuständigkeit als auch die Vertretungsmacht für den Abschluß derartiger Versicherungen zu nehmen.

---

1369 Vgl. zu letzterem oben Fünfter Teil A.

## II. Das Für und Wider einer D&O-Versicherung

Auf den ersten Blick scheint der Abschluß einer D&O-Versicherung nur Vorteile mit sich zu bringen. Im Rahmen der Versicherungsbedingungen sind die Vorstandsmitglieder nicht mehr der Gefahr ausgesetzt, Vermögensschäden – abgesehen vom Selbstbehalt – aus ihrem Privatvermögen ersetzen zu müssen. Dies ist für die Vereinsvorstände in der Praxis – insbesondere in Anbetracht ihres beachtlichen Innen- und Außenhaftungsrisikos – sehr interessant, und zwar um so mehr, wenn der Verein Versicherungsnehmer ist und damit die Zahlung der Prämien übernimmt. Aber auch und gerade auf Seiten des Vereins und der Drittgläubiger bietet die D&O-Versicherung Vorteile. Kommt es durch ein Fehlverhalten der Vorstandsmitglieder zu einem Vermögensschaden, verfügt der Geschädigte mit dem Versicherer über einen Schuldner, der im Vergleich zum Vorstand in aller Regel sowohl zahlungskräftiger als auch zahlungswilliger ist.[1370] Die Versicherungssumme wird regelmäßig um ein vielfaches höher sein als das Privatvermögen der Vorstandsmitglieder. Daß diese Überlegungen in der Vereinspraxis tatsächlich eine Rolle spielen, zeigt der Fall des Sportvereins Karlsruher SC e.V. Wie bereits an früherer Stelle erwähnt, hat der Verein seinen ehemaligen Präsidenten Ende November/Anfang Dezember 2002 auf Zahlung von 4,5 Mio. € Schadensersatz verklagt. Hintergrund der Klage war dabei unter anderem, daß der Verein beim Nachweis etwaiger Fehler des Präsidenten von einem Versicherer (offenbar aufgrund einer D&O-Versicherung) *sofort* 1,5 Mio. € verlangen kann.[1371] Ob der ehemalige Präsident jemals persönlich in der Lage wäre, eine derartig hohe Summe aufzubringen, erscheint zumindest fraglich.

Ein genauerer Blick zeigt jedoch, daß die D&O-Versicherung nicht nur Vorteile hat. Als Nachteile sind dabei zunächst die Kosten des Versicherungsschutzes zu nennen. Über die Höhe der Prämien läßt sich zwar keine generelle Aussage treffen, weil sie sich nach dem Einzelfall richtet.[1372] Dies liegt vor allem an Faktoren wie etwa der Höhe der Deckungssumme, dem Umfang des Versicherungsschutzes, der Vereinsbranche, der Vereinsgröße (Mitgliederzahl), der Ertrags- und Vermögenslage des Vereins, bisheriger Pflichtverstöße und der Höhe der Selbstbeteiligung. Keine Rolle spielen hingegen Anzahl, Qualifikation oder privates Vermögen der versicherten Personen.[1373] Zur Zeit beträgt die Mindestjahresnettoprämie bei einer Deckungssumme von 250.000 € ca. 2.500 €, bei 500.000 € ungefähr 4.000 bis 4.500 € und bei einer Deckungssumme von 1.000.000 € ca. 5.000 bis 6.000 €.[1374] Eine D&O-Versicherung verursacht also tatsächlich nicht unerhebliche Kosten. Im Bereich der Wirtschaftsunternehmen steigen derzeit wegen einer

---

1370 Vgl. für die GmbH *Lohr* NZG 2000, 1204, 1212 und *Jula* S. 144.

1371 Vgl. *F.A.Z.* v. 3. 12. 2002 Nr. 281 S. 32.

1372 Siehe zur Prämienkalkulation *Küpper-Dirks* S. 73 ff.; *Plück/Lattwein* S. 202 ff.

1373 Vgl. *Dreher* ZHR 165 (2001), 293, 298.

1374 Vgl. *Schilling* S. 29.

Vielzahl von Schadensfällen und einem regelmäßig weiten Deckungsumfang die D&O-Prämien drastisch an.[1375] Es bleibt abzuwarten, ob sich eine ähnliche Entwicklung auch im Vereinsbereich einstellen wird.

Außerdem ist von den Gegnern der D&O-Versicherung darauf hingewiesen worden, daß sie den versicherten Personen (hier den Vorstandsmitgliedern) den Anreiz nehme, sich pflichtgemäß und vor allem schadensvermeidend zu verhalten.[1376] Zu befürchten sei, daß die Organmitglieder wegen des bestehenden Deckungsschutzes ihre Pflichten vernachlässigten. Dieser Argumentation kann jedoch nicht gefolgt werden. Es wäre wenig realitätsnah, behaupten zu wollen, daß eigentlich pflichtbewußte Organwalter ihren Pflichten nur deswegen nicht (mehr) ordnungsgemäß nachkommen, weil ein entsprechender Versicherungsschutz besteht. Zum einen droht ihnen bei Verletzung ihrer Pflichten der Widerruf ihrer Bestellung (§ 27 II BGB) und die Kündigung ihres Anstellungsvertrages.[1377] Darüber hinaus müssen sie für den Schaden in Höhe ihrer Selbstbeteiligung (Selbstbehalt) und oberhalb der Deckungssumme persönlich aufkommen.[1378] Möglich ist auch, daß wegen eines Ausschlußtatbestandes (z. B. Vorsatz) der Versicherungsschutz erst gar nicht greift. Zum anderen ist eine das Pflichtbewußtsein herabsetzende psychologische Wirkung von D&O-Versicherungen bisher nur behauptet, jedoch nicht nachgewiesen worden. Auch Vorstandsmitglieder haben einen Ruf zu verlieren. Sie werden sich regelmäßig mit dem Verein identifizieren und kein Interesse daran haben, ihre Aufgabe nicht pflichtgemäß zu erfüllen. Damit soll nicht bestritten werden, daß es auch im Vereinswesen „schwarze Schafe“ gibt. Jedoch sind D&O-Versicherungen nicht ursächlich dafür. Zu Pflichtverletzungen wird es immer wieder kommen, bei einigen Vorstandsmitgliedern häufiger, bei anderen seltener. Daß der Abschluß einer D&O-Versicherung hierauf maßgeblichen Einfluß hätte, ist eine bloße Unterstellung. Auch in anderen Bereichen, etwa bei Rechtsanwälten, Ärzten und Steuerberatern hat die Berufshaftpflichtversicherung nicht zu einer Förderung pflichtwidrigen Verhaltens geführt.[1379] In den USA, wo D&O-Versicherungen bei Wirtschaftsunternehmen schon sehr viel länger verbreitet sind als in Deutschland, konnte ebenfalls nicht festgestellt werden, daß der Versicherungsschutz zur Nachlässigkeit der Leitungsorgane führt.[1380] Man kann sogar sagen: Der Abschluß einer D&O-Versicherung gehört zu einem zeitgemäßen Risikomanagment, welches von dem Leitungsorgan einer juristischen Person erwartet werden kann.[1381] Schließlich ist zu Recht darauf hingewiesen worden, daß die D&O-Versicherung die Aus-

---

1375 Vgl. *F.A.Z.* v. 22. 3. 2004 S. 20; dies vorhersagend bereits: *Unbekannter Autor* ZfV 2001, 435 f.

1376 Vgl. *Ruffner* ZSR 2000, 195, 222 ff.; siehe auch *Hucke* DB 1996, 2267, 2269; *Küpper-Dirks* S. 3.

1377 Vgl. *Lohr* NZG 2000, 1204, 1212 für die Geschäftsführer einer GmbH.

1378 Vgl. *Lohr* NZG 2000, 1204, 1212 (zur GmbH); *Vetter* AG 2000, 453, 455 (zur AG).

1379 Vgl. *Ihlas* S. 60.

1380 Vgl. *Henssler* in: Henze / Hoffmann-Becking (Hrsg.) S. 131, 136.

1381 Vgl. *Vetter* AG 2000, 453, 454 f., 458 (für den Vorstand einer AG).

gleichsfunktion der Haftung zugunsten des Geschädigten stärkt, weil durch die Leistung des Versicherers das Vermögen der juristischen Person und damit die dem Geschädigten zur Verfügung stehende Haftungsmasse gemehrt wird.[1382]

## III. D&O-Versicherungen für Vorstände kleinerer Vereine

Schließlich stellt sich die Frage, ob D&O-Versicherungen nur für mittlere und große – etwa professionelle Bundesligasportvereine – oder auch für kleinere Vereine angeboten werden. Einige Versicherer gewähren D&O-Deckungsschutz nur, wenn der Verein eine bestimmte Bilanzsumme (z. B. 500.000, 2 oder 2,5 Mio. €) bzw. ein bestimmtes Vereinsvermögen erreicht.[1383] Daneben gibt es zwar Anbieter, die diese Kriterien großzügiger handhaben.[1384] Dabei wird aber teilweise darauf hingewiesen, daß man sich bei kleineren Vereinen wie z. B. Kaninchenzüchter- und örtlichen Sportvereinen eine Einzelfallprüfung vorbehalte und gegebenenfalls keinen Deckungsschutz anbiete.[1385] Hinter dieser Zeichnungspolitik steht die Auffassung, daß kleinere Vereine eines umfangreichen D&O-Deckungsschutzes nicht bedürften.[1386] Für Vorstandsmitglieder von solchen Vereinen wird sich die Suche nach einer D&O-Versicherung deshalb nicht selten schwierig gestalten.

Sollte im konkreten Fall tatsächlich kein Versicherer zum Abschluß einer D&O-Versicherung bewegt werden können, bedeutet dies aber nicht, daß für den betroffenen Vereinsvorstand gar kein Vermögensschadenversicherungsschutz zu erhalten wäre. Für den Bereich der kleineren Vereine werden nämlich *besondere Vermögensschaden-Haftpflichtversicherungen* angeboten.[1387] Solche Versicherungen sind

---

1382 Vgl. für die GmbH: Michalski / *Haas* § 43 GmbHG Rn. 260 m. w. N. in Fn. 1191.

1383 So z. B. ACE Insurance: Ab ca. 500.000 € Bilanzsumme (Auskunft vom 26. 2. 2002); AXA: Die Bilanzsumme sollte mind. 2,5 Mio. € und das Eigenkapital mind. 0,5 Mio. € betragen. Es werde aber jeder Einzelfall geprüft (Auskunft vom 25. 2. 2002). HDI: Verein sollte Mindestbilanzsumme von 2 Mio. € haben, in wirtschaftlich gesundem Zustand sein und es muß „weiteres Geschäft" mit der HDI bestehen (Auskunft vom 20. 1. 2003). GERLING: Eine D&O-Versicherung komme nur bei „wirtschaftlichen Vereinen" (z. B. Bayern München) in Betracht (Auskunft vom 15. 1. 2003). CHUBB: Mindestens 5 Mio. € Bilanzsumme bei Kapitalgesellschaften, bei Vereinen sei das Vereinsvermögen maßgeblich (Auskunft vom 13. 2. 2003).

1384 So z. B. VICTORIA Versicherung (Auskunft vom 27. 1.2003); VOV GmbH, die nicht unbedingt auf die Größe des Vereins, sondern auf seine gesamtheitliche Situation abstellt (Auskunft vom 7. 2. 2003); HISCOX Managerline, die Deckungsschutz (250.000 € Deckungssumme bei einer Jahresnettoprämie von 2.500 €) auch für die Organe kleinerer Vereine anbietet (Auskunft vom 13. 1. 2003).

1385 So z. B. die VICTORIA Versicherung (Auskunft vom 27. 1. 2003).

1386 In diese Richtung geht z. B. eine dem Verfasser erteilte Auskunft der VICTORIA Versicherung vom 27. 1. 2003.

1387 Derartige Versicherungen bieten z. B. VICTORIA (Auskunft vom 27. 1. 2003), R+V (Auskunft vom 21. 1. 2003), GERLING (Auskunft vom 15. 1. 2003), ALLIANZ (HV 4247 / 00 mit Merkblatt HV 5516 / 00 Stand 09 / 02) und SECURITAS (Auskunft vom 13. 2. 2003) an.

je nach Deckungssumme (50.000 bis 150.000 €) und Vereinsgröße (Mitgliederzahl) schon für ca. 150 – 500 € im Jahr erhältlich und damit deutlich günstiger als D&O-Versicherungen. Für die Vorstandsmitglieder größerer Vereine wären derartige Versicherungen hingegen schon wegen der zu niedrigen Deckungssummen uninteressant. Für sie bleibt der Abschluß einer D&O-Versicherung mit möglichem Versicherungsschutz in Millionenhöhe die passende Lösung.

Die Vermögensschaden-Haftpflichtversicherung für kleinere Vereine gewährt den Organen und Mitarbeitern des Vereins Deckungsschutz für Vermögensschäden, die durch eine im Rahmen ihrer satzungsgemäßen Tätigkeit begangene Pflichtverletzung bei Dritten (Vereinsmitglieder und Außenstehende) oder beim Verein entstehen.[1388] Damit ist – im Unterschied zur *allgemeinen* Vermögensschaden-Haftpflichtversicherung - nicht nur die Außen-, sondern auch die Innenhaftung (Eigenschäden) abgedeckt. Versichert ist die Abwehr unbegründeter und die Befriedigung begründeter Schadensersatzansprüche, die sich auf eine (behauptete) Pflichtverletzung beziehen, die in den Versicherungszeitraum fällt (Verstoßprinzip). Hierin liegt ein Unterschied zum claims-made-Prinzip der D&O-Versicherung. Die Vermögensschaden-Haftpflichtversicherung für kleinere Vereine beinhaltet immerhin eine *Rückwärtsdeckung,* so daß solche Verstöße mitversichert sind, die in einen zu vereinbarenden Zeitraum vor Versicherungsbeginn fallen und dem Vorstand bei Vertragsschluß nicht bekannt waren.[1389] Darüber hinaus gelten jedoch – ebenso wie bei der D&O-Versicherung – einige Ausschlußtatbestände, wobei die Bedingungen der einzelnen Versicherer insoweit Unterschiede aufweisen. Ausgeschlossen ist teils der Ersatz von Schäden, die auf einer fehlerhafter Behandlung von Fragen kaufmännischen oder unternehmerischen Ermessens durch den Vorstand beruhen.[1390] Gleiches gilt für wissentliche oder vorsätzliche Pflichtverletzungen und in einigen Policen auch für die steuerrechtliche Haftung aus § 69 AO.[1391] Nicht ersetzt werden darüber hinaus Haftpflichtansprüche, soweit sie aufgrund vertraglicher Abrede oder besonderer Zusage über den Umfang der gesetzlichen Haftpflicht hinausgehen.[1392] Die Kosten für die Erneuerung einer Schließanlage wegen des Abhandenkommens eines Schlüssels sind regelmäßig nur gegen Beitragszuschlag mitversichert.[1393] Schließlich hat der Vereinsvorstand ei-

1388 Vgl. z. B. die Besonderen Bedingungen für die Vermögensschaden-Haftpflichtversicherung von Vereinen (A 2000) der VICTORIA Versicherung; ebenso Ziff. 1, 2 VH 071 R+V (Juli 2002); Ziff. 1 HV 4247/00 ALLIANZ.

1389 Vgl. z. B. § 2 II AVB R+V.

1390 Vgl. z. B. die Besonderen Bedingungen für die Vermögensschaden-Haftpflichtversicherung von Vereinen (A 2000) der VICTORIA Versicherung.

1391 Vgl. z. B. § 1 I und § 4 Nr. 5, 8 AVB-VH 2000 der VICTORIA. Anders hingegen Ziff. 8 der Besonderen Bedingungen für die Vermögensschadenhaftpflichtversicherung VH 071 (Juli 2002) der R+V Versicherung, wonach die Haftung für Steuerschulden, Spendenquittungen und Sozialversicherungsbeiträge mitversichert sind.

1392 Vgl. z. B. § 4 Nr. 2 AVB-VH 2000 VICTORIA.

1393 Vgl. z. B. das Merkblatt HV 5516/00 (Stand 9/02) der ALLIANZ.

nen Selbstbehalt zu tragen.[1394] Ebenso wie bei der D&O-Versicherung muß der Vereinsvorstand auch für den Abschluß einer besonderen Vermögensschaden-Haftpflichtversicherung für kleinere Vereine keinen Beschluß der Mitgliederversammlung herbeiführen. Er sollte aber in jedem Fall genau prüfen, ob die angebotene Police das für ihn konkret bestehende Haftungsrisiko hinreichend abdeckt.

## IV. Zusammenfassung zur D&O-Versicherung

D&O-Versicherungen bieten – vor allem für die Vorstände mittlerer und großer Vereine – einen adäquaten Versicherungsschutz gegen Vermögensschäden im Innen- und Außenverhältnis. Für die Vorstandsmitglieder kleinerer Vereine werden hingegen besondere Vermögensschaden-Haftpflichtversicherungen angeboten, die günstigere Prämien haben und das bestehende Haftpflichtrisiko hinreichend abdekken. Versicherungslösungen können in beiden Fällen eine sinnvolle *Ergänzung* zur Normierung von Haftungsbeschränkungen sein.[1395] Darüber hinaus stellen sie auch eine interessante *Alternative* dar, wenn der Vorstand gegenüber dem Verein oder Dritten eine Haftungsbeschränkung – aus welchen Gründen auch immer – nicht durchzusetzen vermag. Weder für den Abschluß einer D&O-Versicherung noch für den einer besonderen Vermögensschaden-Haftpflichtversicherung für Vereine bedarf der Vorstand von Gesetzes wegen die Zustimmung der Mitgliederversammlung.

Hinzuweisen ist darauf, daß beide Arten von Policen keinen Versicherungsschutz für die Haftung wegen sittenwidriger Schädigung (§ 826 BGB), Nichtabführung von Arbeitnehmersozialversicherungsbeiträgen (§ 823 II BGB i.V.m. §§ 266 a I, 14 I Nr. 1 StGB), Betrug (§ 823 II BGB i.V.m. § 263 StGB) und Untreue (§ 823 II BGB i.V.m. 266 StGB) gewähren, weil die genannten Haftungstatbestände nur vorsätzlich erfüllt werden können und die Versicherungen bei Vorsatz gerade nicht eingreifen. Insoweit gibt es nur Deckungsschutz für die Abwehr unbegründeter Ansprüche.[1396] Erfaßt sind hingegen Vermögensschäden, die auf leicht bis grob fahrlässigen Pflichtverletzungen beruhen, wozu etwa auch die fahrlässige Insolvenzverschleppung (§ 42 II BGB) und je nach Police auch die grob fahrlässige Verletzung steuerlicher Pflichten (§§ 34, 69 AO) gehört. In jedem Fall sind die Ausschlußtatbestände genau zu beachten.

---

[1394] Z. B. 10% der Haftpflichtsumme, mind. 50, max. 500 €, vgl. AVB-VH 2000 i.V.m. Ziff. 5 der Besonderen Bedingungen (A 2000) der VICTORIA.

[1395] Demgegenüber meint *Lutter* (GmbHR 1997, 329, 335), der Abschluß von D&O-Versicherungen lohne sich für GmbH-Geschäftsführer nicht. Dieser Auffassung kann angesichts des bestehenden Haftungsrisikos nicht gefolgt werden.

[1396] Vgl. *Jula* S. 143 für GmbH-Geschäftsführer und Aufsichtsräte.

*Sechster Teil*

# Zusammenfassung der wesentlichen Ergebnisse

A. Verwirklicht ein Vorstandsmitglied, besonderer Vertreter oder Repräsentant im Rahmen seiner Tätigkeit für den Verein einen Deliktstatbestand, kommt es gemäß § 31 BGB im Wege des gesetzlichen Schuldbeitritts zu einer Haftung des Vereins [Zweiter Teil A. I. 1. b) und c)). Entgegen der ganz überwiegenden Auffassung in der Literatur haftet der Verein jedoch nicht analog § 31 BGB für ein Verhalten seiner *Mitgliederversammlung* [Zweiter Teil A. I. 1. c) cc) (1)]. Für *sonstige Organe* greift § 31 BGB analog nur dann, wenn sie als „Repräsentant" des Vereins anzusehen sind [Zweiter Teil A. I. 1. c) cc) (2)). Im Falle der *einfachen Vereinsmitglieder* scheidet eine Haftung nach § 31 BGB gänzlich aus [Zweiter Teil A. I. 1. c) dd)].

B. Entgegen anderer Ansicht haftet der Verein für *externe Personen* auch nach der neueren Rechtsprechung des *BGH* nicht schon dann, wenn diese der Außendienstorganisation des Vereins angehören. Voraussetzung für eine Haftung analog § 31 BGB ist vielmehr nach wie vor, daß der Externe als *Repräsentant des Vereins* angesehen werden kann [Zweiter Teil A. I. 1. c) ee)].

C. Den Verein trifft aus §§ 31, 823 I BGB eine *nichtakzessorische,* d. h. vom Eigendelikt eines Organwalters unabhängige *Verkehrspflichthaftung.* Die Funktion des § 31 BGB geht also entgegen der h.M. über einen gesetzlichen Schuldbeitritt hinaus [Zweiter Teil A. I. 2. c)].

D. Für seine *Verrichtungsgehilfen* haftet der Verein nach § 831 I BGB, ohne daß es eines Rückgriffs auf § 31 BGB bedürfte. Die Erfüllung der Pflichten aus § 831 I 2 BGB obliegt als Maßnahme der *internen* Vereinsgeschäftsführung gemäß § 27 III BGB *dem Vorstand* [Zweiter Teil A. I. 3.].

E. Eine *Gefährdungshaftung* (z. B. aus § 7 StVG oder § 833 S. 1 BGB) trifft den Verein bereits ohne Rückgriff auf § 31 BGB [Zweiter Teil A. I. 4.].

F. Im Rahmen *bestehender Rechts- und Schuldverhältnisse* haftet der Verein für seine einfachen Erfüllungsgehilfen nach § 278 S. 1 2. Var. BGB, für seine Vorstandsmitglieder, besonderen Vertreter und Repräsentanten hingegen nicht etwa nach § 278 S. 1 1. Var. BGB, sondern nach § 31 BGB [Zweiter Teil A. II.].

G. Der Verein kann die sich *aus § 31 BGB* ergebende Haftung weder durch *Satzungsregelung* noch durch *Vereinsordnung* beschränken. Dies gilt entgegen einer im vereinsrechtlichen Schrifttum und in der untergerichtlichen Rechtsprechung vertretenen Ansicht sowohl gegenüber Außenstehenden als auch gegenüber den eigenen Vereinsmitgliedern [Zweiter Teil B. I. 1. und 2.].

H. Eine *individualvertragliche* Beschränkung der Haftung des Vereins *aus § 31 BGB* ist gegenüber Außenstehenden und den Vereinsmitgliedern jedenfalls für den Bereich der Fahrlässigkeit *grundsätzlich* zulässig. Unter strengen Voraussetzungen kann im Einzelfall auch eine *konkludente Haftungsbeschränkung* oder eine solche aufgrund *ergänzender Vertragsauslegung* gegeben sein [Zweiter Teil B. I. 3.].

I. Eine Beschränkung der sich für den Verein *aus § 31 BGB* Verein ergebenden Haftung durch *Allgemeine Geschäftsbedingungen* i. S. d. §§ 305 ff. BGB ist gegenüber Außenstehenden und Vereinsmitgliedern zwar nicht völlig ausgeschlossen, im Ergebnis aber nur selten wirksam. Die Einbeziehung von AGB durch den *Aufdruck auf einer Eintrittskarte* zu einer Vereinsveranstaltung scheitert regelmäßig an § 305 II BGB. Die Einbeziehung durch einen *Aushang* am Ort des Kartenverkaufs ist demgegenüber grundsätzlich möglich. Durch das Aufstellen von „Haftungsfreistellungsschildern" (z. B. „Benutzung der Anlage auf eigene Gefahr") läßt sich regelmäßig keine Haftungsbeschränkung erreichen. *Inhaltlich* ist zu bedenken, daß gemäß § 276 III BGB die Vorsatzhaftung nicht beschränkt werden kann. Darüber hinaus scheitert in bezug auf *Körperschäden jede* Beschränkung der Haftung aus § 31 BGB an § 309 Nr. 7 a BGB. Was *sonstige Schäden* angeht kann die Haftung für *grobe Fahrlässigkeit* wegen § 309 Nr. 7 b BGB nicht beschränkt werden. Beschränkungen der Haftung für *einfache Fahrlässigkeit* verstoßen zwar nicht gegen § 309 Nr. 7 b BGB, sind jedoch häufig nach § 307 I, II BGB unwirksam. Zu beachten ist schließlich, daß die §§ 305 ff. BGB wegen § 310 IV 1 BGB keine Anwendung finden, wenn der Verein gegenüber seinen Mitgliedern *im korporationsrechtlichen Bereich* AGB verwendet. Dies gilt – entgegen der Ansicht des *BGH* und der überwiegenden Literatur – auch dann, wenn sich die betreffende Regelung nicht unmittelbar aus der Satzung ergibt [Zweiter Teil B. I. 4.].

J. Die *Beschränkung der Vertretungsmacht* der Organwalter führt – wenn sie in das Vereinsregister eingetragen ist – in gewissem Umfang zu einer Beschränkung der Haftung des Vereins aus § 31 BGB (Zweiter Teil B. I. 5.].

K. Die Haftung des Vereins aus § 31 BGB kann nicht durch *Vereinsobservanz* beschränkt werden [Zweiter Teil B. I. 6.].

L. Neben den insgesamt eher begrenzten Möglichkeiten der *Beschränkung* der Haftung aus § 31 BGB kann der Verein eine Reihe von Maßnahmen treffen, die das *tatsächliche Haftungsrisiko* verringern. Zu diesen Maßnahmen gehören die Bestellung einer ausreichenden Anzahl von Vorstandsmitgliedern und besonderen Vertretern, eine sinnvolle Begrenzung der Amtsdauer der Vorstandsmitglieder, die Normierung von bestimmten Qualifikationen als Voraussetzungen für die Bekleidung eines Organamtes, die Trennung von Vertretung und Geschäftsführung, die Schaffung eines Aufsichtsrats und die Anordnung einer Revisorenprüfung [Zweiter Teil B. I. 7.].

M. Im Gegensatz zur Haftung aus § 31 BGB kann der Verein *die Haftung für seine Erfüllungsgehilfen* aus § 278 S. 1 2. Var. BGB gegenüber den Mitgliedern durch *Satzungsregelung, nicht* aber durch *Vereinsordnung* oder *Vereinsobservanz,* beschränken. Dabei ist wegen §§ 278 S. 2, 276 III BGB – jedenfalls grundsätzlich – auch die Beschränkung der Vorsatzhaftung zulässig. Entgegen der Ansicht des *BGH* ist bei *allen* Vereinen, also nicht nur bei solchen, die über eine wirtschaftliche oder soziale Machtstellung verfügen, eine Inhaltskontrolle der Satzung nach § 242 BGB durchzuführen. Diese führt jedoch nur selten zur Unwirksamkeit der Haftungsbeschränkung. Darüber hinaus kann der Verein durch *individualvertragliche Vereinbarung* oder durch *AGB* seine Haftung aus § 278 S. 1 2. Var. BGB sowohl gegenüber den Mitgliedern als auch gegenüber Außenstehenden beschränken. Im Fall der Verwendung von AGB ist zu beachten, daß bei *Körperschäden* wegen § 309 Nr. 7 a BGB keinerlei Haftungsbeschränkung möglich ist. Was *sonstige Schäden* angeht, ist die Beschränkung der Haftung für Vorsatz und grobe Fahrlässigkeit immer wegen § 309 Nr. 7 b BGB, die für einfache Fahrlässigkeit jedenfalls häufig nach § 307 I, II BGB unwirksam [Zweiter Teil B. II. 1. a)].

N. Der Verein kann die Haftung für ein Verhalten seiner *Verrichtungsgehilfen* aus § 831 I BGB *gegenüber den Mitgliedern* durch die *Satzung, nicht* aber durch *Vereinsordnung* oder *Vereinsobservanz* beschränken. Eine Beschränkung der Vorsatzhaftung scheidet jedoch gemäß § 276 III BGB aus. Darüber hinaus ist eine Haftungsbeschränkung sowohl gegenüber Außenstehenden als auch gegenüber Mitgliedern durch *Individualvertrag* und *AGB* möglich. Im Falle der Verwendung von AGB ist zu beachten, daß eine Haftungsbeschränkung in bezug auf *Körperschäden* in jedem Fall wegen § 309 Nr. 7 a BGB unwirksam ist. Hinsichtlich *sonstiger Schäden* kann die Haftung für grobe Fahrlässigkeit wegen § 309 Nr. 7 b BGB nicht beschränkt werden. Beschränkungen der Haftung für einfache Fahrlässigkeit verstoßen zwar nicht gegen § 309 Nr. 7 b BGB, sind aber meist wegen § 307 I, II BGB unwirksam [Zweiter Teil B. II. 1. b)].

O. Entgegen weitverbreiteter anderslautender Auffassung trifft die *Vorstandsmitglieder* eines Vereins ein beachtliches *persönliches Außenhaftungsrisiko.* Dies hängt unter anderem mit ihrem umfangreichen Aufgabenbereich zusammen. Geschädigte Dritte werden vor allem (aber nicht nur) im Falle der Insolvenz des Vereins versuchen, die Organmitglieder selbst in Anspruch zu nehmen. Daß sich nicht wenige (Sport-)Vereine zur Zeit zumindest in der Nähe der Insolvenz bewegen, konnte durch Beispiele aus der Praxis belegt werden. Die persönliche Außenhaftung der Vorstandsmitglieder ist im Vereinsrecht nicht besonders geregelt. Sie richtet sich nach allgemeinen Grundsätzen. Eine persönliche Außenhaftung trifft die Vorstandsmitglieder insbesondere im deliktischen (nach der Rechtsprechung des *BGH* auch bei Verkehrspflichtverletzungen), im rechtsgeschäftlichen, sozialversicherungsrechtlichen, steuerrechtlichen und insolvenzrechtlichen Bereich [Dritter Teil A.)].

P. Die *persönliche Außenhaftung der Vorstandsmitglieder* läßt sich durch eine klar und eindeutig formulierte schriftliche *Ressortverteilung* auf ihr jeweils eigenes Ressort beschränken. Einer Satzungsregelung oder einer Satzungsermächtigung bedarf es dazu nicht. Jedoch bleiben die Vorstandsmitglieder – entgegen der herrschenden vereinsrechtlichen Auffassung – zur abgestuften *Überwachung* der anderen Ressorts verpflichtet [Dritter Teil B. I.].

Q. Eine Beschränkung der *persönlichen Außenhaftung der Vorstandsmitglieder* durch die *Satzung,* eine *Vereinsordnung* oder durch *Vereinsobservanz* ist weder gegenüber Außenstehenden noch gegenüber Vereinsmitgliedern möglich [Dritter Teil B. II. und III.]. Zulässig sind hingegen *vertragliche Vereinbarungen* [Dritter Teil B. IV.]. Abgesehen von der Vorsatzhaftung kann der Vorstand seine Haftung für grobe und einfache Fahrlässigkeit auf diesem Wege grundsätzlich beschränken. Werden *AGB* verwendet, sind jedoch die §§ 309 Nr. 7 a, b, 307 I, II BGB zu beachten, so daß für den Bereich der Körperschäden jede Haftungsbeschränkung unzulässig ist. Bei Nichtkörperschäden ist zwar die Beschränkung der Haftung für einfache Fahrlässigkeit mit § 309 Nr. 7 b BGB vereinbar, meist jedoch nicht auch mit § 307 I, II BGB [Dritter Teil B. V.].

R. Im Gegensatz zum Aktien-, GmbH- und Genossenschaftsrecht fehlt es für die *persönliche Haftung des Vorstands gegenüber dem Verein (Innenhaftung)* an einer besonderen gesetzlichen Regelung. Die Innenhaftung ergibt sich vielmehr aus allgemeinen schuldrechtlichen Grundsätzen (§§ 280 I, III, 281 – 283 BGB), insbesondere wenn eine schuldhafte, pflichtwidrige Geschäftsführung vorliegt. Zur Geschäftsführungspflicht der Vorstandsmitglieder gehört – ähnlich wie bei der GmbH – die Pflicht, für ein rechtmäßiges Verhalten des Vereins zu sorgen [Vierter Teil A. IV. 3. c)]. Zu beachten ist, daß den Vorstandsmitgliedern bei ihren Entscheidungen ein *Ermessensspielraum* zusteht [Vierter Teil A. IV. 3. d)]. War die persönliche Inanspruchnahme des Vorstands durch den Verein in der Praxis bisher eher selten, so sind in letzter Zeit zumindest bei größeren Vereinen einige Fälle bekannt geworden [Vierter Teil A. I.]. Entgegen anderslautender Meinung besteht für den Vorstand tatsächlich ein beachtliches persönliches *Innenhaftungsrisiko* [Vierter Teil A. IV. bis VIII.].

S. Die Grundsätze der *Beschränkung der Arbeitnehmerhaftung* lassen sich entgegen einer im Vereinsrecht vielfach vertretenen Auffassung nicht entsprechend auf die Innenhaftung des Vereinsvorstands anwenden [Vierter Teil B. I. 1.]. Zu beachten ist jedoch, daß *unentgeltlich* (ehrenamtlich) tätige Vorstandsmitglieder im Bereich der *atypischen,* d. h. nicht unmittelbar die Wahrnehmung von Organaufgaben betreffenden Pflichten analog §§ 300 I, 521, 599, 680, 968 BGB nur für Vorsatz und grobe Fahrlässigkeit haften [Vierter Teil B. I. 3.]. Darüber hinaus kann sowohl das entgeltlich als auch das unentgeltlich tätige Vorstandsmitglied vom Verein gemäß §§ 27 III, 670 BGB den Ersatz (d. h. sowohl die Erstattung als auch die Freistellung) von *Zufallsschäden* verlangen. Ein entsprechender Anspruch steht bei Schäden, die das betroffene Vorstandsmitglied *(mit-)verschuldet* hat, entgegen anderer Ansicht aber nur dem *unentgeltlich* tätigen Vorstandsmitglied zu [Vierter Teil B. I. 4.].

T. Der zwingende Charakter der Innenhaftung bei der AG und der eG läßt sich nicht auf den Verein übertragen. Die *Innenhaftung der Vereinsvorstandsmitglieder* ist vielmehr *beschränkbar* [Vierter Teil B. II.). Entsprechende Regelungen sind in der *Satzung,* in *Vereinsordnungen* und als *Vereinsobservanz* möglich [Vierter Teil B. III. 1., 2. und 4.]. Gleiches gilt für Vereinbarungen im *Anstellungsvertrag.* Eine erläuternde Auslegung ergibt dort regelmäßig, daß sich die Beschränkung der Haftung sowohl auf das Anstellungsverhältnis als auch auf das organschaftliche Rechtsverhältnis des Vorstands zum Verein bezieht. Etwas anderes gilt, wenn im Verein verschiedenen Organe für die Anstellung und Bestellung des Vorstands zuständig sind [Vierter Teil B. III. 3.]. *Inhaltlich* kann im Wege einer Haftungsbeschränkung der objektive Pflichtenumfang des Vorstands begrenzt werden, der Maßstab der eigenüblichen Sorgfalt (§ 277 BGB) vereinbart oder die Haftung für grobe und einfache Fahrlässigkeit beschränkt werden. Möglich ist es auch, die arbeitsrechtlichen Haftungsgrundsätze für anwendbar zu erklären [Vierter Teil B. III. 3. d)]. Werden *AGB* verwendet, sind die §§ 309 Nr. 7 a, b, 307 I, II BGB zu beachten [Vierter Teil B. III. 5.]. Eine *Ressortverteilung* beschränkt die *Innenhaftung* der Vorstandsmitglieder grundsätzlich auf ihr jeweils eigenes Ressort. Entgegen der überwiegenden Auffassung in der vereinsrechtlichen Literatur bleibt aber eine (abgestufte) *Überwachungspflicht* hinsichtlich der anderen Ressorts bestehen [Vierter Teil B. III. 6.].

U. Verursacht ein Vorstandsmitglied im Rahmen seiner Tätigkeit für den Verein einen *Personen- oder Sachschaden,* greift seine *private Haftpflichtversicherung* regelmäßig nicht ein. Deckungsschutz bietet insoweit jedoch die *Haftpflichtversicherung des Vereins,* in der die Vorstandsmitglieder mitversichert sind. Zu beachten ist, daß auf diesem Weg nur *Drittschäden,* nicht aber auch Schäden *des Vereins* versichert sind. Das *Innenhaftungsrisiko* des Vorstands ist also nicht abgedeckt [Fünfter Teil A.].

V. Das Risiko des Vorstands, für einen *Vermögensschaden* einstehen zu müssen, wird durch die allgemeine Haftpflichtversicherung des Vereins nicht bzw. nicht ausreichend abgedeckt. Gerade dieser Bereich birgt jedoch enorme finanzielle Risiken in sich. Adäquaten Versicherungsschutz für die *Vorstandsmitglieder größerer Vereine* bietet insoweit eine in der vereinsrechtlichen Literatur bisher offenbar unbekannte *Directors' and Officers' Liability Insurance (D&O-Versicherung).* Die D&O-Versicherung erfaßt grundsätzlich sowohl die Innen- als auch die Außenhaftung, einschließlich derjenigen im sozialversicherungrechtlichen (hier aber nur Abwehrfunktion), steuerrechtlichen und insolvenzrechtlichen Bereich. Zu beachten ist, daß zahlreiche Haftungsausschlüsse (z. B. für Vorsatz) gelten. Bei der D&O-Versicherung gehören die Vorstandsmitglieder zu den versicherten Personen, Versicherungsnehmer und Prämienschuldner ist aber *der Verein.* Die Vorstandsmitglieder können und dürfen eine solche Versicherung im Namen des Vereins abschließen, *ohne* zuvor einen *Beschluß der Mitgliederversammlung* herbeizuführen. Die zum GmbH- und Aktienrecht vertretene Auffassung, nach der die dortigen Leitungsorgane die Pflicht trifft, einen Beschluß der Gesellschafterversammlung bzw. der Hauptversammlung oder des Aufsichtsrats einzuholen, läßt sich nicht auf den Verein übertragen [Fünfter Teil B. I.].

W. Für *Vorstandsmitglieder kleinerer Vereine* bieten nur sehr wenige Versicherer D&O-Versicherungen an. Erhältlich sind jedoch *besondere Vermögensschaden-Haftpflichtversicherungen für kleine Vereine.* Diese sind in den Prämien deutlich günstiger als D&O-Versicherungen und decken das bestehende Vermögensschadenhaftpflichtrisiko hinreichend ab. Zu ihrem Abschluß muß der Vorstand – ebenso wie im Fall der D&O-Versicherung – keinen Beschluß der Mitgliederversammlung herbeiführen [Fünfter Teil B. III.].

# Literaturverzeichnis

*Ackmann,* Hans-Peter: Mitgliederversammlung 2002, in: DAJV-Newsletter 2/2002 S. 51 f.

– Tätigkeitsbericht des Vorstandes der DAJV für das Jahr 2001, in: DAJV-Newsletter 2/2002 S. 52 ff.

*Adams,* Michael/*Maßmann,* Jens: Vereinsreform in Deutschland, in: ZRP 2002, S. 128 ff.

*Altmeppen,* Holger: Haftung der Geschäftsleiter einer Kapitalgesellschaft für Verletzung von Verkehrssicherungspflichten, in: ZIP 1995, S. 881 ff.

– Haftung der Gesellschafter einer Personengesellschaft für Delikte, in: NJW 1996, S. 1017 ff.

*Ballerstedt,* Kurt: Mitgliedschaft und Vermögen beim rechtsfähigen Verein, in: Festschrift für Alexander Knur, S. 1 ff., München 1972

*Bamberger,* Heinz Georg/*Roth,* Herbert: Kommentar zum Bürgerlichen Gesetzbuch Band 1 (§§ 1–610 BGB), München 2003

*Bar,* Christian v.: Verkehrspflichten, Habil., Köln u. a. 1980

– Zur Struktur der Deliktshaftung von juristischen Personen, ihren Organen und ihren Verrichtungsgehilfen, in: Wege zum japanischen Recht – Festschrift für Zentaro Kitagawa zum 60. Geburtstag am 5. April 1992, S. 279 ff., Berlin 1992

– Diskussionsbeitrag, in: Karlsruher Forum 1993 – Haftung und Zurechnung im Unternehmensbereich

*Bastuck,* Burkhard: Enthaftung des Managements, Diss., Köln u. a. 1986

*Baumbach,* Adolf/*Hueck,* Alfred: GmbH-Gesetz, 17. Aufl., München 2000

*Baums,* Theodor: Der Geschäftsleitervertrag: Begründung, Inhalt und Beendigung der Rechtsstellung der Vorstandsmitglieder und Geschäftsführer in den Kapitalgesellschaften und Genossenschaften, Köln 1987

*Beuthien,* Volker: Gibt es eine organschaftliche Stellvertretung?, in: NJW 1999, S. 1142 ff.

– Genossenschaftsgesetz, 13. Aufl., München 2000

*Blaurock,* Uwe: Haftungsfreizeichnung zugunsten Dritter, in: ZHR 146 (1982), S. 238 ff.

*Brox,* Hans/*Walker,* Wolf-D.: Die Einschränkung der Arbeitnehmerhaftung gegenüber dem Arbeitgeber, in: DB 1985, S. 1469 ff.

*Brüggemeier,* Gert: Organisationshaftung, in: AcP 191 (1991), S. 33 ff.

*Bruns,* Alexander: Haftungsbeschränkung und Mindesthaftung, Tübingen 2003

*Burhoff,* Detlef: Vereinsrecht, 4. Aufl., Herne/Berlin 2000

*Canaris,* Claus-Wilhelm: Schadensersatz- und Bereicherungshaftung des Vertretenen bei Vertretung ohne Vertretungsmacht – BGH NJW 1980, 115, in: JuS 1980, S. 332 ff.

*Coing,* Helmut: Die Vertretungsordnung juristischer Personen und deren Haftung gemäß § 31 BGB, in: Festschrift für Robert Fischer, S. 65 ff., Berlin u. a. 1979

*Dahnz,* Werner: Manager und ihr Berufsrisiko, 2. Aufl., München 2002

*Danckelmann,* Bernhard: Vertretung und Geschäftsführung des rechtsfähigen Vereins durch mehrköpfigen Vorstand, in: NJW 1973, S. 735 ff.

*Deutsch,* Erwin: Entwicklungstendenzen des Schadensrechts in Rechtsprechung und Wissenschaft, in: JuS 1967, S. 152 ff.

– Freizeichnung von der Berufshaftung, in: VersR 1974, S. 301 ff.

– Das „sonstige Recht" des Sportlers aus der Vereinsmitgliedschaft, in: VersR 1991, S. 837 ff.

*Deutsch,* Erwin / *Ahrens,* Hans-Jürgen: Deliktsrecht, 4. Aufl., Köln u. a. 2002

*Dreher,* Meinrad: Die persönliche Verantwortlichkeit von Geschäftsleitern nach außen und die innergesellschaftliche Aufgabenteilung, in: ZGR 1992, S. 22 ff.

– Die Besteuerung der Prämienleistungen bei gesellschaftsfinanzierten Directors and Officers-Versicherungen, in: DB 2001, S. 996 ff.

– Der Abschluß von D&O-Versicherungen und die aktienrechtliche Zuständigkeitsordnung, in: ZHR 165 (2001), S. 293 ff.

*Edenfeld,* Stefan: Die Rechtsbeziehungen des bürgerlich-rechtlichen Vereins zu Nichtmitgliedern, Diss., Berlin 1996

*Eisele,* Jörg: Haftungsfreistellung von Vereinsmitgliedern und Vereinsorganen in nichtwirtschaftlichen Vereinen, Diss., Berlin 1998

*Emmerich,* Volker: Schuldrecht Besonderer Teil, 9. Aufl., Heidelberg 1999

*Enneccerus,* Ludwig / *Nipperdey,* Hans Carl: Allgemeiner Teil des Bürgerlichen Rechts, 15. Aufl., Tübingen 1959

*Erman,* Walter: Bürgerliches Gesetzbuch – Handkommentar – hrsg. von Harm Peter Westermann – Band 1 (§§ 1–853) – Band 2 (§§ 854–2385, AGBG, etc.), 10. Aufl., Köln 2000

*Esser,* Josef: Die Zweispurigkeit unseres Haftpflichtrechts, in: JZ 1953, S. 129 ff.

*Ewers,* Christian: Für den insolventen ersten deutschen Meister VfB Leipzig ist die Zeit abgelaufen – Unendlich weit entfernt vom Profifußball, in: F.A.Z. v. 9. 20. 2004 S. 25

*Faber,* Ulrich: Der Idealverein: Haftung und Vermögen, in: BWNotZ 1980, S. 81 ff.

*Filthaut,* Werner: Haftpflichtgesetz, Kommentar, 5. Aufl., München 1999

*Fleck,* Hans-Joachim: Das Organmitglied – Unternehmer oder Arbeitnehmer?, in: Festschrift für Marie Luise Hilger und Hermann Stumpf, S. 197 ff., München 1983

*Flume,* Werner: Allgemeiner Teil des Bürgerlichen Rechts, Erster Band, Erster Teil – Die Personengesellschaft, Berlin u. a. 1977

– Allgemeiner Teil des Bürgerlichen Rechts, Erster Band, Zweiter Teil – Die juristische Person, Berlin u. a. 1983

*Fraenkel,* Michael: Tatbestand und Zurechnung bei § 823 Abs. 1 BGB, Diss., Berlin 1979

*Friedrich,* Walther J.: Grundlagen und ausgewählte Probleme des Vereinsrechts (Teil II), in: DStR 1994, S. 100 ff.

*Frisch,* Burkhard: Haftungserleichterung für GmbH-Geschäftsführer nach dem Vorbild des Arbeitsrechts, Diss., Berlin 1998

*Fritzweiler,* Jochen: Die Haftung des Sportlers bei Sportunfällen, Diss., Bonn 1976

*Fritzweiler,* Jochen / *Pfister,* Bernhard / *Summerer,* Thomas: Praxishandbuch Sportrecht, München 1998

*Frotz,* Gerhard: Verkehrsschutz im Vertretungsrecht, Habil., Frankfurt a.M. 1972

*Gierke,* Otto v.: Die Genossenschaftstheorie und die Deutsche Rechtsprechung, Berlin 1887

*Gitter,* Wolfgang / *Michalski,* Lutz: Arbeitsrecht, 5. Aufl., Heidelberg 2002

*Götting,* Horst-Peter: Die persönliche Haftung des GmbH-Geschäftsführers für Schutzrechtsverletzungen und Wettbewerbsverstöße, in: GRUR 1994, S. 6 ff.

*Götz,* Heinrich / *Götz,* Jürgen: Die Haftung des Vereins gegenüber dem Mitglied – BGHZ 110, 323, in: JuS 1995, S. 106 ff.

*Grabau,* Fritz-René / *Hundt,* Irina: Persönliche Haftung von Entscheidungsträgern in gemeinnützigen Vereinen, in: Betrieb und Wirtschaft 2003, S. 26 ff.

*Grauke,* Britta / *Sandmann,* Silke: Kaum ein Unternehmen verlangt einen Selbstbehalt, in: F.A.Z. vom 5. 20. 2003 S. 21

*Greger,* Reinhard: Haftungsrecht des Straßenverkehrs – Großkommentar, 3. Aufl., Berlin, New York 1997

*Groß,* Werner: Deliktische Außenhaftung des GmbH-Geschäftsführers, in: ZGR 1998, S. 551 ff.

*Grünwald,* Michael: Die deliktische Außenhaftung des GmbH-Geschäftsführers für Organisationsdefizite, Diss., Baden-Baden 1999

*Grunewald,* Barbara: Gesellschaftsrecht, 4. Aufl., Tübingen 2000

– Auskunftserteilung und Haftung des Vorstands im bürgerlich-rechtlichen Verein, in: ZIP 1989, S. 962 ff.

– Vereinsordnungen – Praktische Bedeutung und Kontrolle, in: ZHR 152 (1988), S. 242 ff.

– Die Haftung von Organmitgliedern nach Deliktsrecht, in: ZHR 157 (1993), S. 451 ff.

*Haas,* Ulrich: Geschäftsführerhaftung und Gläubigerschutz, Habil., München 1997

– Die Haftung des Vereinsvorstands bei Insolvenzverschleppung, in: SpuRt 1999, S. 1 ff.

*Habersack,* Mathias: Die Mitgliedschaft: Subjektives und „sonstiges“ Recht, Habil., Heidelberg 1995

*Habetha,* Joachim W.: Direktorenhaftung und gesellschaftsfinanzierte Haftpflichtversicherung, Diss., Heidelberg 1995

– Deliktsrechtliche Geschäftsführerhaftung und gesellschafts-finanzierte Haftpflichtversicherung, in: DZWir 1995, S. 272 ff.

*Hachenburg,* Max: GmbHG Großkommentar, Zweiter Band, §§ 35 – 52, 8. Aufl., Berlin u. a. 1997

*Hadding,* Walther: Ergibt die Vereinsmitgliedschaft „quasi-vertragliche“ Ansprüche, „erhöhte Treue- und Fürsorgepflichten“ sowie ein „sonstiges Recht“ im Sinne des § 823 Abs. 1 BGB? Besprechung der Entscheidung BGHZ 110, 323; in: Festschrift für Alfred Kellermann zum 70. Geburtstag am 29. November 1990, S. 91 ff., Berlin, New York 1991

*Hager,* Johannes, Der lange Abschied vom Verbot der geltungserhaltenden Reduktion, in: JZ 1996, S. 175 ff.

*Hassold,* Gerhard: Die Lehre vom Organisationsverschulden, in: JuS 1982, S. 583 ff.

*Heermann,* Peter W.: Unternehmerisches Ermessen, Organhaftung und Beweislastverteilung, in: ZIP 1998, S. 761 ff.

– Die Geltung von Verbandssatzungen gegenüber mittelbaren Mitgliedern und Nichtmitgliedern, in: NZG 1999, S. 325 ff.

*Heermann,* Peter W. / *Götze,* Stephan: Zivilrechtliche Haftung im Sport, Baden-Baden 2002

*Hefermehl,* Wolfgang: Zur Haftung der Vorstandsmitglieder bei Ausführung von Hauptversammlungsbeschlüssen, in: Gesellschaftsrecht und Unternehmensrecht, Festschrift für Wolfgang Schilling zum 65. Geburtstag, S. 159 ff., Berlin u. a. 1973

*Heil,* Ulf / *Russenschuck,* Viola: Die persönliche Haftung des GmbH-Geschäftsführers, in: BB 1998, S. 1749 ff.

*Heiss,* Klaus: Der dezentralisierte Entlastungsbeweis und die Versuche zu seiner Überwindung, Diss., München 1968

*Heisse,* Matthias: Die Beschränkung der Geschäftsführerhaftung gegenüber der GmbH, Diss., Köln 1988

*Heitmann,* Lars: Neueste Entwicklungen der Managerhaftung und die D&O-Versicherung, in: Versicherungswirtschaft 1999, S. 1076 ff.

*Helms,* Arne: Schadensersatzansprüche wegen Beeinträchtigung der Vereinsmitgliedschaft, Diss., München 1998

*Hendricks,* Michael: Vermögensschaden-Rechtsschutz gegen D&O, in: Versicherungswirtschaft 1994, S. 1548 ff.

*Henn,* Günter: Handbuch des Aktienrechts, 6. Aufl., Heidelberg 1998

*Henssler,* Martin: D&O-Versicherung in Deutschland, in: Henze, Hartwig / Hoffmann- Becking, Michael (Hrsg.), Gesellschaftsrecht 2001 S. 131 ff., Köln 2001

*Herberger,* Maximilian / *Martinek,* Michael / *Rüßmann,* Helmut / *Weth,* Stephan (Hrsg.): juris Praxiskommentar, BGB – Allgemeiner Teil und Schuldrecht, 1. Aufl. 2003

*Hirte,* Heribert: Abschied vom Quotenschaden: Erweiterte Haftung des GmbH- Geschäftsführers gegenüber Neugläubigern wegen Konkursverschleppung, in: NJW 1995, S. 1203 ff.

*Hofmann,* Max: Luftverkehrsgesetz, Kommentar für die Praxis, München 1971

*Hopt,* Klaus J. / *Wiedemann,* Herbert: Großkommentar AktG, 11. Lieferung: §§ 92–94, 4. Aufl., Berlin u. a. 1999

*Hucke,* Anja: Managerversicherungen: Ein Ausweg aus den Haftungsrisiken?, in: DB 1996, S. 2267 ff.

*Hübner,* Heinz: Allgemeiner Teil des Bürgerlichen Gesetzbuchs, 2. Aufl., Berlin, New York 1996

*Hueck,* Götz: Bemerkungen zum Anstellungsverhältnis von Organmitgliedern juristischer Personen, in: Festschrift für Marie Luise Hilger und Herman Stumpf, S. 365 ff., München 1983

*Hüffer,* Uwe: Aktiengesetz, 5. Aufl., München 2002

*Ihlas,* Horst: Organhaftung und Haftpflichtversicherung, Diss., Berlin 1997

*Jakobs,* Horst Heinrich / *Schubert,* Werner: Die Beratung des Bürgerlichen Gesetzbuchs in systematischer Zusammenstellung der unveröffentlichten Quellen, Allgemeiner Teil, §§ 1 – 240, 1. Teilband, Berlin, New York 1985

*Jauernig,* Othmar: Bürgerliches Gesetzbuch mit Gesetz zur Regelung des Rechts der Allgemeinen Geschäftsbedingungen, 9. Aufl., München 1999

*Jüngst,* Ulrich: Der Mißbrauch organschaftlicher Vertretungsmacht, Diss., Berlin 1981

*Jula,* Rocco: Die Haftung von GmbH-Geschäftsführern und Aufsichtsräten, Berlin u. a. 1998

– Geschäftsführerhaftung gemäß § 43 GmbHG: Minimierung der Risiken durch Regelungen im Anstellungsvertrag?, in: GmbHR 2001, S. 806 ff.

*Kästner,* Karin: Aktienrechtliche Probleme der D&O-Versicherung, in: AG 2000, S. 113 ff.

– Steuerrechtliche Probleme der D&O-Versicherung, in: DStR 2001, S. 195 ff.

*Keßler,* Jürgen: Die deliktische Eigenhaftung des GmbH-Geschäftsführers, in: GmbHR 1994, S. 429 ff.

*Kiethe,* Kurt: Persönliche Haftung von Organen der AG und der GmbH – Risikovermeidung durch D&O-Versicherung?, in: BB 2003, S. 537 ff.

*Kirberger,* Wolfgang: Gemischte Gesamtvertretung und organschaftliches Prinzip, in: RPfleger 1979, S. 5 ff.

– Die Nebenordnungen im Vereins- und Verbandsrecht, Diss., Marburg 1981

*Kleindiek,* Detlef: Deliktshaftung und juristische Person – Zugleich zur Eigenhaftung von Unternehmensleitern, Habil., Tübingen 1997

*Klink,* Heinz G.: Die Mitgliedschaft als „sonstiges Recht" im Sinne des § 823 I BGB?, Diss., Mainz 1993

*Klinkhammer,* Georg: Versicherungsschutz gegen Geschäftsführungsrisiken, in: Die Versicherungspraxis 1988, S. 173 ff.

– Haftung und strafrechtliche Verantwortlichkeit von Unternehmern und Führungskräften

– Wie können diese Risiken versichert werden?, in: Die Versicherungspraxis 1993, S. 77 ff.

*Koch,* Eckart / *Stübing,* Jürgen: Allgemeine Geschäftsbedingungen – Kommentar, Neuwied u. a. 1977

*Kölner Kommentar zum Aktiengesetz:* Band 2 §§ 76 – 117 AktG und Mitbestimmung im Aufsichtsrat, 2. Aufl., Köln u. a. 1996

*Kohler,* Stefan: Mitgliedschaftliche Regelungen in Vereinsordnungen, Diss., Heidelberg 1992

*Koller,* Ingo: Die Wirksamkeit formularmäßiger Haftungsfreizeichnungs-klauseln zwischen Schadensausgleich und Schadensprävention, in: ZIP 1986, S. 1089 ff.

*Konzen,* Horst: Geschäftsführung, Weisungsrecht und Verantwortlichkeit in der GmbH und GmbH & Co KG, in: NJW 1989, S. 2977 ff.

*Kort,* Michael: Zur Eigenhaftung des GmbH-Geschäftsführers gegenüber privatrechtlichen Dritten, in: DB 1990, S. 921 ff.

– Anmerkung zu BGH WM 1998, 819, in: EWiR Kurzkommentar 1998 BGB § 167 Nr. 1 / 98

*Krähe,* Christian: Die zivilrechtlichen Schadensersatzansprüche von Amateur- und Berufssportlern für Verletzungen beim Fußballspiel, Bern u. a. 1981

*Krebs,* Peter / *Dylla-Krebs,* Corinna: Deliktische Einhaftung von Organen für Organisationsverschulden, in: DB 1990, S. 1271 ff.

*Krüger,* Burkhard: Nichtigkeit des D&O-Versicherungsvertrages bei fehlender Genehmigung durch die Hauptversammlung, in: NVersZ 2001, S. 8 f.

*Küpper,* Georg: Die neue Manager-Versicherung, in: Die Versicherungspraxis 1986, S. 196 ff.

*Küpper-Dirks,* Monika: Managerhaftung und D&O-Versicherung, Diss., Karlsruhe 2002

*Küppers,* Christoph / *Dettmeier,* Michael / *Koch,* Claudia: D&O-Versicherung: Steuerliche Implikationen für versicherte Personen?, in: DStR 2002, S. 199 ff.

*Lachmair,* Siegfried: Das neue österreichische Vereinsgesetz im Überblick, in: SpuRt 2002, S. 181 ff.

*Landwehr,* Götz: Die Haftung der juristischen Person für körperschaftliche Organisationsmängel, in: AcP 164 (1964), S. 482 ff.

*Lang,* Johann / *Weidmüller,* Ludwig / *Metz,* Egon / *Schaffland,* Hans-Jürgen: Genossenschaftsgesetz, 33. Aufl., Berlin u. a. 1997

*Lange,* Oliver: Zulässigkeitsvoraussetzungen einer gesellschaftsfinanzierten Aufsichtsrats-D&O-Versicherung, in: ZIP 2001, S. 1524 ff.

– Die Eigenschadenklausel in der D&O-Versicherung, in: ZIP 2003, S. 466 ff.

*Larenz,* Karl: Lehrbuch des Schuldrechts, Allgemeiner Teil, 14. Aufl., München 1987

– Lehrbuch des Schuldrechts, Zweiter Band, Besonderer Teil, 1. Halbband, 13. Aufl., München 1986

– Methodenlehre der Rechtswissenschaft, 6. Aufl., Berlin u. a. 1991

*Larenz,* Karl / *Canaris,* Claus-Wilhelm: Lehrbuch des Schuldrechts, Zweiter Band, Besonderer Teil, 2. Halbband, 13. Aufl., München 1994

– Methodenlehre der Rechtswissenschaft, 3. Aufl. (Studienausgabe), Berlin u. a. 1995

*Larenz,* Karl / *Wolf,* Manfred: Allgemeiner Teil des Bürgerlichen Rechts, 8. Aufl., München 1997

*Lattwein,* Alois: D&O Policen – Vermögensschadenhaftpflicht für Aufsichtsräte, Vorstände und Geschäftsführer, in: Die Versicherungspraxis 1998, S. 86 ff.

– Quo vadis D&O? – Status der Diskussionen über die D&O-Bedingungen, in: NVersZ 1999, S. 49 ff.

*Lattwein,* Alois / *Krüger,* Burkhard: D&O: Von der Ablehnung wegen Unmoral bis zum Verbandskonzept, in: Versicherungswirtschaft 1997, S. 1366 ff.

– D&O-Versicherung – Das Ende der Goldgräberstimmung?, in: NVersZ 2000, S. 365 ff.

*Lepke,* Achim: Zum Recht des Vereinsmitglieds auf Auskunft außerhalb der Mitgliederversammlung, in: NJW 1966, S. 2099 ff.

*Linnenbrink,* Sebastian: Der Vorstand als Geschäftsführungsorgan des eingetragenen Vereins in: SpuRt 1999, S. 224 ff. und SpuRt 2000, S. 55 ff.

*Linnenbrink,* Sebastian / *Hofmeister,* Holger: Schadensersatzansprüche aus Vereinsmitgliedschaft?, in: SpuRt 1996, S. 127 ff.

*Löwe,* Walter / *Graf v. Westphalen,* F. / *Trinkner,* Reinhold: Großkommentar zum AGB-Gesetz, Band I, §§ 1 – 9 und Anhang zu § 9, 2. Aufl., Heidelberg 1983

*Löwisch,* Manfred / *Arnold,* Manfred: Anmerkung zu BGHZ 89, 153 = JZ 1984, 619, in: JZ 1984, S. 622 f.

*Lohbeck,* Eckhart: Die Vereinsordnungen, in: MDR 1972, S. 381 ff.

*Lohr,* Martin: Die Beschränkung der Innenhaftung des GmbH-Geschäftsführers, in: NZG 2000, S. 1204 ff.

*van Look,* Frank: Individualschutz im Vereinsrecht, in: WM-Festgabe für Th. Hellner, S. 46 ff.

*Lukes,* Rudolf: Der Satzungsinhalt beim eingetragenen Verein und die Abgrenzung zu sonstigen Vereinsregelungen, in: NJW 1972, S. 121 ff.

*Lutter,* Marcus: Zur Rechnungslegung und Publizität gemeinnütziger Spendenvereine, in: BB 1988, S. 489 ff.

– Zur persönlichen Haftung des Geschäftsführers aus deliktischen Schäden im Unternehmen, in: ZHR 157 (1993), S. 464 ff.

– Gefahren persönlicher Haftung für Gesellschafter und Geschäftsführer einer GmbH, in: DB 1994, S. 129 ff.

– Haftungsrisiken des Geschäftsführers einer GmbH, in: GmbHR 1997, S. 329 ff.

– Haftung und Haftungsfreiräume des GmbH-Geschäftsführers – 10 Gebote an den Geschäftsführer, in: GmbHR 2000, S. 301 ff.

*Lutter,* Marcus / *Hommelhoff,* Peter: GmbH-Gesetz, 15. Aufl., Köln 2000

*Märkle,* Rudi W.: Der Verein im Zivil- und Steuerrecht, 10. Aufl., Stuttgart u. a. 2000

*Martinek,* Michael: Die Organhaftung nach § 31 BGB als allgemeines Prinzip der Haftung von Personenverbänden für ihre Repräsentanten, Diss., Hamburg 1977

*Medicus,* Dieter: Zur Eigenhaftung des GmbH-Geschäftsführers aus Verschulden bei Vertragsverhandlungen, in: Festschrift für Ernst Steindorff zum 70. Geburtstag, Berlin, New York 1990

– Zur deliktischen Eigenhaftung von Organpersonen, in: Festschrift für Werner Lorenz zum 70. Geburtstag, Tübingen 1991

– Allgemeiner Teil des BGB – Ein Lehrbuch, 7. Aufl., Heidelberg 1997

– Die interne Geschäftsverteilung und die Außenhaftung von GmbH-Geschäftsführern, in: GmbHR 1998, S. 9 ff.

– Bürgerliches Recht, 18. Aufl., Köln u. a. 1999

– Schuldrecht Besonderer Teil, München 2000

*Menke,* Thomas: Die wirtschaftliche Betätigung nichtwirtschaftlicher Vereine, Diss., Berlin 1998

*Mergelmeyer,* Egon: Eintragung von Satzungsbestimmungen über die Beschlußfassung des Vorstandes in das Vereinsregister, in: Rpfleger 1966, S. 197 ff.

*Mertens,* Hans-Joachim: Die Geschäftsführung in der GmbH und das ITT-Urteil, in: Festschrift für Robert Fischer, S. 461 ff., Berlin u. a. 1979

– Verkehrspflichten und Deliktsrecht, in: VersR 1980, S. 397 ff.

– Bedarf der Abschluß einer D & O Versicherung durch die Aktiengesellschaft der Zustimmung der Hauptversammlung?, in: AG 2000, S. 447 ff.

*Mertens,* Hans-Joachim / *Mertens,* Georg: Anmerkung zu BGHZ 109, 297, in: JZ 1990, S. 488 ff.

*Meyer,* Horst: Der Schutz von Erfüllungsgehilfen vor deliktischer Haftung durch vertragliche Haftungsbeschränkungen, Diss., Bielefeld 1994

*Meyke,* Rolf: Die Haftung des GmbH-Geschäftsführers, 3. Aufl., Köln 2002

*Michalski,* Lutz (Hrsg.): Kommentar zum Gesetz betreffend die Gesellschaften mit beschränkter Haftung (GmbH-Gesetz), München 2002

*Mittenzwei,* Ingo: Zur Vertretung eines mehrgliedrigen Vereinsvorstandes im Verhinderungsfall, in: MDR 1991, S. 492 ff.

*Motive:* Motive zu dem Entwurfe eines Bürgerlichen Gesetzbuches für das Deutsche Reich (Amtliche Ausgabe), Band I, Allgemeiner Teil, Band II, Recht der Schuldverhältnisse, Berlin 1888

*Müller,* Klaus: Kommentar zum Gesetz betreffend die Erwerbs- und Wirtschaftsgenossenschaften (GenG), Zweiter Band (Anhang IV nach § 33 bis § 42), 2. Aufl., Bielefeld 1996

*Münchener Kommentar:* Münchener Kommentar zum Bürgerlichen Gesetzbuch (hrsg. von Kurt Rebmann, Franz Jürgen Säcker und Roland Rixecker), Band 1 – Allgemeiner Teil, §§ 1–240 BGB, AGB-Gesetz, Band 2 – Schuldrecht Allgemeiner Teil, §§ 241–432, beide 4. Aufl., München 2001, Band 4 – Schuldrecht Besonderer Teil II, §§ 607- 704, Band 5 – Schuldrecht Besonderer Teil III, §§ 705–853, Band 6 – Sachenrecht, §§ 854–1296, alle 3. Aufl., München 1997

*Mugdan,* Benno: Die gesamten Materialien zum Bürgerlichen Gesetzbuch für das Deutsche Reich, 1. Band, Einführungsgesetz und Allgemeiner Teil, 2. Band, Recht der Schuldverhältnisse, Berlin 1899

*Neumann-Duesberg,* Horst: Kritik der Rechtskonstruktion einer körperschaftlichen Organisationspflicht, in: NJW 1966, S. 715 ff.

*Nölle,* Jens-Uwe: Die Eigenhaftung des GmbH-Geschäftsführers für Organisationspflichtverletzungen, Diss., Regensburg 1995

*Oertmann,* Paul: Kommentar zum Bürgerlichen Gesetzbuch und seinen Nebengesetzen - Allgemeiner Teil, 3. Aufl., Berlin 1927

*Ott,* Sieghart: Vereine gründen und erfolgreich führen, 9. Aufl., München 2002

– Reform des privaten Vereinsrechts?, in: ZRP 2002, S. 433 ff.

*Otto,* Hansjörg: Ausgleichsansprüche des Geschäftsführers bei berechtigter Geschäftsführung ohne Auftrag, in: JuS 1984, S. 684 ff.

*Palandt,* Otto: Bürgerliches Gesetzbuch, 62. Auflage, München 2003

*Peifer,* Karl Heinz: Haftung des Arbeitnehmers, in: AR-Blattei SD 870 (Stand: Juli 1995 / April 1997)

*Peitsmeier,* Henning: Die Drahtseilakte in der Deutschen Fußball-Liga und die Geheimnisse der Vereinsbilanzen – Dem Fußballfan bleibt die wahre Finanzlage verborgen, in: F.A.Z. v. 20. 12. 2003 S. 33

*Peters,* Egbert: Überschreiten der Vertretungsmacht und Haftung des Vertretenen für c.i.c., in: Festschrift für Rudolf Reinhardt zum 70. Geburtstag, S. 127 ff., Köln-Marienburg 1972

*Planck,* Gottlieb: Kommentar zum Bürgerlichen Gesetzbuch, Allgemeiner Teil, §§ 1–240, 4. Aufl., Berlin 1913

*Plewka,* Harald / *Söffing,* Matthias: Die Entwicklung des Steuerrechts, in: NJW 1999, S. 912 ff.

*Plück,* Ralf / *Lattwein,* Alois: Haftungsrisiken für Manager, Wiesbaden 2000

*Prölls,* Jürgen: Haftung bei der Vertretung ohne Vertretungsmacht, in: JuS 1986, S. 169 ff.

*Protokolle:* Protokolle der Kommission für die zweite Lesung des Entwurfs des Bürgerlichen Gesetzbuchs (Amtliche Ausgabe), Im Auftrage des Reichs-Justizamts bearbeitet von Achilles, Gebhard und Spahn, Band I, Berlin 1897, Band VI, Berlin 1899

*Pudell,* Heinz / *Ernst,* Bettina: Gefahren des Vereinslebens, in: SpuRt 1998, S. 233 f. (Teil 1) und SpuRt 1999, S. 16 ff. (Teil 2)

*Pullen,* Heinz-Jürgen: Anwendbarkeit der Grundsätze der gefahrgeneigten Arbeit auf den GmbH-Geschäftsführer?, in: BB 1984, S. 989 ff.

*Ransiek,* Andreas: Zur deliktischen Eigenhaftung des GmbH-Geschäftsführers aus strafrechtlicher Sicht, in: ZGR 1992, S. 203 ff.

*Reemann,* Jörg Ludwig: Die Verfassung des Vereins – Notwendiger Inhalt und Individualschutz, Diss., Münster 1988

*Reichert,* Bernhard: Handbuch des Vereins- und Verbandsrechts, 9. Aufl., Neuwied 2003

*Reuber,* Klaus: Die haftungsrechtliche Gleichbehandlung von Unternehmensträgern, Diss., Berlin 1990

*Reuter,* Dieter: Die Verfassung des Vereins gemäß § 25 BGB – Inhalt, Folgen mangelnder Satzungsförmigkeit, Besonderheiten im Fall des nichtrechtsfähigen Vereins, in: ZHR 148 (1984), S. 523 ff.

– 100 Bände BGHZ: Vereins- und Genossenschaftsrecht, in: ZHR 151 (1987), S. 355 ff.

– Verbandszweck und Rechtsfähigkeit im Vereinsrecht, in: ZHR 151 (1987), S. 237 ff.

– Die Mitgliedschaft als sonstiges Recht im Sinne des § 823 I BGB, in: Festschrift für Hermann Lange zum 70. Geburtstag, S. 707 ff., Stuttgart u. a. 1992

– Bestellung und Anstellung von Organmitgliedern im Körperschaftsrecht, in: Festschrift für Wolfgang Zöllner zum 70. Geburtstag, Band I, S. 487 ff., Köln u. a. 1998

*RGRK:* Das Bürgerliche Gesetzbuch mit besonderer Berücksichtigung der Rechtsprechung des Reichsgerichts und des Bundesgerichtshofs – Kommentar, Band I, §§ 1–240, 12. Aufl., Berlin u. a. 1982, Band II, 1. Teil, §§ 241–413, 12. Aufl., Berlin u. a. 1976, Band II, 4. Teil, §§ 631–811, 12. Aufl., Berlin u. a. 1978, Band II, 5. Teil, §§ 812–831, 12. Aufl., Berlin u. a. 1989

*Richardi,* Reinhard: Abschied von der gefahrgeneigten Arbeit als Voraussetzung für die Beschränkung der Arbeitnehmerhaftung, in: NZA 1994, S. 241 ff.

*Rogge,* Ingo: Selbständige Verkehrspflichten bei Tätigkeiten im Interesse Dritter, Diss., Köln u. a. 1997

*Rosenow,* Jörg / *Schaffelhuber,* Kai: Neues zur Transparenzkontrolle im AGB-Recht, in: ZIP 2001, S. 2211 ff.

*Roth,* Günter H. / *Altmeppen,* Holger: Gesetz betreffend die Gesellschaften mit beschränkter Haftung, 3. Aufl., München 1997

*Roth,* Markus: Unternehmerisches Ermessen und Haftung des Vorstands, Diss., München 2001

*Rottkemper,* Michael: Deliktische Außenhaftung der Leitungsorganmitglieder rechtsfähiger Körperschaften, Frankfurt a.M. u. a. 1996

*Rowedder,* Heinz / *Schmidt-Leithoff,* Christian: Gesetz betreffend die Gesellschaften mit beschränkter Haftung (GmbHG), 4. Aufl., München 2002

*Ruffner,* Markus: Sorgfalts- und Treuepflichten und die Versicherbarkeit von Haftungsrisiken in Publikumsgesellschaften – Eine ökonomische Analyse, in: Zeitschrift für schweizerisches Recht 2000, S. 195 ff.

*Sandberger,* Andreas: Die Außenhaftung des GmbH-Geschäftsführers, Diss., Baden-Baden 1997

*Sauter,* Egon / *Schweyer,* Gerhard / *Waldner,* Wolfram: Der eingetragene Verein, 17. Aufl., München 2001

*Schaefer,* Hans / *Missling,* Patrick J.: Haftung von Vorstand und Aufsichtsrat, in: NZG 1998, S. 441 ff.

*Schaub,* Bernhard: Die Haftung des Geschäftsführers einer GmbH gegenüber der Gesellschaft und den Gesellschaftern (Teil I), in: DStR 1992, S. 985 ff.

*Schilling,* Joseph: Managerhaftung: Die Regulierung von Haftungsfällen in der D&O-Versicherung, in: Versicherungswirtschaft 1999, S. 1074 ff.

– Ende der Schonzeit für Manager?, in: Versicherungswirtschaft 2000, S. 788 ff.

– Managerhaftung und Versicherungsschutz für Unternehmensleiter und Aufsichtsräte, Karlsruhe 2002

*Schmidt,* Holger: Die Umwelthaftung der Organmitglieder von Kapitalgesellschaften, Diss., Heidelberg 1996

*Schmidt,* Karsten: Die Vereinsmitgliedschaft als Grundlage von Schadensersatzansprüchen, in: JZ 1991, S. 157 ff.

– Grundlagen im Zivil- und Versicherungsrecht, in: Karlsruher Forum 1993 – Haftung und Zurechnung im Unternehmensbereich S. 4 ff.

– Gesellschaftsrecht, 4. Aufl., Köln u. a. 2002

*Schmitz,* Frank Walter: Die deliktische Haftung für Arbeitnehmer, Diss., Berlin 1994

*Schneider,* Gerd: Im Schwitzkasten – Beim Ringerverein KSV Aalen bestimmen die Insolvenzverwalter die Mannschaftsaufstellung, in: F.A.Z. v. 12.100.2004 S. 34

*Schneider,* Uwe H.: Haftungsmilderung für Vorstandsmitglieder und Geschäftsführer bei fehlerhafter Unternehmensleitung?, in: Festschrift für Winfried Werner zum 65. Geburtstag am 17. 10. 1984, S. 795 ff., Berlin, New York 1984

*Schneider,* Uwe H. / *Ihlas,* Horst: Die Vermögensschaden-Haftpflichtversicherung des Geschäftsführers einer GmbH, in: DB 1994, S. 1123 ff.

*Scholz,* Franz: Kommentar zum GmbH-Gesetz, I. Band, §§ 1–44, 8. Aufl., Köln 1993

*Schubert,* Werner (Hrsg.): Die Vorlagen der Redaktoren für die erste Kommission zur Ausarbeitung des Entwurfs eines Bürgerlichen Gesetzbuches, Berlin u. a. 1986

*Schüppen,* Matthias / *Sanna,* Thomas: D&O-Versicherungen: Gute und schlechte Nachrichten! in: ZIP 2002, S. 550 ff.

*Schwab,* Dieter: Einführung in das Zivilrecht, 12. Aufl., Heidelberg 1995

*Schwarz,* Günter Christian: Die Publizität der Vertretungsmacht des Vorstands und der Liquidatoren eines Vereins, in: NZG 2002, S. 1033 ff.

– Die Mehrheitsvertretung des Vereinsvorstandes und deren Eintragung im Vereinsregister, in: Rpfleger 2003, S. 1 ff.

*Segna,* Ulrich: Vereinsrechtsreform, in: NZG 2002, S. 1048 ff.

*Sieg,* Karl: Die Zulässigkeit von Haftungsüberwälzungen unter Versicherungsaspekten, in: BB 1993, S. 149 ff.

*Sieg,* Oliver: Tendenzen und Entwicklungen der Managerhaftung in Deutschland, in: Produkhaftpflicht international 2001, S. 90 ff.

*Singer,* Dorothee: Die Abbedingung der Haftung beim rechtsfähigen Idealverein, Diss., Jena 2002

*Soergel,* Hs. Th.: Bürgerliches Gesetzbuch mit Einführungsgesetz und Nebengesetzen, Band 1, Allgemeiner Teil, §§ 1–240, 12. Aufl., Stand: Sommer 1987, Stuttgart u. a. 1988, Band 1, Allgemeiner Teil 1, §§ 1–103, 13. Aufl., Stand: Frühjahr 2000, Stuttgart u. a. 2000, Band 2, Schuldrecht I, §§ 241–432, 12. Aufl., Stand: Juli 1990, Stuttgart u. a. 1990, Band 3, Schuldrecht II, §§ 433–515, AGB-Gesetz, 12. Aufl., Stand: Frühjahr 1991, Stuttgart u. a. 1991, Band 4 / 1, Schuldrecht III / 1, §§ 516–651, 12. Auf., Stand: Frühjahr 1997, Stuttgart u. a. 1998, Band 4 / 2, Schuldrecht III / 2, §§ 651 a – 704, 12. Aufl., Stand: Frühjahr 1999, Stuttgart u. a. 2000, Band 5 / 2, Schuldrecht IV / 2, §§ 823–853, 12. Aufl., Stand: Frühjahr 1998, Stuttgart u. a. 1999, Band 6, Sachenrecht (§§ 854–1296), 12. Aufl., Stand: Sommer / Herbst 1989, Stuttgart u. a. 1990

*Sonnenschein,* Jürgen: Inhaltskontrolle von Formularmietverträgen nach dem AGB-Gesetz, in: NJW 1980, S. 1713 ff.

*Spindler,* Gerald: Unternehmensorganisationspflichten, Habil., Köln u. a. 2001

*Stapelfeld,* Ait: Die Haftung des GmbH-Geschäftsführers für Fehlverhalten in der Gesellschaftskrise, Köln 1990

*Staudinger,* J. v.: Kommentar zum Bürgerlichen Gesetzbuch mit Einführungsgesetz und Nebengesetzen, Erstes Buch, Allgemeiner Teil, §§ 134 – 163, 13. Aufl., Berlin 1996, Zweites Buch, Recht der Schuldverhältnisse, §§ 255 – 314, Neubearbeitung, Berlin 2001, Zweites Buch, Recht der Schuldverhältnisse, §§ 328 – 361, 13. Aufl., Berlin 1995, Zweites Buch, Recht der Schuldverhältnisse, §§ 652 – 704, 13. Aufl., Berlin 1995, Gesetz zur Regelung des Rechts der Allgemeinen Geschäftsbedingungen (AGBG), 13. Aufl. Berlin 1998

*Steding,* Rolf: Genossenschaftsrecht, Baden-Baden 2002

*Steinbeck,* Anja: Vereinsautonomie und Dritteinfluß, Habil., Berlin u. a. 1999

*Stöber,* Kurt: Handbuch zum Vereinsrecht, 8. Aufl., Köln 2000

*Streck / Mack / Schwedhelm:* Steuerrechtliche Behandlung von Prämienzahlungen für D&O-Versicherungen weitgehend geklärt durch Schreiben des BMF vom 24. 1. 2002 – IV C 5 S 2332 – 8 / 02, in: AG 2002, S. 287

*Thümmel,* Roderich C.: Persönliche Haftung von Managern und Aufsichtsräten, 2. Aufl., Stuttgart u. a. 1998

*Thümmel,* Roderich C. / *Sparberg,* Michael: Haftungsrisiken der Vorstände, Geschäftsführer, Aufsichtsräte und Beiräte sowie deren Versicherbarkeit, in: DB 1995, S. 1013 ff.

*Tuhr,* Andreas v.: Der Allgemeine Teil des Deutschen Bürgerlichen Rechts, Band I, Berlin 1910

*Ulmer,* Peter / *Brandner,* Hans Erich / *Hensen,* Horst-Diether: AGB-Gesetz (Kommentar), 9. Aufl., Köln 2001

*Unbekannter Autor:* D&O auf dem Weg in die Krise?, in: Zeitschrift für Versicherungswesen 2001, S. 435 f.

*Vehreschild,* Matthias: Die Verkehrspflichthaftung des GmbH-Geschäftsführers, Diss., Frankfurt a.M. u. a. 1999

*Vetter,* Eberhard: Aktienrechtliche Probleme der D & O Versicherung, in: AG 2000, S. 453 ff.

*Vieweg,* Klaus: Zur Inhaltskontrolle von Verbandsnormen, in: Festschrift für Rudolf Lukes zum 65. Geburtstag, S. 809 ff., Köln u. a. 1989

*Wehrmeyer,* Ulrich: Die arbeitsrechtliche Einordnung der Organe juristischer Personen, Frankfurt a.M. u. a. 1988

*Westermann,* Harm Peter: Anmerkung zum Urteil des BGH vom 05. 12. 1989 – VI ZR 335 / 88, in: DNotZ 1991, S. 813 ff.

*Westermann,* Harm Peter / *Mutter,* Stefan: Die Verantwortlichkeit von Geschäftsführern einer GmbH gegenüber Dritten, in: DZWir 1995, S. 184 ff.

*Westermann,* Harry: Die Grundlagen des Gutglaubensschutzes, in: JuS 1963, S. 1 ff.

*Windel,* Peter A.: Zur persönlichen Haftung von Organträgern für Insolvenzverschleppungsschäden, in: KTS 1991, S. 477 ff.

*Wolf,* Manfred / *Horn,* Norbert / *Lindacher,* Walter F.: AGB-Gesetz (Kommentar), 4. Aufl., München 1999

*Zorn,* Roland: Hoffen auf eine kleine Pfälzer Blüte – Jäggi sieht in Kaiserslautern ein neues Zeitalter angebrochen, in: F.A.Z. v. 5. 80. 2004 S. 30

# Sachverzeichnis